Archäologische Ausgrabungen in Baden-Württemberg 2020

Herausgegeben vom
Landesamt für Denkmalpflege im
Regierungspräsidium Stuttgart in Verbindung
mit der Gesellschaft für Archäologie
in Württemberg und Hohenzollern
und dem Förderkreis Archäologie in Baden

Zusammengestellt von
Dirk L. Krausse

Archäologische Ausgrabungen in Baden-Württemberg 2020

wbg THEISS

Die Deutsche Nationalbibliothek verzeichnet diese Publikation
in der Deutschen Nationalbibliografie; detaillierte bibliografische
Daten sind im Internet über http://dnb.dnb.de abrufbar.

wbg THEISS ist ein Imprint der wbg.

Titelbild: Öhringen. Statue der römischen Siegesgöttin Victoria (zum Beitrag S. 174 ff.);
LAD, Foto: Jochen Ansel, Bearbeitung: Felix Pilz
Umschlaggestaltung: DOPPELPUNKT, Stuttgart
Redaktion: Karen Schmitt, Stuttgart
Gestaltung und Satz: DOPPELPUNKT, Stuttgart
Gedruckt auf säurefreiem und alterungsbeständigem Papier
Printed in Germany

Besuchen Sie uns im Internet: www.wbg-wissenverbindet.de

ISBN 978-3-8062-4361-1 (Buchhandelsausgabe)
ISSN 0724-8954

Gefördert vom Ministerium für Wirtschaft, Arbeit und Wohnungsbau
Baden-Württemberg – Oberste Denkmalschutzbehörde

Vorwort

Trotz pandemiebedingter Behinderungen konnten auch 2020 in Baden-Württemberg zahlreiche Prospektionen, Forschungs- und Rettungsgrabungen durchgeführt werden. In 93 Beiträgen wird ein breites Spektrum untersuchter archäologischer Denkmale von der Altsteinzeit bis ins 19. Jahrhundert vorgestellt. Der Fokus liegt dabei abermals auf den jüngeren Epochen. Nicht weniger als 32 Beiträge behandeln Denkmale des Hoch- und Spätmittelalters bzw. der Neuzeit. Diese bereits seit einigen Jahren zu beobachtende Zunahme von Ausgrabungen der Mittelalter- und Neuzeitarchäologie resultiert vor allem aus der fortschreitenden Nach- bzw. Innenverdichtung, die zwangsläufig zu vermehrten Bodeneingriffen in den historischen Ortskernen führt. Aber auch im Randbereich der Siedlungen werden nach wie vor zahlreiche archäologische Denkmale von Planungen und Baumaßnahmen tangiert, die häufig größere Flächengrabungen nach sich ziehen.

Grundsätzlich hat sich das Rettungsgrabungswesen in den zurückliegenden Jahren positiv entwickelt. Durch systematische Prospektionen können Bedeutung, Zeitstellung und Ausdehnung der im Boden verborgenen Denkmalstrukturen inzwischen zumeist präventiv ermittelt werden, sodass anschließend entweder denkmalverträglich umgeplant oder aber mit ausreichendem zeitlichem Vorlauf Rettungsgrabungen eingeleitet und durchgeführt werden können, um die Befunde zu dokumentieren und das Fundgut fachgerecht zu bergen. Hier hat sich die Zusammenarbeit zwischen der Archäologischen Denkmalpflege, privaten Grabungsfirmen und Bauträgern bzw. Investoren gut eingespielt und bewährt. Davon profitieren alle Seiten: Unkontrollierte Denkmalzerstörungen, Baustillstände und Planungsunsicherheiten gehören inzwischen glücklicherweise weitestgehend der Vergangenheit an.

Auch wenn längst nicht alle durchgeführten Prospektionen und kleineren Ausgrabungen in der Übersichtskarte eingetragen sind, zeichnen sich bei den Rettungsgrabungen die traditionellen Schwerpunkte in den von Bauaktivitäten besonders betroffenen Regionen im südlichen Oberrheingraben und beiderseits des mittleren Neckars ab. Kleinere Schwerpunkte konzentrierten sich 2020 wiederum im Neckarmündungsbereich und im Hegau. Außerhalb von Baumaßnahmen oder anderen denkmalschutzrechtlichen Verfahren wurden Ausgrabungen vor allem auf der Schwäbischen Alb und entlang der Oberen Donau durchgeführt. Hier machen sich die Forschungsaktivitäten der Universität Tübingen, insbesondere im Bereich der altsteinzeitlichen Höhlenforschung, und die Untersuchungen des Landesamtes für Denkmalpflege im Rahmen eines von der Deutschen Forschungsgemeinschaft geförderten Forschungsprojektes im Umfeld der Heuneburg besonders bemerkbar.

Baden-Württemberg ist mit einem außergewöhnlich reichen archäologischen Erbe gesegnet. Mit den altsteinzeitlichen Höhlen und der Eiszeitkunst im Ach- und Lonetal, den prähistorischen Pfahlbauten und dem Obergermanisch-Raetischen Limes liegen drei archäologische Welterbe-Komplexe im Land: Rekord in der Bundesrepublik Deutschland! Von außergewöhnlichem menschheitsgeschichtlichem Wert sind auch die Fundstätten der keltischen Epoche im Südwesten: Heuneburg, Heidengraben oder Hochdorf sind nur ihre prominentesten Vertreter. Unter Federführung von Baden-Württemberg und in Kooperation mit Hessen wird zur-

zeit ein Antrag vorbereitet, um die herausragenden frühkeltischen Machtzentren, darunter die Heuneburg und der Glauberg, für die deutsche Tentativliste zum UNESCO-Welterbe vorzuschlagen. Sehr erfreulich ist zudem, dass die Landesregierung Baden-Württembergs im Rahmen der Initiative „Baden-Württemberg und seine Kelten“ die Inwertsetzung der archäologischen Monumente der keltischen Epochen fördert.
Von den zahlreichen in diesem Band vorgestellten Entdeckungen seien einige hervorgehoben: Bei den Ausgrabungen der Universität Tübingen im Hohle Fels bei Schelklingen kam als herausragender Fund eine vollständige Blattspitze zutage, die den späten Neandertalern unserer Region als Speerspitze bei der Jagd diente (S. 60). Bei Ammerbuch-Reusten (S. 88) im Kreis Tübingen konnte ein Grab der Frühbronzezeit mit außergewöhnlichen Beigaben geborgen werden, darunter der bislang älteste Goldfund Baden-Württembergs! Ein weiterer Superlativ ist die Entdeckung des ältesten Wasserfahrzeugs des Bodenseeraums – ein über 10 m langer Einbaum aus Lindenholz der ausgehenden Jungsteinzeit im Seerhein bei Konstanz (S. 100). Bei Bubsheim im Kreis Tuttlingen wurden bei Rettungsgrabungen außergewöhnliche Grabhügel mit sehr gut erhaltenen Bestattungen der Bronze- und Eisenzeit freigelegt (S. 120). Die herausragende archäologische Bedeutung der Heuneburg und ihrer Umgebung wird durch die spektakuläre Bergung eines weiteren frühkeltischen Kammergrabs in der Bettelbühl-Nekropole und durch den erstmaligen Nachweis einer komplexen Siedlungsstratigraphie der Bronze- und Eisenzeit auf dem Bussen bestätigt (S. 143; 146). Im Graben des Westkastells von Öhringen fanden sich mehrere qualitätvolle römische Steinstatuen, darunter eine Victoria, die das diesjährige Titelbild ziert (S. 174). Bauarbeiten führten bei Allensbach am Bodensee zur Freilegung einer frühneuzeitlichen Richtstätte mit äußerst aufsehenerregenden Befunden (S. 328).
Im Namen der Archäologischen Denkmalpflege möchte ich allen danken, die zum Gelingen des Buches beigetragen haben. Neben den Autorinnen und Autoren gilt mein Dank Karen Schmitt vom Redaktionsbüro Lexis für die gewohnt sorgfältige Redaktion der Beiträge. Besonderer Dank gebührt auch den vielen ehrenamtlichen Beauftragten und Helfern, die an den im letzten Jahr durchgeführten Ausgrabungen, Notbergungen und Prospektionen beteiligt waren.
Wenn Sie sich selbst aktiv an der Erforschung und Rettung unseres archäologischen Erbes beteiligen möchten, sind Sie herzlich dazu eingeladen! Melden Sie sich bei Interesse bei den Dienstsitzen des Landesamts für Denkmalpflege in Karlsruhe, Freiburg, Tübingen bzw. Esslingen oder nehmen Sie Kontakt zu den archäologischen Gesellschaften und Fördervereinen auf. Die Kontaktdaten finden Sie auf S. 352. Zunächst möchte ich Sie aber herzlich zur Lektüre des vorliegenden Bandes der „Archäologischen Ausgrabungen“ einladen und Ihnen dabei viel Freude und Gewinn wünschen.

Esslingen, im Mai 2021

Prof. Dr. Dirk Krausse
Landesarchäologe

Hessen
Rheinland-Pfalz
Bayern
FRANK-REICH
SCHWEIZ
ÖSTER-REICH
Bayern
Rhein
Main
Tauber
Neckar
Jagst
Kocher
Rems
Fils
Enz
Nagold
Murg
Kinzig
Donau
Iller
Bodensee
Tauberbischofsheim
Königheim-Brehmen
Bad Mergentheim
Weinheim-Hohensachsen
Mannheim
Heddesheim
Mannheim-Neckarau
Mannheim-Seckenheim
Wiesloch
Öhringen
Leingarten-Großgartach
Zaisenhausen
Lauffen a. N.
Cleebronn
Bönnigheim
Winzerhausen
Pleidelsheim
Bietigheim-Bissingen
Backnang
Ludwigsburg
Kirchheim a. R.
Heubach
Renningen
Esslingen-Oberesslingen
Waldstetten
Sindelfingen
Uhingen
Aidlingen
Leinfelden-Echterdingen
Albershausen
Holzgerlingen
Hattenhofen
Weil i. S.
Geislingen-Türkheim
Niederstotzingen-Lontal
Dettingen u. T.
Ammerbuch
Erkenbrechtsweiler/Grabenstetten/Hülben
Rheinau-Diersheim
Rottenburg-Würmlingen
Reutlingen
Offenburg
Rotten-burg a. N.
Bad Urach
Bad Urach-Seeburg
Neuried-Müllen
Horb-Mühlen
Lichtenstein-Unterhausen
Blaubeuren-Seißen
Ulm
Gomadingen-Offenhausen
Blaubeuren
Hechingen-Stein
Burladingen-Melchingen
Schelklingen
Lahr-Dinglingen
Burladingen
Lauterach
Ettenheim-Altdorf
Herbolzheim
Kenzingen
Deilingen
Langenenslingen-Emerfeld
Langen-enslingen
Uttenweiler-Offingen
Riegel a. K.
Rottweil
Endingen a. K.
Bubsheim
Ertingen-Binzwangen
Alleshausen
Waldkirch
Balgheim
Kolbingen
Dietfurt
Herbertingen
Freiburg-Tiengen
Freiburg i. Br.
Tuttlingen-Möhringen
Bad Krozingen
Orsingen-Nenzingen
Bodman-Ludwigshafen
Müllheim
Auggen
Radolfzell-Liggeringen
Müllheim-Feldberg
Hilzingen
Salem
Gottmadingen-Bietingen
Allensbach
Konstanz
0 10 20 30 km

Inhalt

Römische Zeit

Frühmittelalter

Mittelalter und Neuzeit

ÜBERGREIFENDE BEITRÄGE UND FORSCHUNGSBERICHTE

1 ⇧ *Kolbingen, Eulenloch. Von einem Team des LAD dokumentierte Bergung menschlicher Knochen durch einen ehrenamtlichen Mitarbeiter in einem nur schwer zugänglichen Höhlenteil, 2017.*

FORSCHUNGSPROJEKT

Caves2web – 3D-Dokumentation von archäologischen Höhlenfundstellen in Baden-Württemberg

Erfassung einer vielfältigen Fundstellengattung

Die Höhlen der Schwäbischen Alb werden vom Menschen seit der Eiszeit bis heute zu verschiedensten Zwecken genutzt. Die wohl bedeutendsten Beispiele sind die zum UNESCO-Welterbe zählenden Höhlen im Lonetal und Achtal. Doch auch aus jüngeren Epochen stammen bedeutsame Befunde und eindrucksvolle Fundstücke.

Das Spektrum der Nutzungsmöglichkeiten ist vielfältig, sowohl, was die zeitliche Dimension – kurzfristig, einmalig, episodisch, dauerhaft – als auch, was die funktionalen Aspekte angeht – Wohnplatz, Vorratshaltung, Unterstand, Zuflucht, Kultplatz, Bestattungsplatz. Entscheidend für die Art der Nutzung sind natürliche Voraussetzungen wie Lage, Zugänglichkeit, raumklimatische Verhältnisse oder der Höhlentyp. Eine einfach zu erreichende, geräumige und trockene Höhle eignet sich gut für Wohn- und Aufenthaltszwecke, während man eine versteckt gelegene oder beschwerlich zu erreichende Höhle eher als Versteck oder Refugium gewählt hat.

Stammen Funde aus kaum zugänglichen Schachthöhlen und Felsspalten, liegt der Verdacht auf kultische Hintergründe nahe. Felsspalten und Schachthöhlen wurden zu fast allen Zeiten und praktisch in jeder Karstregion zur Übereignung von Opfergaben an unterirdische Mächte genutzt. In einem solchen Zusammenhang sind wohl auch Funde von menschlichen Skelettresten zu sehen, wie sie z. B. aus der Schachthöhle „Eulenloch“ bei Kolbingen aus einer Tiefe von 27 m bekannt sind (Abb. 1). Eine ^{14}C-Datierung ergab dort ein urnenfelderzeitliches Alter (1207–1030 v. Chr.). Lässt man die wenigen profanen Deutungsmöglichkeiten (z. B. Beseitigung von Seuchenopfern, Unglücksfälle, Verbrechen) einmal außen vor, könnte es sich hier um Sonderbestattungen oder Opferrituale gehandelt haben.

Ein weiterer eindrucksvoller Beleg für die kultische Nutzung einer Höhle in der Spätbronzezeit stammt aus der Burghöhle von Dietfurt bei Vilsingen im oberen Donautal. Bei Grabungen in den 1970er und 1980er Jahren wurden über einer umfangreichen Schichtenfolge des Magdalénien und des Mesolithikums auch interessante spätbronzezeitliche Befunde angetroffen, u. a. ein verbrannter Lehmestrich mit konzentrischen Zirkelornamenten. Es ist ein merkwürdiger Zufall, dass in den 1920er Jahren der rassistische Neutempler-Orden die Höhle zu einer Feierstätte für seine obskuren Riten ausgebaut hatte, ohne von dieser vorgeschichtlichen Nutzung zu wissen.

Systematische 3D-Dokumentation und Erschließung von Höhlenfundplätzen

Das Referat 84.1 Zentrale Dienste und Denkmalforschung mit der im Fachbereich Prospektion, Dokumentation und Archäobiowissenschaften angesiedelten Arbeitsgruppe 3D-Dokumentation hat seit Jahren Expertise in der 3D-Dokumentation von unterirdischen Hohlräumen gesammelt. Dabei wer-

den Messverfahren wie terrestrisches und mobiles Laserscanning sowie 3D-Fotogrammetrie und auch Airborne-SFM (Structure from Motion) unter teils schwierigen Bedingungen eingesetzt.
Bei den vielfältigen Einzelprojekten wurden Erfahrungen bei der Dokumentation von künstlichen wie auch natürlichen Hohlräumen gewonnen. Keller, Kanäle, Stollen und Schächte, wie das Heidenloch bei Heidelberg, gehörten ebenso dazu wie die sechs Höhlenfundplätze des UNESCO-Welterbes „Höhlen und Eiszeitkunst der Schwäbischen Alb".

Unter dem Arbeitstitel „caves2web" wurden 2020 verschiedene bereits abgeschlossene Einzelprojekte gebündelt und eine längerfristige Arbeitsperspektive formuliert. Ziel des Pilotprojekts ist die dreidimensionale Dokumentation der eiszeitlich und nacheiszeitlich genutzten Höhlenfundplätze in Baden-Württemberg und deren Präsentation im Internet (https://sketchfab.com/ladbw).
Höhlen stellen per se „interessante Orte" dar, die für Naturschutz, Geologie, Speläologie, aber auch Tourismus und Freizeit attraktiv sind. Durch eine Zusammenschau der Höhlen mit menschlicher Nutzung wird

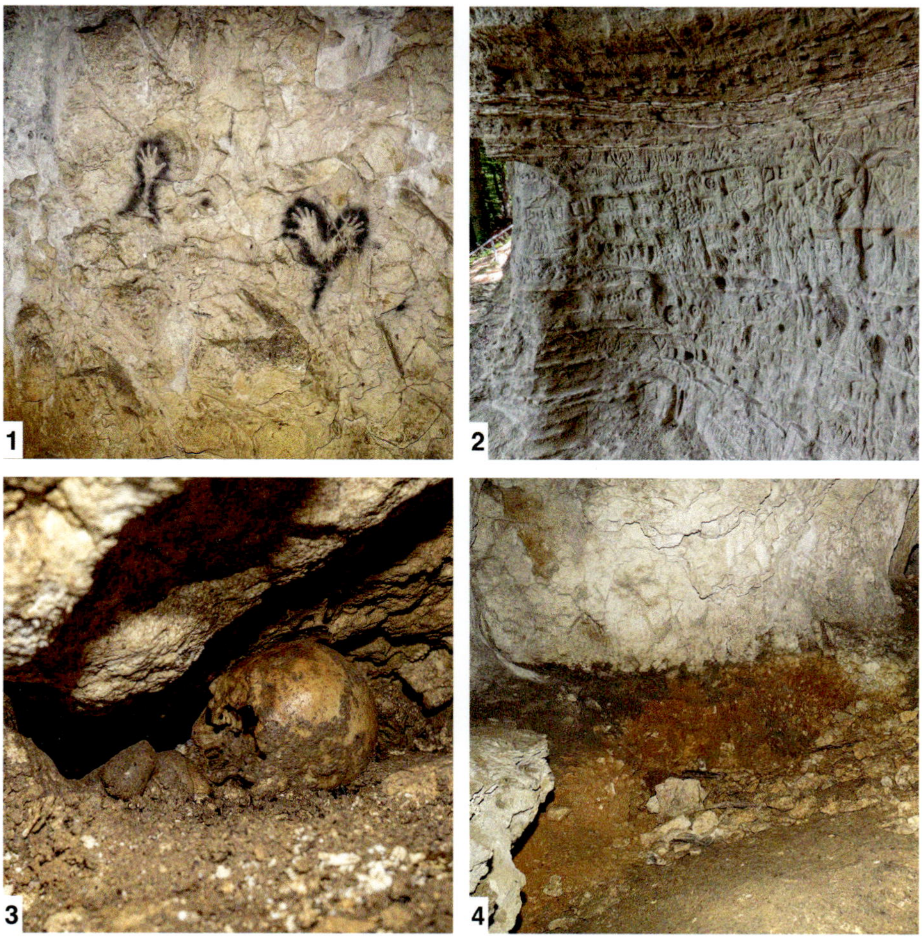

2 ◁ *Verschiedene Formen der Beeinträchtigung von Höhlenfundplätzen durch Vandalismus und Eingriffe in archäologische Befundstrukturen. 1 moderne „Felsbildkunst" in der Sirgensteinhöhle (UNESCO-Welterbe); 2 geritzte Graffiti im weichen Sandstein der Heidenhöhlen bei Stockach; 3 Sinterstrukturen zeigen die Verlagerung dieses menschlichen Schädels in jüngster Zeit; 4 Spuren ungenehmigter Grabungen in einer Höhle bei Hayingen.*

3 △ *Schelklingen, Hohle Fels. Mittels 3D-Fotogrammetrie erstellte Gesamtaufnahme der Höhle, Ausschnitt mit dem Bereich der Ausgrabungen der Universität Tübingen.*

der Fokus auch auf deren Erhaltung und ihre Bedrohung durch verstärkte Begehungen, Raubgrabungen, Vandalismus etc. gelenkt (Abb. 2), womit letztlich auch eine Sensibilisierung für diese Fundstellen erreicht werden soll.

Moderne 3D-Höhlendokumentation

Die Vermessung natürlicher Höhlenräume mit klassischen Vermessungsmethoden birgt vielfältige Schwierigkeiten. Anders als bei künstlichen Räumen sind beispielsweise Höhlenwand, -boden und -decke nicht klar voneinander zu trennen, sondern gehen fließend ineinander über. Bei der Erstellung konventioneller Auf- und Grundrisse muss daher immer entschieden werden, auf welcher Höhe der vermeintliche Wandverlauf dokumentiert wird. Auch die natürlichen, chaotisch strukturierten Oberflächen erfordern die permanente Entscheidung, welche Strukturen in den klassischen Grundriss übernommen werden und welche außen vor bleiben.

Zu dem stellt die Arbeit unter Tage besondere Herausforderungen an Personal und technisches Equipment. Dunkelheit und Feuchtigkeit, allgegenwärtiger Lehm, Enge, die oft erschwerte Zugänglichkeit und Lage im Gelände sowie Aspekte der Arbeitssicherheit sind dabei zu beachten und bestimmen das jeweilige Vorgehen.

Das caves2web-Projekt setzt auf zwei Verfahren zur 3D-Dokumentation der Höhlen: mobiles Laserscanning und 3D-Fotogrammetrie. In der Regel kommt ein mobiler Laserscanner für die eigentliche Vermessung zum Einsatz. Das Gerät ermöglicht die effiziente dreidimensionale Erfassung einer großen Zahl von teils schwer zu begehenden unterirdischen Hohlräumen in kürzester Zeit. Wurde 2013 bei der Vermessung der Stadel- und der Bärenhöhle im Hohlen Stein bei Niederstotzingen mit einem terrestrischen Laserscanner noch fünf Tage mit zwei Personen gearbeitet, so konnten beide Höhlen 2020 mit einem mobilen Laserscansystem in weniger als 30 Minuten von einem Mitarbeiter neu vermessen werden.

Das zeitlich wesentlich aufwendigere fotogrammetrische Verfahren ermöglicht sehr detaillierte Aufnahmen und liefert neben der rein geometrischen Information, die der Laserscanner erfasst, auch hochauflösende Farbinformationen. Aufgrund des großen Aufwands wird dieses Verfahren gezielt zur Dokumentation besonderer Befunde, in kleineren Höhlen oder Teilbereichen oder bei kulturgeschichtlich besonders bedeutenden Fundplätzen, wie den sechs Höhlen des UNESCO Welterbes „Höhlen und Eiszeitkunst der Schwäbischen Alb", eingesetzt. Das bisher größte Modell aus rund 8600 Fotos wurde für den Hohle Fels bei Schelklingen berechnet (Abb. 3).

Christoph Steffen, Günther Wieland, Markus Steffen

LITERATURHINWEISE

Ch. Steffen/M. Steffen, Die ältesten Plastiken der Menschheit in 3-D – Kombination von 3-D-Streifenlichtscan und -Fotogrammetrie zur Dokumentation und Visualisierung von Funden. Denkmalpfl. Baden-Württemberg 46, 2017, 42–46; St. Heidenreich/C.-J. Kind/C. Meister, Höhlen und Eiszeitkunst der Schwäbischen Alb – Das erste altsteinzeitliche UNESCO-Weltkulturerbe in Deutschland. Ebd. 162–169.

INFO

Weiterführende Links

3D-Modelle des LAD im Internet: https://sketchfab.com/ladbw

3D-Modelle der Burghöhle Dietfurt: https://skfb.ly/6WJqn

3D-Modell des Heidenlochs auf dem Heiligenberg bei Heidelberg: https://skfb.ly/6TUvX

3D-Modell der Höhle Hohle Fels bei Schelklingen: https://skfb.ly/6AVI8

7000 Jahre Menschheitsgeschichte im Würmtal – Eine mehrphasige Siedlung in Aidlingen

Seit Mitte des 20. Jahrhunderts ist durch Lesefunde im Gewann „Lehmtal" in Aidlingen eine mittelneolithische und urnenfelderzeitliche Siedlung bekannt. Aufgrund der geplanten Bebauung des Geländes fand Ende 2019 bis Mitte 2020 in der Flur „Lehmtal" eine Sondage mit anschließender Ausgrabung durch die Firma Fodilus GmbH, Rottenburg, statt. Auf einer Fläche von 2500 m^2 wurden dabei mehr als 2600 Befunde der Linearbandkeramik, des Mittelneolithikums, der Urnenfelderzeit sowie des Frühmittelalters aufgedeckt und dokumentiert.

Die neolithische Besiedlung

Im westlichen Bereich der Grabungsfläche konnte ein fast vollständig erhaltener Hausgrundriss (Abb. 4, A) mit einer Größe von 6,5 m × 16 m beobachtet werden. Bei diesem Gebäude waren die äußeren Pfosten die tragenden Konstruktionselemente, was sich deutlich an deren Größe zeigt. Die Gruben waren 0,45 m bis 0,85 m tief, die erhaltenen Pfostenstandspuren zeichneten sich im Profil vertikal oder schräg ab. Die Bauweise und das vorhandene Fundmaterial weisen auf eine frühneolithische, d. h. linearbandkeramische Bebauung (5500–4900 v. Chr.) hin. Östlich des Gebäudes fand sich eine Vorratsgrube mit einer Tiefe von 1,0 m und einem Durchmesser von 1,3 m. Die Grube enthielt mehrere Verfüllungen mit viel Rotlehm. Die Form im Profil und der räumliche Kontext deuten darauf hin, dass die Grube ebenfalls aus dem Neolithikum stammt.

Für das Mittelneolithikum (4900–4400 v. Chr.) konnten mehrere unvollständige Hausgrundrisse nachgewiesen werden. Eines der rekonstruierbaren Häuser (Abb. 4, B) weist tragende Pfosten im Gebäudeinneren und kleinere, weniger tiefe Pfosten an den Außenwänden auf. Die Stellung der Pfosten ergibt einen typischen „schiffsförmigen" Grundriss mit einem konvex ausbauchenden Mittelteil. Das Gebäude ist Nordwest–Südost ausgerichtet bei einer Breite von 7 m und einer Länge von 22 m.

Neben den erkennbaren Hausgrundrissen gibt es mehrere gleich orientierte Pfostenreihen, die sich aber keinem Grundriss zuordnen lassen. Es handelt sich vermutlich um Pfostenreihen unterschiedlicher Phasen. Zwischen den Gebäudegrundrissen befand sich eine Rollierung aus Kalksteinen. Sie hatte eine Ausdehnung von 8,80 m × 1,5 m und orientierte sich an der westlichen Wand von Gebäude B. Möglicherweise handelte es sich um einen Weg zwischen den Häusern. Zwei Gruben mit wenigen mittelneolithischen Keramikfunden können als Kellergruben interpretiert werden. Im nördlichen Bereich der Grabungsfläche befanden sich zwei parallele Gräben mit einem Abstand von 6 m, die eine Orientierung in Richtung Westsüdwest–Ostnordost aufweisen. Der nördliche Graben ist 10 m lang und 0,6 m breit, der südliche ist 14 m lang und 0,75 m breit und schneidet mehrere andere Befunde. Die Gräben erbrachten umfangreiches mittelneolithisches Fundmaterial (Keramik, Rotlehm, Silex) und Pfostengruben innerhalb der Gräben. Es könnte sich um ein Doppelgraben-

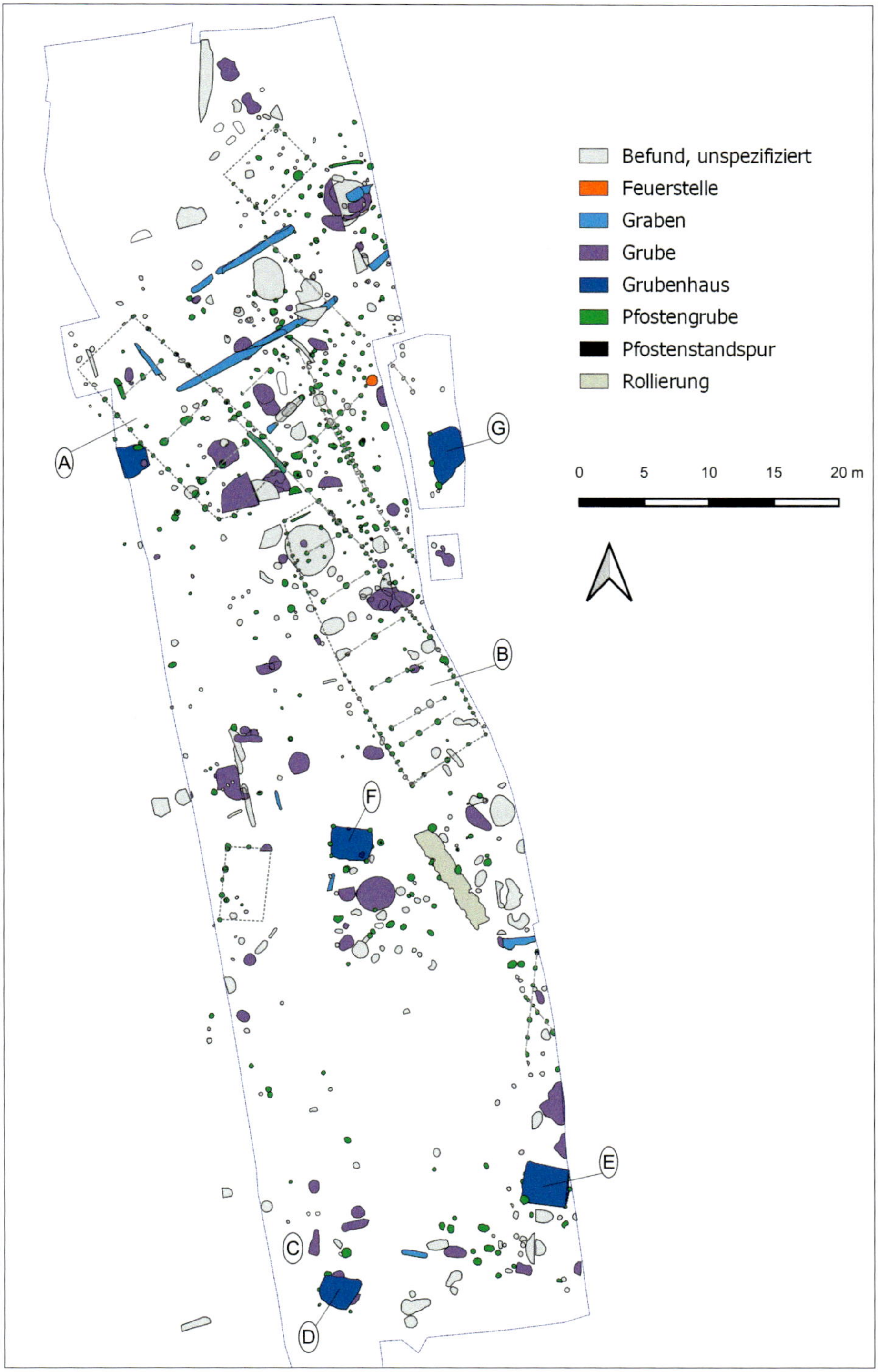

4 ◁ *Aidlingen, Lehmtal. Gesamtplan der Grabung mit Befunden verschiedener Zeitstellung: A frühneolithischer Hausgrundriss; B mittelneolithischer Hausgrundriss; C Fundareal der urnenfelderzeitlichen Nadel; D–G früh- und hochmittelalterliche Grubenhäuser.*

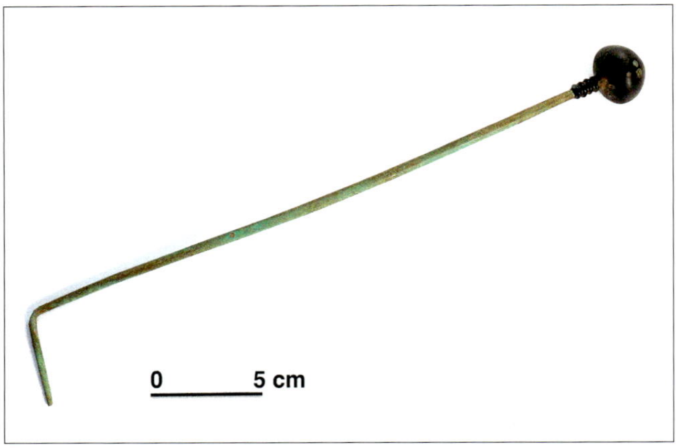

5 △ *Aidlingen, Lehmtal. Urnenfelderzeitliche Bronzenadel vom Typ Wollmersheim.*

system (mit Torsituation?) oder eine mehrphasige Grabenanlage handeln, die Pfostengruben einer älteren (bandkeramischen?) Siedlungsphase überlagert. Die Gräben könnten daher als die nördliche Begrenzung der mittelneolithischen Siedlung interpretiert werden.

Spuren der Urnenfelderzeit

6 △ *Aidlingen, Lehmtal. Frühmittelalterliche Glasperle aus Grubenhaus E.*

Die Lage der urnenfelderzeitlichen Siedlung ist nicht scharf abzugrenzen. Die Befunde waren im Lösslehm nur schwer zu erkennen, weshalb sich keine Gebäude rekonstruieren lassen. Die Funde traten vermehrt im südlichen Bereich der Grabungsfläche auf, sodass eine urnenfelderzeitliche Besiedlung im Süden des untersuchten Areals oder südlich daran angrenzend verortet werden kann.
Beim Baggerabtrag kam ohne einen Befundzusammenhang (Abb. 4, C) eine Bronzenadel vom Typ Wollmersheim zutage (Abb. 5). Nadeln dieses Typs treten normalerweise in Gräbern auf und datieren diese in die Stufe Ha A2. In Aidlingen gibt es bislang allerdings keine Hinweise auf urnenfelderzeitliche Gräber. Die Röntgenfluoreszenzanalyse der Nadel im fem Forschungsinstitut Edelmetalle + Metallchemie in Schwäbisch-Gmünd erbrachte einen Anteil von ca. 70 % Kupfer und etwas mehr als 28 % Zinn.

(Früh-)Mittelalterliche Grubenhäuser

Innerhalb des untersuchten Bereichs konnten darüber hinaus mindestens vier Grubenhäuser des frühen bis hohen Mittelalters beobachtetet werden (Abb. 4, D–G). Drei der vier Grubenhäuser (Abb. 4, D–F) sind einheitlich orientiert und entsprechen dem gleichen Gebäudetyp mit sechs tiefen Pfostengruben. Sie weisen Größen von 2,5 m × 2,5 m bis 4,4 m × 2,7 m auf. Weitere Pfostenreihen mit gleicher Orientierung deuten ebenfalls auf einen mittelalterlichen Kontext hin, lassen aber aufgrund des wenigen Fundmaterials keine abschließende Datierung zu. Zu den frühmittelalterlichen Funden aus den Grubenhäusern gehört eine Perle (Abb. 6), die in die Merowingerzeit (7. Jh.) datiert.

Zusammenfassung

Die Ausgrabungen in Aidlingen erbrachten eine große Zahl an Befunden unterschiedlicher Zeitstellung. Zahlenmäßig dominieren die Pfostengruben, die leider oft kein datierendes Fundmaterial lieferten. Jene Pfostengruben, die sich zu Hausgrundrissen rekonstruieren lassen, entsprechen zwei verschiedenen Hauskonstruktionstypen. Mit Gebäude A liegt eine charakteristische Hausform der Linearbandkeramik vor. Gebäude B entspricht einer typisch mittelneolithischen Hausform. Die neolithische Siedlung weist nicht nur Pfosten-, sondern auch Vorrats- und Kellergruben auf. Der Nachweis einer Feuerstelle und einer flächigen Rollierung innerhalb der Siedlung zeigen, dass der

Erhaltungszustand der Befunde – zumindest teilweise – als noch recht gut zu bezeichnen ist.
Die ältesten Siedlungsstrukturen, die der bandkeramischen Kultur zugewiesen werden können, lagen im nördlichen Bereich der Grabungsfläche, während sich die mittelneolithischen Befunde mehrheitlich auf den zentralen Abschnitt des untersuchten Areals konzentrierten. Letztere bilden mit Abstand den größten Teil der chronologisch genauer ansprechbaren Befundstrukturen. Die Häufung der urnenfelderzeitlichen Befunde und Funde im südlichen Bereich der Grabungsfläche deuten an, dass sich hier ein Siedlungsareal der späten Bronze- und eventuell auch der frühen Eisenzeit befand. Nach einer zeitlichen Lücke, aus der nur spärliche Funde vorliegen (u.a. eine römische Scherbe) sind erst ab dem frühen Mittelalter wieder Siedlungsaktivitäten festzustellen, als mindestens vier Grubenhäuser errichtet wurden.

Wir danken der Gemeinde Aidlingen und der Firma F. Wiesmüller Bauunternehmung GmbH, Böblingen, insbesondere Herrn M. Lohner, für die gute Zusammenarbeit.

Magali Garcia, Ann-Kathrin Schmidt, Marc Heise

LITERATURHINWEISE

M. Georgi, Die mittelneolithischen Siedlungsreste vom Viesenhäuser Hof, Stuttgart-Mühlhausen – Auswertung der Befunde und Keramik der Grabungen 1991–1993. Fundber. Baden-Württemberg 34/1, 2014, 7–142; S. Knöpke, Der urnenfelderzeitliche Männerfriedhof von Neckarsulm. Forsch. u. Ber. Vor u. Frühgesch. Baden-Württemberg 116 (Stuttgart 2009); R. Rademacher, Das Gemeindegebiet von Aidlingen in vorgeschichtlicher Zeit. In: Gemeinde Aidlingen (Hrsg.), Aidlingen, Lehenweiler, Dachtel und Deufringen. Beiträge zur Ortsgeschichte (Aidlingen 1999) 9–34.

■ LEINGARTEN-GROSSGARTACH, KREIS HEILBRONN

Zum Abschluss der Ausgrabungen beim Umspannwerk in Großgartach

Nach einjähriger Unterbrechung sind die archäologischen Ausgrabungen am Umspannwerk in Leingarten-Großgartach, Gewann „Hipperich“, im Sommer 2020 fortgesetzt und im Spätherbst abgeschlossen worden. Die bisherige Grabungsfläche wurde zum einen Richtung Norden in das zum Flüsschen Lein hin sanft geneigte Gelände erweitert und zum anderen nach Osten, wo es zum Hüttberg ansteigt. Insgesamt sind seit 2018 ca. 3,6 ha ausgegraben worden (Abb. 7).

Siedlungen der Jungsteinzeit

Im nördlichen Teil des Untersuchungsgebiets gelang der Nachweis einer ausgedehnten neolithischen Besiedlung. Da hier über dem anstehenden Löss noch durchgehend eine etwa 30 cm starke Lösslehmschicht erhalten war, konnte eine ganze Reihe von Pfostenbauten und Gruben dokumentiert werden. Die stellenweise lückenhafte Überlieferung der Befundzusammenhänge geht

7 △ *Leingarten-Großgartach. Übersichtsplan der Ausgrabungen 2018–2020 im Erweiterungsbereich des Umspannwerks.*

auf zahlreiche moderne Störungen durch Landwirtschaft und das bestehende Umspannwerk zurück. Mindestens drei eher Nord–Süd ausgerichtete und von begleitenden Gruben flankierte Hausflächen samt zugehörigem Fundmaterial der Ältesten Bandkeramik belegen einen Siedlungsbeginn im 6. Jahrtausend v. Chr. Jüngeren Phasen der Bandkeramik sind Grundrisse zuzuordnen, deren Außenwände aus parallel verlaufenden Pfostenreihen bestehen und die im Inneren relativ dicht stehende Dreipfostenjoche aufweisen. In lockerer Streuung zwischen den bandkeramischen Befunden konnten zudem mittelneolithische Gebäudegrundrisse mit schwach konvex verlaufenden Außenwänden aufgedeckt werden.

Die Grabungsfläche des Jahres 2020 erbrachte erneut zwei bandkeramische Häuser, einen weiteren mittelneolithischen Pfostenbau sowie mehrere Siedlungsgruben. Für eine beigabenlose Hockerbestattung ist wohl ebenfalls eine neolithische Zeitstellung anzunehmen.

Ein neuer Gutshof der römischen Kaiserzeit

Während die intensive vorgeschichtliche Besiedlung des Gewanns „Hipperich“ seit Langem bekannt ist, gelang für die römische Epoche eine Neuentdeckung. Im Nordosten der Fläche wurden römische Befunde aufgedeckt, die in eine Geländesenke am unteren Hang des Hüttbergs eingebettet waren (Abb. 7). Neben mehreren Gruben ungeklärter Funktion ist vor allem eine Darre hervorzuheben, die der Trocknung von Getreide oder anderen landwirtschaftlichen Erzeugnissen diente (Abb. 8). Die in den Boden eingetiefte Anlage besteht aus einer zentralen Bediengrube, von der aus zwei mutmaßlich gleichzeitig bestehende Darröfen befeuert wurden. Gut erkennbar sind die beiden Schürkanäle mit ihrer feuergeröteten Verfüllung. Während von der westlichen Darre nur der von der Bediengrube abgehende Schürkanal überliefert ist, lässt die östliche Details der Konstruktionsweise erkennen. Der Schürkanal mündet in eine nahezu quadratische Anlage mit Seitenlängen von etwa 4 m. Ein U-förmig aus Kalksteinen gesetzter Heizkanal sorgte für eine gleichmäßige Verteilung der Hitze an das ebenerdig auf dem Darrboden gelagerte Darrgut. Im Schutt der Anlage fanden sich Reste des Baumaterials wie verschiedenartige Ziegel und Kalksteine. Nachdem die Darre außer Benutzung war, ist im Südosten eine Grube angelegt worden, die eine Störung des Baubefundes in diesem Bereich verursachte. Mehrere Unterlegsteine am und nahe dem Befund lassen erkennen, dass die Doppeldarre einst in ein Fachwerkgebäude eingebaut war.

Das geborgene Fundgut datiert in das 2./3. Jahrhundert und umfasst neben Gebrauchskeramik auch Firnisware, Feinkeramik mit Glanztonüberzug und Terra sigillata, darunter ein von dem Töpfer Mecco gestempeltes Stück.

Zweifellos gehört das Wirtschaftsgebäude mit der Darre zu einem bisher unbekannten römischen Gutshof, der sich über den Westhang des Hüttbergs erstreckte.

Manuel Birker, Andrea Neth

LITERATURHINWEIS

M. Birker/A. Neth, Archäologie „unter Strom“: Ausgrabungen am Umspannwerk in Großgartach. Arch. Ausgr. Baden-Württemberg 2018, 76–79.

8 ▽ *Leingarten-Großgartach. Die römische Darre mit der Bediengrube in der linken Bildhälfte und den beiden abgehenden Schürkanälen. In der rechten Bildhälfte ist der abgewinkelte Heizkanal freigelegt, rechts außen ein großer Unterlegstein in Originallage. Die Südostecke der Darre ist durch eine jüngere römische Grube gestört.*

7000 Jahre Siedlungsgeschichte am östlichen Tuniberg bei Freiburg-Tiengen

Seitdem das Landesamt für Denkmalpflege (LAD) in den letzten Jahren konsequent bei der Entwicklung von Wohn- und Gewerbegebieten beteiligt wird, werden immer häufiger auch Siedlungen unterschiedlicher Epochen großflächig ausgegraben. In Kulturlandschaften wie dem Tuniberg, die über die Zeiten hinweg günstige Siedlungsbedingungen boten, ist die archäologische „Gemengelage" besonders explosiv: Im Freiburger Stadtteil Tiengen am östlichen Hang des Tunibergs reichen die archäologischen Zeugnisse fast lückenlos von der Jungsteinzeit bis in die Zeit des Zweiten Weltkrieges.

Stadtplanung in Kulturlandschaft

Genau hier erzwangen die städtebaulichen Planungen eines Wohngebietes auf einer 6 ha großen Fläche aufwendige archäologische Maßnahmen. Bereits 2016 hatten Grabungen des LAD im direkt westlich benachbarten Gewann „Zehn Jauchert" zur Aufdeckung einer mittel- und jungneolithischen sowie einer urnenfelderzeitlichen Siedlung geführt. Konsequenterweise führte das LAD im Jahr 2018 ausgedehnte Sondierungen im Gewann „Hinter den Gärten" durch. Die Ergebnisse erwirkten letztlich die

9 ▷ *Freiburg-Tiengen, „Hinter den Gärten". Mittelneolithisches Perlencollier aus Molluskenschalen.*

Rettungsgrabung eines etwa 1 ha großen Areals durch die Firma ABS-iS in Kooperation mit Kohler & Tomo Archäologie GbR.

Hotspot über die Zeiten hinweg

Die im August 2019 begonnenen Ausgrabungen erstreckten sich über einen Zeitraum von fast elf Monaten. Dabei ergaben sich einige Herausforderungen, die von extremen Witterungsbedingungen über Covid-19-bedingte Einschränkungen bis hin zu hydrogeologischen Gegebenheiten mit hohem Grundwasserstand und Hangwasser reichten. Zudem bargen bis zu 1,5 m mächtige kolluviale Sedimente teils nur schwer zu identifizierende Befunde auf mehreren Ebenen. Stellenweise lagen durch Hangschleppen gebildete Gley-Kolluvien über Schwemmlössen vor, die Siedlungsreste in Feuchtbodenerhaltung enthielten.
Während Zeugnisse des mittleren und jüngeren Neolithikums sowie der frühen und späten Bronzezeit eher punktuell zutage traten, war die Besiedlung in der Hallstatt- und Latènezeit sowie in römischer Zeit besonders intensiv und weitläufig, wobei das Areal zuletzt im 17. Jahrhundert Schauplatz militärischer Handlungen war.

Axtklinge und Perlencollier aus der Steinzeit

Aus dem direkt südlich angrenzenden Gewann „Zwiebelgärten“ stammt eine bereits um 1900 gefundene, für das Alt- und Mittelneolithikum typische Axtklinge aus amphibolithischem Felsgestein. Die aktuellen Grabungen zeigen, dass vor allem die kolluvialen Schichten über das gesamte Areal hinweg neolithische Funde wie Silices, Felsgesteingeräte und Keramik führen. Die eigentlichen Siedlungsaktivitäten dieser Zeitstellung konzentrierten sich hauptsächlich im Südwesten der Fläche. Das Fundspektrum der Silogruben umfasst neben Keramik und Feuersteinen auch makroskopisch erkennbare Sämereien und Pflanzenreste sowie Hölzer. Aus einer Grube stammt ein Perlencollier aus Mollusken – ein für die mittelneolithische Rössener Kultur soziokulturell bedeutsames Schmuckstück (Abb. 9).

10 △ Freiburg-Tiengen, „Hinter den Gärten“. Vollständig erhaltene Keramikflasche der Latènezeit.

„Hinter den Gärten“ in der Eisenzeit

Ein spannendes Verteilungsmuster zeigt sich für die eisenzeitlichen Befunde: In der höher gelegenen Nordwest-Fläche reihen sich elf bis zu 3 m lange, 2 m breite und bis zu 80 cm tiefe späthallstatt- bis spätlatènezeitliche Grubenhäuser aneinander. Direkt auf ihren Laufhorizonten wurden zahlreiche weitgehend vollständige, aber zerscherbte Gefäße angetroffen, in einem der Häuser stand noch eine Schale mit vier Randausschnitten in situ. Unter der Keramik der Latènezeit ist zudem das seltene Exemplar einer vollständig erhaltenen Flasche hervorzuheben (Abb. 10). Ein gänzlich anderes Bild zeigte sich hangabwärts im direktem Anschluss an die Grubenhäuser. Hier traten großräumig verteilt insgesamt 19 beigabenlose Pferdeniederlegungen sowie einige wenige Skelette von Hund, Schwein und Rind zutage, die meisten Skelette waren noch im Muskel-Sehnen-Verband (Abb. 11). Offenkundig hatte man sie in eigens dafür ausgehobenen Gruben deponiert. Für die Interpretation dieses „Phänomens" bedarf es u. a. noch archäozoologischer Untersuchungen sowie ^{14}C-Datierungen.

Interessant dürfte hier der Bezug zur latènezeitlichen Siedlung im benachbarten Gewann „Kapp" sowie zu einem 700 m südöstlich gelegenen frühlatènezeitlichen Gräberfeld sein, in dem 1968 mehrere Gräber mit teils spektakulären Grabbeigaben freigelegt wurden, darunter Gewandnadeln mit Korallen- und Glasauflagen sowie ein Schaukelfingerring aus Gold.

11 ▽ *Freiburg-Tiengen, „Hinter den Gärten". Skelett eines in einer Grube niedergelegten Pferdes.*

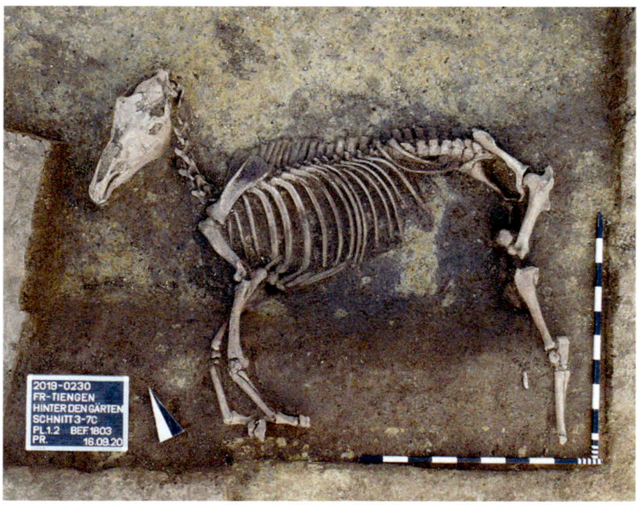

Frühe Kaiserzeit in Tiengen?

Zwar lassen sich von den über die gesamte Fläche hinweg verteilten römischen Zeugnissen nur schwer Rückschlüsse auf Funktion und Struktur der ländlichen Siedlung ziehen, zumindest aber ihre Wasserversorgung dürfte gesichert gewesen sein: Mehrere Brunnen wurden im gesamten Areal abgeteuft. Hierzu zählen ein hervorragend erhaltener hölzerner Brunnenkasten aus schweren Spaltbohlen mit gezapften Eckverbindungen (1,4 m tief) sowie zwei Brunnen mit Steineinfassung, die jeweils mit einer weitläufigen Bruchsteinpflasterung in Verbindung stehen (Abb. 12). Hieraus stammen eine Vielzahl an Metallfunden, Keramik – darunter südgallische Terra sigillata – und Bruchstücke von Glasgefäßen. Besonders erwähnenswert sind zudem 47 Eisennägel mit halbkugeligen Köpfen (*clavi*), die in ihrer Anordnung noch die Form der Ledersohle einer Sandale (*caliga*?) erkennen ließen.

Auf eine außergewöhnlich frühe römische Besiedlung weist ein Dendrodatum von 39 n. Chr. für den Holzkastenbrunnen hin. Dies wäre ein Indiz dafür, dass sich die tiberisch-claudische Besiedlung des Oberrheingebietes nicht nur auf das Hochrheintal und das südlichste Oberrheintal beschränkte, wie man bisher annahm, und vielleicht vom linksrheinischen Militärlager in Oedenburg bei Biesheim ausging.

Zwei ebenfalls hervorragend erhaltene Baumstammbrunnen sowie der flachere

12 ◁ *Freiburg-Tiengen, „Hinter den Gärten". Römische Brunnen, links mit Steineinfassung, rechts mit hölzernem Brunnenkasten.*

Holzkasten eines weiteren Brunnens gehören möglicherweise in die Spätantike.

Unter der Vielzahl römischer Siedungsbefunde verdient noch eine ca. 200 m^2 große, flach wannenförmige Mulde Erwähnung, deren Verfüllung aus einem stark zersetzten, aus einer (Quell-)Hangvermoorung entstandenen Niedermoortorf bestand, der makroskopisch Pflanzenteile erkennen ließ, darunter kleine Hölzchen und Zweigstücke sowie Wurzeln.

Barocker Stulpenstiefel im Graben

Freiburg wurde im 17. Jahrhundert mehrmals durch französische Truppen belagert, eindrucksvoll illustriert etwa durch eine Darstellung von 1677 von Johann Baptist Gumpp, auf der auch die barocken Geschützstellungen mit Wall und Graben zu erkennen sind. In diesen Kontext dürften zwei im Abstand von 23 m zueinander über 90 m hinweg parallel entlang des Tunibierghanges laufende Gräben gehören. In einem dieser Wehr- oder Laufgräben ging wohl während der Kampfhandlungen ein hervorragend erhaltener Stulpenstiefel aus Leder verloren.

Fazit

Die Grabung in Tiengen erwies sich in vielerlei Hinsicht als Glücksfall: Feuchtbodenbefunde lieferten ein reichhaltiges Archiv ur- und frühgeschichtlicher Pflanzengesellschaften, das zusammen mit dem „klassischen" Fundmaterial zur Rekonstruktion klimageschichtlicher Ereignisse und Siedlungsmuster über die Zeiten hinweg beitragen kann.

Durch die intensive Zusammenarbeit zwischen dem Archäologischen Museum Colombischlössle in Freiburg (ARCO), dem LAD und der Grabungsfirma konnten erste Ergebnisse der Tiengener Grabung in der Sonderausstellung „freiburg.archäologie – Leben vor der Stadt" veranschaulicht werden, die aus Anlass des Jubiläums 900 Jahre Stadt Freiburg 2020 initiiert wurde und bis zum 9. Januar 2022 zu besichtigen sein wird.

Zu guter Letzt möchten wir uns besonders bei Frank Edelmann von der Kommunal-Konzept BW GmbH, der Eigentümergesellschaft HDG, Ortsvorsteher Maximilian Schächtele, Barbara Hammerschmidt vom Stadtplanungsamt Freiburg und Hans Oelze vom ARCO für ihre große Unterstützung bei der Planung, Finanzierung und Durchführung bedanken.

Marcel El-Kassem, Andreas Hanöffner, Lucie Siftar, Diethard Tschocke

LITERATURHINWEISE

M. El-Kassem, Das Gleichzeitige im Ungleichzeitigen – Archäologie in Tiengen. In: B. Jenisch/P. Kalchthaler/H. Oelze (Hrsg.), freiburg.archäologie – 900 Jahre Leben in der Stadt (Freiburg 2019) 194 f.; M. El-Kassem/D. Tschocke, Siedlungsarchäologische Untersuchungen in Freiburg-Tiengen. Arch. Ausgr. Baden-Württemberg 2016, 98–101; U. Riedel, Das frühlatènezeitliche Flachgräberfeld von Tiengen, Stadt Freiburg (Unveröffentl. Magisterarbeit, Freiburg 2013).

LINEARE PROJEKTE

Aus- und Neubau der Rheintalbahn Karlsruhe–Basel – Erste Ausgrabungen zwischen Müllheim und Auggen

Die mehr als 150 Jahre alte, rund 200 km lange Rheintalbahnstrecke zwischen Karlsruhe und Basel hat eine herausragende Funktion für den überregionalen und internationalen Schienenverkehr. Um den aktuellen Erfordernissen und der zukünftigen Entwicklung des Verkehrs gerecht werden zu können, wird seit 1987 der Aus- und Neubau der Rheintalbahn durch die DB Netz AG in 27 Planfeststellungsabschnitten betrieben.

Die Projektierung des aktuellen, rund 6 km langen Abschnittes von Müllheim bis Auggen begann bereits um die Jahrtausendwende. Erste gezielte Begehungen wurden seit 2006 unternommen, 2017 folgten geophysikalische Untersuchungen. Seit Juli 2015 liegt der Planfeststellungsbeschluss des Eisenbahn-Bundesamtes vor – die Voraussetzung dafür, dass die notwendigen archäologischen Maßnahmen zwischen der Vorhabenträgerin, der DB Netz AG, und dem LAD verhandelt und abgestimmt werden konnten. Hierbei wurden vorab vier Flächen in bekannten Denkmalen definiert, in denen zwingend mit angemessenem zeitlichem Vorlauf Rettungsgrabungen durchgeführt werden müssen. In ausgewählten Abschnitten sollten zudem Baggersondierungen stattfinden, da erfahrungsgemäß gegenüber den bekannten Denkmalen mit einer Vielzahl an Neuentdeckungen zu rechnen war. Die Ausschreibung der archäologischen Maßnahmen durch die DB Netz AG mündete im Frühjahr 2020 in die Vergabe von fast 3 km Baggersondierungen und vier Rettungsgrabungen an die Grabungsfirma ArchaeoTask GmbH (Abb. 13).

Neuentdeckungen bei bauvorgreifenden Baggersondierungen

Entlang der Bahntrasse des Bauabschnitts wurden bis Ende 2020 insgesamt elf Sondageschnitte mit einem Flächenumfang von

13 ◁ *Trassenabschnitt der Rheintalbahn bei Auggen (Blick nach Süden).*

ca. 8500 m² archäologisch untersucht. Zusammen mit den Grabungsflächen lässt sich ein annähernd lückenloses Bild der vor allem vorgeschichtlichen Siedlungsaktivitäten zeichnen, dem allerdings aufgrund des linearen Charakters der Untersuchungen die räumliche Tiefe fehlt. Für die Interpretation sind somit umso mehr die geomorphologischen Verhältnisse wichtig, denen mittels Geoprofilen auf den Grund gegangen wurde: In den südlichen Arealen waren die befundführenden Lössschichten deutlich mächtiger ausgeprägt als im Norden, begleitet von einem höheren Befundaufkommen. Hierbei zeigte sich die Bedeutung kleinräumiger Reliefformen für die Erkennung von Siedlungsstrukturen. Speziell am Übergang von den westlichen Hängen des Auggener/Schliengener Hügellandes zur Markgräfler Rheinebene mit dem Steinenstadt/Grießheimer Hochgestade bestehen tiefe Kolluvien. Diese bildeten sich aus holozänen Abschwemmmassen und überdecken gleichsam als Quellenfilter die Fundstellen. Daher fehlten bislang entsprechende Sammlerfundstellen und die jüngsten Begehungen lieferten allenfalls Material, das auf die Abtragungsvorgänge selbst zurückgeht.

Erstmals konnten durch die Sondierungen bronzezeitliche und eisenzeitliche Siedlungen im Arbeitsgebiet identifiziert werden. Unter den neu entdeckten Fundstellen zwischen den Gewannen „Augenmatten“ und „Am Banngraben“ im Süden des Planabschnittes ist eine mittelbronzezeitliche Siedlung mit mehreren Feuerstellen, Trichtergruben und Vierpfostenbauten (ca. 1550–1200 v. Chr.) hervorzuheben. Neben den regelmäßig mit kleinen Geröllen ausgelegten Feuerstellen verdient ein 12 m × 8 m großes, annähernd rechteckiges Geröllpflaster Erwähnung, bei dem es sich möglicherweise um den Unterbau einer Darre handeln könnte – die Steine und das darunterliegende Sediment trugen Spuren von Hitzeeinwirkung. Bemerkenswert war auch der Fund

14 △ *Neubaustrecke Rheintalbahn, Auggen. Urne mit Abdeckschale und einem Beigefäß aus dem urnenfelderzeitlichen Gräberfeld.*

eines in einer Siedlungsgrube deponierten abgetrennten menschlichen Schädels, der vermutlich mit rituellen Handlungen zu verknüpfen sein dürfte.

Neben weiteren vorgeschichtlichen Siedlungen etwa nördlich vom Fischerpfad ließ sich ein urnenfelderzeitliches Gräberfeld nördlich vom Bahnhof Auggen lokalisieren. Eine Urne enthielt mehrere Beigefäße sowie eine Nadel und zwei kleine, auch als „Schläfenringe" bezeichnete Kopfschmuckringe aus Kupferlegierung. Letztere wurden vermutlich an einem am Kopf oder an den Haaren befestigten Band oder an einer Haube getragen (Abb. 14)

Archäologie im Streiflicht – Rettungsgrabungen mitten in der Siedlung

Ähnlich „gewinnträchtig" zeigten sich drei insgesamt 16 500 m² große Rettungsgrabungen in den als Kulturdenkmal ausgewiesenen Flächen. Trotz der stellenweise beträchtlichen kolluvialen Überdeckungen hatten bereits die geophysikalischen Messungen einige Verdachtsmomente ergeben, die sich nicht nur verifizieren ließen, sondern durch die Grabungen um ein Vielfaches übertroffen wurden.

Im Gewann „Beim Bahnhöfle" in Auggen wurde eine neolithische Siedlung erwartet (Fläche B). Zwar fand sich während der Untersuchung u. a. eine Ansammlung von Steinartefakten aus Rauracien-Hornstein und das Bruchstück eines Beils aus Amphibolit, aber ansonsten ergaben sich vor allem Anhaltspunkte für eine latenèzeitliche Siedlung, von der die Randbereiche erfasst worden sind. Zahlreiche kreisrunde Befunde bezeugen zudem die starke neuzeitliche Überprägung der Fläche.

In den Gewannen „Am Nägelegraben", „Hirsacker" und „Klettenacker" erbrachten die Begehungen Funde aus mehreren vorgeschichtlichen Epochen (Fläche C). Hier führten die Grabungen zur Aufdeckung mittelbronzezeitlicher und eisenzeitlicher Siedlungsareale, die sich weiter nach Süden fortsetzen, wie die Grabungen in Fläche D zeigen. Das Befundspektrum umfasst typische Siedlungsbefunde wie Grubenhäuser, fundreiche Abfallgruben sowie Überreste von Pfostenbauten.

Weiter südlich an der Grenze zum Landkreis Lörrach, in den Gewannen „Auggenmatten", „Hirsacker" und „Wehrhagmatten" (Fläche D), förderten die Grabungen anstatt des vermuteten römischen Gutshofes mehrere metallzeitliche Siedlungsareale zutage. Allein in dieser Fläche wurden über 400 Befunde erfasst. Dicht konzentrierte Grubenhäuser, Siedlungsgruben und Pfostenbauten bezeugen ausgeprägte Siedlungstätigkeiten in der mittleren und späten Bronzezeit sowie in der späten Eisenzeit (Abb. 15) Auffällig waren die regelhaft um die Grubenhäuser herum auftretenden Brandgruben, markiert durch ein schwärzliches Sediment und zahlreiche Holzkohleeinschlüsse. Die Grubenhäuser selbst dienten u. a. der Textilherstellung, wie beispielsweise Funde von Spinnwirteln belegen. Das Siedlungsbild wird zudem durch große Lehmentnahmegruben und einen schmalen Graben ergänzt, der regelhaft durch Gruben mit veziegelter Sohle flankiert wird. Insgesamt dürften diese im „Streiflicht" beobachteten Strukturen weilerartige Siedlungen bzw. Aktivitätszonen abbilden.

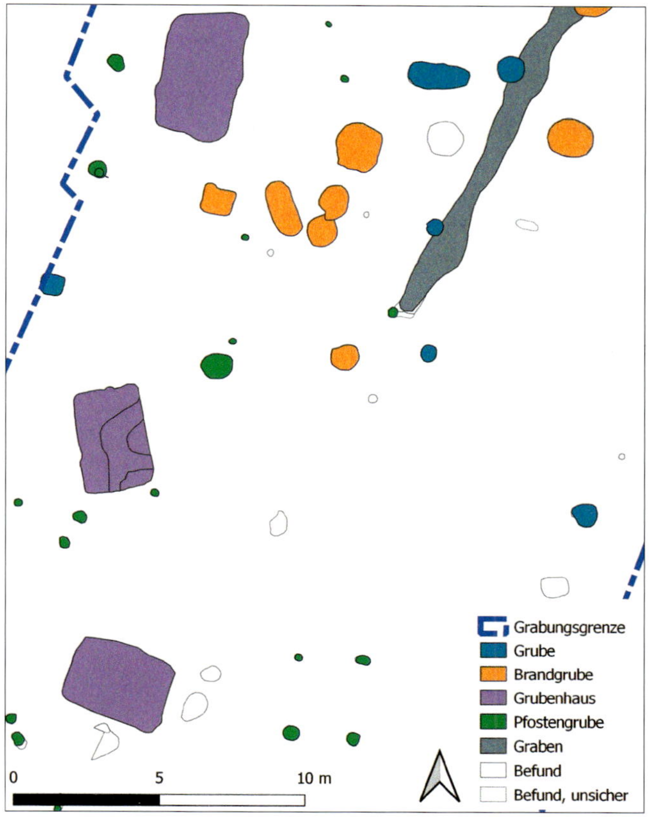

15 △ *Neubaustrecke Rheintalbahn, Auggen, „Hirsacker". Gesamtplan der Grabungsfläche mit Siedlungsbefunden der Latènezeit.*

Ausblick

Die umfangreichen archäologischen Untersuchungen zwischen Müllheim und Auggen liefern eine Vielzahl an neuen Erkenntnissen insbesondere zur bronze- und eisenzeitlichen Besiedlung der Region. Durch sie werden sich die bislang erarbeiteten Modelle zur prähistorischen Landschaftsgenese am südlichen Oberrhein weiterentwickeln lassen. Speziell die große Anzahl neu entdeckter Fundstellen zeigt, wie wichtig möglichst lückenlose bauvorgreifende Sondierungen sind, nicht zuletzt auch im nächstfolgenden, 12 km langen Abschnitt zwischen March und Riegel.

Wir möchten uns für die sehr konstruktive Zusammenarbeit bei Thomas Bendel, Stefan Lauber, Leander Siegert und Marc Straub von der DB Netz AG sowie bei Bastian Senger von der BauIN GmbH bedanken. Zu jeder Zeit Verlass war zudem auf die maschinelle und baustellentechnische Unterstützung der Mitarbeiter der Firma Grötz GmbH & Co. KG. Zu guter Letzt muss an dieser Stelle der unermüdliche Einsatz Heiko Wagners bei seinen langjährigen Begehungen für das LAD gewürdigt werden.

Marcel El-Kassem, Carina Danner

LITERATURHINWEISE

J. Bofinger, Lineare Projekte in Baden-Württemberg. Erste Erfahrungen und Ergebnisse. In: J. Bofinger/ D. Krausse (Hrsg.), Large scale excavations in Europe: Fieldwork strategies and scientific outcome. EAC Occasional Paper 6 (Brüssel 2012) 157–172; G. Fingerlin, Ur- und Frühgeschichte auf Grund der archäologischen Quellen. Ber. Naturforsch. Ges. Freiburg 81, 1991, 65–116; D. Mischka, Methodische Aspekte zur Rekonstruktion prähistorischer Besiedlungsmuster. Landschaftsgenese vom Ende des Neolithikums bis zur Eisenzeit im Gebiet des südlichen Oberrheins. Freiburger Arch. Stud. 5 (Rahden/ Westf. 2007).

Frühkeltische Gräber und mittelalterliche Gehöfte – Weitere archäologische Untersuchungen in Hilzingen

Der trotz der Corona-Pandemie ungebremste Bauboom führte auch im Berichtsjahr wieder zu mehreren Rettungsgrabungen in den Neubau- und Gewerbegebieten von Hilzingen. Durch die verkehrs- und siedlungsgünstige Lage unweit des Hohentwiels bestand bereits seit der Ankunft erster jungsteinzeitlicher Bauern vor über 7000 Jahren immer wieder Anreiz zur Besiedlung, und so weist der Ort zahlreiche archäologische Fundstellen auf. Die investorenfinanzierten Rettungsgrabungen wurden von der Grabungsfirma ArchaeoTask GmbH unter wissenschaftlicher Begleitung und Fachaufsicht der Kreisarchäologie des Landratsamtes Konstanz und dem Landesamt für Denkmalpflege im Juli/August sowie November/Dezember 2020 durchgeführt.

16 ▷ *Hilzingen, „Beim Steppbachwiesle". Bronzenadel mit rillenverziertem, sich konisch verjüngendem Kopf, die vermutlich aus einem zerstörten Grab der spätbronzezeitlichen Urnenfelderkultur stammt (ca. 11./10. Jh. v. Chr.).*

Weitere Siedlungs- und Grabfunde im Baugebiet „Beim Steppbachwiesle"

Eine der Rettungsgrabungen wurde durch den Bau eines Mehrfamilienhauses im Neubaugebiet „Beim Steppbachwiesle" am nordöstlichen Ortsrand von Hilzingen notwendig. Bei verschiedenen Grabungskampagnen und kleineren Notbergungen konnten seit 2014 neben Gräbergruppen der Bronze- und Eisenzeit umfangreiche Siedlungsspuren insbesondere des frühen Mittelalters und der Eisenzeit nachgewiesen werden. Zu den im Sommer 2020 festgestellten 30 neuen Siedlungsbefunden in der 680 m² großen Baufläche gehören neben wenigen Gruben und einem flachen Grabenabschnitt hauptsächlich Pfostengruben, die allerdings keine Hausgrundrisse mehr erkennen ließen und meist nicht genauer zeitlich eingeordnet werden konnten. Im südlichen Bereich der Grabungsfläche kamen aus einem vom Hang abgeflossenen Kolluvium ein Bronzering und eine Bronzenadel mit rillenverziertem, sich konisch verjüngendem Kopf (ca. 11./10. Jh. v. Chr.) zutage (Abb. 16). Vermutlich handelt es sich um umgelagerte Funde aus zerstörten Bestattungen einer höher am Hang gelegenen urnenfelderzeitlichen Gräbergruppe.

Bestattungen in situ konnten jedoch noch in der Nordhälfte der Baugrube dokumentiert werden. Eine Grablege mit einer Ostnordost–Westsüdwest orientierten Rollierung aus Kies und Geröll zeigte Beraubungsspuren. Die Reste des Skelettes waren stark verlagert und von den Beigaben waren nur

17 ◁ *Hilzingen, „Beim Steppbachwiesle". Gefäßensemble der Stufe Ha C/D1 aus einem möglicherweise beraubten Grab der frühen Eisenzeit (ca. 800–550 v. Chr.).*

noch einige unverzierte Keramikscherben vorhanden. Grabbau, Größe und Ausrichtung zeigen jedoch Übereinstimmungen mit frühkeltischen Körpergräbern, die im Jahr 2014 etwa 70 m nordöstlich entdeckt wurden. Wenig südlich dieser Bestattung fand sich ein schwerer Findling von etwa 1 m Länge. Möglicherweise markierte er eine weitere Grablege, von der jedoch nur noch ein Geschirrservice mit teilweise ineinander gestellten Gefäßen der Stufe Ha C/D1 der frühen Eisenzeit (ca. 800–550 v. Chr.) erhalten war (Abb. 17).

Eine mittelalterliche Gehöftgruppe im Gewerbegebiet

Bei Erschließungs- und Bauarbeiten im Gewerbegebiet „Killwies-Bütze" südlich des Ortes wurden seit 2014 verschiedene archäologische Rettungsgrabungen durchgeführt, die umfangreiche Siedlungsbefunde von der ausgehenden Bronzezeit bis wohl ins Mittelalter erbrachten. Erste früheisenzeitliche Siedlungsreste (Stufe Ha C/D1) in Form von Pfostengruben und Grubenhäusern waren bereits 2012 beim Bau einer Industriehalle im östlich angrenzenden Gewerbegebiet „Breiter Wasmen" entdeckt worden (Abb. 18).

Das Areal liegt siedlungsgünstig auf etwa 455 m ü. NN inmitten guter Ackerböden an einem sich flach nach Süden neigenden Hang, etwa 240 m entfernt vom Zusammenfluss von Mühle- und Rohrbach. Den Untergrund bilden mittelschwere Auelehme, die zeitweise auch oberflächennah Schichtwasser führen können, wie die Grabungen Ende 2020 erneut zeigten.

Bei der Untersuchung von zwei benachbarten Baufeldern im November und Dezember 2020 wurden auf ca. 4500 m^2 Grabungsfläche knapp 300 Befunde dokumentiert. Damit sind seit 2014 etwa 750 Befunde und Strukturen auf knapp 1,25 ha Fläche nachgewiesen. Bei den Befunden handelte es sich überwiegend um Pfostengruben. Hinzu kommen mehrere Gräbchen sowie zahlreiche rezente Drainagen.

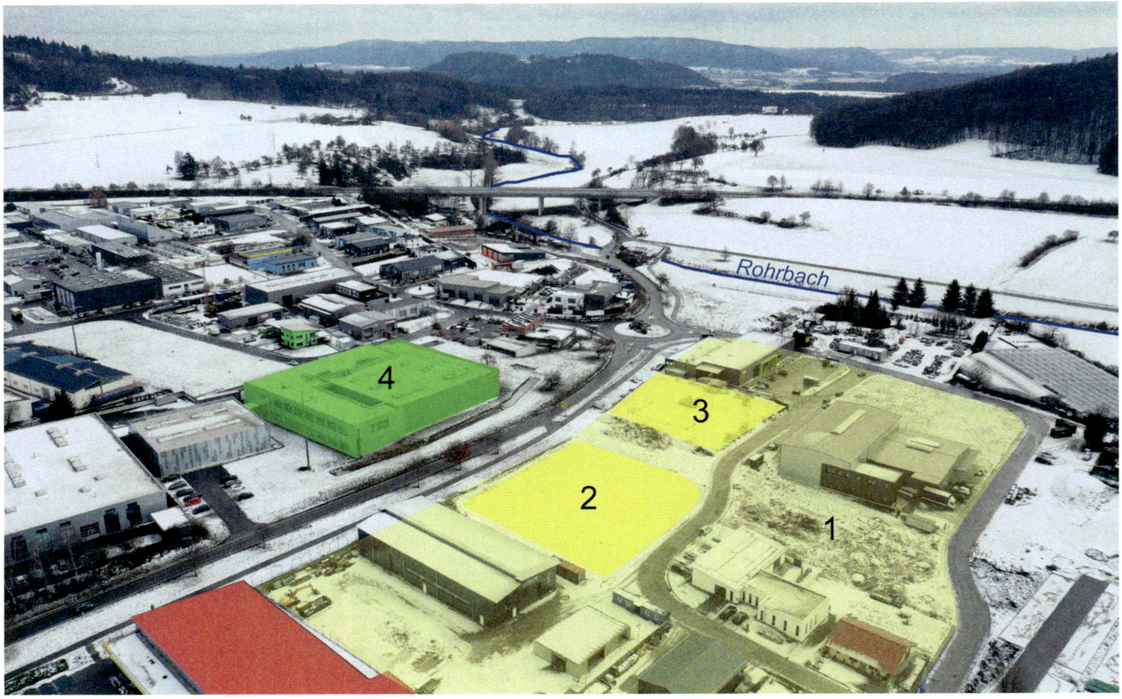

18 △ *Hilzingen, Gewerbegebiet „Killwies-Bütze". Überblick von Nordwest mit dem Rohrbach im Hintergrund. 1 Gesamtfläche mit Erschließungstrassen und einzelnen Baumaßnahmen seit 2014; 2, 3 untersuchte Bauflächen im November/Dezember 2020; 4 Baufläche mit Funden einer früheisenzeitlichen Siedlung im angrenzenden Gewerbegebiet „Breiter Wasmen".*

Auch ohne detaillierte Auswertung lassen sich bereits jetzt 16 Grundrisse oder Teilgrundrisse von einfachen Pfostenbauten im Grabungsplan erkennen (Abb. 19). Sie weisen überwiegend eine Orientierung in West-Ost-Richtung oder rechtwinklig hierzu in Nord-Süd-Richtung auf. Die Ausmaße der Pfostenhäuser variieren von 4,20 m bis 12,70 m Länge sowie von 3,90 m bis 6,30 m Breite. Mehrere kleinere Vier- bzw. Sechspfostengrundrisse markieren vermutlich Speicherbauten. Die Vorratshaltung von Feldfrüchten und Saatgut dürfte überwiegend in gestelzten Speichern erfolgt sein. Kellergruben sind selten. Zu ihnen gehören zwei noch etwa 1,5 m tiefe Gruben aus den Grabungsflächen des Berichtsjahres. Eine davon zeigte die typische ausschwingende Sohle einer umgekehrt trichterförmigen Vorratsgrube. 25 m südlich der Gruben kam ein runder Sodbrunnen aus trocken gesetzten Geröllen zutage. Sein Gesamtdurchmesser betrug 2,0 m und er war lediglich 1,30 m tief, wie eine Bohrstocksondage zeigte. Aufgrund von stark eindringendem Schichtwasser sowie dem Umstand, dass an dieser Stelle keine tiefgehenden Baumaßnahmen geplant sind, wurde die Brunnensohle nicht freigelegt und bleibt erhalten. Direkt daneben befanden sich zwei weitere vergleichsweise tiefe Gruben, deren Funktion jedoch unklar ist. Handelte es sich möglicherweise um weitere Versuche, Schichtwasser zu erschließen? Brunnen, Gruben und Hausgrundrisse lassen sich bislang noch nicht genauer zeitlich einordnen, da insgesamt nur wenig Fundmaterial vorhanden war und eindeutig datierende Artefakte aus diesen Befunden fehlen. Aus anderen benachbarten Pfostengruben sowie einer flachen, etwa 10 m × 5 m großen Mulde westlich des Brunnens kamen jedoch zahlreiche Tierknochen, Eisenschlacken sowie immer wieder auch Fragmente von Mühlsteinen aus Randengrobkalk zutage. Zu diesen Funden zählen auch ein kleiner Feuerstahl sowie ein mit konzentrischen Kreisen verzierter Knochenspinnwirtel, Wandscherben von hart gebrannter und mit feinem Quarz gemagerter Gebrauchskeramik sowie eine Randscherbe von sogenannter Nachgedrehter Ware des 11./12. Jahrhunderts n. Chr. Hinzu kommen einzelne grobkeramische Scherben von Gefäßen der Bronze- bis Eisenzeit aus anderen Pfostengruben. Die mittelalterlichen Funde konnten vermehrt in den 2020 untersuchten Flächen festgestellt werden, sodass zu vermuten ist, dass die zahlreichen Gebäude mit ihrer einheitlichen Bauweise und Orientierung zu einer planvoll angelegten, bislang unbekannten mittelalterlichen Gehöftgruppe südlich von Hilzingen und nordöstlich von Dietlishof gehören, die spätestens im Verlauf des Hochmittelalters abgegangen sein dürfte. Dennoch scheinen sich auch Siedlungsspuren aus der Bronze- und Eisenzeit unter den vielen Befunden zu verbergen.

Wir danken vielmals der Familienheim GmbH mit Herrn Günter Stihl, der Firma Durutec Ketten GmbH mit den Herren Fabio und Mario De Martin sowie der Firma Schultheiß Bau mit Frau Naomi Schultheiß für die Kooperation und die Finanzierung der Ausgrabungsarbeiten. Bester Dank gilt auch Dr. Bertram Jenisch für hilfreiche Datierungshinweise sowie den verschiedenen Grabungsteams für deren engagierten Einsatz trotz teils widriger Witterung.

Georg Häußler, Steven Bosch, Stefanie Kramp, Julia Goldhammer, Jürgen Hald

19 △ *Hilzingen, Gewerbegebiet „Killwies-Bütze". Ausschnitt aus dem vorläufigen Gesamtplan der archäologischen Untersuchungen der Jahre 2014–2020 mit möglichen Grundrissen von Pfostenhäusern und Speicherbauten. Befunde der Grabung 2020: 1 Sodbrunnen; 2, 3 Kellergruben; 4 flache Mulde mit mittelalterlichen Funden.*

LITERATURHINWEISE

A. Gutekunst/J. Hald, Eine frühkeltische Wegtrasse bei Hilzingen – weitere Ausgrabungen im Wohnbaugebiet „Beim Steppbachwiesle". Arch. Ausgr. Baden-Württemberg 2019, 133–136 mit weiterer Lit.; J. Hald, Von der Steinzeit zu den Merowingern – siedlungsarchäologische Untersuchungen in Hilzingen. Ebd. 2014, 246–249; Ders., Eine Siedlung der frühen Eisenzeit bei Hilzingen. Ebd. 2012, 132–133 mit weiterer Lit.; Ders., Der früheisenzeitliche Hegau. In: A. Bräuning/W. Löhlein/S. Plouin, Die Frühe Eisenzeit zwischen Schwarzwald und Vogesen. Arch. Inf. Baden-Württemberg 66 (Freiburg 2012) 60–69.

Ehrenamtlich am Wunnenstein bei Winzerhausen

Bereits 2019 wurde vom Landesamt für Denkmalpflege und der Gesellschaft für Archäologie in Württemberg und Hohenzollern e. V. ein Projekt zur Einbindung von Bürger*innen in die archäologische Denkmalpflege und -forschung initiiert. Dank der Erbschaft von Heinz Hans Vollmer an das Landesamt für Denkmalpflege konnten 2020 die Arbeiten mit vielen engagierten Interessierten aufgenommen werden. Im Zentrum der Forschung steht die markante Erhebung des Wunnensteins bei Großbottwar und dessen nähere Umgebung. Lesefunde, die Aufnahme von Bodendenkmälern und historische Aufzeichnungen zeigen eine über Neuzeit und Mittelalter bis weit in die Vorgeschichte zurückreichende Nutzung an. Abgesehen von einer Sondage auf dem Bergplateau 1937 und der Denkmalerfassung zu Beginn des 20. Jahrhunderts haben indes nie archäologische Untersuchungen stattgefunden.

Vorgeschichte bis Neuzeit auf dem Gipfel

Die Dreiteilung des Wunnensteins in Vorder-, Mittel- und Hinterköpfle geht vermutlich auf den einstigen Burgstall der Herren von Wunnenstein zurück. Historisch überliefert ist eine Kirche, deren Turm Bestandteil des heutigen Aussichtsturmes sein soll. Der zugehörige Friedhof wurde noch bis 1737 genutzt. Zudem sind neben römischen Funden, derentwegen Oskar Paret einen gallorömischen Tempel auf der Kuppe vermutete, eine urnenfelderzeitliche Randscherbe, ein neolithisches Grünsteinbeil sowie verschollene „Mikrolithen“ bekannt.
Zur Eruierung der Befundsituation auf dem Wunnensteinplateau fanden im Frühjahr Begehungen, Metallsondenprospektionen und kleine Sondagen statt (Abb. 20). Wie erwartet, fand sich vor allem keramisches Material aus dem Hoch- und Spätmittelalter. In der Sondage nördlich des heutigen Aussichtsturmes wurde der Schutt einer sogenannten Mönch-Nonne-Dachdeckung, vereinzelte Fragmente spätmittelalterlicher Keramik sowie Flachglasfragmente geborgen. Vom Vorder- sowie dem Mittelköpfle stammen einige eiserne Geschossspitzen aus dem Mittelalter und drei römische Münzen, die Marcus Meyer in das 2. und 3. Jahrhundert n. Chr. datiert. Ein Highlight ist zudem der Zierteil einer Spitzpaukenfibel der Hallstattzeit.

Grabhügel der Bronzezeit?

Am Osthang des Berges beschrieben zwei Heimatforscher und Oskar Paret 1921/23 erstmals zwei Grabhügelgruppen, bestehend aus sechs bzw. drei bis vier Hügeln. Während jene der Nordgruppe noch gut erhalten sind, wurde die Südgruppe 1949 fast gänzlich bei Sprengrodungen zur Gewinnung von Weideflächen zerstört. Die zwischen Juni und Oktober durchgeführten Feldarbeiten hatten daher zum Ziel, die Lage der letztgenannten Hügel ausfindig zu machen und bislang fehlende Erkenntnisse zur Datierung der Nekropole und zum Aufbau der Tumuli zu erlangen.

Zunächst führte die Firma Ostalb-Archäologie GbR im Auftrag des Landesamtes für Denkmalpflege geophysikalische Prospektionen per Magnetometer und Bodenradar in den betroffenen Arealen durch. Die Ergebnisse liefern Hinweise auf die Lage von drei südlichen Grabhügeln – ein vierter konnte gut erhalten im angrenzenden Wald erkannt werden – sowie erste Indizien zum Aufbau zwei unterschiedlich großer Hügel der Nordgruppe. An diesen fanden vom 22. 6. bis 9. 10. 2020 Ausgrabungen statt.

Im Bereich des kleineren, nur flach erhaltenen Hügels zeigt das Radiogramm eine ringförmige Anomalie von 5 m Durchmesser. Fehlende Indizien für einen fossilen Humushorizont unter der Hügelschüttung legen nahe, dass man vor dessen Errichtung zunächst den Oberboden abtrug; das Erdmaterial der Aufschüttung gleicht dem anstehenden Lösslehm. Etwa im Zentrum befand sich eine Grube mit Holzkohlekonzentration, die im Block geborgen wurde. Leichenbrandreste oder Beigaben waren vor Ort

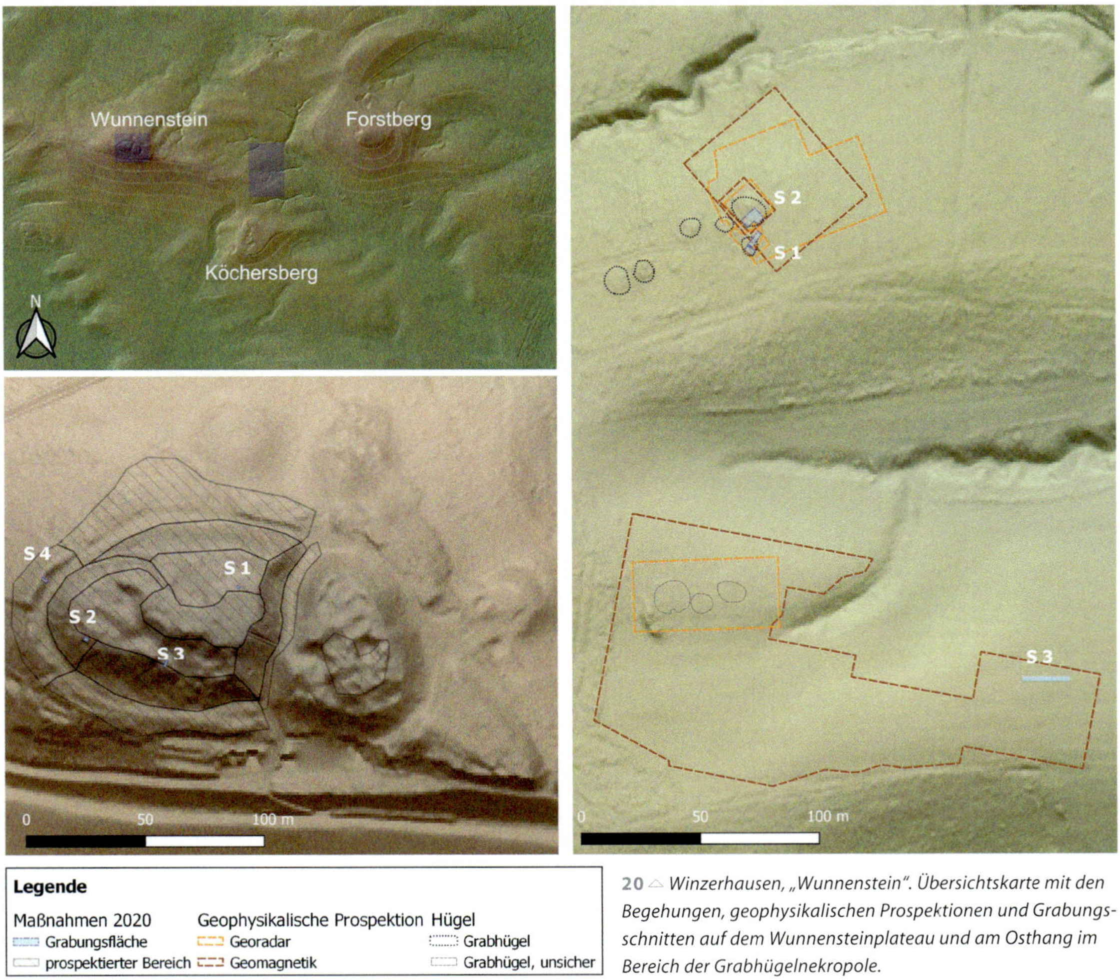

20 △ Winzerhausen, „Wunnenstein". Übersichtskarte mit den Begehungen, geophysikalischen Prospektionen und Grabungsschnitten auf dem Wunnensteinplateau und am Osthang im Bereich der Grabhügelnekropole.

nicht zu beobachten. Radiokarbondatierungen zweier Holzkohlen ergaben Daten von 1411–1056 cal BC (2-sigma).
Der zweite Tumulus ist mit einer erhaltenen Höhe von bis zu 1,3 m und ca. 12,9–15,5 m Durchmesser der größte der Nordgruppe. Auf den geophysikalischen Messbildern ist deutlich eine ringförmige Anomalie von ca. 9,5 m Durchmesser erkennbar. Die Ausgrabung erfasste etwa ein Viertel des Hügels, abgetragen wurden bislang nur die obersten ca. 20 cm (Abb. 21). Dabei kamen Teile eines Steinkranzes mit Sichtfront aus größeren, nach außen planen Steinen zutage; datierende Funde fehlen bislang. Tumuli mit Steinkränzen ähnlicher Größe sind für die Hügelgräberkultur sowie für die Hallstattkultur typisch.

Mesolithisches?

Im sorgfältig gesiebten Sediment aus den beiden Grabungsbereichen fanden sich zahlreiche kleine Silices, die offenbar sekundär verlagert inner- und außerhalb der Hügelschüttungen lagen. Sie umfassen verschiedene Feuersteinarten, Klingenlamellen, Abschläge, Restkerne und Trümmerstücke. Wenige weisen feine Risse und grau-weißliche Verfärbungen infolge intensiver Hitzeeinwirkung auf. Das Formenspektrum und eine mikrolithische Komponente legen nahe, dass das Material deutlich älter als die Grabhügel, möglicherweise mesolithisch ist. Weitere Untersuchungen sollen klären, ob dadurch die Anwesenheit nacheiszeitlicher Jäger und Sammler belegt ist.

21 ▷ *Winzerhausen, „Wunnenstein". Grabungsteam und Besucher „ergänzen" den bis dahin nur zu einem Viertel freigelegten Steinkreis des großen Grabhügels.*

Ausblick

Rund 70 Freiwillige zwischen 15 und 70+ Jahren wirkten an den Untersuchungen mit. Ihrem tatkräftigen Engagement und dem verständnisvollen Umgang mit den infolge der Corona-Pandemie erforderlichen Einschränkungen ist es zu verdanken, dass sich neue Kapitel der (Vor-)Geschichte des Wunnensteins erschließen. 2021 werden die Prospektionen und Ausgrabungen fortgesetzt. Das Projekt zeigt ein weiteres Mal das Potenzial der Zusammenarbeit zwischen der Landesdenkmalpflege und engagierten Bürger*innen für die Erhaltung und die Erforschung unserer Kulturlandschaft.

Wir danken herzlich: allen Projektbeteiligten; Markus Pantle für sein langjähriges Engagement vor Ort; Franz Hoffmann für die Betreuung der projektinternen Kommunikationsplattform; Wilhelm Schmidbleicher, der Hofkammer des Hauses Württemberg und der Stadt Großbottwar für Genehmigung und Unterstützung des Projektes; der Naturschutzbehörde des Landkreises Ludwigsburg.

André Spatzier, Annkatrin Benz

LITERATURHINWEISE

G. Wieland, Großbottwar-Winzerhausen. In: Vor- und Frühgeschichte im Kreis Ludwigsburg (Ludwigsburg 1993) 218 f.; A. Benz/A. Spatzier, Archäologie rund um den Wunnenstein (Großbottwar). Ein Forschungsprojekt mit Ehrenamtlichen und Freiwilligen im Landkreis Ludwigsburg. Denkmalpfl. Baden-Württemberg 50, 2021, 120–125.

INFO

Weiterführende Links
Grabungsbesuch von Staatssekretärin Katrin Schütz im Rahmen ihrer Denkmalreise, Video: https://t1p.de/82rw
Warum engagiere ich mich für die Archäologie? Statements von Projektteilnehmer*innen: https://t1p.de/qwd9
Informationen zum Projekt: https://t1p.de/7j4t

ZAISENHAUSEN, KREIS KARLSRUHE

Die vorgeschichtliche und frühalamannenzeitliche Siedlungsstelle „Am Mühlweg" bei Zaisenhausen

Nach der Entdeckung archäologischer Relikte durch ehrenamtliche Beauftragte bei den Erschließungsarbeiten für ein Gewerbegebiet wurde im Spätjahr 2019 durch das Landesamt für Denkmalpflege am südwestlichen Ortsende von Zaisenhausen eine Prospektionsgrabung durchgeführt, die Befunde aus verschiedenen Epochen erbrachte. Aufgrund ihrer Bedeutung und Qualität wurde durch die Firma ArchaeoTask von März bis Juni 2020 eine flächige Ausgrabung durchgeführt. Die auf der rund 1 ha großen Fläche dokumentierten Überreste einer gut 7000-jährigen Nutzung sprechen für eine hohe Attraktivität dieses Siedlungsareals.
Das sanft nach Nordosten abfallende Hangareal bot fruchtbaren Lössboden und mit den nördlich bzw. östlich vorbeifließenden Kohlbach und Mörsbach war auch die Wasserversorgung gesichert. Besonders die fla-

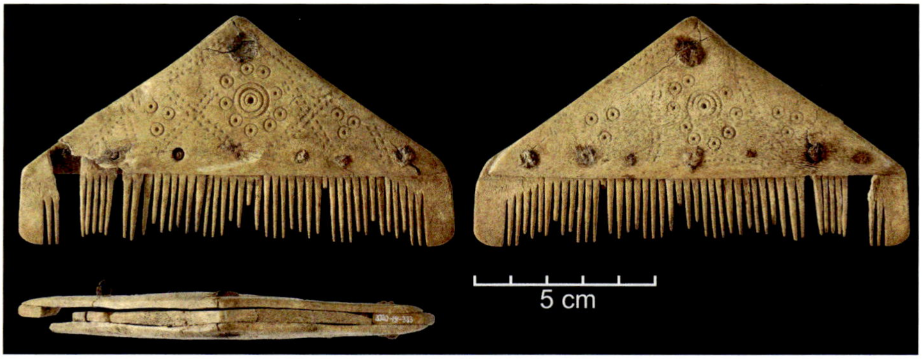

24 ▷ *Zaisenhausen, „Am Mühlweg". Dreilagenkamm mit dreieckiger Griffplatte und Kreisaugen- sowie Kerbverzierung aus dem 4./5. Jh.*

Das aus der Grabenverfüllung geborgene Fundmaterial lässt sich in zwei Gruppen unterteilen: Am häufigsten sind frei geformte frühalamannenzeitliche Scherben, vorwiegend von Schalen, Schüsseln und Kümpfen. Römische (Import-)Funde, darunter Ziegel, Gebrauchskeramik und Terra sigillata, sind deutlich seltener. Funde aus Metall, Knochen, Stein oder Glas sind absolut rar. Wichtige datierende Elemente bilden ein einzeiliger Dreilagenkamm mit dreieckiger Griffplatte (Abb. 24), die mit Kreisaugen und Punktreihen verziert ist, sowie eine Bronzefibel mit umgeschlagenem Fuß der Form Almgren VI, 161–162. Der Kamm stammt aus dem 4./5. Jahrhundert und die Fibel aus dem späten 3./frühen 4. Jahrhundert.

Von großer Bedeutung ist, dass unter dem dunkel und zum Teil mit stark holzkohlehaltigen Straten verfüllten Hauptgraben lineare oder pfostenartige Strukturen beobachtet werden konnten, die eine ältere Nutzungsphase des Grabens nahelegen. Bis zur Sohle dieser Vertiefung war eine Gesamttiefe von bis zu 2 m zu verzeichnen. Die äußerst seltenen Funde aus den tieferen Schichten sind ausnahmslos der römischen Zeit zuzuordnen. Ein aus dem Sohlbereich geborgenes Terra-sigillata-Fragment dürfte einer ersten Einschätzung nach in die mittlere Kaiserzeit (2./3. Jh.) gehören. Aufgrund des geringen Fundanfalls ist die zeitliche Einordnung des Grabens durchaus problematisch. Seine endgültige Auflassung und Verfüllung dürfte aber während des 4. bis frühen 5. Jahrhunderts erfolgt sein.

Weiteres spätantikes Fundmaterial stammt aus wenigen Befunden, die sich alle südöstlich des Grabens befanden. Dazu zählen die Fragmente eines zweiten Kamms. Es hat den Anschein, als ob der Graben damit und mit weiteren Siedlungsbefunden Richtung Kohlbach, die wahrscheinlich in großen Teilen durch den Bau der L 618 zerstört worden sind, in Verbindung stand. Auffallend sind jedenfalls der weitgehend geradlinige Grabenverlauf und seine mutmaßliche Ausrichtung nach dem südöstlich gelegenen Kohlbach.

Wir danken der Gemeinde Zaisenhausen und der LBBW Immobilien Kommunalentwicklung GmbH, Stuttgart, für die gute und verständnisvolle Zusammenarbeit.

Joachim Kitzberger, Britta Rabold, Sven Jäger

LITERATURHINWEIS

B. Rabold/S. Jäger, Ein vielversprechender neuer Fundplatz in Zaisenhausen. Arch. Ausgr. Baden-Württemberg 2019, 208–209.

Vorgeschichtliche, mittelalterliche und neuzeitliche Besiedlungsspuren in Hohensachsen

Das nordbadische Hohensachsen liegt in Westhanglage etwa 1 km östlich der Bergstraße. Der Ort ist am Zusammenfluss zweier Bachläufe auf einer Schwemmterrasse entstanden. Die Talstraße entlang des verdolten Äpfelbaches bildet die Hauptverkehrsachse, die den Odenwald mit dem Oberrheintal verbindet. Der Ortskern wird von der Pfarrkirche St. Jakobus mit ihrem Pfarrhof aus dem späten 18. Jahrhundert geprägt. Direkt östlich der Kirche liegen Weinberge und etwas entfernt hangaufwärts auf einer Kuppe befindet sich der moderne Friedhof. Im hier behandelten Areal westlich des Pfarrhofes wurden auf rund 2800 m² Kleingärten bewirtschaftet.

Erste Prospektionen

Die Planungen einer Wohnanlage im Kleingartenareal führten im August 2019 zu einer dreiwöchigen Prospektionsgrabung durch das Landesamt für Denkmalpflege. Da die Fläche in zentraler Ortslage offenbar bis dato kaum überprägt wurde, war die Erwartung auf archäologische Relikte zu stoßen groß. Die Führung der geöffneten Schnitte war durch eine neuzeitliche, quer durch die Anlage verlaufende Stützmauer vorgegeben. Die Mauer teilte das Gelände in einen steilen Hang- und einen flacheren Talbereich. Wenig überraschend war der Fund von Fundamenten einstiger Gartenlauben sowie zahlreicher barocker und moderner Abfallgruben. Anders als erwartet konnten keine Reste von Gebäuden eines älteren Pfarrhofes oder kirchennaher Grablegen dokumentiert werden. Überraschend waren hingegen südlich der Stützmauer angeschnittene Gruben, die auf eine bisher unbekannte vorgeschichtliche Siedlungstätigkeit verwiesen. Die nördlich im Hang angelegten Schnitte erbrachten den Nachweis einer bis zu 2 m mächtigen Abschwemmung, die ältere Strukturen überlagerte. Da diese Schicht ausschließlich vorgeschichtliches und römerzeitliches Fundmaterial – darunter auch ein römischer Silberdenar des Trajan (Abb. 25) – erbrachte, wird die Abschwemmung während oder kurz nach der Römerzeit stattgefunden haben. Die römischen Funde ergänzen die bereits 1975 etwa 100 m talaufwärts gemachten Fund- und Befundbeobachtungen, die als Relikte römischer Siedlungstätigkeiten gedeutet wurden.

25 ▽ Weinheim-Hohensachsen, Talstraße 13. Römischer Silberdenar des Trajan aus der Schwemmschicht im Hangbereich der Ausgrabungsfläche.

Ergebnisse der Ausgrabungen

Die aufgedeckten archäologischen Relikte führten zu einer vier Monate dauernden Ausgrabung durch die Firma Südwest-Archäologie, die im Dezember 2019 startete. Gerade im Hangbereich war das Arbeiten eine Herausforderung, da zwei der in den Hang hineingeschnittenen Baugruben bis auf den Befundhorizont hinabreichten und für eine sachgerechte Dokumentation der Hang, u. a. die bereits genannte Abschwemmung, unter archäologischer Begleitung abgetragen werden musste. Schließlich konnten trotz der Widrigkeiten rund 1500 m² flächig untersucht werden (Abb. 26). Neben flavischer Zeit in Betrieb genommenen und bis zum Beginn des 3. Jahrhunderts n. Chr. bewirtschafteten Töpferareal basiert. Der römische Siedlungshorizont erstreckte sich vor allem weiter westlich der Basler Straße auf einem ca. 500 m^2 großen Areal, war aber auch direkt unter der mittelalterlichen Ortsburg (siehe unten) fassbar.

Zwar gelang kein eindeutiger Nachweis eines römischen Straßenkörpers unter der heutigen Basler Straße. Nach allem was man weiß zweigte jedoch in Bad Krozingen von der nordsüdlich verlaufenden rechtsrheinischen Rheintalstraße, die weiter nach Umkirch führte, die sogenannte Rhein-Neumagen-Straße nach Ihringen und damit zum westlichen Rheinübergang ab. Zudem dürfte ein Weg weiter nach Osten in das Münstertal geführt haben.

27 △ *Bad Krozingen, Basler Straße/Rathausplatz. Römischer Brunnen mit erhaltener Holzverschalung.*

Ortsburg unter dem Rathaus

Das heutige Rathaus liegt unmittelbar an einer markanten Geländekante, unter der sich über der Basler Straße eine mehrfach überformte massive Mauer verbirgt. In seinem Vorgelände traten Überreste der mittelalterlichen Ortsburg zutage, deren Baugeschichte in mindestens vier Hauptphasen gegliedert werden kann. Mit dem ältesten Baukörper entstand im 12. Jahrhundert die erste Umfassungsmauer des Geländes. Östlich davon lagen Fundamentreste eines turmartigen Gebäudes aus gelb-weißlichen Kalksteinblöcken, über denen aufgehendes Mauerwerk aus hellgelbem Kalksandstein nachgewiesen werden konnte (Abb. 29). Innen schlossen sich daran eine schmale Mauer und die Rollierung eines Bodens an.

Den Kern der zweiten Bauphase bildet ein im Fundament erhaltenes, turmartiges Gebäude, das an die Umfassungsmauer angelehnt ist. In der 7,5 m langen Südwand fand sich noch die 1,8 m breite Schwelle einer ebenerdigen Zugangstür. Im Inneren des Gebäudes war ein Stampflehmboden mit einem verkohlten Bohlenbelag erhalten. Die Oberfläche der Türschwelle und die Innenseite der Mauern waren durch große Hitzeeinwirkung abgeplatzt und brandgerötet: Das Gebäude wurde offenbar durch einen Brand zerstört. Die mächtigen Brandhorizonte mit verkohlten Bohlen des Fußbodenbelages enthielten ausschließlich Geschirrkeramik der grauen Irdenware und Becherkacheln eines aus dem Obergeschoss heruntergebrochenen Ofens.

Aufgrund der Funde kann die Nutzung des Burgturms in die erste Hälfte des 13. Jahrhunderts datiert werden. Eines der jüngsten Fundstücke ist eine aus Bronze gegossene Ringfibel mit einem Durchmesser von 2,2 cm. Sie wies an der Schauseite sechs

28 △ *Bad Krozingen, Basler Straße/Rathausplatz. Vorläufiger Gesamtplan von Schnitt 2 der Grabung.*

(Kitt-)Fassungen für gläserne Schmucksteine auf (Abb. 30).

Beim Wiederaufbau entstand anstelle des Turms ein großes Wohngebäude, das mit repräsentativen Kachelöfen ausgestattet war. Dieses jüngere Anwesen besaß im 14. Jahrhundert sogar eine für den ländlichen Raum eher untypische, mit Stein ausgekleidete Schachtlatrine, die nach Aufgabe mit einem Mühlstein abgedeckt wurde. Beim spätmittelalterlichen Umbau blendete man der Umfassungsmauer westlich eine weitere Mauerschale vor. Im frühen 17. Jahrhundert wurde auch der südlich der Burg gelegene Kirchhof mit St.-Alban-Kirche und Friedhof ummauert. Zu diesem Zeitpunkt ist die Bebauung des Burgbereiches erneut stark verändert worden.

Während die Erbauer und Bewohner der älteren Anlagen nicht benannt werden können – zu vermuten ist ein Ortsadel, dessen Angehörige als Ministerialen der Zähringer und später der Grafen von Freiburg überliefert sind – erfolgte der jüngste fassbare Umbau im späten 16. Jahrhundert unter den Snewlin von Landeck. Ein Inventar des Johann von Landeck aus dem Jahr 1583 beschreibt das „Neue Schloss“ in Krozingen. Nach Verpfändung 1608 und schließlich Verkauf 1623 gelangte das im Dreißigjährigen Krieg beschädigte „Landeck’sche Schloss“ mit Zubehör 1662 an die Herren von Pfirt.

29 ▽ *Bad Krozingen, Basler Straße/Rathausplatz. Reste der mittelalterlichen Ortsburg vor dem heutigen Rathaus.*

Gemeindefriedhof um St. Alban

Das höher gelegene und durch eine lange Mauer begrenzte Gelände zwischen St.-Alban-Kirche und Rathaus wurde im Süden als Ortsfriedhof genutzt. Insgesamt 91 in eine Aufschüttung eingetiefte Gräber können in bis zu acht aufeinanderfolgende Belegungsphasen gegliedert werden. Sie datieren überwiegend in den Zeitraum vom frühen 17. bis zum beginnenden 18. Jahrhundert. Die Toten waren meistens einheitlich in West-Ost-Richtung orientiert. Stellenweise hatten sich Sargreste gut erhalten. Direkt an die Umfassungsmauer angebaut hatte man ein Ossuarium und etwas davon abgerückt ein Beinhaus errichtet.
Zeitgleich wurde auch nördlich der Kirche ein kleiner Ausschnitt des Friedhofs durch die Firma ABS-iS untersucht. Die Befunde entsprechen im Wesentlichen den Beobachtungen westlich der Kirche.

Besiedlung ab dem 19. Jahrhundert

Ortsburg und Kirche waren seit dem 12. Jahrhundert von einem 10 m breiten Graben umgeben, der im 18. Jahrhundert überformt worden ist. Nach seiner Verfüllung im 19. Jahrhundert erfolgte eine Bebauung mit einfachen Häusern. Deren Fundamente waren auf Holzbalken errichtet, um Setzungsrissen vorzubeugen. Aus dieser Zeit stammt auch ein Brunnen, in dem noch die aus einem durchbohrten Kiefernstamm gefertigte Pumpe stand.

Die Rettungsgrabung an der Basler Straße erbrachte zum Teil in erstaunlicher Tiefe und guter Erhaltung Funde und Befunde, die unsere Kenntnis der Krozinger Ortsgeschichte wesentlich ergänzen.

30 △ *Bad Krozingen, Basler Straße/Rathausplatz. Ringfibel aus Bronze mit sechs Kittfassungen für gläserne Schmucksteine aus der Brandschicht der 2. Bauphase der Burganlage. Zweite Hälfte 13. Jh., Dm. 2,2 cm.*

Zum Gelingen des Projekts trugen die Unterstützung durch Herrn Bürgermeister Volker Kieber und die gute Koordination durch Heidrun Haag-Bingemann erheblich bei.

Marcel El-Kassem, Bertram Jenisch, Arne Schmid-Hecklau

LITERATURHINWEISE

L. Blöck, Die römerzeitliche Besiedlung im rechten südlichen Oberrheingebiet. Forsch. u. Ber. Arch. Baden-Württemberg 1 (Esslingen 2016); M. El-Kassem/B. Jenisch/A. Schmid-Hecklau, Bad Krozingen – von Römern und Rittern. Arch. Deutschland 2020, Heft 6, 50 f.; A. Schmid-Hecklau/B. Jenisch, Städtebauliche Neuordnung eröffnet Blick in das Ortszentrum Krozingens. Arch. Ausgr. Baden-Württemberg 2019, 293 f.; M. Strotz/H. Kunze, Bad Krozingen (FR). In: A. Zettler/Th. Zotz (Hrsg.), Die Burgen im mittelalterlichen Breisgau II. Südlicher Teil. Halbband A–K (Ostfildern 2009) 26–35; F. Tränkle, Das Produktionsspektrum der römischen Töpferei von Bad-Krozingen (Unpubl. Magisterarb. Freiburg 2007).

STEINZEIT

Tauberbischofsheim
Tauber
Neckar
Jagst
Kocher
Zaisenhausen
Leingarten-Großgartach
Cleebronn
Winzerhausen
Karlsruhe
Waldstetten
Heubach
Stuttgart
Rhein
Aidlingen
Leinfelden-Echterdingen
Niederstotzingen-Lontal
Ammerbuch
Rottenburg-Wurmlingen
Tübingen
Bad Urach-Seeburg
Blaubeuren-Seißen
Ulm
Blaubeuren
Neckar
Schelklingen
Donau
Riegel a. K.
Alleshausen
Kolbingen
Dietfurt
Freiburg
Freiburg-Tiengen
Tuttlingen-Möhringen
Müllheim-Feldberg
Rhein
Bodensee
Konstanz

31 Cleebronn, Langwiesen IV. Kleiner Kumpf der Hinkelsteinkultur und Geräte aus Felsgestein und Silex aus Grab 2131. Die vier Silexklingen mit Lackglanz im Bild vorne lagen aneinandergereiht wie Einsätze einer hölzernen Sichel (zum Beitrag S. 93 ff.).

MÜLLHEIM-FELDBERG, KREIS BREISGAU-HOCHSCHWARZWALD

Interdisziplinäre Forschungen an der paläolithischen Freilandstation Feldberg „Steinacker“

Auch im Jahr 2020 wurde die Erforschung der paläolithischen Freilandstation Feldberg „Steinacker“ im Rahmen einer dreiwöchigen Kampagne unter Federführung des Landesamtes für Denkmalpflege (LAD) und in Kooperation mit dem Heinrich Schliemann-Institut der Universität Rostock fortgesetzt. Vor allem durch die Einbindung mehrerer Nachbardisziplinen mit Fachwissenschaftler*innen der Universitäten Tübingen, Heidelberg und Lausanne standen die Untersuchungen ganz im Zeichen neuer methodischer Ansätze und interdisziplinärer Zusammenarbeit. Hierbei konnten insbesondere neue Erkenntnisse zu Fundplatzgenese und Stratigraphie gewonnen werden. Die Freilandstation wurde 1969 von Werner Mähling entdeckt und erlangte in der Vergangenheit als eine der wenigen paläolithischen Freilandstationen, an der gravettienzeitliche Stielspitzen vom Typ „Font-Robert“ gefunden wurden, überregionale Bekanntheit. Immer wieder wird auch eine Verbindung zu den UNESCO-Welterbestätten der Schwäbischen Alb wie dem Geißenklösterle oder der Brillenhöhle diskutiert. Zuletzt gelang zudem der durch typische Steinartefakte und OSL-Datierungen abgesicherte Nachweis von Aktivitäten des Neandertalers am Steinacker.

32 Feldberg, „Steinacker“. Profil in Schnitt 8 mit den jungpaläolithischen Schichten und Kartuschen für die OSL-Beprobung während der Vermessung.

Auf den Spuren der Neandertaler und der modernen Menschen

Durch die Studierenden und Mitarbeiter*innen des LAD und der Universität Rostock wurden während der aktuellen Kampagne insgesamt drei Schnitte (S2, S8 und S9) genauer untersucht (Abb. 32). Wie gewohnt wurde das gesamte Sediment geschlämmt, die Funde mit der Totalstation einzeln eingemessen und ihre Neigung dokumentiert.

Die bereits in den letzten Jahren begonnenen Arbeiten in Schnitt 2 wurden abgeschlossen. Unter den hierbei geborgenen Steinartefakten ist vor allem der Fund eines neandertalerzeitlichen Schabers hervorzuheben (Abb. 33). Dieser gehört wie auch ein aus Schnitt 2 stammender Levallois-Kern zu einer kleinen mittelpaläolithischen Artefaktgruppe, die aus ortsfremdem Gestein hergestellt worden ist. Die pleistozänen Jäger und Sammler brachten diese Steinartefakte während ihrer Wanderungen aus bislang unbekannten Regionen mit zur Freilandstation am Steinacker.
Die aktuelle Grabung führte darüber hinaus in den neu angelegten Schnitten 8 und 9 zur Aufdeckung überraschend gut erhaltener Schichten mit einer vergleichsweise dichten Steinartefaktekonzentration. Der strengen Horizontierung der Funde nach zu urteilen, dürfte es sich um die noch in situ erhaltenen Überreste eines Schlagplatzes handeln. Aktuell laufen die Untersuchungen zu Zusammenpassungen der Steinartefakte und zu ihrer zeitlichen Einordnung: Aufgrund der stratigraphischen Lage könnte es sich hier um mehrere, dem Gravettien zuzuordnende Siedlungsphasen handeln.

33 ◁ *Feldberg, „Steinacker". Mittelpaläolithischer Schaber aus ortsfremdem Gestein.*

Geologische und mikromorphologische Untersuchungen

Im Zuge der jüngsten Kampagne wurden erstmals umfangreiche geologische Bohrungen und elektrische Widerstandsmessungen (ERT) am Fundplatz durchgeführt.
Mittels dieser zerstörungsfreien Methode lassen sich über die im Untergrund gemessenen Widerstandsverhältnisse großflächig Paläorelief und Schichtenfolgen abbilden.
Auf der Grundlage erster Ergebnisse lässt sich für das eiszeitliche Relief der östlichen Hangflächen am Steinacker eine bewegte Oberfläche mit mehreren Kuppen und Senken rekonstruieren. Auch die mikromorphologischen Untersuchungen bestätigen die insgesamt gute Erhaltung der fundführenden Schichten. Hierin entdeckte Holzkohlereste geben einen Hinweis auf das Potenzial für die Erhaltung organischer Materialien am Fundplatz, obwohl entsprechende Funde wie z. B. Knochenspitzen oder Anhänger aus Tierzähnen bislang fehlen. Das Vorhandensein zahlreicher Regenwurmgänge und zugehöriger Kalzite deutet außerdem auf eine intakte und nur wenig durch Erosion beeinträchtigte Stratigraphie hin.

Steinartefakte unter dem Mikroskop

Die eingehende Analyse der Steinartefakte zeigte, dass speziell die durch Frost beanspruchten oder veränderten Rauracien-Hornsteine das Inventar in Schnitt 1 dominieren. Sie stammen aus Schichten, die gemäß der Tiefseekurve in das sogenannte Rederstall-Stadial (5b) fallen, eine Kälte-

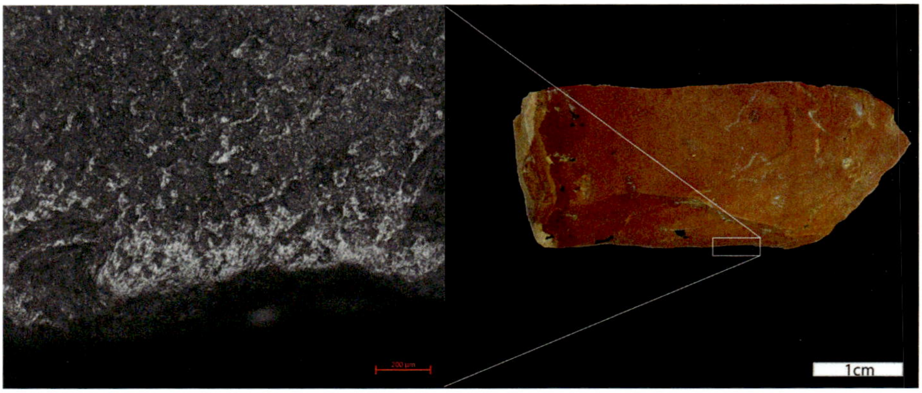

34 ▷ *Feldberg, „Steinacker". Mikroskopische Gebrauchsspuren von Holzbearbeitung an einem der Silexartefakte. Links 200-fache Vergrößerung, rechts das Artefakt in Originalgröße.*

phase mit offener Steppenlandschaft zu Beginn der letzten Würm-Kaltzeit vor ca. 90 000 Jahren. Gebrauchsspurenanalysen an diesen Stücken, die am Archäologischen Forschungszentrum Monrepos erfolgten, belegen eindeutig ihre Nutzung durch den Menschen: Zahlreiche unterschiedlich große Exemplare weisen Mikropolituren an ihren Oberflächen auf, die auf die Bearbeitung pflanzlichen Materials hindeuten (Abb. 34).

Ausblick

Das Ziel zukünftiger Kampagnen wird es sein, die begonnenen geologischen und geomorphologischen Untersuchungen fortzusetzen und zu intensivieren, um weitere Areale am Steinacker und in der Mauchener Talmulde herauszufiltern, in denen mit ähnlich günstigen Erhaltungsbedingungen wie beispielsweise in den Schnitten 8 und 9 gerechnet werden kann. Die Ergebnisse werden unsere Kenntnisse zum Charakter der Freilandstation und damit zur Rekonstruktion von Landnutzungsmustern der mittel- und jungpaläolithischen Wildbeuter erweitern.

Unser Dank gilt auch in diesem Jahr den ehrenamtlich Beauftragten des Arbeitskreises Archäologie des Markgräfler Museums Müllheim und Helmut Nußbaumer, der uns Zutritt zu den Grabungsflächen gewährte und die Feldforschungen unterstützte. Gar nicht hoch genug geschätzt werden kann, wie freundlich das Grabungsteam wieder von Familie Warnke in Zeiten der Corona-Pandemie empfangen wurde. Besonders gefreut hat uns zudem, Frau Staatssekretärin Katrin Schütz im Rahmen ihrer Denkmalreise auf der Grabung empfangen zu dürfen.

Marcel El-Kassem, Marcel Bradtmöller, Merlin Hattermann, Felix Henselowsky, Joao Marreiros, Arantzazu Pérez Fernández, Christoph Schmidt

LITERATURHINWEISE

M. El-Kassem/M. Bradtmöller/M. Hattermann, Neandertaler am Steinacker? Weiterführende Ausgrabungen an der paläolithischen Freilandstation Feldberg „Steinacker". Arch. Ausgr. Baden-Württemberg 2020, 44–46; M. El-Kassem/M. Bradtmöller/A. Calvo, Jungpaläolithikum am Oberrhein – Eine Freilandfundstelle des Gravettien im Markgräfler Hügelland. Denkmalpfl. Baden-Württemberg 48, 2019, 164–169 (mit älterer Lit.).

Sondagegrabungen in der paläolithischen Freilandfundstelle auf den „Schlattäckern" bei Waldstetten

Die „Schlattäcker" bei Waldstetten sind ein zwischen dem Remstal im Norden und dem Albtrauf im Süden gelegener Sporn des Schwarzen Jura, der eine Fläche von rund 2 km² aufweist. Die zugrunde liegenden Schwarzjuraschichten fallen dabei von Norden nach Süden zum Albtrauf ein. Von der Oberfläche des gesamten Plateaus konnte der Amateurarchäologe Adolf Regen aus Waldstetten über 40 Jahre hinweg rund 4000 Funde auflesen, die den verschiedensten menschheitsgeschichtlichen Epochen angehören. Dazu gehören neben einer Frauenfigur vom Typ Gönnersdorf und weiteren Artefakten, die dem Magdalénien zuzuordnen sind, auch ca. 110 Steinartefakte, die dem Mittelpaläolithikum zuzuschreiben sind. Darunter befinden sich Keilmesser, Levalloiskerne und -abschläge sowie zahlreiche Schaber.

Sondagen und Oberflächenprospektion

Im Rahmen des Projekts „Paläolithische Freilandfundstellen in Baden-Württemberg", das momentan unter der Leitung von Harald Floss an der Universität Tübingen durchgeführt wird, wurde im Oktober 2020 auf den „Schlattäckern" eine Sondagegrabung durchgeführt mit dem Ziel, die geologische Situation vor Ort und den potenziellen Erhalt paläolithischer Fundschichten abzuklären (Abb. 35). Da uns die Erhaltungsmög-

35 ◁ *Waldstetten, „Schlattäcker". Grabungssituation in Schnitt 2.*

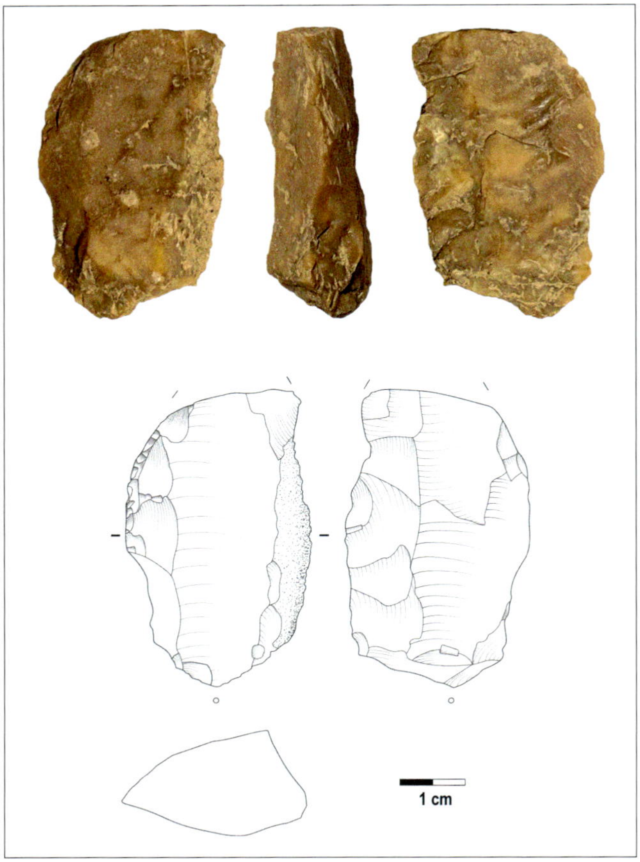

36 △ *Waldstetten, „Schlattäcker". Mittelpaläolithischer Schaber aus lokalem Keuperhornstein.*

lichkeiten solcher Schichten im zentralen Bereich des Plateaus, wo bei einer Ortsbegehung vereinzelt flache Mulden beobachtet werden konnten, am höchsten erschien, wurde der erste von insgesamt drei Grabungsschnitten auf einer Wiesenfläche angelegt, die bis vor ca. zwei Jahren noch als Acker bewirtschaftet worden war. Die Wiese befindet sich zudem nur wenige Meter westlich eines Ackers mit einer kleinen Konzentration mittelpaläolithischer Oberflächenfunde. In dem 6 m² großen Schnitt wurde unter dem etwa 5 cm mächtigen humosen Oberboden (Geologischer Horizont 1) der ehemalige Pflughorizont mit einer Mächtigkeit von rund 40 cm (GH 2) beobachtet. Aus GH 2 konnten ein mittelpaläolithischer Schaber (Abb. 36), zwei insignifikante Abschläge und wenige Silextrümmer geborgen werden, hinzu kamen vereinzelte neuzeitliche Ziegel- und Keramikfragmente. Der Schaber, einer der Abschläge und einige der Trümmer bestehen aus Keuperhornstein, der nur wenige hundert Meter westlich des Fundareals vom Waldstetter Bach aus den Keuperschichten freigespült wird. Einer der Abschläge besteht aus Jurahornstein. Dieses Material liegt vereinzelt in Kalksteinen eingebettet auf der Oberfläche der Fundstelle vor. Hierbei handelt es sich vermutlich um Verwitterungsreste, die im Zusammenhang mit dem Rückzug des Albtraufs stehen dürften. Ein Eintrag aus einer anderen, weiter entfernten Quelle kann aber nicht ausgeschlossen werden. Unter dem GH 2, in einer Tiefe von rund 45–50 cm unter der Oberfläche, wurde der GH 3 angetroffen. Es handelt sich dabei um einen gelb-braunen, schluffigen Horizont, der zahlreiche Manganknöllchen, Eiseneinlagerungen und vereinzelte kleine Sandsteine enthielt, aber archäologisch steril ist. Bei dem nach 10–15 cm darunter folgenden GH 4 handelte es sich um die beginnende Verwitterungsschicht des Angulatensandsteins. Das Sediment zeigte sich feuchter und zäher, wies Anzeichen von Staunässe auf, enthielt zahlreiche Sandsteine unterschiedlicher Größe und war fundleer.

Schnitt 2 mit 4 m² wurde auf einer Obstwiese am südwestlichen Rand des Plateaus, etwa 100 m südlich des Fundortes der Frauenfigur vom Typ Gönnersdorf, angelegt. Hier wurden ein Abschlagfragment aus Keuperhornstein aus dem GH 1 und wenige neuzeitliche Funde aus dem GH 2 wie Glas, Keramik und Ziegelfragmente geborgen. Nach einem kurzen Übergangshorizont (GH 3) wurden in rund 40 cm Tiefe die verwitterten Angulatensandsteine (GH 4) angetroffen. Sowohl GH 3 als auch GH 4 waren archäologisch steril.

Unser dritter Sondageschnitt befand sich rund 100 m nordwestlich von Schnitt 1 auf einem Acker, der bis vor kurzem noch als Wiese genutzt wurde. Da das Gelände nach Norden ansteigt, war die Frage, ob damit auch die Schichtmächtigkeit zunimmt oder ob dieser Anstieg lediglich dem Anstehenden zuzuschreiben ist. Letztendlich zeigte sich in Schnitt 3 dieselbe stratigraphische Abfolge wie in Schnitt 1. Funde konnten in diesem Bereich nicht gemacht werden.

Zusätzlich wurden Oberflächenprospektionen auf den zugänglichen Ackerflächen durchgeführt. Es wurden vereinzelt Silextrümmer gefunden, darunter auch natürliche Jurahornsteine sowie Bruchstücke von Keuperhornsteinen, die zwar durch menschliches Zutun auf die Fundstelle gelangt sein müssen, aber keine eindeutigen Hinweise auf Bearbeitung zeigten. Die geringe Funddichte deckt sich dabei mit den Erfahrungen, die Adolf Regen bei seinen Begehungen über rund vier Jahrzehnte gemacht hat. Es steht zu vermuten, dass ehemalige paläolithische Fundschichten auf den „Schlattäckern" Erosionsprozessen und der intensiven landwirtschaftlichen Nutzung zum Opfer gefallen sind.

Fazit und Ausblick

Die „Schlattäcker" sind nur ein Sporn von vielen, die dem Remstal in Richtung der Schwäbischen Alb vorgelagert sind. Diese markanten Punkte waren ohne Zweifel ein Anziehungspunkt für paläolithische Jäger und Sammler und vor allem auch den Neandertaler. Dies legen die Funde auf den „Schlattäckern" ebenso wie Funde von angrenzenden Plateaus nahe. Bereits auf dem nur rund 1 km in westlicher Richtung entfernten Höhenzug bei Straßdorf, auf dem laut geologischen Karten noch flächig Lösse erhalten sind, liegen weitere Hinweise für eine mittelpaläolithische Begehung des Areals vor. Eine Intensivierung der Forschung in der Region wird angestrebt.

Unser herzlicher Dank gilt Marcel Hagner (ArchaeoBW), Adolf Regen und Wolfgang Naak (AK Steinzeit Schwäbisch Gmünd) sowie Volker Rösner (Heubach) für die vielfältige Hilfe vor Ort sowie Herrn Bürgermeister Michael Rembold und der Gemeinde Waldstetten für die umfangreiche Unterstützung. Ein besonderer Dank geht an Familie Weber vom Schlatthof für die tatkräftige Hilfe vor und während der Grabung sowie Familie Klingler für die Erlaubnis zur Grabung auf ihrer Bewirtschaftungsfläche. Wir danken auch vielmals dem ganzen Grabungsteam: Stefanie Schoemacker, Nathalie Peter, Sandra Mihalyfi-Dean, Nora Pfeiffer, Marieluise Hahn und Jens Frick. Nicht zuletzt sei Carmen und Helmut Naak für die freundliche Unterbringung in Heubach gedankt.

Simon Fröhle, Stefan Wettengl,
Harald Floss

LITERATURHINWEISE

A. Regen u. a., Eine Frauenfigur vom Typ Gönnersdorf aus der Magdalénien-Freilandfundstelle Waldstetten-Schlatt, Ostalbkreis, Baden-Württemberg. In: H. Floss (Hrsg.). Das Magdalénien im Südwesten Deutschlands, im Elsass und in der Schweiz (Tübingen 2019) 267–276; H. Floss u. a., Die Venus von Waldstetten und das Paläolithikum im Ostalbkreis. Veröff. Gemeinde Waldstetten (im Druck).

Ausgrabungen im Hohle Fels: Fundschichten aus dem Mittelpaläolithikum und Neues zur Jagdtechnik der Neandertaler

Die Geländearbeiten am Hohle Fels bei Schelklingen dauerten in der Kampagne 2020 sieben Wochen vom 22. Juni bis zum 9. August. Die Grabungen fanden in drei Bereichen statt. Im Norden wurden auf einem Areal von 6 m^2 zwei neue und bemerkenswerte Fundschichten des Mittelpaläolithikums, die archäologischen Horizonte (AH) X und XI, definiert (Abb. 37; 38). Im Nordwesten wurde in Schichten aus dem Aurignacien gegraben. Es handelte sich dabei um die Schichten und Befunde aus den AH IV- und V-Komplexen. Die gegrabenen Quadrate und Horizonte grenzen an Quadrat 30, in dem die berühmte Frauenfigurine vom Hohle Fels im August 2008 entdeckt wurde. Ganz im Südosten des Grabungsareals wurden noch Sedimente des Gravettiens in vier Quadraten aufgedeckt. Hier stand der AH IIc im Mittelpunkt der Untersuchungen.

Das Mittelpaläolithikum

Die diesjährige Grabung brachte die bislang bedeutendsten Ergebnisse aus den mittelpaläolithischen Schichten. Die relativ undifferenzierten, schluffigen und tonigen Sedimente mit unterschiedlichen Mengen von großem und kleinem sowie verrundetem

37 ▷ *Hohle Fels. Grabungsübersicht mit der Fläche des Mittelpaläolithikums rechts hinter der Leiter, der Fläche des Aurignaciens mittig und oben im Bild sowie der Fläche des Gravettiens rechts im Vordergrund bei den Eimern.*

und scharfkantigem Kalkschutt in Verbindung mit fehlenden anthropogenen Befunden und einer sehr geringen Fundmenge machen die stratigraphische Ansprache von geologischen Einheiten und deren Definition schwierig. Daher bilden die Trennungen zwischen den mittelpaläolithischen Schichten meistens Annäherungen und keine eindeutigen und streng abgegrenzten stratigraphischen Einheiten. Umso erfreulicher war es, dass wir in diesem Jahr in den Schichten AH X und XI auf relativ hohe Funddichten trafen. So wurden in diesen beiden Horizonten über 200 Steinartefakte direkt eingemessen und mehr als 1700 weitere aus den Eimer- und Sammelfunden geborgen. Hervorzuheben ist dabei eine Blattspitze (Abb. 39,12), die unten noch genauer beschrieben wird. Daneben fanden sich Levallois-Abschläge (Abb. 39,5), verschiedene Schaber (Abb. 39,6–11) sowie einige Kerne (Abb. 39,14.15). Es wurden auch knapp 600 Stücke von Knochen- und Holzkohle sowie mehr als 650 Knochen und Zähne gefunden. Im AH XI konnten wir darüber hinaus mit Befund 1 ein gräuliches, schluffig-toniges Areal mit erhöhter Konzentration an Knochenkohlen und einer leicht länglichen Nordwest–Südost gerichteten Ausdehnung von ca. 70 cm definieren. All dies weist auf eine deutlich intensivere Begehung der Höhle durch den Neandertaler hin, als wir das bislang aus den mittelpaläolithischen Schichten kannten.

Das Jungpaläolithikum

Die aurignacienzeitlichen Schichten der Quadrate 100 und 101 mit ihren Befunden lieferten die schon aus anderen Quadraten bekannte hohe Fundmenge und Qualität

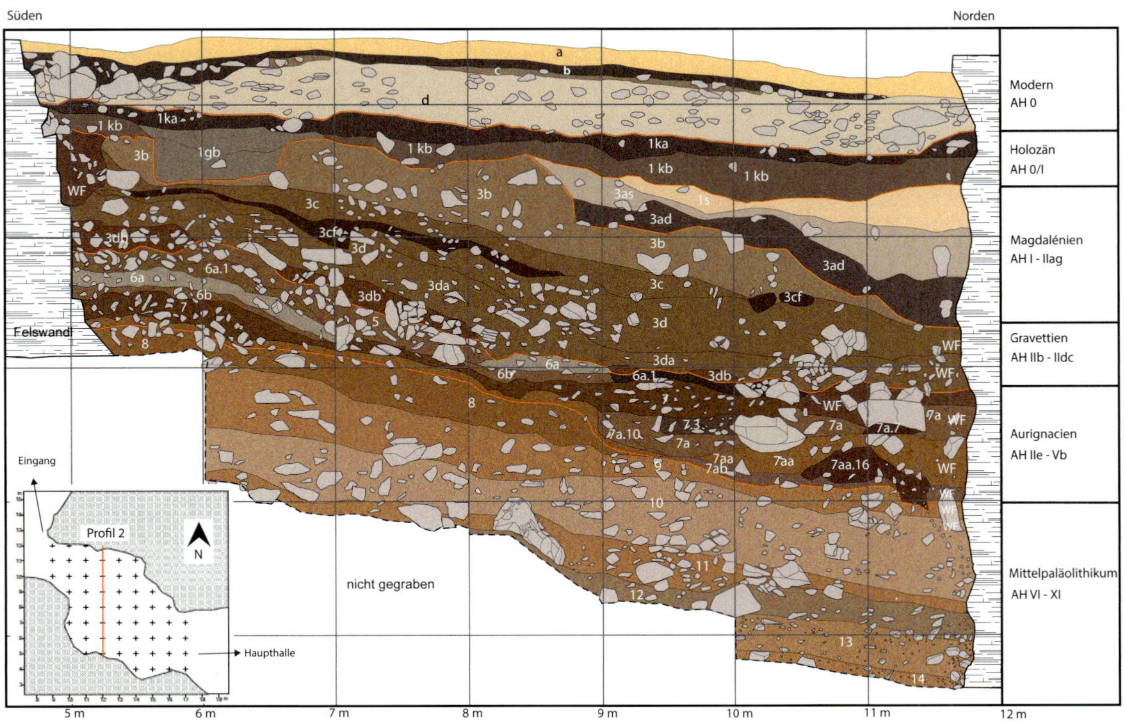

38 ▽ *Hohle Fels. Profil 2 mit Kulturhorizonten.*

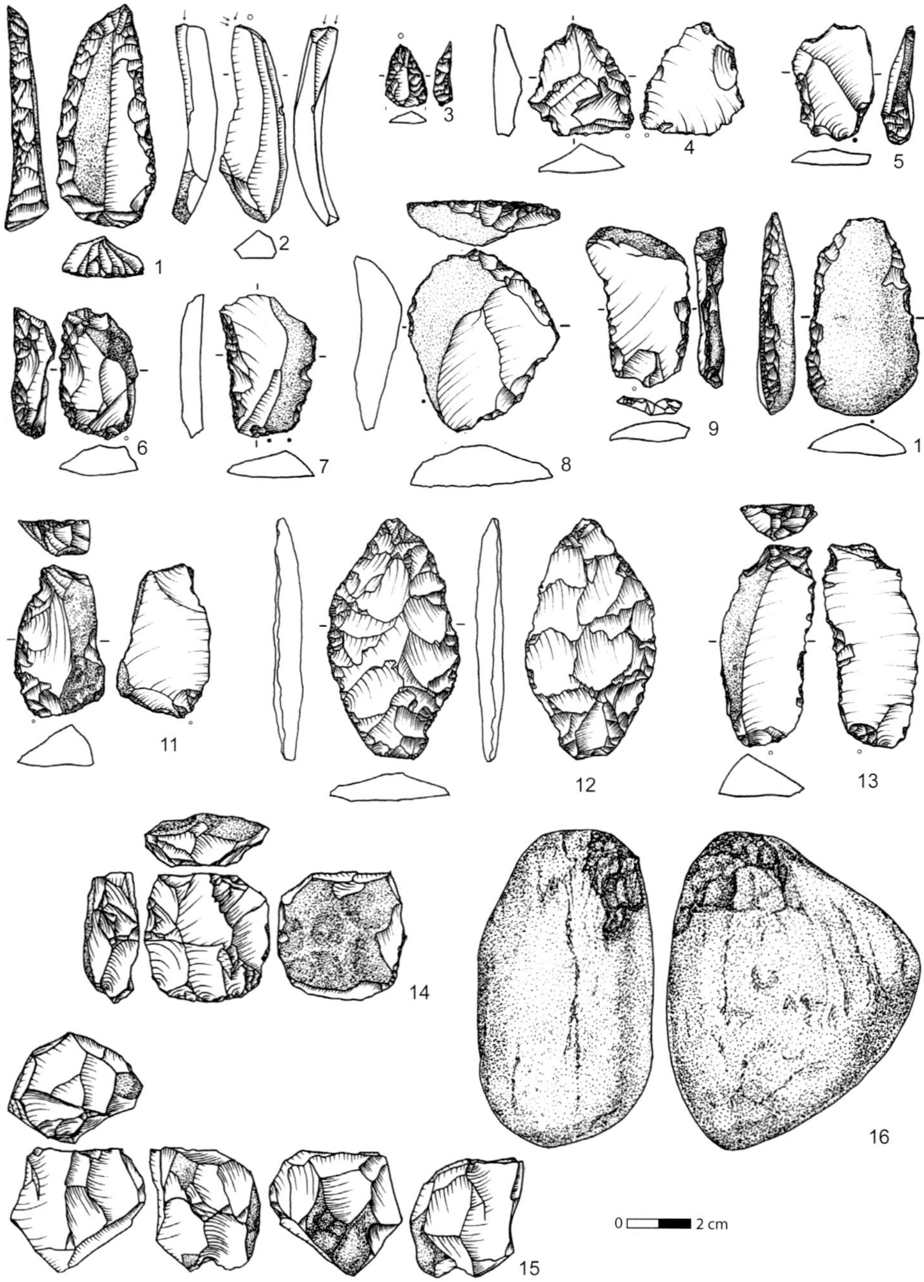

39 △ *Hohle Fels. Steinartefakte aus dem Aurignacien AH Va (1, 2), AH Vaa (3) und dem Mittelpaläolithikum AH X (4, 5, 7, 8, 12, 15, 16), AH XI (6, 9–11, 13, 14). 1 Kombinationsgerät Spitze-Kratzer; 2 Mehrschlagstichel; 3 distales Ende einer Spitzklinge; 4 retuschierter Levallois-Abschlag;* 5 éclat débordant, *retuschiert; 6, 7, 9, 11 einfacher Schaber; 8, 10 Schaber; 12 Blattspitze; 13 Klinge mit Kostienki-Ende; 14 Levallois-Kern; 15 Abschlag-Kern; 16 Geröll mit Schlagmarken. 1, 2, 13 Bohnerzhornstein; 2, 4–12, 14, 15 Jurahornstein; 16 Quarz.*

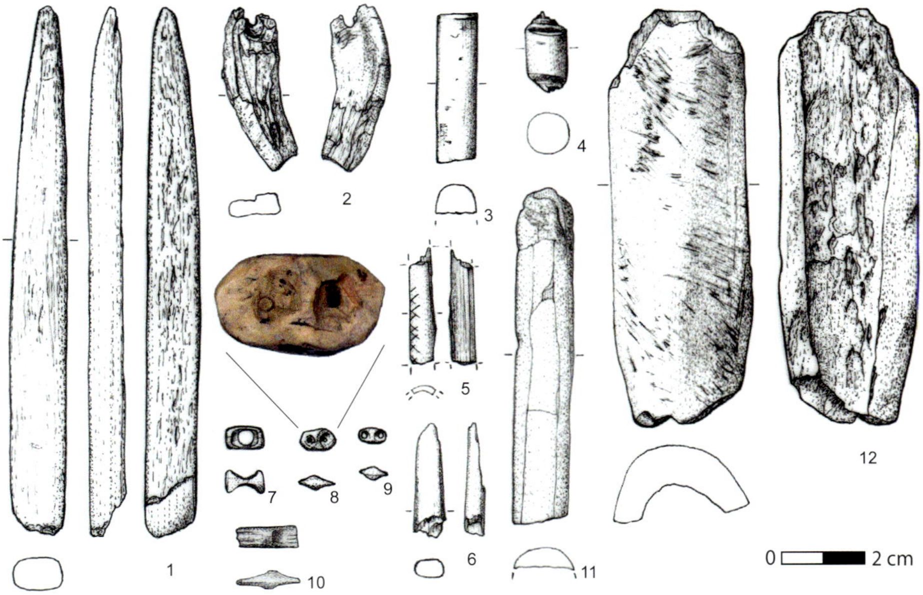

40 △ *Hohle Fels. Organische Artefakte aus dem Gravettien AH IIc (1, 2) und dem Aurignacien AH IV (7), AH Va (3–6, 8–12). 1 Knochenspitze; 2 durchlochter Pferdezahn; 3 Rundstabfragment; 4 segmentiertes Rundstabfragment; 5 Knochen mit Ritzverzierung; 6 Spitzen- oder Stabfragment; 7 einfach durchlochte Perle; 8, 9 doppelt durchlochte Perle; 10 Vorprodukt einer doppelt durchlochten Perle; 11 Rundstabfragment; 12 Retuscheurfragment. 1, 6, 12 Knochen; 2 Zahn; 3–5, 7–11 Elfenbein.*

an lithischen und organischen Artefakten (Abb. 39; 40). Dazu zählen auch wieder durchlochte Elfenbeinperlen in unterschiedlichen Stadien der Herstellung (Abb. 40,3–4; 7–10). Insgesamt wurden 37 bearbeitete Knochen- und Elfenbeinartefakte und annähernd 3600 Steinartefakte in den jungpaläolithischen Horizonten gefunden, darunter etwa ein Kombinationsgerät aus Spitze und Kratzer (Abb. 39,1) oder ein Mehrschlagstichel (Abb. 39,2). Im Quadrat 100 erwies sich die stratigraphische Situation als besonders kompliziert, da hier in kurzer Abfolge die Befunde 6 in AH IV, 10 in AH Va, 16 in AH Vaa und 1 in AH Vab mit den jeweils dazugehörigen umgebenden Sedimenten aufeinandertreffen und gerade im zentralen Areal des Quadrates größere Kalksteine bis 20 cm eine Zuordnung teils schwierig machten. Die Befunde unterschieden sich dabei fast durchgängig durch ein gräulicheres Sediment mit höheren Anteilen an Knochenkohle und Holzkohle sowie größere Fundmengen vom umgebenden, ebenfalls tonigen Schluff mit hohen Kalkschuttanteilen. Der Befund 10 in AH Va erwies sich als besonders fundreich. Dieser steht auch in Verbindung mit dem Fund der Frauenfigurine in Quadrat 30.

Die gravettienzeitlichen Schichten im Südosten waren durch toniges, rötlich braunes Sediment mit einem hohen Anteil an Kalksteinen bis 20 cm geprägt. Die Fundmenge war hier geringer als in den aurignacienzeitlichen Schichten. Es wurden insgesamt knapp über 370 Steinartefakte, 350 Knochen bzw. Zähne und neun bearbeitete organische Artefakte gefunden. Dabei sind ein durchlochter Pferdezahn (Abb. 40,2) und eine Knochenspitze (Abb. 40,1) besonders erwähnenswert. In diesem Bereich wurde die Schicht AH IIc komplett gegraben und bis in den ersten Abtrag von AH IId abgetieft.

Besondere Funde

Unter den vielen hochwertigen Funden dieses Jahres gibt es zwei, die besonders herausragend und wichtig sind. Aus dem mittelpaläolithischen AH X wurde am 2. Juli eine exzellent erhaltene Blattspitze aus lokalem grauem Jurahornstein mit einer Länge von 7,63 cm, einer Breite von 4,06 cm, einer Dicke von 0,85 cm und einem Gewicht von 28 g geborgen (Abb. 39,12). So regelmäßig hergestellte Blattspitzen kennen wir auf der Schwäbischen Alb nur aus der Grabung des Jahres 1938 von Gustav Riek in der Haldensteinhöhle unweit des Quelltopfs der Lone in Urspring. Hier fand Riek zwei beinahe perfekte Blattspitzen, die anscheinend in dieser kleinen Höhle deponiert worden waren.
Generell gilt die sogenannte Blattspitzengruppe als die jüngste Kultureinheit des Mittelpaläolithikums in Südwestdeutschland, obwohl die genaue Organisation und Gliederung der mittelpaläolithischen Inventare mit bifaziellen Artefakten seit mehreren Jahren lebhaft diskutiert wird. In diesem Zusammenhang kann festgehalten werden, dass die neu gefundene Blattspitze über einen Meter unterhalb der Oberkante der mittelpaläolithischen Schichten angetroffen wurde. Zurzeit haben wir keine belastbaren radiometrischen Datierungen für diese Schichten, aber man würde normalerweise nicht davon ausgehen, dass die stratigraphische Position der Blattspitze dem Ende des Mittelpaläolithikums entspricht, zumal Blattspitzen auch gelegentlich vor dem Blattspitzenhorizont im engeren Sinne auftreten. Maïlys Richard, die erfolgreich die mittelpaläolithischen Schichten vom Geißenklösterle datiert hat, arbeitet an einer Datierung der Schichten vom Hohle Fels, die Ergebnisse hierzu liegen aber noch nicht vor.
Unabhängig vom Alter der Blattspitze gelang es Veerle Rots und Kollegen an der Universität Lüttich durch Gebrauchsspurenanalyse, den Fund zu interpretieren. Das Artefakt wurde am flachen Ende geschäftet, während die Spitze deutliche Beschädigungen trägt, die nur von der Nutzung als Speerspitze herrühren können. Rots und Kollegen haben auch demonstrieren können, dass die Spitze beim Nachschärfen beschädigt wurde, was höchstwahrscheinlich der Grund dafür war, dass sie verworfen wurde. Dieser neue Fund ist die erste Blattspitze unserer Region, an der eine moderne Gebrauchsspurenanalyse durchgeführt wurde. Die Bestätigung, dass der Fund definitiv eine Speerspitze war, ist von großer Bedeutung, weil damit ein verbindlicher Beleg für Großwildjagd mit einem Kompositspeer mit einem Schaft aus Holz und einer Spitze aus Stein vorliegt.
Ein weiteres bemerkenswertes Artefakt ist ein doppelt durchlochter Anhänger aus dem AH Va im unteren Aurignacien (Abb. 40,8). Der Fund wurde liegen gelassen, als er noch in der Bearbeitung war. Der Anhänger trägt deutliche Ockerspuren, was durchaus am Hohle Fels vorkommt. In diesem Fall steckt jedoch noch ein Teil eines feinen, nadelartigen Artefaktes aus Elfenbein in einem der unfertigen Löcher des Schmuckstücks. Nach Beratungen u. a. mit R. Walter und S. Wolf von der Universität Tübingen sind wir zum Schluss gekommen, dass das gebrochene Elfenbeinartefakt, das in dem Loch steckt, ein Poliergerät ist, welches in Verbindung mit Ocker als Polier- oder Schleifmittel eingesetzt wurde. Durch diesen Fund können wir

belegen, wie die letzten Schritte der Produktion dieser häufigsten Schmuckform im Schwäbischen Aurignacien aussahen. Andere Funde dieser Art sind unseres Wissens nicht bekannt.

Wir bedanken uns bei der Firma HeidelbergCement, Werk Schelklingen, der Heidelberger Akademie der Wissenschaften und beim Ministerium für Forschung, Wissenschaft und Kunst des Landes Baden-Württemberg für die langjährige Finanzierung unserer Arbeit. Den Städten Schelklingen und Blaubeuren und dem Urgeschichtlichen Museum danken wir für logistische Unterstützung sowie Heike Würschem und Ralf Ehman für die Zeichnungen und Michael Bolus besonders herzlich für die Redaktion des Beitrags.

Nicholas J. Conard, Alexander Janas

LITERATURHINWEISE

M. Bolus, Der Übergang vom Mittel- zum Jungpaläolithikum in Europa. Eine Bestandsaufnahme unter besonderer Berücksichtigung Mitteleuropas. Germania 82, 2004, 1–54; N. J. Conard/B. Fischer, Are there Recognizable Cultural Entities in the German Middle Palaeolithic? In: A. Ronen/M. Weinstein-Evron (Hrsg.), Towards Modern Humans: Yabrudian and Micoquian, 400–50 kyears ago. BAR International Series 850 (Oxford 2000) 7–24; G. Riek, Ein Beitrag zur Kenntnis des süddeutschen Solutréen. Germania 22, 1938, 147–150; V. Rots/J. Coppe/N. J. Conard, A leaf point documents hunting with spears in the Middle Palaeolithic at Hohle Fels. Mitt. Ges. Urgesch. 30, 2021 (im Druck); E. C. Velliky u. a., Early anthropogenic use of hematite on Aurignacian ivory personal ornaments from Hohle Fels and Vogelherd caves, Germany. Journal Human Evolution 150, 2020. URL: doi.org/10.1016/j.jhevol.2020.102900.

■ BLAUBEUREN-SEISSEN, ALB-DONAU-KREIS

Neuuntersuchung der altsteinzeitlichen Fundstelle Brillenhöhle im Achtal

Die Brillenhöhle ist eine im Achtal bei Blaubeuren gelegene paläolithische Fundstelle. Sie liegt in nächster Nähe zu den Fundplätzen Hohle Fels, Geißenklösterle und Sirgenstein, die Teil des UNESCO-Welterbes „Höhlen und Eiszeitkunst der Schwäbischen Alb“ sind. Ausgrabungen wurden von Gustav Riek zwischen 1955 und 1963 durchgeführt. Im Zuge seiner Grabungen hat Riek vor allem die Begehungen aus dem Gravettien und den darüberliegenden Horizonten erfasst; Schichten des Aurignacien sind jedoch nicht flächig gegraben. Ein kleines Fundensemble dieser Epoche, das Rieks Schicht XIV entstammt, umfasst Knochen pleistozäner Tiere sowie Fragmente zweier Geschossspitzen aus organischem Material. Steinartefakte wurden nicht dokumentiert. Mittelpaläolithische Horizonte wurden während Rieks Grabungen ebenfalls nicht aufgeschlossen, abgesehen von den wenigen Limonit-Artefakten aus Schicht XVIII, deren Artefaktcharakter jedoch zweifelhaft ist. Aufgrund der lediglich 1973 in seiner Monographie veröffentlichten Profile wurde vermutet, dass sich noch Siedlungsreste aus dem Aurignacien und den darunterliegenden Schichten in der Höhle erhalten haben

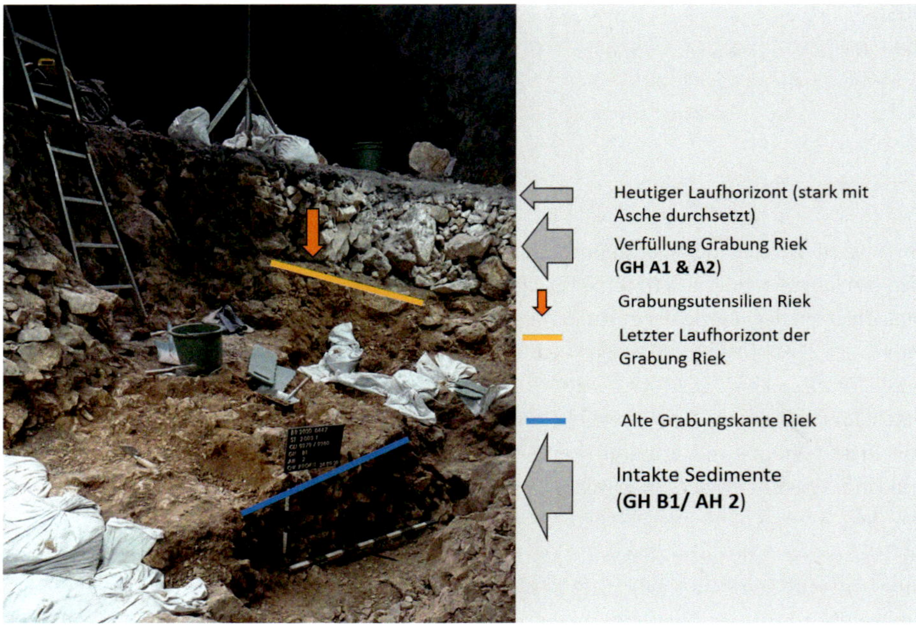

41 ▷ *Brillenhöhle. Blick Richtung Westen auf die freigelegte Fläche mit mächtiger Verfüllung der Grabung G. Rieks und alter Grabungskante.*

müssten. Aus diesem Grund hat das Landesamt für Denkmalpflege im Jahr 2020 damit begonnen, die Erhaltung potenziell schützenswerter archäologischer Schichten zu klären und gegebenenfalls zu dokumentieren.

Feldarbeiten im Jahr 2020

Im September 2020 wurde im Rahmen einer sechswöchigen Feldkampagne mit der Freilegung von Rieks Tiefschnitt im nördlichen Teil der Höhle begonnen. Es zeigte sich jedoch, dass seine Grabungen die tiefer liegenden Schichten auf einer größeren Fläche erfasst haben, als dies aufgrund seiner vorgelegten Dokumentation anzunehmen war. Daher musste im Zuge unserer Arbeiten eine Fläche von mehr als 20 m² geöffnet werden (Abb. 41). Drei geologische Horizonte (GH) konnten identifiziert werden. Bei GH A1 und A2 handelt es sich um die Riek'sche Verfüllung, die sich aus verschiedenen Größenklassen von Kalksteinblöcken und wenig Feinsediment zusammensetzt. Das Arbeiten war in diesen stratigraphischen Abschnitten besonders erschwert aufgrund der Instabilität der Profile. Im Verlauf unserer Tätigkeit gelang die Freilegung einer alten Grabungskante von Rieks Tiefschnitt sowie noch intakter pleistozäner Sedimente (GH B1). In diese eingebettet befand sich die als archäologischer Horizont (AH) 2 bezeichnete Fundschicht. Aufgrund des langsamen Fortschreitens der Arbeiten zu Beginn konnten die potenziell intakten Flächen nur in drei Viertelquadraten und nur anhand von wenigen Abträgen mit einer Mächtigkeit von rund 10 cm detaillierter dokumentiert werden.

Die sedimentologische Beschaffenheit des GH B1, der Vergleich der Höhenwerte unserer Arbeiten mit den von Rieks Grabung rekonstruierten sowie das Vorhandensein zahlreicher Reste von Höhlenbären deuten darauf hin, dass die erfasste Oberkante der intakten Flächen zumindest teilweise mit dem Bereich um Rieks Aurignacien-Horizont zu korrelieren sein könnte.

Archäologische Funde

Im oberen Bereich der Verfüllung fanden sich vor allem moderne Hinterlassenschaften, die von der ausgiebigen Nutzung der Höhle zu Freizeitzwecken zeugen. Außerdem wurden aber auch mehrere Meter Stacheldraht entfernt, die möglicherweise mit Rieks Grabung in Verbindung zu bringen sind. Ganz besonders zu erwähnen sind darüber hinaus eindeutige Zeugnisse der Riek'schen Grabung. Unterhalb der Verfüllung und aufliegend auf dem letzten rezenten Laufhorizont der Grabungsmannschaft wurden ein Döschen mit Zeichenmaterial, der Überrest eines Bleistiftes, ein Radiergummi und eine Flasche Hochprozentiges geborgen. Pleistozäne Funde, die im Zuge von Rieks Grabung nicht entdeckt worden waren, waren vergleichsweise selten. Zumeist handelte es sich um Knochen und wenige Steinartefakte. Weit oben in der Verfüllung fand sich außerdem das distale Fragment eines bifaziell formüberarbeiteten Gerätes, möglicherweise eines Keilmessers, das eindeutig in das späte Mittelpaläolithikum zu stellen ist (Abb. 42,1). Dieser Fund deutet das Vorhandensein von Siedlungsschichten aus der Zeit des späten Neandertalers in der Brillenhöhle an.

Aus dem intakten GH B1 wurden zwei Steinartefakte – das Basalfragment einer Lamelle (Abb. 42,2) sowie ein Trümmerstück, beide aus Jurahornstein – und zahlreiche Faunenreste geborgen. Nach den Höhlenbären, deren Überreste zumeist mit der Nutzung der Höhle als Stätte zur Winterruhe zusammenhängen, sind Hasen und Füchse die am häufigsten vertretenen Tierarten. Das Vorhandensein von Karnivorenverbiss auf Knochen von Höhlenbären, Hasen, Füchsen, Rentier sowie gänseartigen Vögeln (*Anserinae*) zeigt deren wichtige Rolle bei der Akkumulation der Faunenreste in der Höhle. Verschiedene Knochen von Wasservögeln (*Anatidae*) sowie von einem Rabenvogel (*Corvidae*) und einer Drossel (*Turdus* sp.) zeigen Verätzungsspuren von Verdauung und Brüche, die auf Greifvögel zurückzuführen sind. Im nächsten Jahr wird die Grabungsfläche erweitert mit dem Ziel, die intakten Sedimente sowohl horizontal als auch vertikal in größerem Umfang zu dokumentieren.

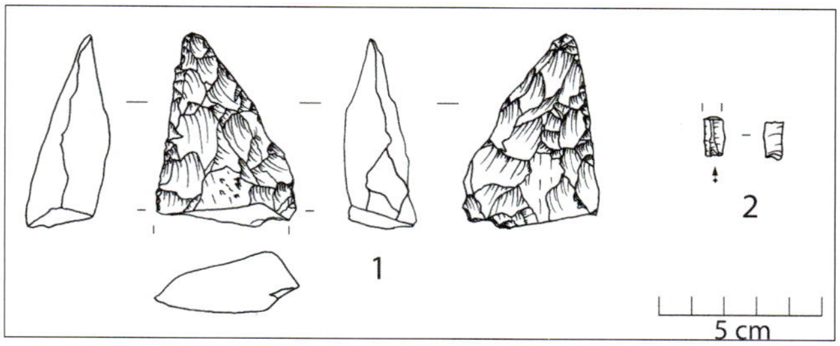

42△ *Brillenhöhle. Steinartefakte der Grabung 2020. 1 distales Fragment eines bifaziell formüberarbeiteten Gerätes (AH 1/Verfüllung); 2 Basalfragment einer Lamelle (aus AH 2/intakt).*

Für die Unterstützung unserer Arbeiten in der Brillenhöhle bedanken wir uns bei der Stadt Blaubeuren und den Mitarbeitenden des örtlichen Bauhofs. Auch Stefanie Kölbl, Hannes Wiedmann und ihrem Team vom Urgeschichtlichen Museum Blaubeuren sei an dieser Stelle herzlich gedankt. Ebenso danken wir unserer Kollegin Andrea Kollinger, die uns bei vielerlei organisatorischen Angelegenheiten geholfen hat.

Yvonne Tafelmaier, Thomas Beutelspacher, Viola C. Schmid, Giulia Toniato

LITERATURHINWEIS

G. Riek, Das Paläolithikum der Brillenhöhle bei Blaubeuren (Schwäbische Alb). Forsch. u. Ber. Vor- u. Frühgesch. Baden-Württemberg 4/I (Stuttgart 1973).

Ausgrabung der Magdalénien-Horizonte und Testschnitt in tiefere Schichten an der Langmahdhalde

Obwohl eine Fortsetzung der Ausgrabungen an der Langmahdhalde im Lonetal infolge der Corona-Pandemie zunächst fraglich war, konnten wir mit einer Woche Verzögerung die Geländearbeit am 11. Mai 2020 beginnen. Trotz der durch die Corona-Sicherheitsmaßnahmen bedingten besonderen Umstände entwickelte sich über die darauffolgenden sechs Wochen bis zum Ende der Grabung am 19. Juni eine positive Arbeitsroutine. Ziel der Ausgrabung war es, die Fundschichten des Magdaléniens über das gesamte Grabungsareal des kleinen Felsdachs von 30 m² vollständig auszugraben und die darunterliegenden Schichten systematisch zu untersuchen, um festzustellen, ob noch ältere eiszeitliche Aufenthalte an der Langmahdhalde zu belegen sein könnten. Wie in den vergangenen Jahren wurde parallel zur Ausgrabung auf dem Gelände von HeidelbergCement in

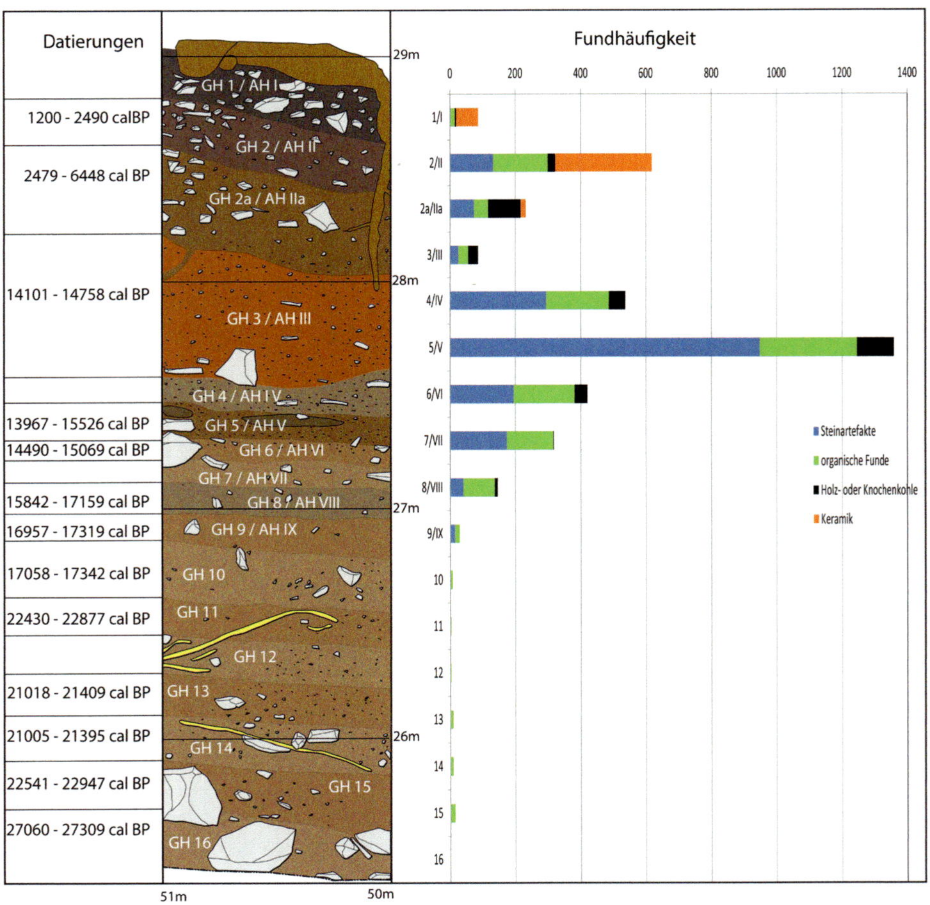

43 ▷ *Langmahdhalde. Gesamtprofil mit Fundmengen und ^{14}C-Datierungen.*

Gerhausen geschlämmt. Nach der Ausgrabung wurden im Urgeschichtlichen Museum in Blaubeuren die Sortier- und Fundarbeiten durchgeführt. Zu Beginn der Grabung dachten wir, dass 2020 vielleicht die letzte Grabungskampagne an dieser Felswand nur wenige Meter oberhalb der Talsohle der Lone sein würde, aber wie wir unten sehen werden, rechtfertigen die Ergebnisse aus diesem Jahr eine Fortsetzung der Ausgrabung im Jahr 2021.

Vollständige Abfolge der Magdalénien-Horizonte

Die Grabungsmannschaft aus insgesamt zwölf Teilnehmenden, alle von der Universität Tübingen, erreichte über die gesamte Grabungsfläche den ersten Abtrag in GH 9/AH IX. Damit sind die Magdalénien-Schichten AH IV–IX nunmehr vollständig ausgegraben. Wie in den vorherigen Jahren war die Stratigraphie im Osten des Areals mächtiger ausgebildet und leichter zu verfolgen als im Westen zur Lone hin, wo diese Schichten auskeilen. Da der Hauptanteil der Magdalénien-Schichten AH IV–IX in den früheren Kampagnen ausgegraben worden war, waren die Fundmengen der Grabung 2020 mit nur einigen Dutzend Steinartefakten im Vergleich mit den mehreren Tausenden, die insgesamt als Einzelfunde und Eimerfunde in den vier vorherigen Jahren dokumentiert wurden, erwartungsgemäß geringer. Neue Befunde wurden nicht identifiziert.

Abbildung 43 stellt die Fundverteilung über alle Schichten der Langmahdhalde dar. Dabei zeigt sich, dass AH V mit über 1350 Einzelfunden und einem Vielfachen mehr an Eimerfunden, die beim Sortieren der Schlämmreste geborgen wurden, die größten Mengen bei allen Fundkategorien (außer der Keramik) lieferte. Die Fundmengen in AH VIII und insbesondere AH IX waren verschwindend gering. Die Steinartefakte dieser Schichten umfassen Klingenkerne, Klingen, Kernkantenklingen und Stichel, die alle charakteristisch für das Magdalénien sind (Abb. 44). Die sechs AH des Magdaléniens repräsentieren die am besten stratifizierte Abfolge dieser Periode, die es in Baden-Württemberg gibt. Die Chronologie dieser Schichten beginnt bei ca. 17 000 und endet bei ca. 14 000 kalibrierten ^{14}C-Jahren vor heute. Damit werden wir über die vollständige Abfolge des Magdaléniens an der Langmahdhalde einen guten Einblick in die Technologie und Lebensweisen der Menschen im Lonetal am Ende der Eiszeit gewinnen können. Wie bislang an anderen Fundplätzen Südwestdeutschlands, fällt die Hauptphase das Magdaléniens in die etwa 1500 Jahre zwischen ca. 14 000 und 15 500 Jahren vor heute. Da das diesem Zeitraum entsprechende Sedimentvolumen Zentimeter für Zentimeter ausgegraben, vollständig geschlämmt und sorgfältig dokumentiert wurde, sind die Voraussetzungen für eine

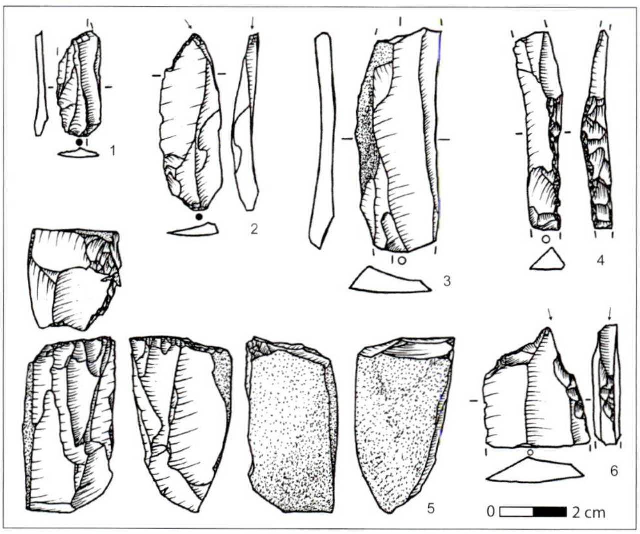

44 ▽ *Langmahdhalde. Steinartefakte aus dem Magdalénien GH 6 (5, 6), GH 7 (3), GH 8 (2), GH 9 (4), GH 10 (1). 1, 3 Klinge; 2, 6 Stichel an Endretusche; 4 Kernkantenklinge; 5 Kern. 1, 2 Radiolarit; 3, 4 Jurahornstein; 5 grüner Radiolarit; 6 Tertiärsilex.*

detailreiche Rekonstruktion der Umweltverhältnisse und der Lebensweisen während dieser Zeit optimal.

Fauna und Umwelt

Die bereits an der Universität Tübingen abgeschlossene Doktorarbeit von Gillian Wong über die Fauna der Langmahdhalde vermittelt detaillierte Auskunft über das Subsistenzverhalten der magdalénienzeitlichen Jäger und Sammler im Lonetal im Zusammenhang mit der Klima- und Umweltgeschichte der Region. Damit wissen wir, dass Rentier und Pferd, wie an anderen Magdalénien-Fundplätzen Deutschlands und der Schweiz, die vorrangig bejagten Tiergattungen waren. Ergänzend dazu wurden Hasen, Schneehühner und Fische gefangen, um die Ernährung aufzuwerten und zu variieren. Wongs Arbeit belegt eine Tundralandschaft mit Gebüsch und kleinen Bäumen in geschützten Lagen. Diese Landschaft wurde nach dem Letzten Glazialen Maximum (LGM) und einer Periode von ca. 15 000 Jahren ohne nennenswerte menschliche Besiedlung wieder von eiszeitlichen Gruppen des Magdaléniens bewohnt.

Funde und Befunde

Die besterhaltene Fundschicht an der Langmahdhalde ist AH V. Abbildung 45 zeigt die Gesamtfundverteilung dieser Fundschicht. AH V beinhaltet 5465 Steinartefakte, mehr als 300 Funde von Knochen und Geweih und zahlreiche Fragmente von Knochenkohle. Besonders spannend sind die sechs gut erhaltenen Befunde, die wahrscheinlich Feuerstellen repräsentieren. Die ^{14}C-Daten der Fundschicht belegen mehrfache Aufenthalte, die vielleicht durch eine detaillierte Analyse des Fundmaterials und durch Zusammensetzungen feiner gegliedert werden können. Die Vielfalt der Steinartefakte bezeugt Werkzeugherstellung und Nutzung, aber die seltenen organischen Werkzeuge und das Fehlen von Schmuckstücken und Kunstwerken sprechen dafür, dass es sich bei dem Fundplatz wohl nicht um ein Basislager gehandelt hat, an dem zahlreiche Menschen längere Zeit verbracht haben. Vielmehr scheinen wir es hier mit einem kleinen Lagerplatz zu tun zu haben, der über längere Zeiträume immer wieder von kleinen mobilen Menschengruppen genutzt wurde.

Testschnitt in tiefere Schichten

Abschließend möchten wir über die Ergebnisse des 2 m^2 großen Testschnitts in der Mitte der Grabungsfläche in den geologischen Horizonten (GH) 10–16 berichten (Abb. 43). Hier geht es um eine Sedimentmächtigkeit von ungefähr 1,5 m. Diese Schichten folgen in der Regel der üblichen leichten Neigung zur Lone hin. Die entsprechenden Sedimente haben fast alle die Munsell-Farbbezeichnung 10YR 5/4, was einer gelblich braunen Farbe entspricht. Die Matrix der Schichten besteht aus einem tonigen Schluff mit unterschiedlichen Mengen von Kalkschutt und gelegentlichen Sandlinsen, die teilweise das natürliche Gefälle der Schichten schneiden und wahrscheinlich mit Permafrost oder tiefem Bodenfrost in Verbindung stehen. Obwohl wir die Sedimente in unterschiedliche Einheiten gegliedert haben, besitzen die Schichten sehr große Ähnlichkeiten und die Gliederung entspricht keineswegs einer deutlich differenzierten Stratigraphie. Die Fundmengen in diesen Schichten liegen fast bei null, nur gelegentlich stießen wir auf Knochen, u.a. vom Pferd; und in den Schichten 13–15 befanden sich mehrere Fragmente von Eierschalen. Die am tiefsten liegenden Steinartefakte waren eine isolierte Klinge aus GH 10 und ein isolierter Kern aus GH 11. Knochenkohle, die einen zuverlässigen Hinweis auf menschliche Aktivitäten geben kann, fehlt vollkommen in den GH 10–16. Ein direkt datiertes Rippenfragment eines großen Huftieres mit möglichen anthropogenen Modifikationen wurde an der Basis des Testschnitts in GH 16 aufgedeckt.

Während der Grabung haben wir keinen belastbaren Hinweis auf das Alter dieser Schichten gefunden. Um diese Frage zu beantworten, haben wir sieben Knochen am Radiokohlenstofflabor in Zürich datieren lassen. Diese Daten, die zwischen 17 000 und 27 000 Jahren vor heute liegen (Abb. 43), zeigen, dass GH 10–16 sich in der Zeit des LGMs gebildet haben. Es könnte sein, dass der erwähnte Knochen mit Modifikationen aus GH 16 einen ersten Fund aus möglicherweise tiefer liegenden gravettienzeitlichen Schichten darstellt. Die Frage, ob es Fund-

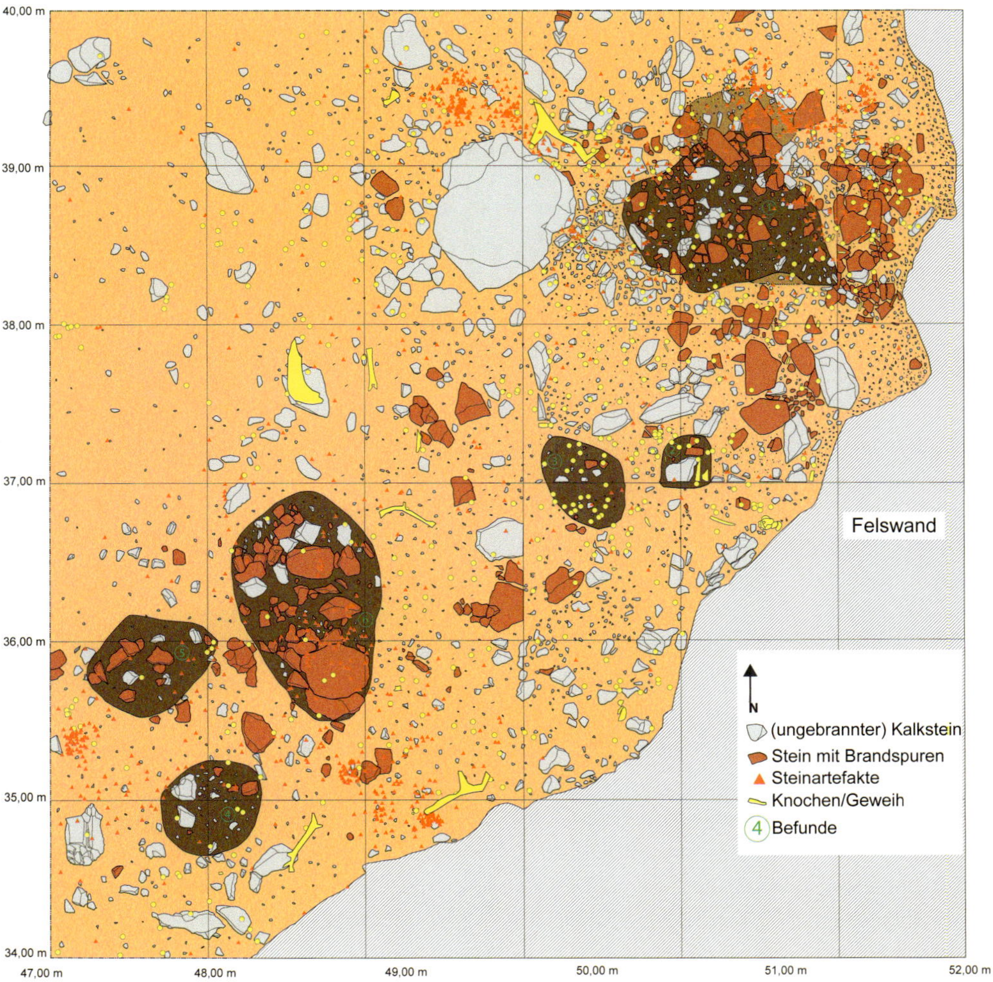

45 ◁ *Langmahdhalde. Fundverteilung im magdalénienzeitlichen AH V, Planum Abtrag 2, datiert auf ca. 14 100–15 200 cal BP.*

schichten aus dem Gravettien oder noch älteren Perioden gibt, hoffen wir in der nächsten Kampagne klären zu können. Die neueste geoarchäologische Forschung im Lone- und Achtal belegt, dass das LGM in der Regel einer Zeit entspricht, in der Erosion stattfand und kaum Bodenarchive bekannt sind. Daher hoffen wir anhand der GH 10–16 neue Informationen über die Umweltverhältnisse während des LGMs zu gewinnen. Gleichzeitig sind diese Sedimente wichtig um zu prüfen, ob die Besiedlungslücke im LGM in erster Linie nur daher rührt, dass wir kaum Sedimente aus dieser Periode kennen. Die fundlosen Schichten an der Langmahdhalde sprechen dafür, dass die Region während des LGMs tatsächlich kaum von Menschen bewohnt war.

Für die kontinuierliche Unterstützung unserer Grabungen danken wir dem Verein für Eiszeitkunst im Lonetal, der Hans-Voigt Stiftung, der Kreissparkasse Heidenheim und dem Ministerium für Wissenschaft und Kunst in Baden Württemberg. Dem Archäopark Vogelherd, der Stadt Niederstotzingen und dem Urgeschichtlichen Museum Blaubeuren gilt ebenso unser besonderer Dank wie Heike Würschem für die Zeichnungen und Michael Bolus für seine redaktionelle Unterstützung.

Nicholas J. Conard, Alexander Janas, Mohsen Zeidi

LITERATURHINWEISE

N. J. Conard/A. Janas/M. Zeidi, Ausgrabungen an der Langmahdhalde im Lonetal: Raumnutzung und Siedlungsdynamik im Magdalénien. Arch. Ausgr. Baden-Württemberg 2019, 51–55; A. Barbieri u. a., Interpreting gaps: A geoarchaeological point of view on the Gravettian record of Ach and Lone valleys (Swabian Jura, SW Germany). Journal Arch. Science 127, März 2021. URL: https://doi.org/10.1016/j.jas.2021.105335.

HEUBACH, OSTALBKREIS

Wiederaufnahme archäologischer Untersuchungen in der Höhle Haus am Rosenstein

Der Rosenstein bei Heubach im Ostalbkreis ist ein Felsmassiv im Unteren Massenkalk des Oberjura und eine aus archäologischer Sicht ungemein fundreiche Kleinregion. Auch in den mehr als 40 Höhlen und Felsdächern des Kalkmassivs finden sich archäologische Reste. Untersuchungen fanden vornehmlich in der ersten Hälfte des 20. Jahrhunderts statt. Für die Altsteinzeitforschung besonders bedeutsam sind die Grabungen durch Robert R. Schmidt 1916 in der Kleinen Scheuer sowie die Tätigkeiten durch den Laienforscher Franz Keller in vier weiteren Höhlen, die allerdings nur Funde aus dem Holozän erbrachten. Eine dieser Höhlen ist das wenig bekannte „Haus“, die etwas versteckt am Nordhang des Rosensteins liegt. Ihr spitzzulaufendes, etwa 10 m hohes Eingangsportal öffnet sich gen Nordosten und führt in eine schlauchartige, ca. 30 m lange Höhle (Abb. 46). In deren hinterem Bereich findet sich ein mehrere Meter mächtiger Versturzblock, der von weiteren kleineren umsäumt wird (der sog.

Tisch). Am Südende, hinter dem „Tisch" schließt sich ein ca. 4 m langer niedriger Fortsatz an, der heute durch ein fest montiertes Gitter verschlossen ist (Abb. 46b).

Die Grabung Franz Kellers

Im Jahr 1918 wurden unterhalb des Höhleneingangs aus der Eisenzeit und dem Mittelalter stammende Keramikfragmente sowie ein Spinnwirtel gefunden. Daraufhin legte Keller am 2. August 1919 einen Kreuzschnitt an, der sich über die gesamte Länge der Höhlenhalle zog (Abb. 46). Keller dokumentierte drei Schichten, die teilweise stark mit verbranntem Material und Asche durchzogen waren. Die Funde datieren in verschiedene Phasen der Bronze- und Eisenzeit sowie des Mittelalters.

Außer den wenig aussagekräftigen Aufzeichnungen in Kellers Büchlein „Rosensteins Urgeschichte" ist keine Grabungsdokumentation überliefert. Den Bereich hinter dem „Tisch" beschreibt er als vergleichsweise fundreiche Zone, die gemäß seinen Beobachtungen allerdings durch vorangegangene Grabungen vermischtes archäologisches Material enthielt. Neben den Horizonten mit archäologischen Resten beschreibt Keller im Eingangsbereich der Höhle in etwa 50 cm Tiefe eine gelbbraune Schicht. Auf-

46 ▽ Rosenstein, Höhle Haus. a Grundriss der Höhle mit Grabungsfläche Keller 1919 sowie den beiden 2020 angelegten Sondageflächen im hinteren Bereich der Höhle; b Sondageflächen 2020; c Blick auf das Eingangsportal.

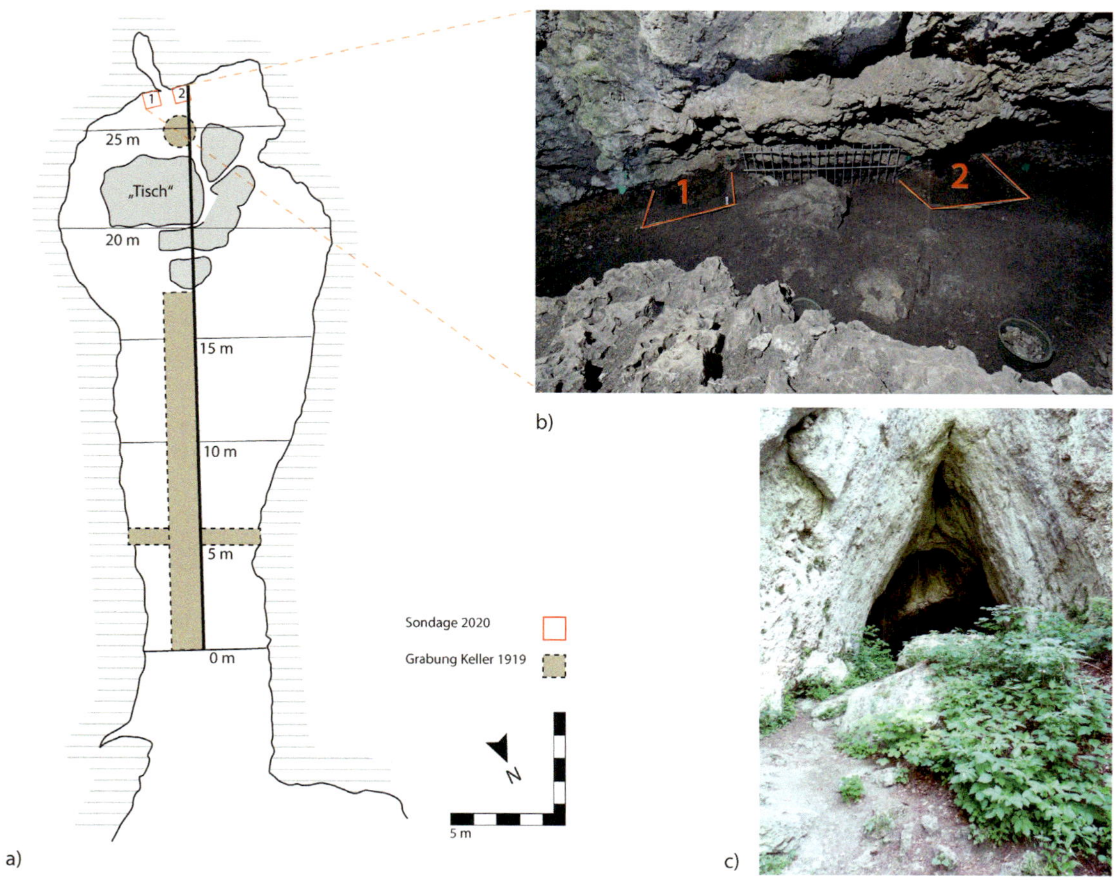

grund zahlreicher Kleinsäugerreste (teilw. durch W. Soergel bestimmt) bezeichnete er sie als pleistozäne Nagetierschicht. Aus den nachfolgenden Jahrzehnten sind keine weiteren systematischen Grabungen überliefert. Holozäne Lesefunde aus der Zeit nach den Weltkriegen befinden sich in Privatbesitz und wurden teilweise durch H.-J. Hundt vorgelegt. Durch speläologische Aktivitäten in der heute vergitterten Nische wurde Sediment bis in ca. einen Meter Tiefe nahezu auf ganzer Länge des kleinen Ganges entfernt.

Sondage im Jahr 2020

Mitglieder des „Arbeistskreises Steinzeit“, Schwäbisch Gmünd, widmen sich seit vielen Jahren der Dokumentation und Auffindung steinzeitlicher Hinterlassenschaften in dieser Region. Im Zuge dieser Tätigkeiten konnten so in der Höhle Haus über die letzten Jahre hinweg zahlreiche Funde gemacht werden, die neben Resten aus den bekannten Besiedlungsphasen des Holozäns auch pleistozäne Funde geliefert haben. Insbesondere im hinteren Teil der Höhle vor der verschlossenen Nische fanden sich entlang der Höhlenwand sekundär verlagerte Sedimente, aus denen immer wieder Steinartefakte, Tierknochen und vereinzelt Keramikfragmente hervortraten.

Aus diesem Anlass führte das Landesamt für Denkmalpflege im Juli 2020 gemeinsam mit Mitgliedern des AK Steinzeit sowie mit großer Unterstützung der Stadt Heubach eine Sondage in diesem Bereich durch, um akut von Zerstörung bedrohte Objekte zu sichern und zu einer wissenschaftlich fundierten Einschätzung der aktuellen Situation zu gelangen. Dazu wurden zwei rund 1 m^2 große Flächen östlich (Fläche 1) und westlich (Fläche 2) des Gitters angelegt und Sedimente entnommen, geschlämmt und ausgelesen.

In der Fläche 1 wurde Sediment bis in eine Tiefe von 5 cm im östlichen und 20 cm im westlichen Teil abgetragen. Das Sediment unter dem stark verdichteten Laufhorizont ist ein schwachtoniger Schluff, der wenig Feinsand enthält und mit vielen kleinen Kalksteinchen durchsetzt ist (Geologischer Horizont OF1). Auffallend sind viele Aschepartikel und kleine Verziegelungen sowie grau gebrannte Kalksteine. Das inhomogene, braun-schwarz erscheinende Feinsediment setzt sich aus überwiegend dunklen humosen Partikeln sowie kleinsten Flecken eines gelb-braunen Kalkverwitterungslehms zusammen. In Fläche 2 wurde das Sediment bis in eine Tiefe von 10 cm direkt angrenzend an das Gitter und bis in 40 cm Tiefe im westlichen Teil des Schnitts entnommen. Es konnten verschiedene geologische Horizonte unterschieden werden, die allerdings nicht in primärer Lage angetroffen wurden. GH 1, ein feinsandiger, stark humoser Schluff, versetzt mit kleinen Kalksteinchen sowie Holzkohlefragmenten und Asche, ist vor allem aufgrund der trockeneren Bedingungen westlich des Gitters lockerer gelagert und weniger kompakt als GH OF1/Schnitt 1. Darüber hinaus enthält er im Gegensatz zu Schnitt 1 zahlreiche Reste von Mikrofauna. Unterhalb, zum Teil aber auch vertikal und horizontal innerhalb des GH 1 verlaufend, konnte ein zweiter geologischer Horizont (GH 2) dokumentiert werden, der sich zunächst vor allem aufgrund seiner gelbbraunen Färbung und kompakterer Lagerung deutlich von GH 1 abhob. Die ineinander verzahnte Schichtung legt nahe, dass es sich um das Resultat einer Ausschachtung unterschiedlicher geologischer Horizonte, möglicherweise der kleinen Nische hinter dem Gitter, oder aber um den Aushub der Gra-

47 △ Rosenstein, Höhle Haus. Steinartefakte. 1 Kernkantenabschlag; 2, 5 Klingen; 3, 4 Abschläge; 6 retuschierte Lamelle; 7 Lamelle.

bung Keller im hinteren Bereich handeln könnte.

Archäologische Funde

Die zahlreichen archäologischen Funde bilden ein buntes Potpourri unterschiedlicher Epochen. Neben Steinartefakten (n = 60) wurden Metallobjekte (n = 13), Keramikfragmente (n = 664), zwei Bernsteinperlen sowie faunistische Reste (n = 1761) gefunden. Was die Steinartefakte anbelangt, so ist eine sichere zeitliche Einordnung nicht möglich. Eine rückenretuschierte Lamelle (Abb. 47) und mehrere Klingen und Lamellen weisen aufgrund technologischer Merkmale in einen jungpaläolithischen Kontext. Eine jüngere Zeitstellung einiger Objekte ist nicht auszuschließen. Zur Herstellung der Artefakte wurden lokal verfügbare Jura- und Keuperhornsteine genutzt. Ein kleines Lamellenfragment besteht aus fränkischem Plattenhornstein vom Typ Abensberg.

Darüber hinaus fanden sich rund 70 menschliche Skelettreste, darunter einzelne Knochenelemente von mindestens vier subadulten und mindestens zwei adulten Individuen. An vielen Überresten finden sich Hinweise auf den allgemeinen Gesundheitszustand des betreffenden Individuums zum Zeitpunkt des Todes. So weisen einige Zähne Zahnstein in Kombination mit stark ausgeprägter Abrasion auf. Weiterhin lassen einige Skelettreste Infektions- und/oder Entzündungserscheinungen erkennen. Alle Funde befinden sich derzeit noch in wissenschaftlicher Bearbeitung.

Wir danken der Stadt Heubach, Bürgermeister Frederick Brütting und den Mitarbeitern des Bauhofs für die umfassende Unterstützung. Den weiteren Mitgliedern des AK Steinzeit Schwäbisch Gmünd, Thomas Abele und Steffen Dangelmaier sowie der freiwilligen Helferin Sina Gawron sei für ihre engagierte Mitarbeit herzlich gedankt.

Yvonne Tafelmaier, Thomas Beutelspacher, Wolfgang Naak, David Naumann, Simon Werner

LITERATURHINWEISE

F. Keller, Rosensteins Urgeschichte (Tübingen 1921); H.-J. Hundt, Keramik aus dem Ende der frühen Bronzezeit von Heubach (Kr. Schwäbisch-Gmünd) und Ehrenstein (Kr. Ulm). Fundber. Schwaben N.F. 14, 1957, 27–50.

HEUBACH, OSTALBKREIS

Neue Daten aus der Nachgrabung in der Kleinen Scheuer im Rosenstein

Nach der ersten Kampagne in der Kleinen Scheuer im Jahr 2018, in der Teile des Abraums der Grabungen von Rudolf R. Schmidt angetroffen wurden, haben wir die Arbeiten in der Höhle vom 28. September bis 2. Oktober 2020 abgeschlossen. Wie in der vorherigen Kampagne wurde das Sediment quadratmeterweise ausgegraben und gesiebt. Silexartefakte ab einer Größe von 2 cm und Werkzeuge wurden per Einzelfundeinmessung dokumentiert. Dabei konnte auf das 2018 angelegte Messnetz zurückgegriffen werden. Neben der Untersuchung des Abraums stand die Bergung und Dokumentation von Artefakten und Faunenresten aus dem hinteren Höhlenbereich, d. h. hinter dem großen Versturzblock, im Vordergrund.

48 ▽ Rosenstein, Kleine Scheuer. Situation im hinteren Höhlenbereich mit Markierung am Fundort des datierten Knochenfragments.

Vorderer Höhlenbereich

Nach der Einmessung der Quadrate wurde nördlich, westlich und östlich des zwei Jahre zuvor angelegten Schnittes ausgegraben, bis die archäologisch sterile geologische Schicht in der Tiefe sowie die Felskanten in der Breite erreicht wurden (Abb. 48). Wie im Frühjahr 2018 konnten die meisten Funde im Bereich der Quadrate 109–111 (Nordwert) und 99–101 (Ostwert) verzeichnet werden, jedoch dünnte die Fundmenge schnell aus, je weiter sich die Grabungsaktivität von der Schuttrinne entfernte. Bereits im oberflächigen Sediment wurden wieder Artefakte angetroffen. In den darunterliegenden sehr trockenen und harten rezenten Laufhorizonten wurden ebenfalls Knochenfragmente und Silices aufgefunden, jedoch nicht in der Menge wie im darunterliegenden Grabungsschutt. Selbst im staubigen Sediment auf den Felsblöcken westlich und östlich des Schnittes kamen vereinzelt Artefakte zutage. Allgemein kann im Vergleich zur Kampagne 2018 den Sedimenten eine wesentlich ausgeprägtere Trockenheit im gesamten Höhlenbereich attestiert werden. Charakteristische Artefaktfunde sind beispielsweise eine Klinge aus Keuperhornstein mit herauspräpariertem Schlagflächenrest, wie er für das Magdalénien typisch ist (Abb. 49,1), und eine rückengestumpfte Lamelle aus Jurahornstein, deren Fragmentierung eine genauere Klassifizierung erschwert (Abb. 49,3). Aufgrund der Morphologie liegt eine Zuordnung zu den bereits bekannten Rückenmessern nahe. Rohmaterialtechnisch sticht ein Lamellenfragment aus Kreidefeuerstein heraus, das einen Import von Rohmaterialien über längere Distanzen belegt. Beim Sieben wurde ein weiteres Nadelfragment entdeckt, das die Anzahl der 2018 und 2020 gefundenen Nadeln auf zehn Exemplare erhöht (Abb. 49,4). Anpassungsversuche mit den bereits zusammengepassten Nadelfragmenten aus der Grabung 2018 (Abb. 49) waren nicht von Erfolg gekrönt.

Hinterer Höhlenbereich

Nach Abschluss der Arbeiten im vorderen Höhlenbereich konnten hinter dem Felsklotz im Bereich der Grabung von Schmidt aus dem Jahr 1916 offen liegende Knochenstücke aus einer Kalksteinbrekzie und ein Silexartefakt aus einem Sedimentrest in einer Felsnische geborgen werden. Das Steinartefakt ist als basales Klingenfragment aus

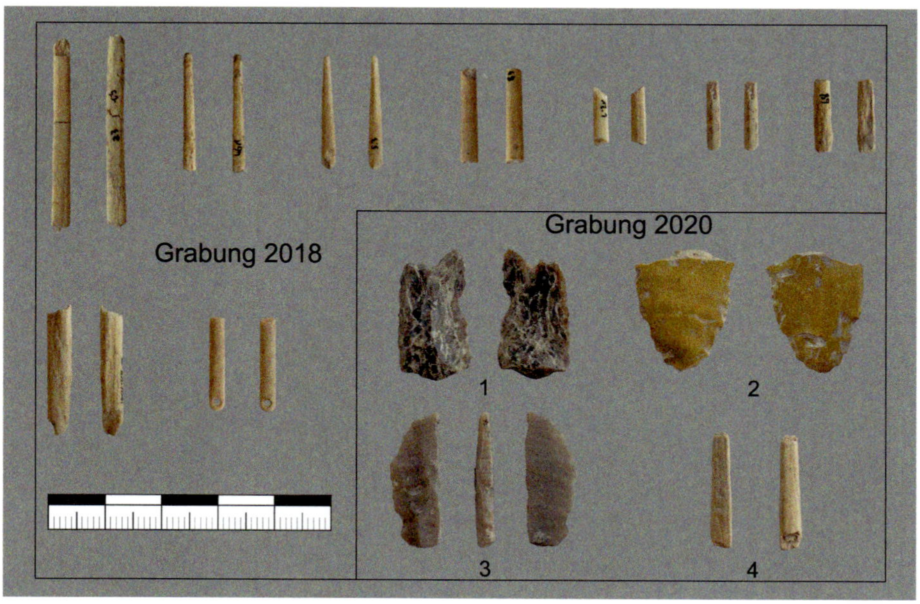

49 ◁ *Rosenstein, Kleine Scheuer. Silex- und Knochenartefakte der Grabungen 2018 und 2020. Zehn Exemplare von Nadelfragmenten deuten auf eine intensivere Verarbeitung von Leder hin. 1, 2 basale Klingenfragmente; 3 Rückenmesser; 4 mediales Nadelfragment. 1 Keuperhornstein; 2 Bohnerzhornstein; 3 Jurahornstein.*

sehr homogenem Bohnerzhornstein zu beschreiben (Abb. 49,2). Durch die Position nur knapp über dem Bodenniveau könnte es in einen frühjungpaläolithischen Kontext gehören. Dass einige Artefakte aus dem Aurignacien stammen, ist nicht ausgeschlossen, zumal dieser Zeitstellung wenige Stücke aus den Altgrabungen zuzuordnen sind. Erschwert wird diese Zuordnung allerdings durch die damalige künstliche Trennung in Abträge von jeweils 30 cm. Dadurch ist eine Vermischung von unterschiedlichen Kulturschichten in einem Abtrag möglich. Bei den Nachgrabungen konnten bislang keine typischen Artefakte aus dem Aurignacien angetroffen werden. Ein verrundetes Knochenfragment aus dem unteren Bereich der Kalkbrekzie wurde zwischen Felsklotz und ehemaligem Grabungsbereich von 1916 entdeckt. Es liegt nahe, dass die Arbeiten in diesem harten und verbackenen Sediment damals nicht fortgesetzt wurden. Da sich dieses Stück ebenfalls auf der Höhe der unteren Schichten des ehemaligen Grabungsbereichs befand, wurde eine Probe entnommen und in der ETH Zürich mittels Radiokohlenstoffmethode datiert (ETH-110808), was ein Alter von 37 209–31 041 cal BP erbrachte. Die Überprägung spricht bei diesem Knochenfragment für einen anthropogenen Einfluss. Es ist derzeit das älteste absolut datierte, mit menschlicher Besiedlung in Zusammenhang stehende Objekt des Ostalbkreises.

Zusammenfassung

Mit den die Altgrabungen ergänzenden zwei Kampagnen 2018 und 2020 konnte der Stellenwert der Kleinen Scheuer aufgewertet werden. Der bislang bekannte Artefaktbestand wurde um mindestens das Doppelte erweitert, wobei insbesondere die in den frühen Grabungen übersehenen Kleinfunde (Nadeln, Rückenmesser) neue Erkenntnisse zur Funktion des Fundplatzes erbrachten. Das neu gewonnene absolute Datum unterstreicht mit aller Vorsicht die in der Frühzeit der Forschung geäußerte Vermutung, nach der die Kleine Scheuer bereits im frühen Jungpaläolithikum besiedelt wurde. Derzeit ist die Kleine Scheuer damit die älteste absolut datierte Fundstelle des Ostalbkreises. In chronologischer Hinsicht weist das Vorkommen von Rückenspitzen neben dem Aurignacien (?) und dem mittleren Magdalénien möglicherweise auch auf die Präsenz eines Rückenspitzen führenden Spätmagdalénien oder eines Spätpaläolithikums hin. Das Auffinden von Jurahornsteinen aus dem geologischen Horizont erweitert die Kenntnis insofern, als dass im Höhlenbereich Rohmaterialien zur Silexbearbeitung zur Verfügung standen. Ein direkter Nachweis für eine Verarbeitung vor Ort konnte jedoch nicht erbracht werden.

Wir möchten uns beim Landesamt für Denkmalpflege Baden-Württemberg für die erneute Genehmigung der Grabung bedanken. Der Stadt Heubach und Bürgermeister Frederick Brütting sei für die weitere Unterstützung der Arbeiten in Heubach Dank ausgesprochen. Für die Hilfe bei den Ausgrabungsarbeiten bedanken wir uns bei Nathalie Peter, Stefanie Schoemacker, Sandra Mihalyfi-Dean, Wolfgang Naak und Volker Rösner. Besonders danken möchten wir Carmen und Helmut Naak für die freundliche Beherbergung des Ausgrabungsteams.

Stefan Wettengl, Simon Fröhle, Harald Floss

LITERATURHINWEIS

St. Wettengl/S. Fröhle/H. Floss, Ausgrabungen in der Kleinen Scheuer im Rosenstein. Arch. Ausgr. Baden-Württemberg 2018, 68–72.

Steinzeitliche Funde in der Unteren Köhnenbuchhöhle bei Blaubeuren

Die vom Landesamt für Denkmalpflege (LAD) erstmals archäologisch untersuchte Untere Köhnenbuchhöhle befindet sich auf der Gemarkung Blaubeuren im Alb-Donau-Kreis, innerhalb der Kernzone der UNESCO-Welterbestätte „Höhlen und Eiszeitkunst der Schwäbischen Alb". Nach einer Begehung der Welterbebeauftragten des LAD mit dem ortskundigen Archäologen R. Walter wurde beschlossen, die Höhle archäologisch zu erforschen, um ihr wissenschaftliches Potenzial und ihre konservatorische Schutzbedürftigkeit zu klären.

Situation und Stratigraphie

Die Fundstelle liegt ca. 15 m oberhalb der heutigen Talsohle der Ach. Der 9 m² messende Höhlenvorplatz ist annähernd horizontal gelagert und wird auf zwei Seiten von großen Versturzblöcken begrenzt. Diese stammen von dem oberhalb der Höhle liegenden Felssporn und wirken als natürliche Sedimentfalle. Der heute zugängliche Höhleneingang mit einer Breite von 2,5 m und einer Maximalhöhe von 0,5 m öffnet sich in Richtung Nordwesten. Durch einen flachen „Korridor" gelangt man kriechend nach 3 m in den annähernd kreisrunden Höhlenraum von ca. 11 m Durchmesser. Das Sediment reicht bis maximal 0,5 m unter die Höhlendecke und fällt kegelförmig in alle Richtungen ab, wobei sich die Decke und der Höhlenraum über die sichtbaren Ränder hinaus weiter fortsetzen.

Die Höhle wurde im Herbst 2020 in einer sechswöchigen Kampagne durch das LAD

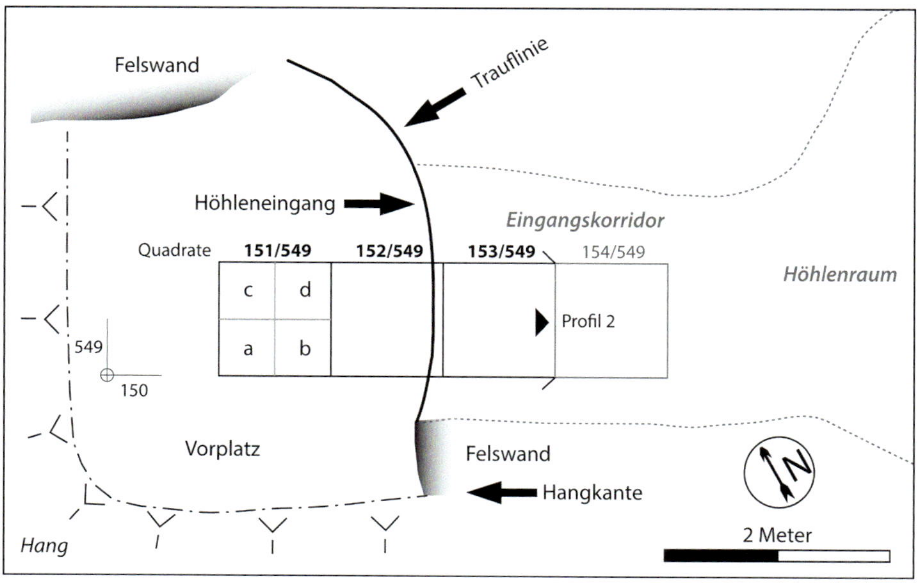

50 ◁ *Blaubeuren. Schematischer Plan der Unteren Köhnenbuchhöhle. Im Herbst 2020 wurden auf dem Vorplatz und im Höhleneingangsbereich die drei Quadrate 151/549, 152/549 und 153/549 untersucht.*

im Vorplatz- und Eingangsbereich auf 3 m^2 archäologisch nach paläolithischen Standards untersucht (Abb. 50). Im Zuge der Kampagne wurden vier geologische Einheiten erkannt, die analog der Sedimenteigenschaften in stratigraphische Untereinheiten (Geologische Horizonte, GH) gegliedert wurden.

Auf dem Höhlenvorplatz, Quadrate 151/549 und 152/549, wurde in ca. 1 m Tiefe, unterhalb einer kompakten gelblichen pleistozänen Tonschicht, ein massiver Kalksteinkörper (GH B1) erreicht. Ob es sich um verstürzte Reste der ehemaligen Höhlendecke oder bereits den anstehenden Fels handelt, konnte nicht abschließend geklärt werden. Im östlichsten untersuchten Quadrat 153/549 sowie in Profil 2 im Höhleneingangsbereich wurde der Kalksteinkörper nicht angetroffen, was dafür spricht, dass es sich eher um einen Teil des verstürzten Höhlendachs handelt. In Quadrat 153/549 konnte die Stratigraphie frei von erkennbaren Unterbrechungen dokumentiert werden. Während auf dem westlichen hangnahen Vorplatzbereich der obere pleistozäne Abschnitt gekappt ist, ist dieser im Eingangsbereich der Höhle erhalten. Hier zeigte sich auch, dass die unteren, pleistozänen Sedimente (GH B.9 und 10) nach Osten ins Höhleninnere entgegen der Hangneigung auf dem Vorplatz fallen, sodass davon ausgegangen werden kann, dass die pleistozänen Sedimente im Höhleninnenraum vollständig erhalten sind. Im 1 m mächtigen Ostprofil 2 lassen sich die geologischen Ein-

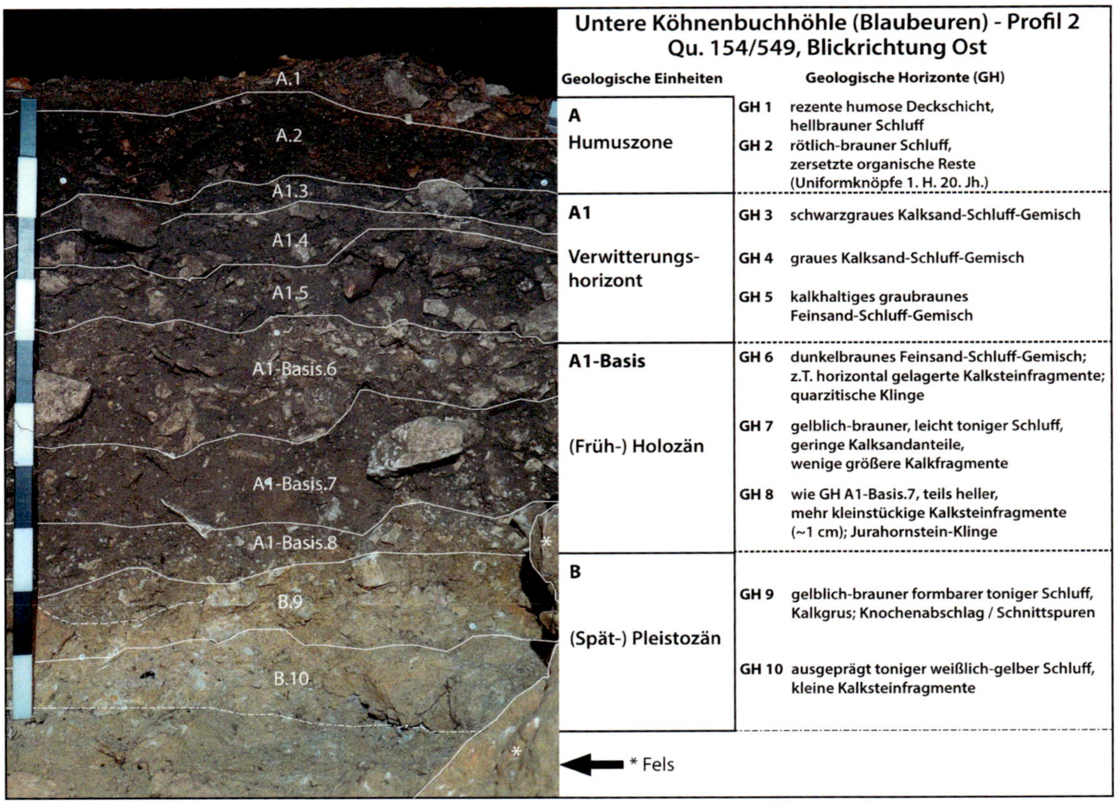

51 ▽ Blaubeuren, Untere Köhnenbuchhöhle. Profil 2 (Qu. 154/549), Blickrichtung Südost innerhalb des Eingangsbereichs der Höhle: holozäne geologische Einheiten A (GH A.1, A.2) und A1 (GH A1.3–5), frühholozäner Abschnitt A1-Basis (GH A1-Basis.6–8) und obere pleistozäne Einheit B (GH B.9, B.10).

heiten von oben nach unten in insgesamt zehn Geologische Horizonte unterteilen, wobei das Anstehende im Höhleneingangsbereich nicht erreicht wurde (Abb. 51).

Fundführende Schichten und Artefakte

Fundführende frühholozäne und pleistozäne Sedimente traten bereits in geringer Tiefe im Übergangsbereich zwischen Vorplatz und Höhle zutage. Der oberste Sedimentabschnitt (GH A.1, A.2) weist schluffiges Sediment mit hohen Anteilen teils zersetzten organischen Materials auf (Abb. 51). In den Quadraten 151/549 und 152/549 fand sich eine von GH A.2 aus eingetiefte Störung, die in Quadrant 152/549c bis in die liegenden pleistozänen Sedimente reichte und möglicherweise in Zusammenhang mit dokumentierten Metallknöpfen sowie Ascheresten steht. Zahlreiche Dachs- und Fuchsknochen legen hingegen einen Tierbau nahe, wobei die auffallend geraden Grubenränder wieder eher für eine anthropogene Struktur sprechen. Alle Horizonte der geologischen Einheit A weisen zu unterschiedlichen Anteilen Kalksteinschutt verschiedener Größenfraktionen auf. Der Fund von Uniformknöpfen lässt eine chronologische Zuordnung von GH A.2 in die erste Hälfte des 20. Jahrhunderts zu. Der in die drei Geologischen Horizonte A1.3–5 unterteilte sandig-schluffige Verwitterungshorizont ist hingegen steril. Urgeschichtliche Artefakte, darunter zwei Klingen sowie verbrannter Kalkstein, stammen aus den darunter situierten frühholozänen, leicht tonig-schluffigen Sedimenten von A1-Basis in Qu. 153/549 (Abb. 52). Eine flache Jurahornsteinklinge wurde im untersten holozänen Horizont in horizontaler Lagerung in situ gefunden (GH A1-Basis.8; Abb. 52,1). Ein Knochenabschlag mit Schnittspuren aus dem oberen pleistozänen GH B.9 (Qu. 153/549) zeigt eine vorholozäne menschliche Nutzung der Höhle an.

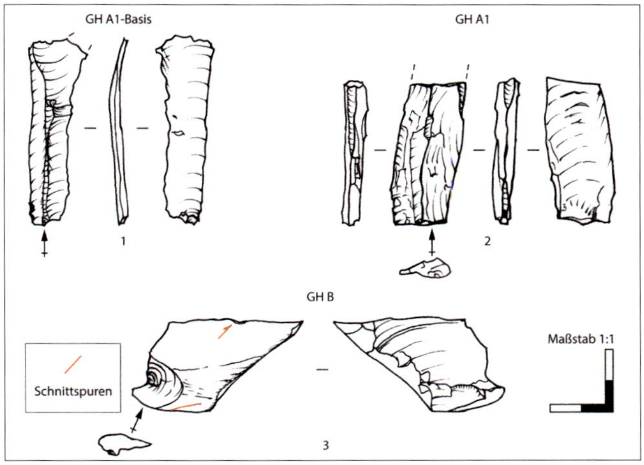

52 △ Blaubeuren, Untere Köhnenbuchhöhle. Artefakte: 1 Jurahornsteinklinge; 2 Quarzklinge, beide aus GH A1-Basis; 3 Knochenabschlag mit Schlag- und Schnittspuren aus dem oberen pleistozänen Sedimentabschnitt (GH B).

Faunenreste

Nur ca. 50 Großfaunenreste konnten als Einzelfunde geborgen werden, darunter Hase, Fuchs, Wildkatze, Iltis, Dachs, Wildpferd und Haus- oder Wildschwein. Die Großfauna wird von Karnivoren dominiert, vor allem Dachs. Die Präsenz rezenter Raubtierarten innerhalb der stratigraphischen Abfolge (A bis A1-Basis) spricht dafür, dass die Grabungsaktivitäten dieser Tiere Einfluss auf die taphonomischen Prozesse hatten. Insbesondere Aktivitäten des höhlenbewohnenden Dachses, von dem auch eine Rippe im oberen Abschnitt der geologischen Einheit B (Qu.153/549) gefunden wurde, könnten zu einem vertikalen Transport von Artefakten und Faunenresten beigetragen haben. Ausschließlich aus den oberen Schichtpaketen (A und A1) stammen auch wenige Reste domestizierter Tiere wie Schaf und Ziege. Für eine pleistozäne Einordnung der geologischen Einheit B sprechen beispielsweise der

Backenzahn eines juvenilen Pferdes und der Unterkiefer eines wahrscheinlichen Schneehasen (Qu. 153/549). Der Calcaneus (Fersenbein) eines Pferdes wurde wahrscheinlich durch Bioturbation in den holozänen Schichtbereich A1 (Qu. 152/549) verlagert. Dafür sprechen die Größe des Knochens, die eher zu einem Wildpferd passt, die vergleichsweise schlechte Erhaltung der Oberfläche sowie auch die durch pleistozänes Sediment verursachte gelbliche Färbung.
Eine vorläufige Analyse von Mikrofauna-Stichproben zeigt, dass der untere gegrabene Sedimentabschnitt wahrscheinlich den Zeitraum vom Spätpleistozän (GH B) bis in den Übergang zum Frühholozän (GH A1-Basis) dokumentiert. In GH B (Qu. 153/549) koexistiert die warmzeitliche Rötelmaus (*Clethrionomys glareolus*) gemeinsam mit dem Lemming (*Dicrostonyx* sp.), der ein typischer Vertreter der offenen Kaltsteppe war und zu Beginn des Holozäns ausstarb. Diese Vergesellschaftung von Rötelmaus und Lemming ist nicht unüblich für die Übergangsphase vom Spätpleistozän zum Holozän, wobei das kaltzeitliche Faunensignal durch den Eintrag amphibischer Reste aus GH A1-Basis teilweise gestört ist.
Die oben angestellten Beobachtungen lassen den Schluss zu, dass fundführendes spätpleistozänes und frühholozänes Sediment erfasst wurde, das teilweise durch Bioturbation gestört ist. Genauere Erkenntnisse zur chronologischen und taxonomischen Einordnung der Stein- und Knochenartefakte sowie die Dokumentation des weiteren Verlaufs der Geologischen Horizonte im Eingangsbereich der Höhle sollen im Rahmen einer Erweiterung des Schnitts sowie durch ^{14}C-Daten und Faunenanalysen erbracht werden.

Für Unterstützung bedanken wir uns bei Thomas Beutelspacher, Yvonne Tafelmaier, Conny Meister, Elisa Luzi, Herrn Bernhard Stich, dem Urgeschichtlichen Museum Blaubeuren und der Stadt Blaubeuren.

Guido Bataille, Viola C. Schmid,
Giulia Toniato, Rudolf Walter

BAD URACH-SEEBURG, KREIS REUTLINGEN

Neue Grabungen zur Erforschung des Paläolithikums im Ermstal bei Bad Urach

Das Ermstal und seine Nebentäler im Nordwesten der mittleren Schwäbischen Alb bieten ein bisher kaum erschlossenes Potenzial zur Erforschung des Paläo- und Mesolithikums in Baden-Württemberg. Die örtlichen Kalksteinformationen begünstigen die Entstehung von Höhlen und Felsdächern, die direkt am gut einsehbaren Ermstal und nahe dem Quellursprung liegen. Auf den Albhochflächen zu beiden Seiten des Tales finden sich reiche Vorkommen an Jurahornstein, wovon einige, z.B. bei Wittlingen, nachweislich im Mittel- und Jungpaläolithikum genutzt wurden. Trotz dieser günstigen Gegebenheiten gab es im Ermstal bisher kaum archäologische Untersuchungen der Felsüberhänge und Höhlen. Die im Umkreis bekannten Fundstellen umfassen lediglich die steinzeitlichen Besiedlungen der Klopfjörgleshütte und des Rappenfelsschutzdaches.

Aufgrund dieser Umstände initiierten die Autoren 2019 ein neues Projekt zur Untersuchung des alt- und mittelsteinzeitlichen Potenzials der Region um Bad Urach. Das primäre Ziel war die Dokumentation neuer Fundplätze und deren Kontextualisierung mit besser erforschten Regionen der Schwäbischen Alb. Vonseiten der Stadt Bad Urach besteht zudem großes Interesse, die lokale Urgeschichte besser zu verstehen, und somit ergaben sich rasch enge Kooperationen mit den Verantwortlichen und Bürgern vor Ort. Erste Feldbegehungen erfolgten im Herbst 2019. Hierbei wurden mehrere Höhlen und Felsdächer aufgrund ihrer Lage und des Vorhandenseins von ungestörten Höhlensedimenten als vielversprechend eingestuft. Im August / September 2020 fand daraufhin die erste Feldkampagne seit 80 Jahren in der Region an zwei ausgewählten Stellen statt. Der Schachtfels (auch Rehfußhöhle) ist eine kleine Höhle (ca. 4 m × 5 m), während es sich bei dem etwa 500 m entfernten Hofsteigefels um ein ca. 3 m × 3 m großes Felsdach handelt. Beide liegen im Erms-Nebental des Fischbachs direkt bei Seeburg, einer Teilgemeinde von Bad Urach, an der östlichen Hangseite. Im Zuge der Testgrabungen beabsichtigten wir Tiefe und Zusammensetzung der Sedimente zu dokumentieren, die stratigraphischen Sequenzen zu beschreiben und Artefakte und Befunde zu analysieren. Die Grabungen erfolgten in Abträgen von 2–3 cm, die natürlichen Schichten folgten. Funde > 20 mm wurden dreidimensional vermessen, die Sedimente geschlämmt und sortiert.

53 △ *3D-Modell und Grabungsschnitt mit Stratigraphie des Hofsteigefels.*

Testgrabungen in Schachtfels und Hofsteigefels

In einer zweiwöchigen Testgrabung am Schachtfels legten wir einen Schnitt von 1 m × 4 m an. Nach 30–80 cm erreichten wir das anstehende Gestein. Insgesamt konnten wir zwei Geologische Horizonte (GH 1 und GH 2) definieren. Heller Lehm mit häufigem Kalkschutt (GH 2) macht den Großteil der Sedimente aus. Die Ablagerungen erwiesen sich als fundarm, mit wenigen Fragmenten neuzeitlicher Keramik (n = 17). Häufigste Fundkategorie sind Faunenreste (n = 65) und Mikrofauna (MNI = 82). Untersuchungen der Mikrofauna durch E. Luzi weisen auf ein holozänes Alter für GH 1 und GH 2 hin.

Im Anschluss wurde ein Schnitt von 1 m × 2 m im Hofsteigefels angelegt. Hier wurde eine feiner gegliederte Stratigraphie von sieben Horizonten und einer Mächtigkeit von maximal 1,45 m freigelegt (Abb. 53). Das Fundspektrum ist breiter und reichhaltiger, mit hohem Anteil an vor allem spätmittelalterlicher Keramik (n = 121) sowie Metallobjekten (n = 27), Glas (n = 9) und vereinzelten Steinartefakten (n = 5), die allerdings holozänen Alters sind. Besonderheiten sind eine ca. 7 cm starke Holzkohleschicht in GH 6 und Reste von grob gemagerter Keramik in GH 7.

Zusammenfassend erbrachten die Grabungen 2020 an keiner der beiden Stellen pleistozäne Schichten oder paläolithische Funde, eventuell aufgrund von Erosion entsprechender Sedimente. Die Auswertung der Funde aus dem Hofsteigefels findet in Zusammenarbeit mit der Mittelalterarchäologie der Universität Tübingen statt. Mit lokaler Unterstützung werden 2021 weitere Surveys im Ermstal unternommen mit dem Fokus auf besseren Sedimentfallen (z. B. tieferen Höhlen) und der Testgrabung entsprechender Stellen.

Wir bedanken uns bei unserem ehrenamtlichen Grabungsteam sowie der Gemeinde Seeburg bzw. der Stadt Bad Urach, insbesondere bei Bürgermeister Elmar Rebmann, für die organisatorische und finanzielle Unterstützung, sowie bei Thomas Braun, Ulrich Meyer, Oliver Kolb, Dennis Ausländer und Günter Künkele.

Manuel Will, Gregor Bader

LEINFELDEN-ECHTERDINGEN, KREIS ESSLINGEN

Rettungsgrabungen in einem frühneolithischen Siedlungsareal im Baugebiet Schelmenäcker bei Leinfelden-Echterdingen

Die Altsiedellandschaft der Filderebene südlich von Stuttgart zeigt aufgrund ihrer fruchtbaren Lössböden ein dichtes archäologisches Fundbild und wurde bereits seit der frühen Jungsteinzeit besiedelt. Allein knapp 90 Fundstellen der Linearbandkeramik zwischen Stuttgart-Möhringen im Nordwesten und den Neckartalhöhen bei Nürtingen im Südosten belegen eine intensive Besiedlung während der zweiten Hälfte des 6. Jahrtausends v. Chr.

Eine dieser Siedlungsstellen zwischen Leinfelden und Echterdingen wurde 1991 beim Bau der S-Bahn-Trasse entdeckt und in Teilen untersucht, wobei bereits die Überreste mehrerer der für die linearbandkeramische Kultur charakteristischen Langhäuser dokumentiert wurden.

Systematische Prospektionen im Vorfeld neuer Baumaßnahmen

Nachdem die Stadt Leinfelden-Echterdingen im Bereich nördlich der S-Bahn-Strecke Erschließungsmaßnahmen für neue Wohn- und Gewerbeflächen in den „Schelmenäckern“ beiderseits der Max-Lang-Straße geplant hatte, galt es im Vorfeld die Ausdehnung des linearbandkeramischen Siedlungsareals festzulegen, um die notwendigen Rettungsgrabungen vor Baubeginn besser planen zu können. Das mobile Prospektionsteam des Landesamts für Denkmalpflege konnte das flächig zu untersuchende Areal durch systematische Baggerschnitte auf eine Fläche von rund 2,5 ha eingrenzen. Bereits in den schmalen Suchschnitten während der bauvorgreifenden Prospektion im Februar 2020 wurden weitere Hausplätze angeschnitten und zahlreiche Siedlungsgruben der Linearbandkeramik dokumentiert. Ganz im Westen des Planungsareals wurde eine kleine, wohl hochmittelalterlich datierende Befundkonzentration erfasst.

Im Juni 2020 konnte mit der flächigen Untersuchung der überplanten Parzellen durch die Firma ArchaeoBW GmbH begonnen werden (Abb. 54). Da ein rund 7000 m² großes Areal im südlichen Planungsbereich als Grünfläche im neuen Quartier nicht durch Erdeingriffe berührt werden wird, wird der Gesamtplan hier durch das Ergebnis der geomagnetischen Messungen (Harald von der Osten, LAD) ergänzt (Abb. 55).

Große Grubenkomplexe und Pfostenspuren

Das Grabungsareal umfasst beinahe die gesamte Ausdehnung der Siedlung. Lediglich im Süden reichte die besiedelte Fläche bis jenseits der S-Bahn-Trasse. Die im Westen und Nordosten erfassten Siedlungsränder sind durch eine signifikante Abnahme der Befunddichte gekennzeichnet. Nördlich der Max-Lang-Straße zeigen sich nur noch wenige Befunde, in diesem Bereich könnte ein kleinerer Teil der Befunde bereits vermehrter Erosion zum Opfer gefallen sein. Hierbei mag der mutmaßliche Abfluss eines ehemals etwas westlich der Grabungsfläche befindli-

54 △ *Leinfelden-Echterdingen, „Schelmenäcker". Luftbild der zentralen Ausgrabungsflächen im Spätsommer 2020. Blick von Osten.*

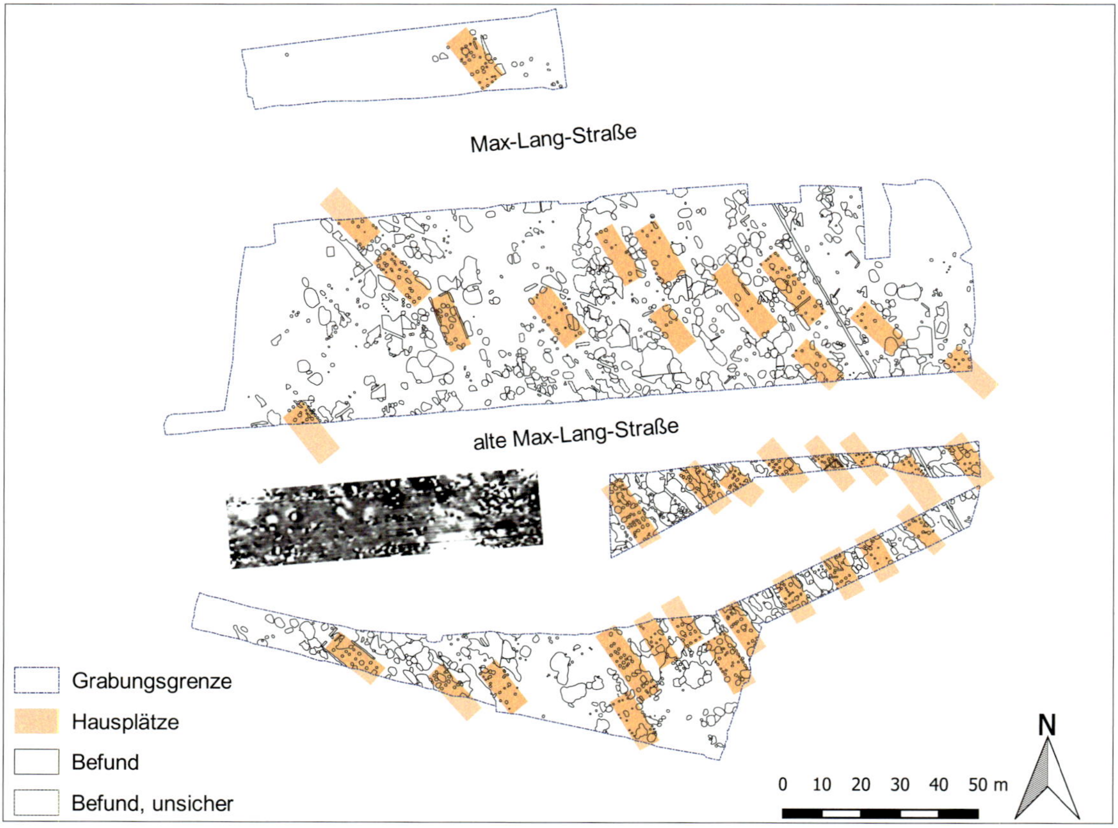

55 △ *Leinfelden-Echterdingen, „Schelmenäcker". Gesamtplan der Ausgrabungsfläche und Magnetogramm. Stand Januar 2021.*

chen kleinen Sees oder Staugewässers eine gewisse Rolle gespielt haben, auf den es jedoch nur indirekte Hinweise gibt.

In der mittleren und der südlichen Grabungsfläche zeigt sich jedoch der zentrale Siedlungskern in vergleichsweise sehr gutem Erhaltungszustand, obgleich durch erosive Prozesse auch hier bis zu einem Meter Geländeverlust zu veranschlagen ist und damit auch die ehemalige Siedlungsoberfläche abgetragen wurde. Es zeigen sich typische linearbandkeramische Hausgrundrisse durch die systematische Anordnung von Pfostengruben und partiell auch Wandgräbchen, die den Verlauf der ehemaligen Wände und von im Inneren des Hauses verlaufenden Querriegeln widerspiegeln. Parallel zu den Hausgrundrissen und in den Bereichen zwischen den ehemaligen Häusern liegen Siedlungsgruben, die teilweise in großen Grubenkomplexen aufgegangen sind und meist als Lehmentnahmegruben zu interpretieren sein dürften. Nur wenige Gruben beinhalten größere Mengen verbrannten Materials oder Spuren organischer Überreste. Im zentralen Bereich der Ansiedlung überlappen sich die Befunde und Strukturen, sodass sich hier bereits Hinweise auf eine Mehrphasigkeit der Besiedlung abzeichnen. Die Lesbarkeit der Befundsituation wird in Richtung der Siedlungsränder deutlicher, da hier weniger Überlappungen vorhanden sind und sich die Strukturen klarer abgrenzen lassen. In der Peripherie der Siedlung finden sich darüber hinaus vermehrt langschmale Schlitzgruben, deren ehemalige Funktion auch bei dieser Fundstelle bislang spekulativ bleibt.

Ein Dorfplan entsteht

Allein im Zentrum der Ausgrabungsfläche können, trotz teils nur rudimentärer Überlieferung, Hinweise auf mindestens 13 Hausplätze gezählt werden. Hinzu kommen in der südlichen Grabungsfläche zahlreiche weitere Hausgrundrisse sowie die Reste von mindestens fünf Langhäusern, die bereits während der Ausgrabungen beim Bau der S-Bahn-Trasse zu Beginn der 1990er Jahre dokumentiert wurden. Ganz im Norden wurden ebenfalls die rudimentären Reste eines weiteren Hauses erfasst. Mit nunmehr rund vierzig Hausplätzen zeichnet sich ein intensiv besiedelter Platz ab, auf dem ursprünglich sicherlich noch wesentlich mehr Häuser standen.

Alle Hausgrundrisse zeigen die typische Nordwest-Südost-Ausrichtung bandkeramischer Dorfpläne, die, auch wenn im Detail die Orientierung einzelner Häuser leicht um diese Achse variiert, insgesamt aber doch sehr uniform erscheinen (Abb. 55).

Befundüberschneidungen und die räumliche Nähe einzelner Hausstandorte lassen bereits beim jetzigen Stand der Untersuchungen vermuten, dass die Dorfanlage mindestens zweiphasig war und sich aus mehreren gehöftartigen Siedlungseinheiten zusammensetzte.

Spärliches, aber charakteristisches Fundmaterial

Obwohl die Befunddichte sehr hoch ist und die großen Grubenkomplexe stellenweise noch über einen Meter tief erhalten waren, ist insgesamt festzustellen, dass die Menge des geborgenen Fundmaterials deutlich hinter dem Fundaufkommen, wie es von anderen bandkeramischen Siedlungen bekannt ist, zurückbleibt. Dennoch erlaubt das keramische Fundmaterial (Abb. 56) eine erste zeitliche Einordnung innerhalb der bandkeramischen Epoche. Bei den wenigen verzierten Scherben handelt es sich in der Mehrheit um Stücke, die neben Bandmustern auch Stichverzierungen tragen, wie sie für die späte Linearbandkeramik in Württemberg charakteristisch sind.

56 ▽ *Leinfelden-Echterdingen, „Schelmenäcker". Keramik und Steinwerkzeuge der späten Linearbandkeramik.*

Wenige Fragmente von Steinbeilen ergänzen das Fundspektrum ebenso wie eine Reihe von Hornsteinartefakten, darunter Pfeilspitzen und Klingen mit sogenanntem Sichelglanz, der belegt, dass diese Stücke als Einsätze in Erntegräten gedient hatten. Das Gros des Rohmaterials der Hornsteinartefakte stammt als Jurahornstein erwartungsgemäß von der Schwäbischen Alb, einzelne Stücke aus südostbayerischem Plattensilex belegen jedoch auch Fernkontakte der Siedler in den „Schelmenäckern" bis in die Gebiete jenseits der Donau bereits am Ende der Linearbandkeramik.

Unser Dank für die sehr gute Zusammenarbeit gilt in erster Linie der Stadt Leinfelden-Echterdingen. Namentlich seien Frau Eva Noller, erste Bürgermeisterin von Leinfelden-Echterdingen, Frau Andrea Egner, Frau Katja Siegmann und Herr Christian Schöner genannt. Weiterhin möchten wir uns bei Prof. Dr. Raiko Krauß, Universität Tübingen, für fachliche Unterstützung sowie bei Herrn Dr. Harald von der Osten-Woldenburg, LAD, für die Durchführung der geophysikalischen Messungen bedanken. Herr Christoph Nissler lieferte wertvolle Hinweise zu den Ausgrabungsarbeiten beim Bau der S-Bahn-Trasse, wofür wir uns ebenfalls sehr bedanken.

Jörg Bofinger, Christian Hoyer, Nadine Huber

LITERATURHINWEIS

Ch. Strien, Untersuchungen zur Bandkeramik in Württemberg. Universitätsforsch. Prähist. Arch. 69 (Bonn 2000).

■ AMMERBUCH, KREIS TÜBINGEN

Jungsteinzeitliche Scherben, frühbronzezeitliches Gold – Zum Fortgang der Untersuchungen im Ammertal

Auch im Jahr 2020 konnten im Rahmen des Kooperationsprojekts des Landesamts für Denkmalpflege im Regierungspräsidium Stuttgart und der Universität Tübingen, Institut für Ur- und Frühgeschichte und Archäologie des Mittelalters, die Forschungsgrabungen in Ammerbuch-Entringen bzw. auf der Gäuhochfläche bei Ammerbuch-Reusten fortgeführt werden. An beiden Stellen wurden geophysikalische Prospektionen in Kombination mit kleineren Sondagegrabungen durchgeführt, um auf diese Weise in zusammenhängende, größere Areale Einblicke zu erhalten, die anhand der Grabungsfunde beurteilt werden konnten.

Bandkeramische Siedlungsstrukturen bei Ammerbuch-Entringen

Die ersten geophysikalischen Messungen und eine Sondage im Jahr 2017 hatten sich auf den nördlichen Teil der Siedlungsfläche am Hangfuß im Bereich der bandkeramischen Siedlung im „Unteren Feld" unmittelbar am südlichen Ortsrand von Ammerbuch-Entringen konzentriert. Dieses gemessene Areal wurde im Frühjahr 2020 nach Süden und Osten hin erweitert und auf halber Hanghöhe eine zweite Sondagefläche angelegt (Abb. 57). Die Anomalien und Strukturen in dem nun ausgeweiteten Messbild lassen weitere, für die Linearbandkeramik typische Nordwest–Südost orientierte Hausplätze erkennen. Die Siedlungsstrukturen erstrecken sich also weit den Hang hinauf, brechen aber unterhalb der Geländekuppe ab und scheinen sich nicht nach Süden fortzusetzen. Sie stehen damit offenbar nicht in direkter Verbindung mit der rund 500 m südlich gelegenen linearbandkeramischen Fundstelle am „Gaißbühl".

Die Frage, ob die beiden Befundkonzentrationen am Hangfuß und am Mittelhang der Fundstelle – vor allem in chronologischer Hinsicht – unterschiedliches bzw. spezifisches Fundmaterial liefern würden, sollte eine kleine Sondage von 10 m × 10 m Ausdehnung klären (Abb. 57, B). Innerhalb der Ausgrabungsfläche konnten rund 30 Befunde erfasst und dokumentiert werden, vor allem erwartungsgemäß Siedlungsgruben und Pfostenspuren, die in der Regel nur noch wenige Zentimeter tief erhalten waren. Zwei etwas tiefere Gruben zeigen mehrere Schichtpakete und damit eine komplexe Verfüllungsgeschichte. Alle Befunde können ausnahmslos als bandkeramisch klassifiziert werden, ohne dass das Fundmaterial bislang auf bestimmte Phasen der linearbandkeramischen Stufenabfolge einzugrenzen wäre.

Somit kann, wie auch in dem hangabwärts gelegenen Grabungsausschnitt, eine Mehrphasigkeit der Siedlung belegt werden, die offenbar von den frühen Phasen der Linearbandkeramik bis an deren Ende bestand.

57 ▽ *Ammerbuch-Entringen, „Unteres Feld". Plan der geomagnetischen Messungen des linearbandkeramischen Siedlungsareals mit Eintrag der Sondageschnitte A (2017) und B (2020).*

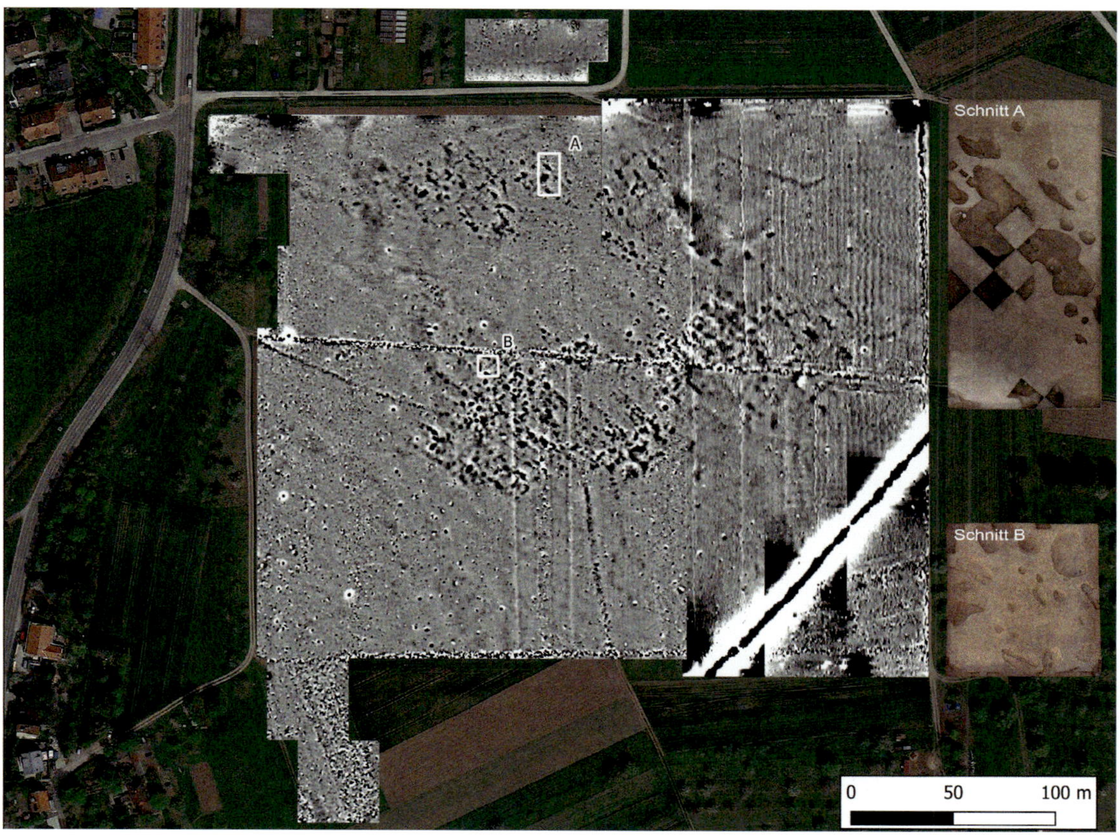

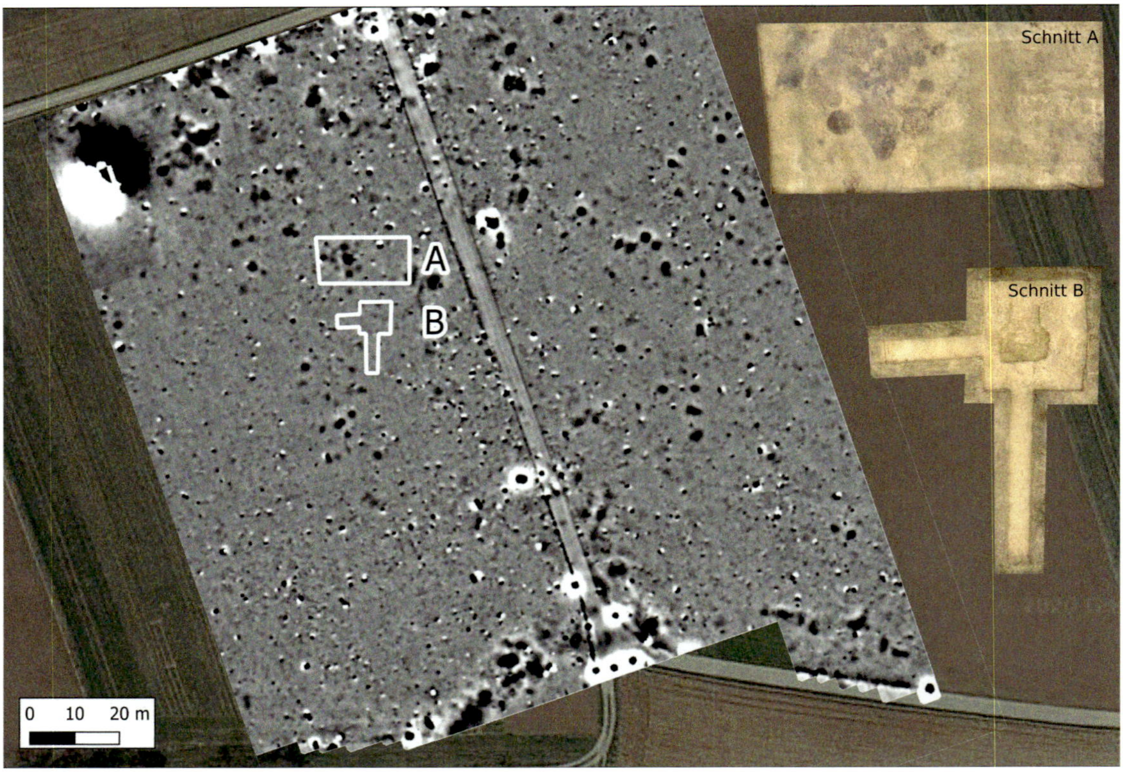

58 △ *Ammerbuch-Reusten, „Grüninger". Überblick über die geophysikalischen Messergebnisse und Darstellung der Grabungsflächen.*

Neue Einblicke in ein altbekanntes Siedlungsareal bei Ammerbuch-Reusten

Im Hinterland des Kirchbergs von Reusten liegt auf der Hochfläche des Oberen Gäus ein ausgedehntes Fundareal, das sich von der Flur „Kapf" an der Hangkante direkt oberhalb der Ammer im Osten auf einer Strecke von über 800 m nach Westen bis in die Flur „Stützweg" erstreckt. Dort sind Siedlungsreste aus nahezu allen vorgeschichtlichen Epochen seit der frühesten Jungsteinzeit bis in die römische Zeit nachgewiesen.

Etwa im Zentrum des Fundareals wurden in der Flur „Grüninger" schon seit einigen Jahren wiederholt ausgepflügte menschliche Skelettreste beobachtet. Im Rahmen einer kurzen Notbergung durch den ehrenamtlichen Mitarbeiter der archäologischen Denkmalpflege A. Lehmkuhl konnten im Jahr 2000 Teile einer Hockerbestattung, allerdings ohne signifikante Beigaben, freigelegt werden. Aus diesem Grund sollte eine kleine Nachuntersuchung im Frühherbst 2020 klären, ob in unmittelbarer Nachbarschaft des Siedlungsareals möglicherweise ein (früh-)neolithischer Bestattungsplatz liegt.

Auf Basis der in den geomagnetischen Messungen sichtbaren Befundstrukturen wurde auf einer Fläche von 10 m × 20 m der Oberboden abgetragen, da hier einige größere, rundlich-ovale Anomalien im Magnetogramm auf mögliche Grabgruben hindeuteten. Nur wenige Zentimeter unter der heutigen Ackeroberfläche stellte sich allerdings bald heraus, dass es sich bei den erfassten Strukturen um jungsteinzeitliche Siedlungsbefunde handelte: mehrere linearbandkeramische Gruben und Pfostenlöcher sowie eine sehr fundreiche Grube aus dem Mittelneolithikum (Abb. 58).

Ein zweiter Schnitt sollte der Klärung der Befundsituation im Bereich einer von A. Lehmkuhl schon vor einigen Jahren eingemessenen Knochenstreuung dienen. Nur 5 m südlich des ersten Schnitts (A) wurde deshalb ein kleiner, 3 m × 3 m messender Schnitt (B) angelegt, in dessen Zentrum rund 20 cm unter der Geländeoberfläche die Reste einer Hockerbestattung angetroffen wurden. Infolge der intensiven landwirtschaftlichen Nutzung des Areals waren beträchtliche Teile des Skeletts bereits dem Pflug zum Opfer gefallen. Aufgrund der fragilen Knochenerhaltung und Befundsituation wurde das gesamte Skelett en bloc geborgen und im Labor von S. Korolnik und L. Breuer freigelegt (Abb. 59). Weder Reste von Grabeinbauten noch weitere Beigaben konnten beobachtet werden, die Grabgrube selbst war nur noch etwa 5 cm tief, als schwache Verfärbung erkennbar. Auch fehlten in zwei schmalen Suchschnitten jegliche Hinweise auf eine Einfassung oder einen Kreisgraben, der die Existenz eines etwaigen Grabhügels belegen würde.

Bei den Skelettresten handelt es sich um die Bestattung einer jungen Frau, die im Alter von etwa 18 bis 20 Jahren verstarb und in rechtsseitiger Hockerlage mit stark angewinkelten Beinen beigesetzt wurde (anthropolog. Bestimmung L. Breuer). Der Leichnam war in West-Ost-Richtung beigesetzt worden, der Kopf lag im Westen mit Blickrichtung nach Süden.

Der bislang älteste Goldfund aus Baden-Württemberg

Nur wenige Zentimeter nördlich des Skeletts wurde im Bereich des Rückens als einzige Beigabe eine kleine, mehrfach gewundene Goldspirale geborgen, deren ursprüngliche Position möglicherweise durch die Störung des Skeletts verlagert worden war. Es handelt

59 ▽ Ammerbuch-Reusten, „Grüninger". Orthophoto des im Block geborgenen Skeletts der frühbronzezeitlichen Bestattung nach der Freilegung. Der grüne Nagel markiert die Lage der Goldspirale.

60 ▷ *Ammerbuch-Reusten, „Grüninger". Goldspiralring, der nördlich des Skeletts geborgen wurde.*

sich um einen kleinen, spiralförmig gewundenen Ring aus einem schmalen Golddraht mit rechteckigem Querschnitt. Der Durchmesser des rundlichen Ringes beträgt ungefähr 11,5 mm, das Stück wiegt nur 0,6 g (Abb. 60). Da keine weiteren datierenden Elemente der aufgrund der Befundsituation auf den ersten Blick eher endneolithisch einzuordnenden Bestattung überliefert sind, konnte nur mittels einer ^{14}C-Datierung die absolutchronologische Einordnung präzisiert werden. Eine im Klaus-Tschira-Labor in Mannheim gemessene Probe eines Knochensplitters des Skeletts erbrachte ein Datum von 1861–1616 cal BC und damit eine frühbronzezeitliche Datierung des Befundes. Im Gegensatz etwa zu Mitteldeutschland waren aus Baden-Württemberg bislang keine frühbronzezeitlichen Goldfunde bekannt gewesen. Mit diesem Neufund schließt sich also eine Fundlücke, die durch weitere Geländeforschungen sicherlich bald weiter ergänzt werden wird.

Die Landschaft im Umland des Kirchbergs von Reusten, der in der frühen und mittleren Bronzezeit ein wichtiges Siedlungszentrum darstellte, birgt in dieser Hinsicht ein enormes Potenzial für weitere Forschungen. Nur 250 m östlich der aktuellen Ausgrabungsstelle wurde bereits im Jahr 2000 ein kleines Gräberfeld mit 29 Hockerbestattungen freigelegt. Diese Bestattungen können anhand von ^{14}C-Daten ebenfalls in die frühe Bronzezeit eingeordnet werden, womit sich ein klarer Bezug zu dem neuen Fund ergibt. Dieser Neufund ergänzt die bekannten frühbronzezeitlichen Gräbergruppen von Gäufelden-Tailfingen und Rottenburg a. N. um einen bedeutenden Mosaikstein.

Unser besonderer Dank geht an die Herren Jürgen Rothfuß, Gäufelden, und Rainer Sautter, Ammerbuch, für ihre Unterstützung und die Erlaubnis, auf ihrem Grund die archäologischen Untersuchungen durchführen zu können. Unser Dank gilt ebenfalls den Studierenden der Universität Tübingen für ihr Engagement während der Feldarbeiten. Auch den Mitarbeiterinnen und Mitarbeitern der Gemeinde Ammerbuch sei für ihre Unterstützung bei den Grabungsvorbereitungen sehr herzlich gedankt. Die geophysikalischen Messungen führten dankenswerterweise Dr. Arno Patzelt und Dr. Martin Waldhör von Terrana Geophysik, Mössingen, sowie Hannah Huber, Anna Koch und Raphael Müller von der Universität Tübingen durch.

Jörg Bofinger, Lennart Brandtstätter, Marc Heise, Veronika Stein, Raiko Krauß

LITERATURHINWEISE

J. Bofinger, Untersuchungen zur neolithischen Besiedlungsgeschichte des Oberen Gäus. Materialh. Arch. Baden-Württemberg 68 (Stuttgart 2005); J. Bofinger/J. Hald, Siedlungsreste der Michelsberger Kultur und älterbronzezeitliche Gräber? Archäologische Untersuchungen am „Stützbrunnen" bei Ammerbuch-Reusten, Kreis Tübingen. Arch. Ausgr. Baden-Württemberg 2000, 35–38; J. Bofinger u. a., Neue Forschungen zur frühneolithischen Besiedlung im Oberen Gäu. Ebd. 2017, 66–69.

Ein außergewöhnlicher Bestattungsplatz des Mittelneolithikums bei Cleebronn

Im Frühjahr wurden die großflächigen Rettungsgrabungen im Industriegebiet Langwiesen IV bei Cleebronn durch die Firma ArchaeoConnect fortgesetzt. Als letztes Teilstück stand die Untersuchung des Wirtschaftswegs an, der zwischen den beiden ungefähr 8 ha und 5 ha großen Grabungsarealen des Vorjahres verlief. Erneut gelangen auf der 270 m langen und etwa 10 m breiten Fläche ganz herausragende Entdeckungen (vgl. auch den Beitrag S. 243). Wie nicht anders zu erwarten, wurde eine Vielzahl von Befunden unterschiedlicher Zeitstellung dokumentiert, darunter vor allem Gruben und

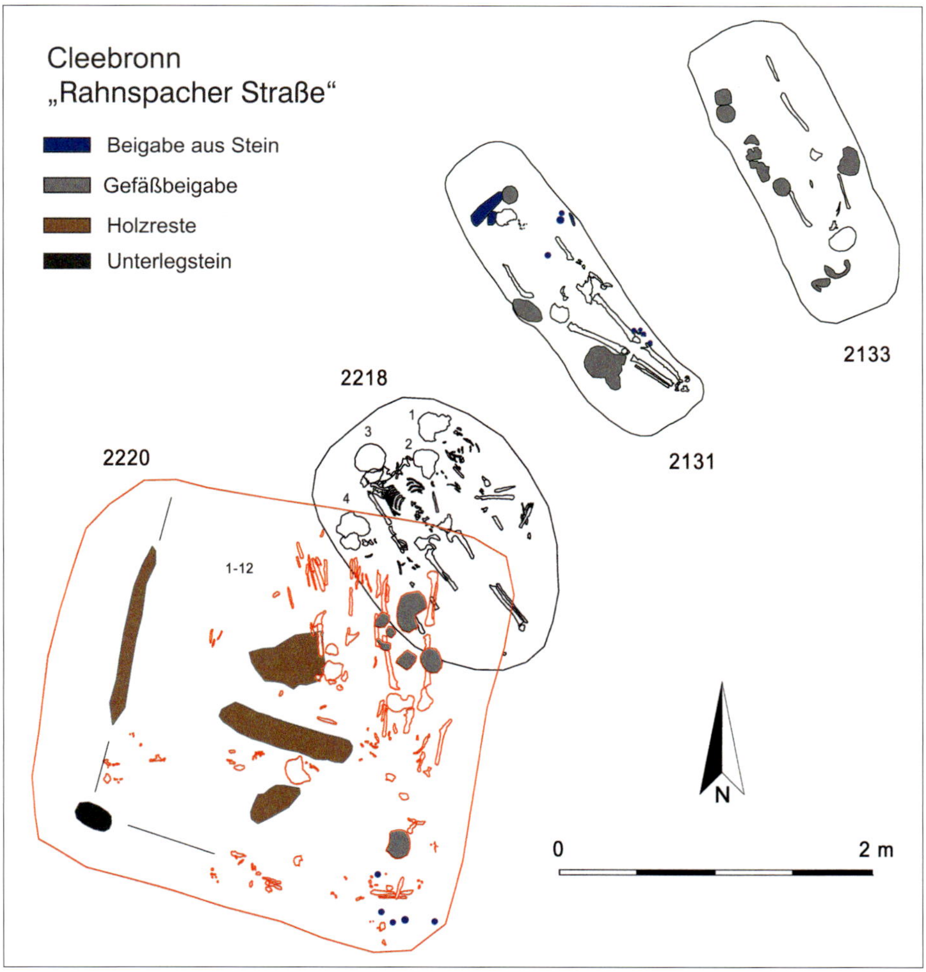

61 ◁ *Cleebronn, Langwiesen IV. Umzeichnung der mittelneolithischen Gräbergruppe.*

Pfostenreihen der im Vorjahr beiderseits des Wegs ausgegrabenen Siedlungen der mittelneolithischen Kulturgruppen Hinkelstein, Großgartach und Rössen.

Komplexes Totenbrauchtum

2019 hatte die Aufdeckung einer Grabgrube mit acht gleichzeitig niedergelegten Toten für Aufsehen gesorgt. Anhand von Keramikgefäßen war eine Zuweisung zur Hinkelsteinkultur möglich. Ein in unmittelbarer Nähe gelegenes beigabenloses Einzelgrab mit deutlichem Bezug zu einem Hausgrundriss hatte die Vermutung eines regelrechten Bestattungsplatzes innerhalb der Siedlung aufkommen lassen. Was dann bei Wiederaufnahme der Grabungen gefunden wurde, übertraf die Erwartungen jedoch deutlich.

62 ▷ *Cleebronn, Langwiesen IV. Sicheleinsätze aus Grab 2131 in Fundlage neben dem Bein des Bestatteten.*

In nur 60 m Entfernung befand sich eine kleine Gräbergruppe mit teils sehr ungewöhnlichen Merkmalen. Neben zwei Einzelgräbern sind zwei weitere Mehrfachbestattungen mit den Überresten von vier und mindestens zwölf Individuen freigelegt worden (Abb. 61). Bedauerlicherweise war die Erhaltung der Knochensubstanz ausgesprochen schlecht, sodass bereits bei der Bergung eine anthropologische Ansprache erfolgte.

Mann und Frau?

Die beiden Nordwest–Südost ausgerichteten Einzelgräber waren in nur einem Meter Abstand parallel zueinander angelegt. In dem einen Grab (Abb. 61, Nr. 2131) war ein ca. 1,63 m großes erwachsenes Individuum in gestreckter Rückenlage mit dem Kopf gen Nordwesten beigesetzt. Das Geschlecht konnte am Skelett aufgrund des schlechten Erhaltungszustands nicht bestimmt werden, die Beigaben deuten allerdings auf das Grab eines Mannes (Abb. 31, siehe S. 52). Zu Häupten des Toten waren eine fast 30 cm lange und ca. 2 kg schwere Axt aus Felsgestein und ein kleineres Flachbeil niedergelegt. Neben der linken Schulter und im Oberkörperbereich fanden sich eine vollständige und zwei fragmentierte Klingen sowie ein Kernstein aus Silex. Vier aneinandergereihte Klingen mit Lackglanz beim linken Knie gehörten wohl einst zu einer Sichel (Abb. 62). An keramischen Beigaben sind ein kleiner, mit „Bäumchenmotiv“ verzierter Kumpf sowie zwei stark zerscherbte Gefäßreste neben der rechten Körperseite anzuführen. Das Skelett in dem zweiten Einzelgrab – eine wohl erwachsene, aber nur ca. 1,45 m große Person – befand sich ebenfalls in gestreckter Rückenlage, jedoch mit dem Schädel im Südosten (Abb. 61, Nr. 2133).

Möglicherweise war hier eine Frau bestattet. Entlang der linken Körperseite waren fünf Gefäße oder große Einzelscherben deponiert (Abb. 63). Die Restaurierung der schlecht gebrannten, sehr kleinteilig zerscherbten Keramik ist noch nicht abgeschlossen. Die Gefäße weisen jedoch ebenfalls Merkmale der Kulturgruppe Hinkelstein auf.

Mehrfachbestattung oder Kollektivgrab?

Knapp südwestlich der beiden Einzelgräber wurde eine Mehrfachbestattung mit vier Individuen entdeckt (Abb. 61, Nr. 2218). Die Toten lagen eng beieinander in einer ovalen Grube, die exakt die erforderliche Größe besaß. Alle waren Nordwest–Südost orientiert und in gestreckter Rückenlage beigesetzt. Lediglich ein 9–11 Jahre altes Kind (1) am nordöstlichen Rand war mit angehockten Beinen niedergelegt worden, was jedoch durch die beengte Lage im Grab bedingt sein dürfte. Neben ihm lagen ein weiteres, etwa 8 Jahre altes Kind (2), ein ca. 1,56 m großer junger Erwachsener (3) und ein etwa 9 Jahre altes Kind (4). Die Kinder beiderseits der erwachsenen Person lagen mit ihren Gliedmaßen teils über dieser, sodass sie später in die Grube gelangt sein müssen. An der annähernd zeitgleichen Niederlegung kann aus dem Befundkontext heraus jedoch kein Zweifel bestehen. Beigaben wurden nicht gefunden.

Den meisten Spielraum für Interpretationen bietet eine fast quadratische Grube von 2,6 m × 2,8 m Größe (Abb. 61, Nr. 2220). Sie überschnitt die Grabgrube der Vierfachbestattung im Südwesten, griff aber nur flach in diese ein, sodass Teile des darunterliegenden Kinderskelettes erhalten blieben. Bei diesem einmaligen Befund mit mindestens zwölf bestatteten Individuen fällt die schlechte Knochenerhaltung leider besonders ins Gewicht (Abb. 64).

Nur bei diesem Grab waren Reste eines hölzernen Einbaus nachweisbar. Entlang der Westseite, im Abstand von 0,4 m zum Grubenrand, zeigte sich eine schwache Holzspur. Diese lief auf einen großen Feldstein in der südwestlichen Ecke zu, dessen flache Seite nach oben gekehrt war. Im Zentrum des Grabes waren weitere, nur wenig besser bewahrte Holzreste erkennbar. Sie lagen auf den Skeletten, so dass es sich bei der Konstruktion durchaus um eine hölzerne Kammer gehandelt haben könnte. Auch zwei zerscherbte Keramikgefäße wurden oberhalb der Skelettreste gefunden, von denen sie durch eine geringe Erdauflage getrennt waren. Möglicherweise standen sie einst auf der angenommenen Grabkammer. Diese Beobachtung findet eine Entsprechung bei der Achtfachbestattung des Vorjahres, wo ebenfalls Keramikgefäße wenige Zentimeter oberhalb der Skelette angetroffen worden waren. An möglichen weiteren Beigaben fanden sich in der Südostecke nahe beieinander fünf Silexgeräte, zumeist kleine Klingenfragmente.

63 △ *Cleebronn, Langwiesen IV. Eines von mindestens fünf Gefäßen, die sich in Grab 2133 fanden. Die Keramik ist schwach gebrannt und sehr kleinteilig zerscherbt.*

64▷ *Cleebronn, Langwiesen IV. Grab 2220 in einem tiefen Planum, das nur noch die sechs zuletzt bestatteten Individuen, zumeist nur noch als Zahnreihen erhalten, zeigt. Die höher gelegenen Holzspuren sowie der Unterlegstein in der rechten oberen Ecke sind bereits entfernt.*

Die Lage der überlieferten Skelettreste spricht für eine anhaltende Beisetzung von Verstorbenen über einen Zeitraum von unbestimmter Dauer. Die letzten sechs Bestatteten befanden sich noch in Originallage. Sie waren – sofern ihr sehr ungleichmäßiger Erhaltungszustand entsprechende Aussagen zuließ – in Süd-Nord-Ausrichtung mit ausgestreckten Gliedmaßen auf den Rücken gebettet. Von Ost nach West handelt es sich um eine 1,56 m große erwachsene Person, eine ca. 1,47 m große erwachsene Person, ein 6–7 Jahre altes Kind, eine jugendliche oder junge erwachsene Person sowie um die Zahnreihen eines erwachsenen und eines weiteren jugendlichen oder jungen erwachsenen Individuums.

In ihrem Fußbereich und besonders oberhalb der Schädel lagen Reste von mindestens sechs, möglicherweise aber noch erheblich mehr Toten. Ihrer Lage nach waren sie bei der späteren Belegung der Kammer zu den Seiten geräumt worden und zwar dergestalt, dass die Schädel und Rippen im Süden, die Langknochen eher im Norden zu liegen kamen. Den Zähnen nach zu urteilen, stammten die meisten Überreste von Erwachsenen, doch waren auch mindestens ein Jugendlicher und ein Kind darunter.

Handelte es sich bei dieser für das Mittelneolithikum des 5. Jahrtausends v. Chr. einzigartigen Grablege um eine Art Totenhütte, wie sie vor allem aus Teilen Mitteldeutschlands und für jüngere Abschnitte des Neolithikums bekannt sind? Dieses innerhalb der Siedlung gelegene Bestattungsareal der Hinkelsteinkultur steht in seiner Art bisher ohne Vergleich da.

Wir danken der Layher GmbH und Messmer Consult für die gute Zusammenarbeit.

Hauke Kenzler, Andrea Neth

LITERATURHINWEISE

St. Berger/H. Kenzler/A. Neth, Highlights aus dem Neolithikum im Industriegebiet Langwiesen IV bei Cleebronn. Arch. Ausgr. Baden-Württemberg 2019, 70–75; H. Kenzler, Mittelneolithische Mehrfachbestattungen. Arch. Deutschland 2020, Heft 5, 50–51.

Alleshausen, Kirchstraße – eine fast ausgetrocknete Feuchtbodenfundstelle

Während einer Monitoring-Maßnahme in der neolithischen Feuchtbodensiedlung Alleshausen „Täschenwiesen“ 2019 beobachtete die Grabungsmannschaft in wenigen hundert Metern Entfernung in Alleshausen Baggerarbeiten im ehemaligen Uferbereich des Federsees. Bei der Kontrolle der Baustelle für ein Regenrückhaltebecken wurden Funde aus der Jungsteinzeit geborgen. In den folgenden Sondagen konnten auch Befunde beobachtet werden. Daraufhin wurde eine Rettungsgrabung notwendig, die in der zweiten Hälfte des Jahres 2020 stattfand.

Die Fundstelle befindet sich auf einer absoluten Höhe von 581,50 m NHN und damit einige Meter höher als der heutige Federsee, dessen Wasserfläche auf 578,5 m NHN liegt. Der See entstand am Ende der letzten Eiszeit und verlandete dann allmählich, lag aber noch bis zu den künstlichen Seefällungen im 18. und 19. Jahrhundert zwei Meter höher als heute. Geländetopographie und angetroffene Befunde in der Grabung weisen darauf hin, dass sich die Fundstelle einst direkt an einem solchen Abschnitt des ehemals höher gelegenen Ufers befand.

Komplexe Befunde im Uferbereich

Die Stratigraphie präsentiert sich als komplexe, kleinräumig häufig wechselnde Abfolge von Seeablagerungen, Kolluvien, Torfresten, alten Bachläufen und Störungen. Es wurden verschiedene Befunde beobachtet, die zu mindestens zwei Zeitphasen gehören (Abb. 65).

Eine gut erhaltene uferparallele Flechtwerk-Konstruktion konnte in das 16./17. Jahrhundert n. Chr. datiert werden (^{14}C-Datierung: 1502–1646 AD cal) und war vermutlich Teil einer Uferverbauung.

Davon deutlich abgesetzt fanden sich neolithische Kulturschichtreste von 5–15 cm Mächtigkeit, die sich nach ersten Erkenntnissen in zwei Schichten bzw. Ereignisse unterteilen lassen. Eine untere, extrem fundreiche Kulturschicht wurde wohl im Zusammenhang mit einer Siedlung abgelagert, sie befand sich vor allem im Norden und Nordwesten der Grabungsfläche. Darüber lag eine stellenweise stark fundführende Schicht, die flächig über große Teile des Areals nachzuweisen war und vermutlich bei der Erosion der eigentlichen Kulturschicht weiter hangaufwärts als Kolluvium im Grabungsareal abgelagert wurde. Eine genauere Analyse des Fundmaterials und seiner Verteilung dürfte mehr Klarheit zur Schichtgenese bringen. In der eigentlichen Kulturschicht fanden sich auch einige flächige Einschlüsse von dünnen Lehmlagen – an einer Stelle sogar mehrere übereinander –, die sicher künstlich eingebracht wurden, deren genaue Funktion aber unklar ist. Darunter lag eine ca. 5 m lange horizontale Lehmschicht von 5–15 cm Mächtigkeit mit einer annähernd runden Steinsetzung, die am südlichen Rand des nördlichen Profils angeschnitten wurde. Denkbar wäre eine fußbodenartige Unterlage, also ein Lehmestrich, wie er aus zeitgleichen Häusern des frühen Jungneolithikums bekannt ist. Dass eine solche Lehmlage in dieser Form im Freien an der Oberfläche

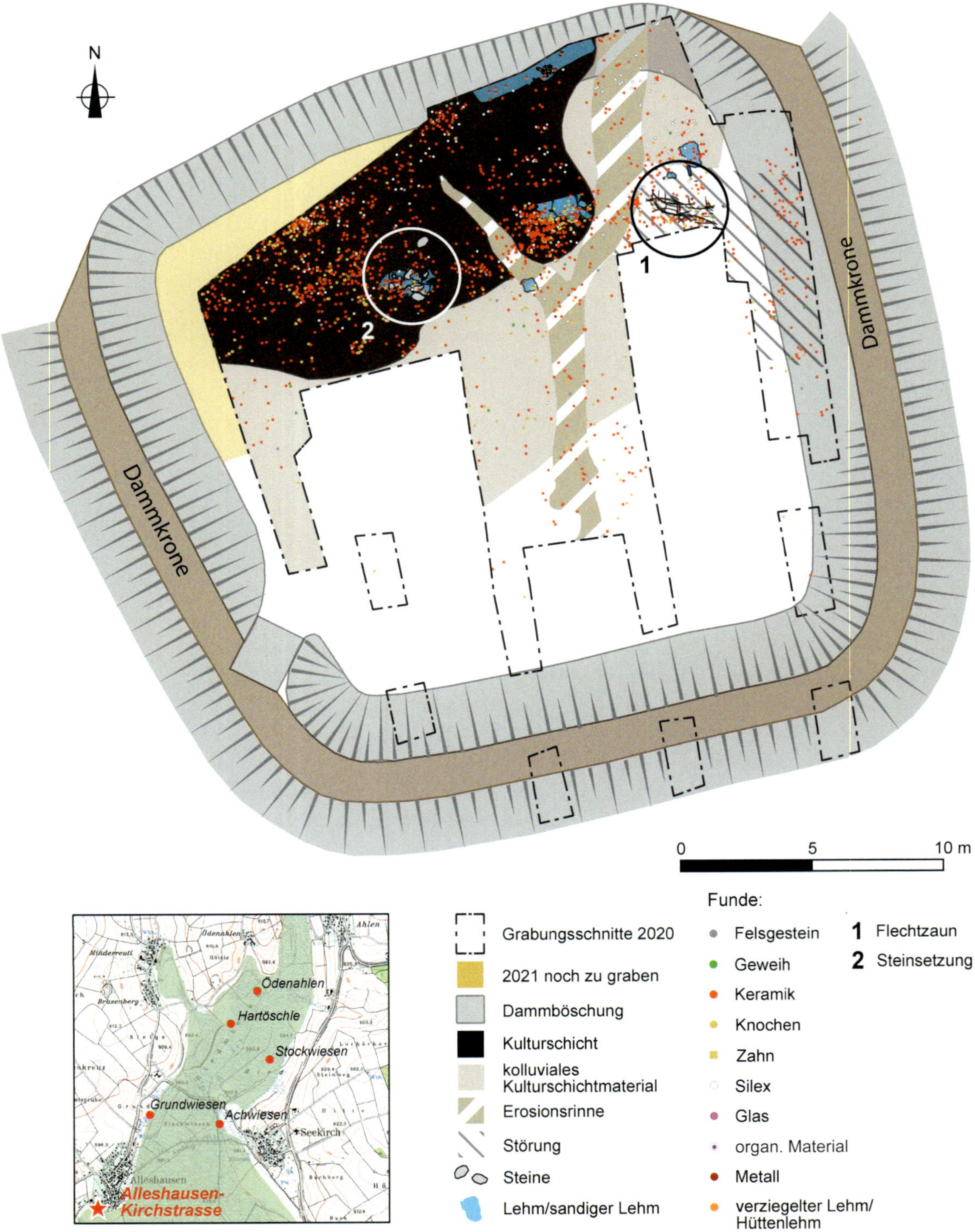

65 △ *Alleshausen, Kirchstraße. Plan der Grabungsfläche mit Schnitten, Ausdehnung der Schichten und Befunde sowie Fundstreuung.*

ohne eine schützende Gebäudekonstruktion überdauert haben kann, ist kaum anzunehmen. Hinweise auf Hausreste, z. B. rechteckige Anordnungen von Pfahllöchern, wurden aber in der gesamten Grabungsfläche nicht gefunden.
Eine weitere komplexe Konstruktion aus großen Steinen (bis zu 60 cm Seitenlänge) und z. T. verziegelten Lehmresten gibt noch Rätsel auf (Abb. 66). Die Steine sind deutlich größer als diejenigen üblicher Feuerstellenkonstruktionen aus dieser Zeit, und die Gesamtstruktur lässt keine eindeutig runde oder rechteckige Form erkennen. Da zwischen dem Befund jungneolithische Scherben lagen und die Steine in die Kulturschicht eingebettet waren, gehört dieser Befund sicher zur jungneolithischen Siedlung. Holz hat sich in der Kulturschicht kaum erhalten und wenn, dann nur in so stark zersetzter Form, dass eine Bergung nicht mehr möglich war.
Wir gehen davon aus, dass die Grabungsfläche den randlichen, unmittelbar am Ufer gelegenen und nicht mehr mit Häusern überbauten Bereich einer ehemals etwas höher gelegenen jungsteinzeitlichen Siedlung zutage förderte. Hier hat sich nicht nur der Abfall angesammelt, sondern offensichtlich haben auch Tätigkeiten stattgefunden, die spezielle Installationen benötigten.

Erster Nachweis einer Siedlung aus dem 39. Jahrhundert v. Chr. am Federsee

Das sehr umfangreiche Fundmaterial (um die 3000 Funde auf 295 m² Grabungsfläche) besteht fast ausschließlich aus jungneolithischen Objekten, die typochronologisch in eine späte Phase der Schussenrieder Kultur (ca. 39. Jh. v. Chr.) eingeordnet werden können. Absolute Datierungen liegen noch nicht vor. Außerdem konnten einige Aichbühler Keramikfragmente sowie zwei früh- und mittelneolithische Scherben aussortiert werden. Neben einem umfangreichen Keramikensemble, Silex und Felsgesteinen haben sich auch Objekte aus Geweih und Knochen erhalten (Abb. 67). Unter der Keramik sticht eine Wandscherbe mit Ösen als Nachweis einer Michelsberger Ösenkranzflasche hervor, die leider nicht aus einem sicheren Schichtkontext stammt. Michelsberger Gefäße sind in älteren und jüngeren Feuchtbodensiedlungen zwischen Ehrenstein im Norden und dem Zürichsee im Süden immer wieder nachgewiesen und deuten auf Kontakte nach Nordwesten hin.
Wenige Funde gehören ins Hochmittelalter. Im Gegensatz zum neolithischen Fundmaterial sind diese verrundet und teilweise schlecht erhalten, was dafür spricht, dass hier Abfälle aus dem mittelalterlichen Ort Alleshausen Richtung See verlagert wurden.
Die Bedeutung dieser neu entdeckten Fundstelle liegt nicht nur darin, dass sie aus einer Zeit stammt, von der bisher keine Siedlungen am Federsee bekannt waren, obwohl intensiv danach gesucht wurde. Es wird darüber hinaus erneut deutlich, dass die jungsteinzeitliche Siedlungslandschaft sich nicht

66 △ *Alleshausen, Kirchstraße. Steinkonstruktion mit teilweise verziegeltem Lehm in der jungneolithischen Schicht. Kantenlänge des größten Steines ca. 60 cm.*

67 △ *Alleshausen, Kirchstraße. Gut erhaltene bearbeitete Geweihstange.*

auf die heute noch erhaltenen Feuchtbodensiedlungen im eigentlichen Seebecken begrenzte, sondern das ganze Federseebecken inklusive der umgebenden mineralischen Rücken vermutlich seit dem 5. Jahrtausend v. Chr. durchgehend besiedelt war.

Wir danken der Gemeinde Alleshausen und dem Ingenieurbüro Schwörer GmbH, insbesondere Herrn Vogel, für die gute Zusammenarbeit.

Renate Ebersbach, Paul Scherrer, Wolfgang Hohl

LITERATURHINWEISE

R. Ebersbach u. a., Alleshausen „Täschenwiesen" – Wohnkomfort vor 5000 Jahren. Arch. Ausgr. Baden-Württemberg 2019, 81–86.

■ KONSTANZ, KREIS KONSTANZ

Das älteste Wasserfahrzeug des Bodensees im Seerhein bei Konstanz

Des Stand-up-Paddlers Fund

Im Sommer 2018 beobachtete ein Stand-up-Paddler im Flachwasser des Seerheins auf Höhe des Triboltinger Bohls eine Holzstruktur, bei der er aufgrund der Form einen Einbaum vermutete (Abb. 68). Die Feuchtbodenarchäologie des Landesamtes für Denkmalpflege (LAD) wurde informiert und der Fundort im Oktober 2018 zu einer ersten Begutachtung und Probennahme aufgesucht. Nachdem sich die Vermutung des Finders als richtig erwiesen hatte, folgten eine erste Sicherungsaktion des Objekts durch das LAD sowie 2019 und 2020 unterwasserarchäologische Sondagearbeiten am Einbaum durch das vom LAD beauftragte Fachunternehmen UwArc. Nach weiteren Untersuchungen und komplexen Abklärungen wurde schließlich entschieden, das Objekt im Frühjahr 2021 zu bergen.

Dokumentation und Arbeiten am Fundort 2019 und 2020

Zur Absicherung des Fundortes gegen die starke Strömung, die je nach Seepegel zwischen 0,4 m/s und 0,7 m/s beträgt und parallel zum Ufer des Triboltinger Bohls verläuft, musste östlich des Einbaums ein behelfsmäßiger Strömungsschutz in Form eines Sand-

sackwalls eingerichtet werden. Während der Sondagen variierten die Wassertiefen von 0,8 m bis 2 m.

Zur Orientierung und Erleichterung der Dokumentation wurde ein Messrahmen installiert und das Objekt per RTK-GPS eingemessen. Die Geländehöhen rund um den Einbaum wurden ermittelt, die an der Oberfläche freiliegenden Teile wurden mittels photogrammetrischer Bildaufnahmen dokumentiert. Außerdem wurden SfM-Fotoaufnahmen zur Erstellung eines georeferenzierten 3D-Modells der In-situ-Lage des Einbaums angefertigt. Außerhalb des Hecks, mittschiffs und am Bugende wurden Schnitte bis auf die Oberseite des Bootsbodens angelegt (Abb. 69). Der Schnitt am Heck reichte bis 10 cm unter den Bootsrumpf. Rund um den Einbaum wurde ein Bohrraster angelegt (Abb. 70). Im Anschluss an die Sondagearbeiten wurde der Einbaum zum Schutz vor Erosion fachgerecht abgedeckt und gesichert. Im Jahr 2020 wurden außerdem durch das Schifffahrtsamt des Landratsamtes Konstanz provisorische Ankerverbotsschilder aufgestellt.

Holzproben des Rumpfes und des Heckbretts wurden entnommen und im Dendrochronologischen Labor Hemmenhofen des LAD untersucht. Aus den Sondageschnitten wurden innerhalb und außerhalb des Einbaums Proben für archäobotanische Untersuchungen geborgen, um Sediment, Pollen und Makroreste bestimmen zu können.

68 △ *Konstanz, Triboltinger Bohl. Die Fundstelle im Seerhein mit Arbeitsboot „Netta" und Beibooten mit Blick in Richtung Konstanz während der Kampagne im Frühsommer 2020.*

Beobachtungen zur Lage, erste Analysen und Datierung

Im Umfeld des Wasserfahrzeugs sind vereinzelt Pfähle zu beobachten. Auch liegende Hölzer treten auf gleicher stratigraphischer Höhe auf. Der zeitliche Zusammenhang mit dem Einbaum bleibt dabei ungewiss; es scheint sich mehrheitlich um Schwemmgut ohne Bearbeitungsspuren zu handeln. Bei einem vierkantig zugearbeiteten, in unmittelbarer Nähe des Hecks einsedimentierten Eschenholz handelt es sich hingegen zweifelsfrei um ein Artefakt. Organische Kulturschichten, wie wir sie aus zahlreichen Siedlungsfundstellen kennen, lassen sich im unmittelbaren Umfeld nicht nachweisen.

Der Einbaum selbst liegt, leicht gegen Süden und auf seine Steuerbordseite verkippt, in Seekreide eingebettet knapp über 394 m NHN. Er ist auf 8,56 m Länge und maximal 0,81 m Breite erhalten (Abb. 71). Am Heck ist das Boot auf 0,4 m Höhe erhalten. Der Abschluss der Bordwände ist erodiert, ebenso fehlt der Bugabschluss, der Bug ist abgebrochen. Der Rumpf ist aus Linde gefertigt, das Heck wurde mit einem senkrecht wohl in eine Nut eingelassenen Heckbrett aus Eiche abgeschlossen. Der rundbodige Bootskörper ist am Heck etwa 6 cm dick gearbeitet, am Bug etwas dünner. Ladung wurde bisher nicht nachgewiesen, ebenso sind in den bisher erfolgten Sondageschnitten im Inneren des Wasserfahrzeugs keine Versteifungsrippen oder Einbauten beobachtet worden.

69 ▽ Konstanz, Triboltinger Bohl. Sondageschnitt im Inneren des Einbaums.

Die ersten Ergebnisse der archäobotanischen Untersuchungen aus den Sedimentproben zeigen, dass das Boot in Sedimente eingebettet ist, in denen Makroreste enthalten sind. Diese deuten auf eine relativ offene Vegetation hin, wenn man die zahlreichen Birkenfrüchte (n = 12) berücksichtigt. Dazu kommen auch Funde der umliegenden Ufervegetation (Erlenfrucht) und aus Eichenwäldern (Knospenschuppen).

Die Holzartbestimmung des Dendrochronologischen Labors Hemmenhofen ergab, dass der Rumpf aus einem Lindenstamm gearbeitet wurde. Lindenholz ist weich, gut zu bearbeiten und leicht im Gewicht. Das Heckbrett ist aus Eichenholz. An den Holzproben war eine dendrochronologische Datierung nicht möglich.

Die Ergebnisse der ^{14}C-Messungen vom Lindenstamm sowie vom Eichenheckbrett überlappen sich im 95 %-Kalibrationszeitraum nur wenig. Der Überlappungszeitraum ermöglicht eine Datierung zwischen 2290 und 2245, also in das 23. Jahrhundert v. Chr. Wenn man allerdings davon ausgeht, dass der Rumpf gegebenenfalls älter sein könnte und das eingesetzte Heckbrett eine jüngere Reparatur darstellt, erweitert sich der Da-

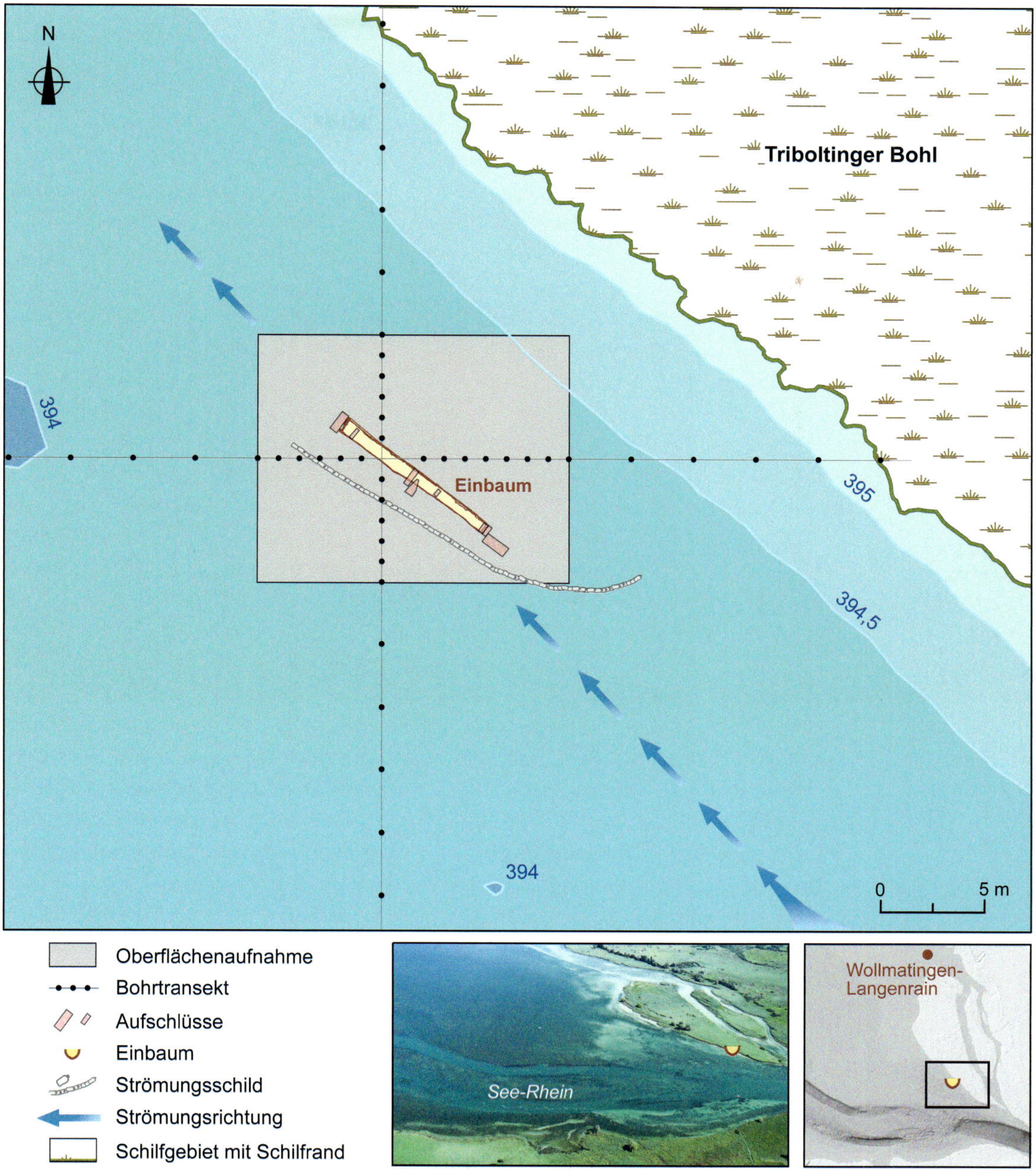

70 △ *Konstanz, Triboltinger Bohl. Plan des Einbaums in seiner Lage mit Bohrtransekt und Strömungsschild.*

71 △ *Konstanz, Triboltinger Bohl. Ein Taucher dokumentiert den Einbaum.*

tierungszeitraum auf das 24./23. Jahrhundert v. Chr. Eine genauere Eingrenzung des Zeitraumes könnte die geplante dendrochronologische Analyse bringen, die nach der Bergung vorgenommen wird. Das Vierkantholz aus Esche, das aus der Umgebung des Hecks stammt, datiert laut Radiokarbonanalyse aus dem 22. bis 21. Jahrhundert v. Chr., was nicht mit der Datierung des Einbaumrumpfes überlappt.

Vorläufige Interpretation

Das für den Einbaum verwendete Holz scheint im 24. bis 23. Jahrhundert v. Chr. gefällt worden zu sein. Das Objekt datiert somit in den Übergangsbereich zwischen dem Ende der jungsteinzeitlichen Seeufersiedlungen und dem Beginn der Frühbronzezeit. Mit der unweit etwas flussabwärts gelegenen spätbronzezeitlichen Station Wollmatingen-Langenrain, von der 1929 ebenfalls ein Einbaum bekannt geworden war, ergibt sich kein zeitlicher Zusammenhang. Die jüngsten Schlagdaten von Seeufersiedlungen am Bodensee liegen bislang von Sipplingen-Osthafen, Ensemble SiP (ein Pfahlfeld und Funde von 2434–2415 v. Chr.) vor. Die anschließende Phase der Glockenbecher ist generell schlecht belegt, aber aus dem Hegau sind Grabfunde und Siedlungen aus dieser Zeit sowie aus den ältesten Abschnitten der Frühbronzezeit überliefert. Die Siedlungslücke der Seeufersiedlungen am Bodensee dauert allerdings von 2400 bis kurz nach 2000 v. Chr. an. Älteste Schlagdaten der Frühbronzezeit sind erst wieder von der

Fundstelle Öhningen-Orkopf am Ausfluss des Bodensees bekannt mit Datierungen im Zeitraum 1920–1910 v. Chr.
Der Einbaum belegt eindrücklich, dass der Bodensee auch in den Jahrhunderten, aus denen keine Seeufersiedlungen bekannt sind, von prähistorischen Menschen genutzt wurde. Ob und wo sich dazugehörige Siedlungen befanden und wie weit sie allenfalls entfernt waren, wird eine Fragestellung für die Zukunft sein. Der natürlich gegebene Übergang über den See im Bereich des schmaleren Seerheins, der die zwei Teile des Bodensees, den Obersee und den Untersee, bei der heutigen Stadt Konstanz verbindet, bietet sich als siedlungsgünstiger Standort an. Vielleicht ist der Fund aber auch im Kontext der großen Wasserstraße Bodensee zu sehen, die weite Räume zwischen dem Alpenrheintal, dem oberschwäbischen Voralpenland und dem Hochrhein verbindet. Dabei wird immer augenfälliger, dass ein Großteil der Neufunde von Wasserfahrzeugen aus Baden-Württemberg aus einem kleinen Zeitabschnitt an der Schwelle zur Bronzezeit stammt. Es mag also durchaus sein, dass der Einbaum aus dem Seerhein auch eine Rolle im überregionalen Transportwesen spielte.

Ausblick

Bereits jetzt stellt dieser Fund für die Pfahlbau- und Unterwasserarchäologie am Bodensee eine Besonderheit dar. Bis vor wenigen Jahren waren prähistorische Einbäume nur aus alten Quellen bekannt, jedoch nicht als überlieferte Fundobjekte. Der Wasserburger Einbaum aus der Bronzezeit mit einem Fälldatum im 12. Jahrhundert v. Chr., der 2018 am bayerischen Bodenseeufer geborgen wurde, hat dies geändert. Der neue Fund vom baden-württembergischen Bodensee ist nun über 1000 Jahre älter und ermöglicht damit einen Einblick in eine Zeit, aus der wir bisher nördlich der Alpen keine Pfahlbausiedlungen kennen.

Die Autorinnen und Autoren möchten sich bei dem Finder Markus Moßbrucker und dem Fundmelder Robin Schellhammer ganz herzlich bedanken, ohne deren Kenntnis und Interesse der Fund vermutlich unbekannt geblieben und in nächster Zeit verloren gegangen wäre. Ein großer Dank geht ans NABU-Bodenseezentrum, das uns u. a. mit dem Arbeitsboot „Netta“ unterstützte. Für die konstruktive und freundliche Zusammenarbeit danken wir außerdem dem Landratsamt Konstanz, den Naturschutzbehörden und der Fischereiaufsicht am Regierungspräsidium Freiburg, der Wasserschutzpolizei Konstanz, VBV Konstanz, Dr. Florian Huber von der Firma submaris sowie dem Labor für ^{14}C-Datierung am Carl-Engelhorn-Zentrum Archäometrie in Mannheim.

Julia Goldhammer, Martin Mainberger, Marie-Claire Ries, Wolfgang Hohl, Paul Scherrer, Oliver Nelle, Elena Marinova-Wolff, Renate Ebersbach

LITERATURHINWEISE

M. Mainberger, An Early Bronze Age Logboat from Degersee, Southern Germany. Internat. Journal Nautical Arch. 38.1, 2009, 3–12; ders., Die Einbäume der „Siedlung Forschner“ und des Federseeriedes. In: Die früh- und mittelbronzezeitliche „Siedlung Forschner“ im Federseemoor. Siedlungsarchäologie im Alpenvorland XIII. Forsch. u. Ber. Vor- u. Frühgesch. Baden-Württemberg 128 (Darmstadt 2016) 321–360; T. Pflederer/R. Angermayr/F. Herzig, Das älteste Wasserfahrzeug Bayerns. Bayerische Arch. 2018, Heft 2, 4 f.

KELTEN
BLOCK 2.0
PAULE

METALLZEITEN

72 ⌂ *Herbertingen, Bettelbühlnekropole. Bergung der 80 Tonnen schweren frühkeltischen Grabkammer (zum Beitrag S. 143 ff.).*

Bronzezeitliche Grabfunde bei Wiesloch

Im Gewerbegebiet „Weinäcker" westlich von Wiesloch wurde bei Ausgrabungen durch das damalige Landesdenkmalamt und L. Hildebrandt von 1987 bis 1996 ein ca. 6 ha großes Areal untersucht. Dabei traten ein an der römischen Fernverbindung Heidelberg–Basel liegender *vicus* mit Streifenhäusern, ein gallorömischer Umgangstempel und ein Mithräum zutage. Darüber hinaus zeugen weitere Siedlungs- und Grabfunde des Neolithikums, der Bronze- und der Merowingerzeit von einer intensiven Besiedlung des Gebiets vor und nach der römischen Epoche.

Römische Straßenreste gesucht

Innerhalb des *vicus* wurde die Nord–Süd verlaufende römische Straßentrasse mit einer Abzweigung nach Osten mehrfach nachgewiesen. Ein weiterer Straßenabschnitt konnte außerhalb der Siedlung in Richtung Norden dokumentiert werden. Etwa 700 m weiter nördlich wurde im letzten Jahr ein großer Hallenneubau geplant. Da die römische Straße entsprechend dem Trassenverlauf in diesem Areal zu erwarten war, wurde im Oktober 2020 eine baubegleitende Untersuchung durch das Landesamt für Denkmalpflege durchgeführt, bei der jedoch keine Römerstraße angetroffen wurde. Da das Gelände bereits durch moderne Störungen überprägt war, könnte dies auch auf die schlechte Befunderhaltung zurückzuführen sein. Innerhalb des Areals wurden zahlreiche dunkle Verfärbungen aufgedeckt, die jedoch kein Fundmaterial oder andere Hinweise auf Siedlungstätigkeiten enthielten.

Bronzezeitliche Bestattung gefunden

Überraschend trat hingegen im Osten der Grabungsfläche eine bronzezeitliche Bestattung zutage (Abb. 73). Die Bodenpflasterung der annähernd rechteckigen Steinpackung von 2,60 m × 1,70 m Größe war von einer Steinsetzung eingefasst, die nur am Westrand nicht erkannt werden konnte, wo der Befund jedoch gestört zu sein scheint. Angrenzend an die Südwestecke der Pflasterung wurde eine kleine Steinkonzentration freigelegt. Eine Aussage darüber, ob es sich hierbei um verlagerte Steine handelt und wie weit sich die Steinpackung ursprünglich noch nach Westen erstreckte, kann nicht mehr getroffen werden.
In der Nordhälfte der Steinpackung war eine Ost–West orientierte Bestattung eines etwa 25- bis 35-jährigen Mannes eingetieft, von dem nur noch der Schädel und zwei Armknochen geborgen werden konnten. Der Kopf lag im Bereich eines ca. 0,55 m × 0,20 m großen Steins mit eckigen Kanten, der sich von den sonstigen rundlichen Kalksteinen stark unterscheidet. Am westlichen Rand wurde ein zweiter solcher Stein in gekippter Lage aufgefunden. Oft wurden die Bestattungen am Kopf- und Fußende durch längliche Steine oder Platten abgeschlossen. Auch diese beiden Steine könnten eine solche Funktion gehabt haben. Unweit der Schädelkalotte lag das Bruchstück einer flachen, abgerundeten Bronzespitze von 3 cm Länge, die von einem Bronzedolch stammen könnte. In die südliche Hälfte der Bodenpflasterung, die durch eine längs verlaufende Steinlage abgrenzt wird, war offenbar kein zweites

Grab eingetieft worden. Der Fund eines bronzenen Armspiralfragments lässt jedoch vermuten, dass in diesem Bereich eine weitere Bestattung lag, vermutlich die einer Frau bzw. aufgrund des kleinen Durchschnitts der Spirale von nur 4 cm eher die eines Kindes (Abb. 74).

Der Befund kann durch Radiokarbondaten in die Frühbronzezeit datiert werden und könnte Teil eines größeren Grabhügelfelds gewesen sein. Wie reich die möglicherweise bereits antik beraubten Bestattungen ursprünglich ausgestattet waren, kann nicht mehr ausgesagt werden. Dennoch leistet die Entdeckung dieser bislang unbekannten bronzezeitlichen Grabstätte einen weiteren wichtigen Beitrag zur Kenntnis der Besiedlungsgeschichte von Wiesloch.

Wir möchten uns bei Herrn Erich Hunger, IML GmbH, für das Interesse, die gute Kooperation und die Unterstützung des Grabungsteams vor Ort bedanken.

Inga Kretschmer, Marianne Lehmann

74 △ *Wiesloch, Parkstraße 33. Beigaben aus dem bronzezeitlichen Grab: Armspirale und Spitze aus Bronze, evtl. von einem Dolch (L. noch 3 cm).*

LITERATURHINWEIS

R.-H. Behrends, Arch. Ausgr. Baden-Württemberg 1996, 131–134.

73 ◁ *Wiesloch, Parkstraße 33. Bestattung aus der Bronzezeit mit Steinpackung.*

Seltenheitswert – eine Mineralbodensiedlung der Früh- bis Mittelbronzezeit bei Tuttlingen

Anlässlich der Erweiterung des Gewerbegebiets „Gänsäcker“ um 17 ha auf Gemarkung Möhringen („Gewerbepark DonauTech“) durch die Stadt Tuttlingen wurden nach umfangreichen Baggersondagen durch das Landesamt für Denkmalpflege 2019 großflächige Rettungsgrabungen in drei voneinander unabhängigen Bereichen notwendig (siehe auch den Beitrag S. 153 ff.). Von Juli bis November 2020 wurde im Osten des Baufelds – Unter Haßlen 2 – daher eine 2 ha große Fläche durch die Grabungsfirma ArchaeoConnect archäologisch untersucht.

Die Fundstelle liegt in der Donauaue, ca. 300 m südlich des heutigen Flusslaufs. Die Lage geht einher mit einem stark fluvial geprägten Untergrund, der in Richtung Talrand zunehmend kolluvial überlagert ist.

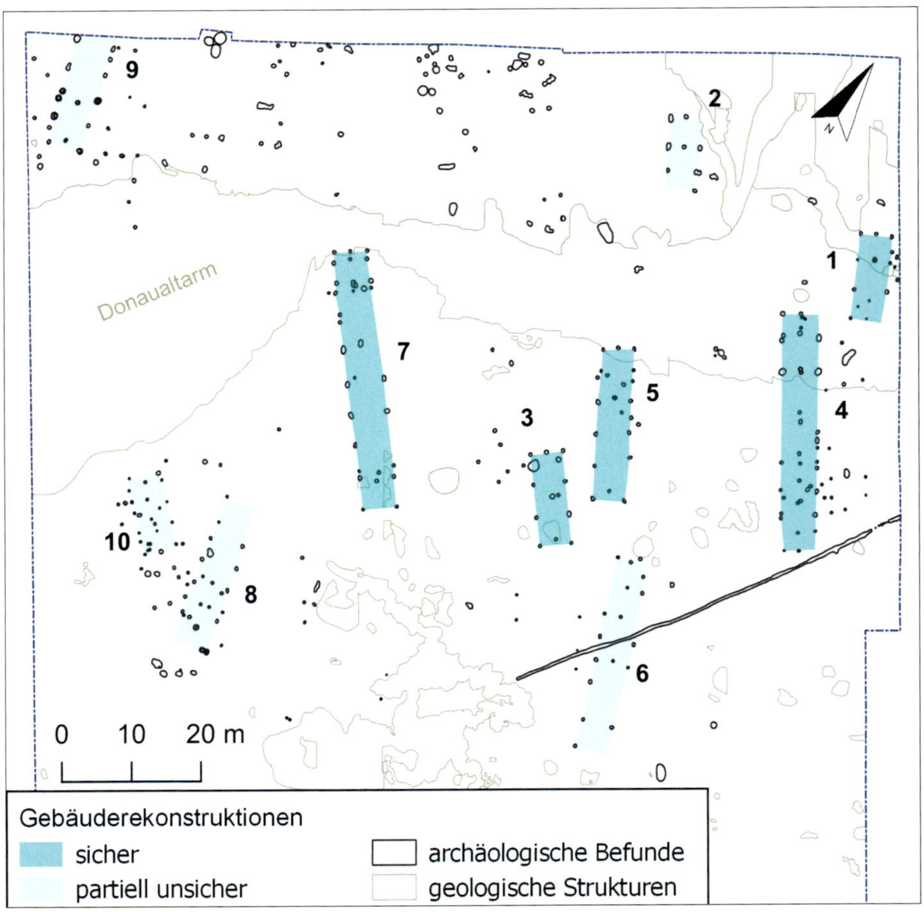

75 ▷ Tuttlingen-Möhringen, Unter Haßlen 2. Gesamtplan der Grabungsfläche mit rekonstruierten Hausgrundrissen.

Der nördliche Bereich der Grabungsfläche ist durch einen verfüllten Donaualtarm bestimmt. Das Befundniveau liegt weitgehend an der Oberkante der fluvialen Schichten, wobei sich Flussschotter, Sand und kiesige Schwemmschichten abwechseln. Die Befunderhaltung ist mit einer durchschnittlichen Tiefe von ca. 20 cm eher schlecht. Abgesehen vom Schotterbereich zeichneten sich die Befunde farblich meist kaum gegenüber dem umgebenden Sediment ab. Dennoch konnte in der nördlichen Hälfte der Fläche eine Vielzahl an Pfostengruben und Gruben dokumentiert werden; im Südbereich wurden dagegen ausschließlich Befunde geologischen oder fluvialen Ursprungs erfasst.

Zehn Hausgrundrisse

Auf Basis der Pfostenstellungen können zehn Hausgrundrisse mehr oder weniger sicher rekonstruiert werden (Abb. 75). Hinzu kommen weitere Pfostenreihen und Befundkonzentrationen, die ebenfalls auf Gebäude- und Siedlungsstrukturen hindeuten. Relativ sicher zu differenzieren sind vier kürzere Grundrisse von 10–13 m Länge und 4,5–4,9 m Breite (Abb. 75, 1–3; 10) sowie fünf Langhäuser mit Längen von 22–37 m und Breiten von 4,4–5,3 m (Abb. 75, 4–8); ein weiterer Grundriss (Abb. 75, 9) ist vermutlich nur teilweise erfasst. Die Erhaltung der Pfostenreihen – insbesondere der Langhäuser – ist meist lückenhaft, was die genauen Ausmaße und die Bewertung der Konstruktionsweisen bisweilen erschwert. In der Regel sind jedoch noch Reste der in der Längsachse verlaufenden Firstpfostenreihen zu erkennen, die auf eine Zweischiffigkeit hindeuten. Die Gebäude haben eine langschmale Form und sind im Fall der Langhäuser minimal gebaucht (besonders deutlich bei Gebäude 9). Auffällig ist das häufig angewandte Konstruktionsprinzip der leicht versetzt zu den zugehörigen Wandpfosten eingetieften Firstpfosten. Die Gebäude sind allesamt annähernd Nordwest–Südost orientiert und zeigen keine Überschneidungen, wenngleich durch erhöhte Befundkonzentrationen um die Gebäude 8, 9 und 10 solche auch nicht ausgeschlossen werden können. Im Fall der Pfostenansammlung östlich von Gebäude 4 ist vielleicht von einem nur teilweise erhaltenen weiteren Gebäude paralleler Ausrichtung auszugehen.

76◁ Tuttlingen-Möhringen, Unter Haßlen 2. Webgewicht aus einer Siedlungsgrube südlich von Gebäude 10. Dm. 12,5 cm, H. 8,2 cm.

Zwei Gebäude (Abb. 75, 1; 4) schneiden den verfüllten Donaualtarm, der in der Bronzezeit kein Wasser mehr führte. Größere Mengen früh- bis mittelbronzezeitlich datierender Keramik aus seiner Verfüllung weisen auf eine längere, mehrphasige Siedlungsdauer hin. Diese wird auch durch einen 60 m lang erhaltenen, Nordost–Südwest verlaufenden Graben deutlich, der einerseits Gebäude 6 schneidet, andererseits als südliche Begrenzung des Areals einer oder mehrerer jüngerer Siedlungsphasen gedient haben kann. Vielleicht weisen die identische Orientierung und die partielle Erhaltung der Langhäuser 6, 8 und 9 auf deren Zugehörig-

77 △ *Tuttlingen-Möhringen, Unter Haßlen 2. Auswahl an Silexartefakten. 1 retuschierte Klinge; 2, 5 Pfeilspitzen; 4 mögliche Pfeilspitze; 6 Klingenfragment; 7 retuschierte Klinge/ Bohrer; 3, 8–10 Dickenbännlibohrer.*

keit zur ältesten bronzezeitlichen Besiedlung hin.

Siedlungsgruben sind selten und beschränken sich weitgehend auf den Schotterbereich im Nordwesten. Demgegenüber sticht die Befundkonzentration um Gebäude 8 und 10 etwas hervor. Hier konnten drei Gruben freigelegt werden, die außer mehreren teilweise erhaltenen Gefäßen eine größere Menge an Silexmaterial, ein Webgewicht und in zwei Fällen Knochenbrand vermutlich tierischen Ursprungs enthielten.

Funde und Datierung

Das Spektrum der Gefäßkeramik rangiert im Bereich der Früh- bis Mittelbronzezeit (ca. 2200–1500 v.Chr.). Ältere frühbronzezeitliche Elemente wie beispielsweise S-förmig profilierte, annähernd rundbodige Becher sind ebenso vertreten wie mittelbronzezeitliche Knickwandgefäße und Warzenverzierung. Das gehäufte Auftreten von bandförmigen Henkeln und Tupfenleisten ist beiden Zeithorizonten gemein. Auffällig ist das Fehlen verzierter Feinkeramik und vertikaler oder überkreuzter Tupfenleisten, die innerhalb eines jüngeren Frühbronzezeit-Horizontes zu erwarten wären. Weiterhin wurden mehrere Webgewichte gefunden. Neben einigen aus früh-bis mittelbronzezeitlichem Kontext häufiger bekannten kegelförmigen Exemplaren konnte auch ein walzenförmiges Stück mit konzentrisch um das Fadenloch gesetzten Fingereindrücken geborgen werden, das deutliche Entsprechungen in den schnurkeramischen und frühbronzezeitlichen Schichten der Schweizer Seeufersiedlungen findet (Abb. 76). Etwas „archaisch" muten zudem mehrere Silexartefakte an. Neben vereinzelten Pfeilspitzen aus verschiedenen Befunden konnten aus einer Grube südlich von Gebäude 8, die anhand der Keramik wohl in die Frühbronzezeit zu datieren ist, einige sogenannte Dickenbännlibohrer geborgen werden (Abb. 77). Diese zur Herstellung von Kalksteinperlen genutzten Steingeräte sind eher aus mittel- bis jungneolithischem Kontext bekannt. Nur in einem Fall ist bisher ein endneolithischer Zusammenhang belegt. Grundsätzlich stellen Silexartefakte in metallzeitlichem Kontext keine Seltenheit dar. Die wissenschaftliche Auswertung wird nähere Erkenntnisse zu einer möglicherweise längeren Laufzeit der Dickenbännlibohrer erbringen.

Fazit

Zusammenfassend ergibt sich damit ein Bild, das auf eine mehrphasige Besiedlung innerhalb der Früh- bis Mittelbronzezeit anstatt auf einen Komplex des sogenannten Übergangshorizontes hinweist. Die Chronologie der Früh- und Mittelbronzezeit Südwestdeutschlands ist jedoch unter anderem aufgrund schmaler Quellenbasis als problematisch zu bewerten, weshalb das verhältnismäßig umfangreiche Material aus Tuttlingen-Möhringen zwar mit Sicherheit einen wertvollen Forschungszugewinn darstellt, aber wesentlich genauerer Auswertung bedarf, als es im Rahmen dieses Vorberichts möglich wäre.

Die rekonstruierten Gebäude stimmen in frappierender Weise mit aus Bayern bekannten frühbronzezeitlichen Hausgrundrissen überein. Lediglich die dort für gewöhnlich parallel zu den Wandreihen verlaufenden Reihen kleinerer Pfosten fehlen hier, was vermutlich auf die schlechte Erhaltung der Befunde zurückzuführen ist.

Die Siedlung muss als bedeutender Zugewinn für die Frühbronzezeitforschung gelten. Aus Südwestdeutschland sind abseits der frühbronzezeitlichen Seeufersiedlungen kaum Ansiedlungen derselben Zeitstellung bekannt und wenn, dann nur in kleinen Ausschnitten. Mit der Fundstelle bei Tuttlingen konnte nun erstmals eine Mineralbodensiedlung der Frühbronzezeit großflächig erfasst werden.

Den reibungslosen Ablauf der archäologischen Ausgrabung verdanken wir der guten Zusammenarbeit mit der Stadt Tuttlingen und besonders dem unermüdlichen und zielführenden Einsatz von Frau Sucheta-Bock, Abteilung Stadtplanung.

Jonas Armingeon, Gertrud Kuhnle

LITERATURHINWEISE

M. Schefzik, Pfostenbauten des Endneolithikums und der Frühbronzezeit in Süddeutschland. Eine aktuelle Bestandsaufnahme. In: H. Meller u. a. (Hrsg.), Siedlungsarchäologie des Endneolithikums und der frühen Bronzezeit. Tagungen Landesmus. Vorgesch. Halle 20/2 (Halle/Saale 2019) 679–699; J. Krumland, Die bronzezeitliche Siedlungskeramik zwischen Elsass und Böhmen: Studien zur Formenkunde und Rekonstruktion der Besiedlungsgeschichte in Nord- und Südwürttemberg. Internat. Arch. 49 (Rahden/Westf. 1998); M. Thoma, Immer vermutet – endlich gefunden: eine bronzezeitliche Siedlungsstelle bei Hohenstadt. Arch. Ausgr. Baden-Württemberg 2012, 106–109; J. Hald, Langbauten in der Kiesgrube Kohler bei Anselfingen? Ebd. 2019, 94–96.

■ ORSINGEN-NENZINGEN, KREIS KONSTANZ

Zum vorläufigen Abschluss der archäologischen Untersuchungen in der Kiesgrube „Im unteren Bann" bei Orsingen

Mit der vierten Grabungskampagne von August bis Dezember 2020 wurden die archäologischen Untersuchungen einer großen Kiesabbaufläche an der Gemarkungsgrenze von Orsingen zu Stockach-Wahlwies im genehmigten Abbaubereich abgeschlossen. Das große vor- und frühgeschichtliche Siedlungsareal liegt am östlichen Fuß des Kirnbergs in einem seicht nach Norden zum Krebsbachtal abfallenden Gelände. Auch diese Kampagne wurde von der vom Kieswerk Hardt beauftragten Grabungsfirma Archaeo-Task GmbH unter der örtlichen Leitung von Steven Bosch in bewährter Weise durchgeführt. Die wissenschaftliche Begleitung oblag wiederum der Kreisarchäologie des Landratsamtes Konstanz und dem Landesamt für Denkmalpflege. Die Grabungsfläche umfasste im Berichtsjahr 0,9 ha. Damit wurde in dem knapp 12 ha großen Abbaugebiet insgesamt ein 5,7 ha großes Areal z. T. in mehreren Plana vollständig archäologisch

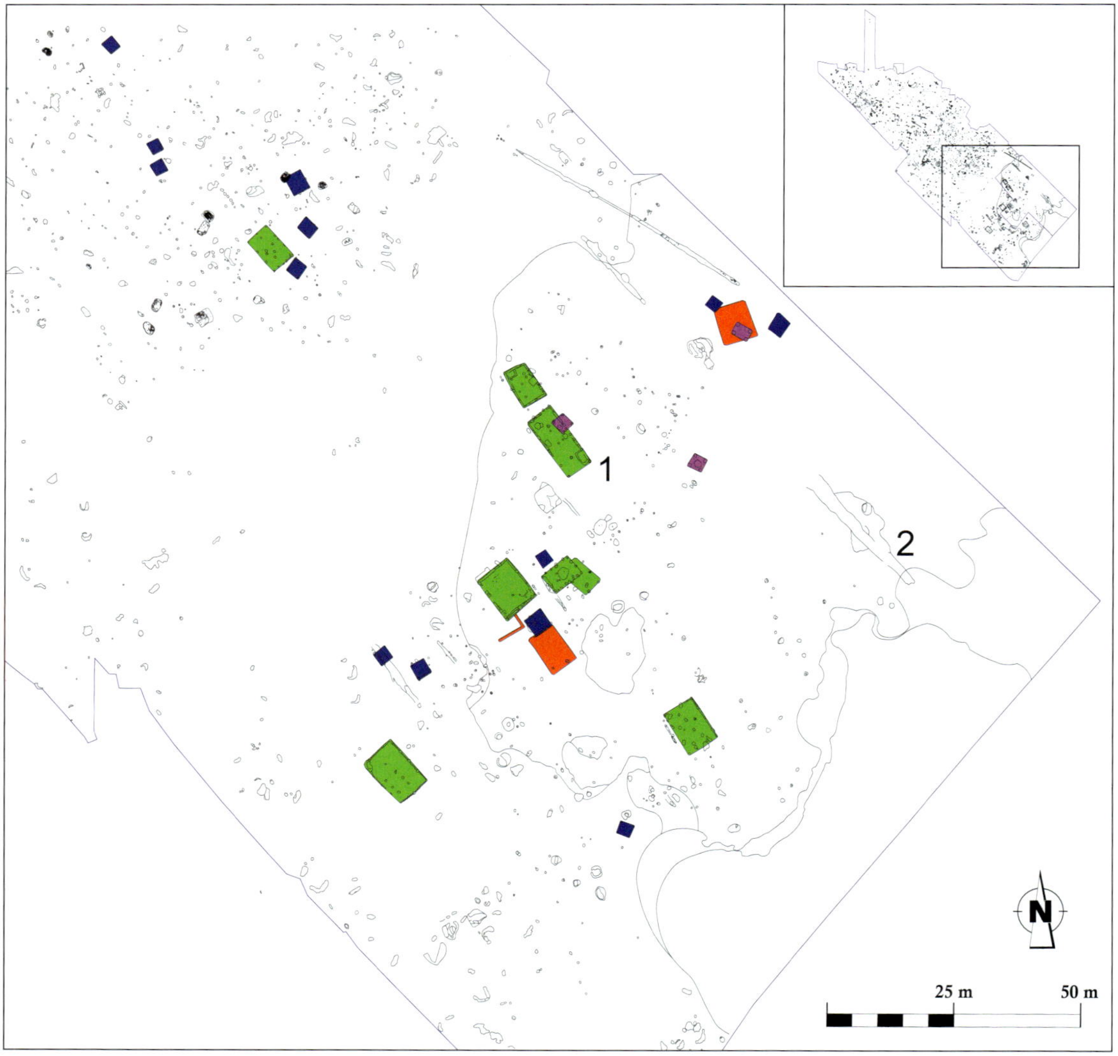

78 △ *Orsingen-Nenzingen, „Im Unteren Bann". Ausschnitt aus dem vorläufigen Gesamtplan der Ausgrabungen 2017–2020 (Überblick oben rechts) mit Schichtgrenzen (teilweise rekonstruiert). Rekonstruktionsvorschlag für Hausgrundrisse (grün) und Speicherbauten (blau) der mittleren Bronzezeit, ältere Hausgrundrisse und Teilgrundrisse aus Schicht 4 (rot), Speicherbauten vermutlich der jüngeren Latènezeit (violett). 1 Haus 7; 2 Graben mit vermutlichen Pflugspuren.*

untersucht (Abb. 78). Dabei konnten annähernd 3000 überwiegend bronzezeitliche Befunde und weitere Strukturen freigelegt und dokumentiert werden.

79 ◁ *Orsingen-Nenzingen, „Im Unteren Bann". Detail der Verzierung einer bronzenen Lochhalsnadel der Mittelbronzezeit im bergefrischen Zustand, ca. 16. Jh. v. Chr.*

Eine mehrphasige Siedlung der mittleren Bronzezeit

Auch ohne detaillierte Befundauswertung lassen sich bislang elf Hausgrundrisse sowie 15 Speicherbauten der Bronze- und Eisenzeit aus den zahlreichen Siedlungsbefunden ablesen (Abb. 78). Die mehrheitlich mittelbronzezeitlichen Strukturen (ca. 1600–1300 v. Chr.) streuen über ein etwa 1,2 ha großes Areal im Osten der Untersuchungsfläche. Hier haben in Geländesenken die Fundschichten unter bis zu 1,5 m mächtigen Sedimenten die Zeiten überdauert. Auf einem dazwischen liegenden Kiesrücken sind mögliche Befunde dagegen längst der Erosion zum Opfer gefallen. Insgesamt besitzen die bronzezeitlichen Bauwerke eine einheitliche Orientierung um Nordwest–Südost, die eine planvolle Bebauung und Einteilung der Siedlungsfläche anzeigt. Mehrere ebenfalls in Nordwest-Südost-Richtung verlaufende Grabenstrukturen, die sich momentan noch nicht genau zeitlich einordnen lassen, könnten Teile der mittelbronzezeitlichen Siedlung eingehegt haben. Auf der Sohle eines ca. 30–40 cm tiefen Grabenabschnittes nahe der nordöstlichen Grabungsgrenze waren schmale linerare Strukturen feststellbar. Möglicherweise wurde hier der Untergrund für den Grabenaushub mit einem Pflug gelockert.

In den Grabungskampagnen 2019 und 2020 konnten in den gut erhaltenen Siedlungsbereichen zwei bronzezeitliche Siedlungsstraten erfasst werden. Während der Kampagne im Jahr 2020 ließen sich im älteren Horizont (Schicht 4) drei Hausgrundrisse bzw. Teilgrundrisse sowie zwei Vierpfostenspeicher nachweisen. Einige Befunde dieses anstehenden, rötlichen Lehmhorizontes sind jedoch nur noch rudimentär erhalten. Ob Erosionsprozesse noch während der bronzezeitlichen Besiedlung zum beobachteten Substanzverlust führten, wird in einer detaillierteren Auswertung noch zu prüfen sein. In die darüber liegende kolluviale Lehmschicht, die aus abgelagerten Sedimenten gebildet wurde, waren die meisten Befunde des jüngeren Siedlungshorizonts (Schicht 3) mit teils sehr gut erhaltenen Hausgrundrissen und Speicherbauten eingetieft. Die Keramikfunde der letzten beiden Kampagnen legen nahe, dass die Häuser des jüngeren Horizontes in einem fortgeschrittenen Abschnitt der Mittelbronzezeitstufe Bz C erbaut wurden. Die Hausstrukturen des älteren Horizonts lassen sich derzeit noch nicht genauer zeitlich einordnen. Möglicherweise gehören sie zu einer Siedlungsphase im älteren Abschnitt der Mittelbronzezeit, die durch den Fund einer Lochhalsnadel mit Sanduhrzier (Bz B/C1) in der Pfostengrube eines Speicherbaus an anderer Stelle nachgewiesen ist (Abb. 79).

Hinzu kommen drei weitere Speicherbauten mit teils mächtigen Pfostengruben, die aus stratigraphischen Gründen einer späteren, möglicherweise jüngerlatènezeitlichen Siedlung (ca. 3./2. Jh. v. Chr.) zuzurechnen sind. Der eisenzeitlichen Siedlung lassen sich bis-

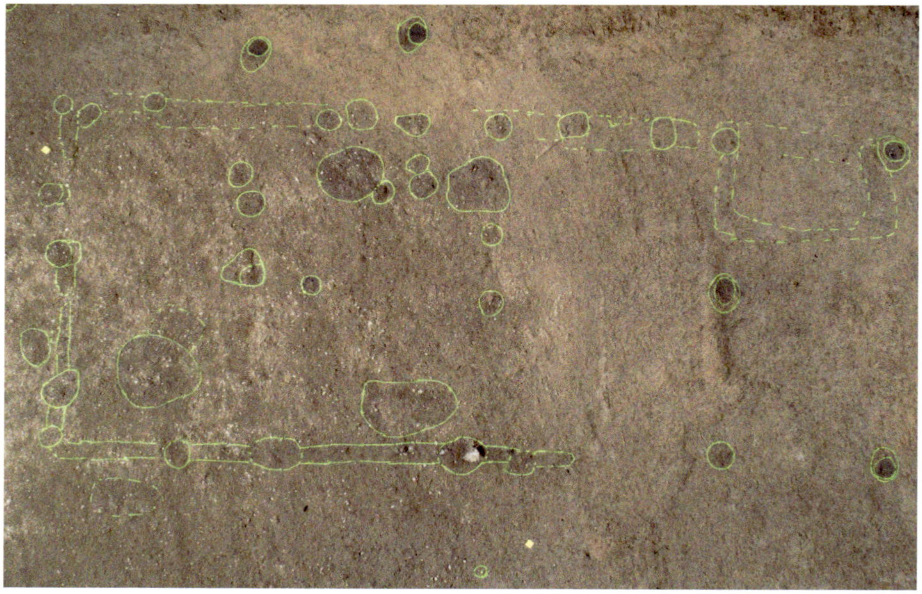

80 ▷ *Orsingen-Nenzingen, „Im Unteren Bann". Grundriss von Haus 7 mit markierten Pfostengruben und Gräbchen. Mit 14 m × 6 m Grundfläche ist es bislang das größte mittelbronzezeitliche Gebäude in der Siedlung (ca. 1600–1300 v. Chr.).*

her jedoch nur wenige Befunde eindeutig zuweisen. Ergänzend sei noch auf den Nachweis von zwei weiteren bronze- oder eisenzeitlichen Brandgruben in der 2020 untersuchten Fläche hingewiesen.

Konstruktion und Bauweise

Neben reinen Pfostenbauten können beiden bronzezeitlichen Bauphasen inzwischen sieben Hausgrundrisse mit einer Kombination aus Wandgräbchen und Pfostengruben zugeordnet werden. Sie unterscheiden sich nicht in ihrer Konstruktionsweise, sondern lassen sich bislang nur stratigraphisch in zwei Siedlungsphasen trennen. Detaillierte Beobachtungen an den im Berichtsjahr untersuchten fünf Hausgrundrissen zeigen erneut, dass die Anlage der Wandgräbchen sowie die Pfostensetzungen wohl in einem Bauprozess stattfanden. Die Wandgräbchen bzw. die Verfärbungen der ehemals vorhandenen Schwellbalken greifen in die Pfostengruben ein, durchstoßen aber nicht die sich teilweise noch abzeichnenden Standspuren der eigentlichen Hauspfosten. Wiederum wiesen einzelne Wandgräbchensegmente zwischen den Pfosten unterschiedliche Tiefen auf, was eventuell auch auf Reparaturmaßnahmen zurückgeführt werden kann. Ebenfalls festgestellte Pfostenerneuerungen wurden stets am Ort des ursprünglichen Pfostens oder leicht versetzt vorgenommen. Mit 14 m × 6 m besaß Haus 7 die größte Grundfläche (Abb. 80). An diesem Gebäude konnte ein 3,5 m langer Vorbau mit einer kleinen rechteckigen Gräbchenstruktur an der östlichen Gebäudeecke beobachtet werden. Dieses Gräbchen könnte einen Einbau oder einen speziell abgegrenzten Bereich unbekannter Funktion markieren. Eine gleichartige Konstruktion stellte man auch im unmittelbar nordwestlich gelegenen Gebäude fest. Ob das große Gebäude 7 eine spezielle Funktion innerhalb der Siedlung hatte, lässt sich beim derzeitigen Bearbeitungsstand noch nicht beurteilen.

Resümee

Vor den Prospektionsmaßnahmen 2015 waren in den Kiesabbauflächen im Gewann „Im unteren Bann“ noch keinerlei Funde bekannt. Mit den Grabungen von 2017 bis 2020 konnte nun erstmals im östlichen Hegau eine ausgedehnte mehrphasige Siedlung der mittleren Bronzezeit (ca. 1600–1300 v. Chr.) flächig untersucht werden. Sie stellt eine wichtige Referenzfundstelle nicht nur für zeitgleiche Siedlungen aus Ehingen und Anselfingen, sondern über den Hegau hinaus auch für mittelbronzezeitliche Mineralbodensiedlungen in ganz Baden-Württemberg dar. Eine detaillierte wissenschaftliche Auswertung lässt weitere wichtige Aussagen zur Binnenstruktur und Architektur einer ländlichen Siedlung aus der Mitte des zweiten vorchristlichen Jahrtausends erwarten. Abgerundet wird das Bild durch den seltenen Nachweis eines spätbronzezeitlichen Gräberfelds (13. Jh. v. Chr.) mit teils wertvollen Beigaben aus Gold und Bernstein sowie durch die Entdeckung einer kleinen Gräbergruppe der Urnenfelderkultur (12.–9. Jh. v. Chr.), die indirekt bezeugen, dass Menschen über die mittlere Bronzezeit hinaus am unteren Krebsbachtal zwischen Orsingen und Wahlwies lebten und siedelten.

Abschließend gebührt dem Kieswerk Hardt mit Herrn Andreas Drewing und Herrn Alexander Schopp großer Dank für die jahrelange vertrauensvolle, geduldige und kooperative Zusammenarbeit und die Finanzierung der Ausgrabungsarbeiten. Zudem sei den verschiedenen Grabungsteams für die sorgfältige und engagierte Arbeit herzlich gedankt.

Steven Bosch, Julia Goldhammer, Jürgen Hald

LITERATURHINWEIS

St. Bosch/J. Hald/J. Kitzberger, Hausgrundrisse der mittleren Bronzezeit aus Orsingen. Arch. Ausgr. Baden-Württemberg 2019, 96–100 mit weiterer Lit.

■ LAUTERACH, ALB-DONAU-KREIS

Die bronzezeitliche Höhenfundstelle „Rotenay“ bei Lauterach

Die vorgeschichtliche Höhensiedlung auf der Rotenay bei Lauterach hat vor nunmehr rund 50 Jahren Jörg Biel als Fundstelle der (Mittel-)bronzezeit erkannt. Eindeutige Anhaltspunkte für die Zeitstellung und genauere Aussagen zum Aufbau der beiden Befestigungslinien, die den Sporn abriegelten, fehlten indes bisher. Die Beobachtungen, die am Außenwall im Zuge eines Wegdurchstoßes 1870 und am Innenwall bei Untersuchungen 1908 gemacht wurden, sind sehr summarisch, datierende Funde sind nicht bekannt. Neue Erkenntnisse liefern Prospektionen und Grabungen, die im Rahmen eines Projektes zu früh- bis mittelbronzezeitlichen Höhensiedlungen der Schwäbischen Alb im September 2020 begannen.

Grabung am Außenwall

Die größte archäologische Struktur auf dem Geländesporn ist der knapp 200 m lange äußere Wall. Leicht gebogen sperrt er den

Bergrücken auf ganzer Breite, vom steilen Abbruch zum Wolftal im Nordosten bis zum etwas flacher ausgeprägten Hang zum Lautertal im Südwesten. Mehrere ältere Eingriffe sind teils aus der Literatur bekannt und teils noch im Gelände zu erkennen, am deutlichsten der Durchstich, der wohl 1870 für den heute noch benutzten Waldweg angelegt wurde. Zeitgenössische Beschreibungen sprechen von einem Kern aus „gebranntem Kalk“ und deutlichen Brandspuren, datierendes Fundmaterial wurde jedoch nicht geborgen.

Vornehmliche Ziele der neuen Grabung waren es, die Zeitstellung der äußeren Befestigung zu klären und genauere Erkenntnisse zu deren Konstruktion zu erlangen. Um die Erhaltung der Struktur so wenig wie möglich zu beeinträchtigen, wurde der Grabungsschnitt in einem Bereich nördlich eines Weges angelegt, wo man den erhaltenen Wallrest bereits auf knapp 20 m Breite abgetragen hatte. Eine opportune Möglichkeit für den Neuaufschluss bot sich somit an der vorhandenen Abbruchkante, die etwa 2 m nach hinten versetzt, begradigt und bis auf den geologischen Untergrund schichtweise abgegraben wurde.

Dabei konnte folgender Aufbau erkannt werden (Abb. 81): Der Wall lag direkt auf dem anstehenden Kalkfelsen auf. Zuunterst fand sich eine keilförmige Steinpackung aus losen, ungeordnet aufgehäuften Kalksteinen. Darüber lag eine bis zu einem Meter mächtige, weißliche Kalksinterschicht, die zur Wallinnenseite hin über die Steinpackung hinaus bis auf den anstehenden Fels reichte. Schließlich schüttete man an der Innenkante eine Lehmschicht an, die vermutlich aus auf der Höhenlage anstehendem Verwitterungslehm besteht. Auf der Außenseite befand sich schließlich eine „Schale“ aus größeren Kalksteinen, die am Übergang zum inneren Befestigungskörper die gesamte erhaltene Wallhöhe überspannte und teilweise bereits durch den Waldboden zu erkennen war. Auch diese Steine lagen ungeordnet, nur in einem kurzen Teilabschnitt konnten wenige geschichtet wirkende Stücke beobachtet werden. Vermutlich handelt es sich um Reste und Versturz der ehemaligen Außenfront der Befestigung.

81 ▽ *Lauterach, „Rotenay“. Außenwall, SfM-Modell des Profils. Deutlich sind die Steinpackungen an der Front und der Kalksinterkern erkennbar.*

82 ◁ *Lauterach, „Rotenay". Bronzefragmente von der Metallsondenbegehung. Im Uhrzeigersinn von links: Dolchspitze, meißelartige Spitze, verziertes Bronzeblech, Sichel, Nackenteil eines Randleistenbeils und Messerklinge (?). L. der Dolchspitze 3 cm.*

Die neuen Untersuchungen zeigen, dass die oben erwähnte historische Beschreibung eines Wallkerns aus gebranntem Kalk ein Fehlschluss ist. Die geologische Analyse der genannten weißlichen Kalksinterschicht durch R. Vogt ergab, dass es sich um eine einst als Lockermaterial aufgebrachte Mischung aus Kalksand/-grus, wie er in talwärtigen Quellaustritten vorkommt, und ehemaligem Weißjura-Hangschuttmaterial handelt, die sich nachträglich im Wall wieder verfestigte. Wahrscheinlich hatte man den losen Kalksinter von den Quellaustritten im Lautertal knapp 100 Höhenmeter bis auf den Bergsporn geschafft. Vermutlich hatte dieses Material konstruktive Vorteile, denn fraglos haben Steine und Lehm in ausreichender Menge vor Ort auf der Anhöhe zur Verfügung gestanden, um die Befestigung zu errichten.

Die Grabung erbrachte nur wenige Funde, vor allem einige Wandscherben vorgeschichtlicher Machart, die zunächst keine genauere Datierung gestatten. Konkretere Hinweise auf das Alter der Außenbefestigung sind jedoch durch Radiokarbondatierungen von Holzkohlen zu erwarten, die in einer dünnen Holzkohleschicht zwischen anstehendem Felsuntergrund und dem Kalkssinterkern lagen sowie als Einschlüsse in Letzterem vorhanden waren.

Weitere Sondagen und Prospektionen

Drei Sondageschnitte durch die Grabenstrukturen unmittelbar vor dem Außenwall und dem Innenwall zeigen, dass hier über dem anstehenden Felsuntergrund lediglich bis 0,20 m Humus aufliegen. Im Wesentlichen erbrachte nur die Sondage am äußeren Fuß des Innenwalls einige vorgeschichtliche Wandscherben und wenige Knochen, von denen insbesondere jene aus einer Vertiefung in der Grabensohle datierungsrelevant sein können.

Zudem führte das LAD im Herbst eine systematische Metallsondenprospektion durch. Neben mittelalterlichen Funden wurden dabei mehrere Metallobjekte entdeckt, die gut

84 △ *Bubsheim, „Steintaler Bühl". Gerippter Goldblechfingerring und doppelspiraliger Bronzefingerring der mittleren Bronzezeit aus den Grabkammern der Hügel B und C.*

loziertes Knochenmaterial und ein eiserner Gürtelhaken erhalten. Seine Zerstörung könnte in römischer Zeit erfolgt sein, was wenige Keramikfragmente aus dem Raubschacht nahelegen.

Hügel B – bronzezeitlicher Steinhügel

Die hallstattzeitlichen Aufschüttungen überdeckten direkt den bronzezeitlichen Primärhügel, für den ein Durchmesser von 6,8 m und eine Höhe von mindestens 1,2–1,3 m zu rekonstruieren ist. Auf der alten Oberfläche waren die Reste einer zerstörten Körperbestattung in einer 2,3 m × 1,1 m großen, Nordwest–Südost ausgerichteten Holzkammer mit eingegrabenem Vierpfostengerüst erhalten. Wenige Fragmente von Bronzebeigaben, darunter eine Spiralperle, ein Niet – wahrscheinlich von einer Griffplatten-Stichwaffe – und eine gestielte Pfeilspitze, weisen auf ein Männergrab mit Waffenausstattung hin. Ein gerippter Fingerring aus dickem Goldblech (Abb. 84) ist in die Stufe Bz C zu datieren und kennzeichnet seinen Träger als Angehörigen einer lokalen Waffenträgerelite, die bislang im archäologischen Gesamtbild des Heubergs noch nicht in Erscheinung getreten ist. Auf ein besonderes Bestattungsritual weisen ein vor dem Hügelbau zerschlagenes Großgefäß und ein reich verzierter Trichterhalsbecher hin. Letzterer war in die Packung des Steinhügels regelrecht „eingemauert" worden und enthielt möglichweise ein Getränk.

Hügel C – hallstattzeitliche Belegung

Von Hügel C war noch eine 13,3 m × 10,4 m große Aufschüttung zu verzeichnen, die sich insgesamt 1,2 m über die konservierte alte Oberfläche erhob. Im Kern des Hügels befand sich, leicht dezentral, ein Steingrabhügel der mittleren Bronzezeit mit 5,9 m Durchmesser, der in der Hallstattzeit mit einer steinummantelten Lehmschüttung zunächst auf 9–10 m Größe ausgebaut worden war. Später wurde im Westen ein parabelförmiger Annex angefügt. Die hallstattzeitliche Belegung umfasste 22 Gräber mit mindestens 27 Individuen. Davon waren 19 Personen als Körper- und 8 als Brandbestattungen niedergelegt worden. Bemerkenswert ist der hohe Anteil von Kinder- und Kleinkindergräbern, die auf hallstattzeitlichen Grabhügelfeldern meist sehr selten sind. Hervorzuheben ist eine Dreifachbestattung (Abb. 85), bei der eine erwachsene, wahrscheinlich männliche Person beiderseits jeweils ein kleines Kind „auf dem Arm hält". Im Hinterhauptsbereich eines der Kinder waren noch insgesamt zwölf bronzene Drahtringe und eine Gagatperle – wahrscheinlich Bestandteile einer Haar- oder Haubentracht – zu bergen. Im Zentrum der älteren Hügelphase befand sich ein beraubtes Frauengrab, von dessen Ausstattung neun Bronzehohlringe mit Stöpselverschluss und zwei Kugelkopfnadeln im Grab verblieben waren. Fünf Ringe waren im Zuge der Grabstörung in den auf der Grubensohle „aufgestellten" Unterkiefer der Verstorbenen hinein gestapelt worden. Als Hauptgrab unter dem Annex kann eine Brandbestattung in einer kleinen Kammer gelten, deren Leichenbrand teils ausgestreut, teils in einem riefenverzierten Gefäß niedergelegt worden war.

Hügel C – bronzezeitlicher Steinhügel

Das bronzezeitliche Zentralgrab verfügte mit einem zerschlagenen Großgefäß und einem „eingemauerten" verzierten Trichterhalsbecher über genau die gleichen grabrituellen Merkmale, wie sie in Hügel B zu beobachten waren. Innerhalb der 1,7 m × 1,4 m großen Kammer lagen die verstreuten Reste einer Frauenbestattung mit umfangreicher Trachtbeigabe, zu der neben einem massiven Fingerring mit Doppelspirale (Abb. 84) und einem Blechfingerring mit Ritzverzierungen auch eine üppige mehrzeilige Bernsteinperlenkette gehörte. Eine Überraschung war der Nachweis eines zweischiffigen, 6,5 m × 5 m großen Pfostengebäudes mit Herdstelle (Abb. 86), das der Anlage des Grabhügels unmittelbar vorausgegangen sein muss und eine inhaltliche Beziehung zwischen Siedlung und Grablege bezeugen dürfte. Völlig außergewöhnlich ist auch der Nachweis von kreuz und quer verlaufenden Pflugspurbündeln, die zeitlich zwischen Hausabbau und Grabkammerbau anzusetzen sind. Dieses Phänomen ist bisher vor allem aus der norddeutschen Bronzezeit bekannt geworden und wurde teilweise als „rituelles Pflügen" vor dem Bau eines Grabhügels gedeutet.

85 ▽ Bubsheim, „Steintaler Bühl". Hügel C. Späthallstattzeitliche Nachbestattung eines Erwachsenen mit zwei Kleinkindern in der Hügelschüttung. Das Kind links verfügte über umfangreichen Ringschmuck am Schädel.

86 ▷ *Bubsheim, „Steintaler Bühl". Hügel C. Hausbefund und Pflugspuren der mittleren Bronzezeit unter dem Grabhügel.*

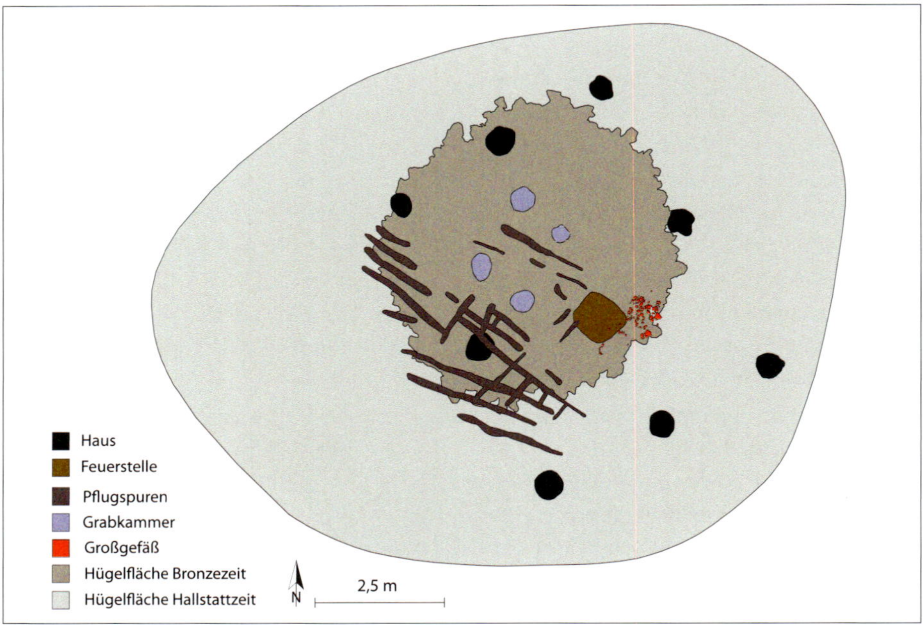

Wissenschaftliche Bedeutung

Die ersten Ergebnisse sind bereits ohne die Resultate anthropologischer Untersuchungen der gut erhaltenen Skelettreste oder weiterer fachspezifischer Auswertungen von außergewöhnlicher Bedeutung. Unterschiedliche Themen lohnen, vertieft zu werden: Kontinuität von der mittelbronzezeitlichen Siedlung zu den bronzezeitlichen Hügelgräbern; Grabstörungen; Reaktivierung des Bestattungsplatzes durch die frühen Kelten – eventuell bewusst in Bezug auf ältere Traditionen; gemischtrituelle Belegung mit Körper- und Brandbestattungen in der Hallstattzeit mit hohem Anteil von Kindern und Säuglingen unter den Nachbestattungen; ungewöhnliche Trachtausstattungen der späthallstattzeitlichen Körpergräber; Bezug zu bzw. Wechselwirkung zwischen dem nur 1,4 km entfernten Heidentor bei Egesheim und den früheisenzeitlichen Siedlern in Bubsheim.

Für die vertrauensvolle und konstruktive Zusammenarbeit danken wir Herrn Bürgermeister Thomas Leibinger, der schon nach den ersten Funden deren Bedeutung für die Gemeinde und die Region erkannte und die Ausgrabung regelmäßig mit großem Interesse verfolgte und unterstützte.

Andreas Gutekunst, Gertrud Kuhnle

LITERATURHINWEISE

J. Klug-Treppe, Steinhügel in Bubsheim, Kreis Tuttlingen. Arch. Ausgr. Baden-Württemberg 1998, 138–141; G. Wesselkamp, Die bronze- und hallstattzeitlichen Grabhügel von Oberlauchringen, Kr. Waldshut. Materialh. Vor- u. Frühgesch. Baden-Württemberg 17 (Stuttgart1993); S. Oberrath, Bandförmige Goldfingerringe der Bronzezeit aus Baden-Württemberg. Fundber. Baden-Württemberg 20, 1995, 329–376; U. Tegtmeier, Neolithische und bronzezeitliche Pflugspuren in Norddeutschland und den Niederlanden. Arch. Ber. 3 (Bonn 1993); J. Pätzold, Rituelles Pflügen beim vorgeschichtlichen Totenkult – ein alter indogermanischer Bestattungsbrauch? Prähist. Zeitschr. 38, 1960, 189–239.

Zwei Brandschüttungsgräber der späten Bronzezeit in Herbolzheim

Im Vorfeld der Erweiterung des Wohnbaugebiets „Herrengüter“ kamen bei Sondierungen durch das Landesamt für Denkmalpflege unter der technischen Leitung von Urs Grabo im November 2019 u.a. zwei Befunde zutage, die als Gräber interpretiert werden konnten. Sie waren stark von der Landwirtschaft beeinträchtigt und hoben sich vom umgebenden Niederterrassenschotter kaum ab. Es handelte sich um zwei nur noch auf wenigen Zentimetern Tiefe erhaltene, etwas mehr als körperlange Gruben, die unterschiedlich ausgerichtet waren. Ihre Bedeutung konnte erst 2020 durch die Restaurierung der Metallfunde und durch die anthropologischen Untersuchungen der Knochenreste vollständig erfasst werden.

Die Ost–West orientierte Grube (2,15 m × 1,12 m) konnte eindeutig als Brandgrab interpretiert werden, da auf der Grubensohle eine Anhäufung von Leichenbrand angetroffen wurde. Dieser war möglicherweise in einem Behältnis aus organischem Material niedergelegt worden. Die verbrannten Knochenfragmente wogen 689,4 g und stammen nach den Merkmalen an den Becken- und Schädelfragmenten eher von einer Frau, mit einer geschätzten Körperhöhe von 1,61 m. Sie litt an einer Knochenveränderung im Bereich des Schädeldachs (Cribra cranii), für die Anämien als Ursache in Betracht kommen. Ihr Sterbealter liegt zwischen 25 und 35 Jahren (adult). Neben Scherben mehrerer Keramikgefäße, vorwiegend aus Feinkeramik, fanden sich durch Feuereinwirkung schlecht erhaltene Bruchstücke von mehreren Bronzeobjekten. Unter diesen Beigaben sind insbesondere drei Pfeilspitzen mit Schaftdorn bemerkenswert (Abb. 87).

Die Nord–Süd orientierte Grube (2,2 m × 0,91 m) enthielt dagegen nur noch wenige Knochensplitter von insgesamt 9,5 g Gewicht. Trotzdem konnte die anthropologische Untersuchung zeigen, dass diese Reste der Leichenbranddeponierung von einem jugendlichen Individuum stammen, das zwischen 14 und 18 Jahre alt wurde (juvenil); das Geschlecht bleibt jedoch unbestimmbar. Für ein Brandschüttungsgrab durchaus typisch waren am nördlichen Grubenende und entlang der westlichen Grubenlängsseite grob- und feinkeramische Gefäße deponiert. Neben einem umgestülpten Unterteil eines größeren Gefäßes lagen mehrere zusammengefasste Bronzeobjekte, darunter mindestens zwei Nadeln, drei Armschmuckstücke und ein kleines verziertes, hülsenähnliches Fragment (Abb. 88).

87 ◁ *Herbolzheim, „Herrengüter III“. Pfeilspitzen aus dem Ost–West orientierten Brandschüttungsgrab. L. der oberen Pfeilspitze mit Schaft 4,5 cm.*

88 △ *Herbolzheim, „Herrengüter III". Bronzeobjekte aus dem Nord–Süd orientierten Brandschüttungsgrab. Kopf und verzierter Teil des Nadelschaftes messen 5 cm.*

Die Nadel mit profiliertem Kopf gehört zum Typ Guntersblum, einer Leitform der frühen Urnenfelderzeit (Stufe Ha A, evtl. noch Bz D, ca. 1300–1100 v. Chr.). Dies harmoniert mit der Datierung der Armringe mit Stollenenden und des gerippten Armbands (freundl. Hinweis M. Bartelheim, Universität Tübingen).

Die Tatsache, dass die Leichenbranddeponierungen in Gruben erfolgten, deren Ausmaße für Körperbestattungen geeignet gewesen wären, passt durchaus in diesen Zeithorizont. Für Herbolzheim ist der Nachweis dieser spätbronzezeitlichen Gräber äußerst interessant und unerwartet, waren doch zwei Ost–West ausgerichtete frühmittelalterliche Körpergräber, die 1960 unmittelbar südlich des sondierten Wohnbaugebiets „Herrengüter III" zerstört wurden, ausschlaggebend für die archäologische Voruntersuchung.

Für die gute Zusammenarbeit danken wir der Stadt Herbolzheim und Herrn Stefan Rheiner von badenovaKonzept.

Gertrud Kuhnle, Carola Berszin, Urs Grabo

BURLADINGEN-MELCHINGEN, ZOLLERNALBKREIS

Ausgrabungen in einem Siedlungsareal der Bronze- und Eisenzeit bei Melchingen

Forschungsstand

Auf halber Strecke zwischen Melchingen und Ringingen befindet sich in den Gewannen „Linsenäcker" und „Enge" ein ausgedehntes vorgeschichtliches Siedlungsareal. Es liegt in einer sanften, etwa nord-südlich verlaufenden Talsituation auf dem leicht nach Südosten in Richtung des Ringinger Bachs abfallenden Hang. Seit den 1980er Jahren hat hier der ehrenamtliche Beauftragte des Landesamtes für Denkmalpflege und Träger des Archäologiepreises Baden-Württemberg Ferdinand Pfannstiel umfangreiches Fundmaterial zusammengetragen.

Die Keramik belegt eine Besiedlung des Platzes spätestens seit der Mittelbronzezeit, ein deutlicher Schwerpunkt liegt aber in der Urnenfelderzeit. Auch in der Hallstatt- und Latènezeit wurde der Ort aufgesucht, das keramische Fundmaterial dieser Epochen ist aber nur in geringer Zahl repräsentiert.

Neben den Lesefunden konnte im Jahr 2008 beim Verlegen einer Wasserleitung ein etwa dreißigteiliges Gefäßdepot der frühen Urnenfelderkultur (Ha A1, ca. 1200–1100 v. Chr.) ausgegraben werden. Außerdem kam ein Gusskuchendepot zutage, leider ohne Befundzusammenhang und nicht vollständig geborgen. Eine Metallanalyse zeigte, dass es sich um Rohkupfer, sogenanntes Mitterberg-Kupfer handelt, das aus dem bedeutenden Bergbaurevier im Salzburger Land in Österreich stammt. Zusammen mit den bronzenen Lesefunden und einer leider verschollenen doppelseitigen Gussform aus Sandstein für Ringe und Messer ergibt sich das Bild eines bedeutenden Siedlungsareals der Bronzezeit mit chronologischem Schwerpunkt in der Urnenfelderzeit, weitreichenden Kontakten und lokaler Herstellung von Bronzeobjekten.

Geophysikalische Prospektion und Sondagen 2020

Diese Ausgangsituation gab den Anlass, das Areal innerhalb eines Forschungsprojektes des LAD genauer zu untersuchen, vorrangig um die Chronologie und Struktur der Siedlung zu verstehen. Es stellte sich zunächst die Frage, ob infolge der landwirtschaftlichen

89 ▽ *Burladingen-Melchingen. Topographische Situation sowie Magnetogramm mit Lage der Sondageschnitte 2020.*

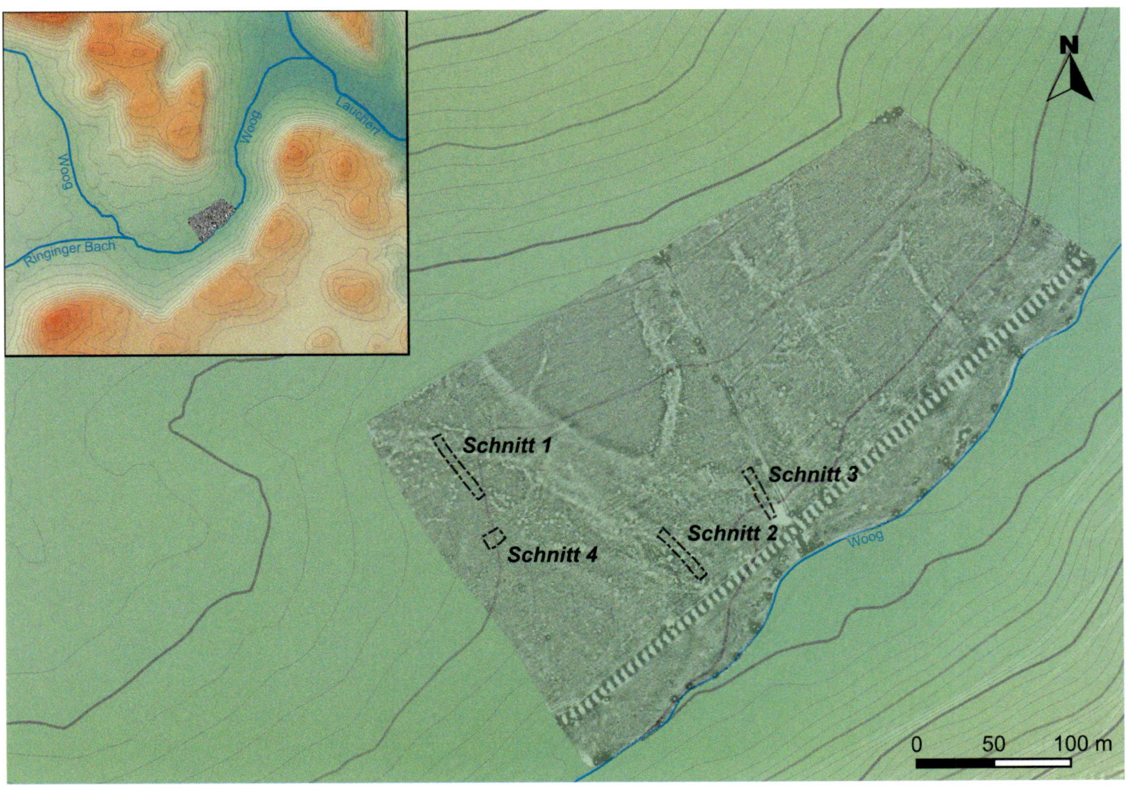

Tätigkeit noch mit In-situ-Erhaltung zu rechnen war. Im Sommer 2020 wurden deswegen von Harald von der Osten-Woldenburg (LAD) geophysikalische Messungen durchgeführt mit dem Ziel, Strukturen der vorgeschichtlichen Besiedlung zu erkennen. Diverse im Magnetogramm aufscheinende Anomalien wiesen auf Gruben und Gebäudegrundrisse hin, deuten aber auch die Gefährdung der archäologischen Strukturen im oberen Hangbereich an. Zur Evaluierung der Erhaltung wurden im Herbst 2020 in einer einmonatigen Grabungskampagne Sondageschnitte an vier Stellen mit anzunehmenden Befunden angelegt (Abb. 89).

Am aussagekräftigsten war Schnitt 3 am Hangfuß. Wie erwartet war hier die Humusbedeckung am mächtigsten. Unter dem 30 cm starken Pflughorizont lag ein ca. 15 cm starkes Kolluvium, bei dem es sich um die Hauptfundschicht handelte. Die von hangaufwärts hier abgelagerte Keramik zeigte teils flächige Fundcluster in weiten Teilen der Fläche. Der Übergang zum darunterliegenden fossilen Oberboden zeichnete sich durch seinen hohen Humusgehalt und das weitgehende Fehlen des Weißjura-Grus ab. Die Befundansprache gestaltete sich äußerst schwierig, da sich innerhalb dieses Horizonts keine farblichen Unterschiede erkennen ließen. Am auffälligsten war eine Konzentration von Keramikscherben von ca. 1,30 m im Durchmesser und ca. 10 cm Mächtigkeit ohne klare Begrenzung (Abb. 90).

Darin lagen die Scherben teils so zusammen, dass größere Gefäßzusammenhänge erkennbar waren. In Analogie zum oben genannten Keramikdepot von 2008 stellt sich die Frage, ob es sich auch hier um eine vergleichbare, stark zerdrückte Ansammlung von Gefäßen handelt. Die Bearbeitung der Keramik ist noch nicht abgeschlossen, vorläufig ist aber festzustellen, dass es sich um urnenfelderzeitliches Material handelt.

Eindeutig erkennbare Befunde wurden erst am Übergang zwischen der fossilen ehemaligen Oberfläche und dem anstehenden Juragestein beobachtet. In der Sondage konnten bis zu 10 cm in den Fels eingearbeitete Vertiefungen dokumentiert werden, bei denen

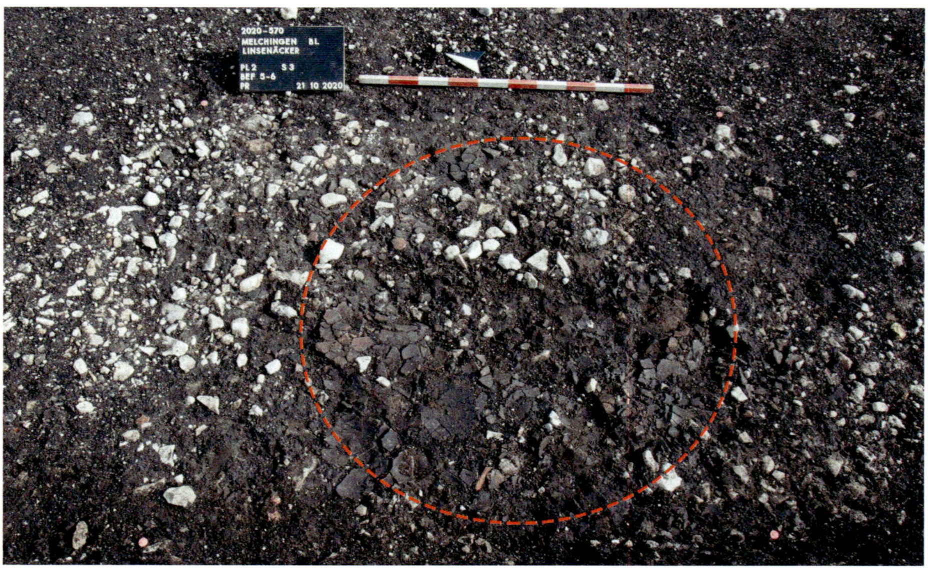

90 ▷ *Burladingen-Melchingen. Konzentration urnenfelderzeitlicher Scherben innerhalb des fossilen Oberbodenhorizonts, teils bestehend aus offenbar zerdrückten Gefäßpartien.*

es sich um Pfostengruben handeln dürfte. Die Verfüllung der Befunde war von der untersten, auf dem Jurauntergrund aufliegenden Erdlage nicht zu unterscheiden.

Resümee und Ausblick

Die Grabung erbrachte zahlreiche Keramikfunde, die nach der ersten Sichtung in die Bronze- und Urnenfelderzeit datieren. Unter dem Kolluvium ist mit weiteren Befunden zu rechnen, die besonders hangaufwärts stark gefährdet bzw. bereits weitgehend oder vollständig zerstört sind, wie die im oberen Hangbereich geöffneten Sondageschnitte zeigen.
Weitere Untersuchungen an diesem interessanten Fundplatz sind geplant. Zunächst soll im Rahmen von systematischen Feldbegehungen versucht werden, Fundkonzentrationen einzugrenzen, um Siedlungsschwerpunkte besser erfassen zu können. Auf diese Weise wird es voraussichtlich möglich sein, bessere Einblicke in Siedlungsstruktur und -entwicklung zu gewinnen. Dies legen die groben Ortsangaben Pfannstiels nahe. Im Anschluss sollen unter Einbeziehung der Erkenntnisse aus den geophysikalischen Prospektionen und der Auswertung der Lesefundkollektionen weitere Sondagen durchgeführt werden.

Unser besonderer Dank gilt den Pächtern der Flurstücke, Herrn Karsten Maichle und Frau Anita Bahnmüller, sowie Richard Vogt (LAD) für das bodenkundlich-sedimentologische Gutachten.

Marc Heise, André Spatzier

LITERATURHINWEIS

F. Pfannstiel, Eine Fundlandschaft verändert sich. Archäologische Entdeckungen auf der Mittleren Schwäbischen Alb (Norderstedt 2008).

RENNINGEN, KREIS BÖBLINGEN

Neue Erkenntnisse zur spätbronze- und eisenzeitlichen Besiedlung des Renninger Beckens

Renningen liegt am Rand des Strohgäus in einer von Anhöhen des Muschelkalks und Keupers umgebenen Senke. Mit seinen ertragreichen Lössböden gleicht das Renninger Becken einer von der Natur geschaffenen Siedlungskammer, die für bäuerliche Kulturen aller Zeiten attraktiv war. Insbesondere die fortschreitende Erschließung der auf einem leichten Südhang gelegenen Baugebiete „Raite“ und „Schnallenäcker“ führt seit Jahrzehnten immer wieder zu archäologischen Untersuchungen.

Anlass für die aktuellen Ausgrabungen war die Umsetzung des Bebauungsplans „Schnallenäcker III“, dessen Geltungsbereich eine gut drei Hektar große Fläche südlich des Malmsheimer Flugplatzes zwischen Nordrandstraße, Nelkenstraße und Nord-Süd-Straße umfasst. Mit der archäologischen Untersuchung des Areals wurde die Firma fodilus GmbH, Rottenburg, durch die Kommunalentwicklung GmbH der L-Bank (Staatsbank Baden-Württemberg) beauftragt.

91 △ *Renningen. Die Fundlandschaft zwischen den Baugebieten „Raite" und „Schnallenäcker". Aktualisierung der Kartierung von R. Schreg mit den Grabungen bis 2020.*

Fundstellen aus 80 Jahren archäologischer Forschung

Der Untersuchungsbereich westlich der Nord-Süd-Straße (Abb. 91, a) liegt direkt benachbart zu einer bereits 1991 in Teilen ausgegrabenen frühalamannischen Siedlung (Abb. 91, b). An diese schließt in nordöstlicher Richtung eine im Jahr 2017 untersuchte spätlatènezeitliche Siedlung an (Abb. 91, c). Nördlich der Nordrandstraße befindet sich darüber hinaus ein 1937 untersuchter römischer Gutshof (Abb. 91, d). Direkt südlich der aktuellen Grabungsfläche wurde 2014, im Neubaugebiet „Schnallenäcker II", ein späthallstatt- und frühlatènezeitliches Siedlungsareal ausgegraben (Abb. 91, e).

Die bisherigen Ergebnisse lassen den Schluss zu, dass in den beiden Grabungen von 2014 und 2020 eine zusammenhängende, große, mehrphasige Siedlung erfasst wurde, die sich von Nord nach Süd an einem eiszeitlich entstandenen natürlichen Graben entlangzieht und durch diesen nach Osten begrenzt wird.

Siedlungsfunde von besonderer Qualität

Das während der laufenden Grabung geborgene, außerordentlich qualitätvolle Fundmaterial erweitert den chronologischen Rahmen des Fundplatzes über den Beginn der frühen Eisenzeit hinaus. So konnten mehrfach Fragmente von Kegel- und Zylinderhalsgefäßen und ein sogenanntes Mondidol nachgewiesen werden, die eine Nutzung des Siedlungsareals bereits während der Urnenfelderzeit (ca. 1200–800 v. Chr.) belegen. Aus der späten Hallstatt- und frühen Latènezeit stammen wiederum zahlreiche Bronze-, Eisen- und Keramikfunde, die eine intensive Siedlungstätigkeit während des 6. bis 4. Jahrhunderts v. Chr. erkennen lassen. Das jüngste Stück stellt dabei eine fein gearbeitete Bronzefibel vom Typ Dux dar.

Bemerkenswerte Funde konnten auch im Bereich des oben genannten Grabens dokumentiert werden, die vor allem eine intensive Nutzung des westlichen Grabenrands zeigen. Aus mehreren hier nachgewiesenen Feuerstellen stammen unter anderem tönerne Düsenfragmente und Bronzereste, die eine Verarbeitung von Buntmetall am Rand der Siedlung belegen. Außergewöhnlich ist darüber hinaus ein eiserner Spitzbarren, der ebenfalls im Randbereich des Grabens gefunden wurde (Abb. 92). Zwar ist aus Renningen bereits eine größere Zahl solcher Eisenbarren bekannt, doch kommen entsprechende Exemplare in aller Regel als Deponierungen weit außerhalb von Siedlungen und ohne entsprechende Begleitfunde vor.

Verschiedene Miniaturgefäße, Schmuckgegenstände und andere Gebrauchsgüter runden das außergewöhnliche Fundspektrum der hallstatt- und frühlatènezeitlichen Siedlung „Schnallenäcker" ab, das bereits während der Grabung 2014 durch den Fund einer eisernen Pflugschar aus dem 5. Jahrhundert v. Chr. für Aufmerksamkeit gesorgt hatte.

Erosion und Pflug als Quellenfilter

Im Gegensatz zu dem reichen und zum Teil außergewöhnlichen Fundinventar ist die Erhaltung der Befunde als eher schlecht zu bezeichnen. Hier bestimmen Erosionsprozesse das Bild der Fundstelle. So sind aus der Grabung 2014 beispielsweise keine Hausgrundrisse bekannt. Während der laufenden Grabungskampagne konnten nun zumindest zwei Gebäude mit Pfostensetzungen dokumentiert werden. Beide lagen in einer dunkel-humosen Schicht, die sich im unmittelbaren Umfeld der Hausgrundrisse ausdehnt, in den weiteren Bereichen der Siedlung aber fehlt.

Auch wenn große Teile des Siedlungsareals bereits durch die intensive Pflugwirtschaft und eine starke Erosion zerstört wurden, führte der Fund der beiden Gebäude zu einem besseren Verständnis der Binnengliederung der Siedlung. Dazu tragen auch die Gruben und Grubenhäuser bei, die eine Erhaltung von wenigen Zentimetern bis über einem Meter Tiefe aufweisen und über eine größere Fläche verstreut liegen.

Sie belegen, dass bislang nur ein Ausschnitt der ehemaligen Gesamtanlage erfasst wurde, die sich über ein Areal von mindestens 4 ha erstreckte und damit zu den großen Freilandsiedlungen der frühen Eisenzeit gehört.

Reste eines Grabhügelfelds?

Ganz im Westen der Grabungsfläche fanden sich mehrere Bestattungen, deren Oberkante bereits im Pflughorizont lag. Neben einem Körpergrab handelt es sich dabei um zwei Urnengräber sowie die Reste eines Kammergrabs mit Brandbestattung. Aus Letzterem stammen verschiedene Gefäße ritz- und stempelverzierter Alb-Hegau-Keramik, die die Grablege in eine Zeit zwischen 800 und 600 v. Chr. datieren (Abb. 93).

Sowohl das Kammergrab mit Brandbestattung, als auch das Körpergrab – bei dem es sich wohl um eine Nachbestattung handelt – könnten unter Grabhügeln gelegen haben, die zwischenzeitlich vollständig eingeebnet und durch die Landwirtschaft zerstört sind. Ob hier ehemals ein Bestattungsplatz der älteren Eisenzeit mit mehreren Grabhügeln und Einzelgräbern vorlag, bleibt offen. Die Bestattungen schließen sich, getrennt durch einen etwa 80 m breiten, befundfreien Korridor, an die zeitgleiche Siedlung an. Trotz der lückenhaften Überlieferung wirft die geringe Entfernung des Bestattungsplatzes zur zeitgleichen Siedlung ein vollkommen neues Licht auf das hier zu untersuchende Grabungsareal und unterstreicht erneut die außergewöhnliche Bedeutung des Fundplatzes

92 ▽ *Renningen, „Schnallenäcker III". Spitzbarren in situ, aufgefunden im Ufersaum eines Grabens in der Flur „Oberbrunnen".*

93 △ *Renningen, „Schnallenäcker III". Teller der Alb-Hegau-Keramik mit Pflugschäden aus einem hallstattzeitlichen Kammergrab in der Flur „Hohlweg".*

„Schnallenäcker" für die Erforschung älter-eisenzeitlicher Freilandsiedlungen in Baden-Württemberg.

Ausblick

Wie die vorläufigen Grabungsergebnisse des Jahres 2020 zeigen, ist auch für die kommenden Untersuchungen, die 2021 ihren Abschluss finden sollen, mit zahlreichen neuen Erkenntnissen zu rechnen. Dabei soll versucht werden, vor allem im nördlichen wie auch im östlichen Bereich die Grenzen der Siedlungsanlage möglichst genau zu erfassen und zu dokumentieren.

Unser herzlicher Dank gilt der LBBW Kommunalentwicklung GmbH, vertreten durch Herrn Rudolf Hage, und der Stadt Renningen, allen voran Herrn Stadtbaumeister Hartmut Marx für stets freundliche Unterstützung. Darüber hinaus danken wir den Mitarbeitern des städtischen Bauhofs Renningen und der vor Ort tätigen Firma Josef Rädlinger Bauunternehmen GmbH, Cham.

Marc Heise, Kyriaki Papadopoulou, Sascha Schmidt

LITERATURHINWEISE

Ch. Bollacher, Abseits der „Fürstensitze" – ein eisenzeitliches Bauerndorf bei Renningen. Arch. Ausgr. Baden-Württemberg 2014, 137–141; Ch. Bollacher/U. Heuer/S. Schmidt, Landwirte, Handwerker, Brunnenbauer: Eine offene spätkeltische Siedlung in Renningen. Ebd. 2017, 151–156; G. Gassmann/G. Stegmaier, Eiserne Werte. Spitzbarrenfunde aus dem Gebiet um Pleidelsheim (Lkr. Ludwigsburg). In: St. Berg/J. Bofinger/R. Schulz (Hrsg.), 370 Kilometer Archäologie – Ausgrabungen an der Ethylen-Pipelinetrasse in Bayern, Baden-Württemberg und Rheinland-Pfalz (Heidelberg 2019) 109–112; R. Schreg, Dorfgenese in Südwestdeutschland – Das Renninger Becken im Mittelalter. Materialh. Arch. Baden-Württemberg 76 (Stuttgart 2006).

Neue Ausgrabungen im Gewann „Kleineschle" bei Burladingen

Ein mehrperiodiges Siedlungs- und Bestattungsaral

Am Westrand vom Burladingen erstreckt sich über die Gewanne „Kleineschle" und „Schlichten" ein mehrperiodiger Siedlungs- und Bestattungsplatz. Über mehrere hundert Meter beiderseits von Bundesstraße und Bahnlinie wurden seit 1899 immer wieder bedeutende archäologische Entdeckungen gemacht. Siedlungsbefunde und zahlreiche Gräber der Urnenfelder- und Hallstattzeit werden ergänzt durch eine römische Straßenstation, den *vicus*, zwei Kastelle und ein Gräberfeld. Die Attraktivität des Platzes liegt in seiner verkehrsgeographischen Lage begründet: Nach einem leichten Albaufstieg erreicht man hier die Passhöhe zur Albhochfläche und einen Verbindungsweg in Richtung Donau.

Die 2020 äußert kurzfristig erforderlichen Notgrabungen befinden sich im nördlichen Bereich des *vicus* sowie des urnenfelder- und hallstattzeitlichen Gräberfeldes. Auf 6500 m² wurden Befunde verschiedener Zeitstellungen erfasst (Abb. 94).

94 ▽ Burladingen, „Kleineschle". Übersichtsplan der Grabungsfläche.

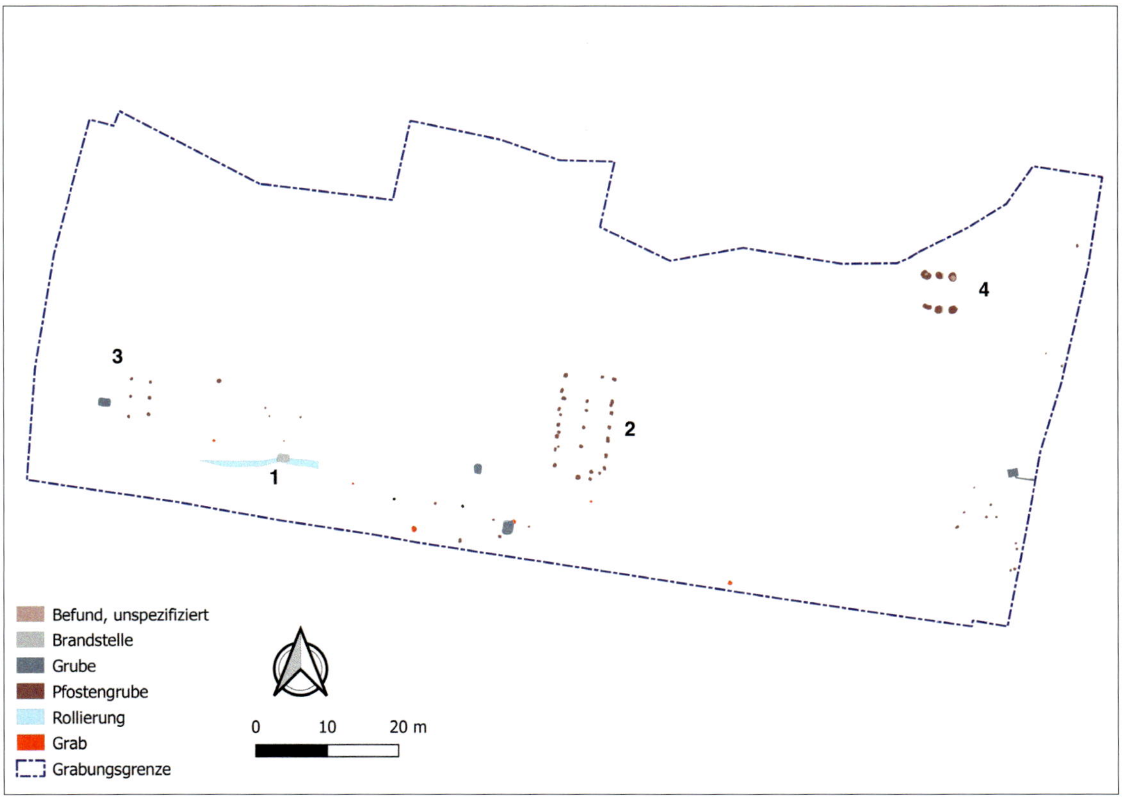

95 △ *Burladingen, „Kleineschle". Grabbeigaben einer Brandbestattung der Hallstattzeit. Von links: Schale, Kragenrandschüssel und Gefäß mit steilem Rand; darüber Nadel sowie Ohrlöffel und Pinzette eines Toilettebestecks aus Bronze.*

Vorgeschichtliche Gebäude und Gräber

Die römerzeitliche Besiedlung wurde lediglich im Westen durch den Rest einer Rollierung (Abb. 94, 1) nachgewiesen. Ob die in der östlichen Verlängerung dieser Rollierung verlaufende Reihe von Pfostengruben ebenfalls römisch datiert, konnte mangels Fundmaterial nicht geklärt werden. Ein Zusammenhang dieser Pfostenreihe mit einem nordöstlich davon liegenden Hausgrundriss (Abb. 94, 2) ist ebenfalls denkbar. Der zweischiffige Bau wurde auf ca. 14 m Länge und ca. 6 m Breite wahrscheinlich komplett erfasst, kann aber nur als allgemein vorgeschichtlich angesprochen werden, da hier ebenfalls datierendes Fundmaterial fehlt. Auf der Westseite des Gebäudes wurden mehrere doppelte Pfostensetzungen beobachtet. Dabei war auffällig, dass die weiter nach außen versetzten Gruben weniger tief waren. Möglicherweise wurde hier eine Reparatur oder Sicherung des Gebäudes erfasst. Wohl vorgeschichtlich sind auch zwei als Speicher anzusprechende Grundrisse im Westen (Abb. 94, 3) und Nordosten der Fläche. Besonders auffällig sind die sechs massiven Pfostengruben des nördlichen Speichers (Abb. 94, 4). Zu den zahlreichen Brandgräbern aus den Untersuchungen der Vergangenheit kommen vermutlich sechs neue Gräber hinzu. Die Befunde wurden auf der Fläche eingegipst und konnten bis auf eines noch nicht vollständig freigelegt werden, daher ist noch unklar, ob es sich in allen sechs Fällen um Bestattungen handelt. Ein Brandgrab wurde unmittelbar nach der Ausgrabung im Labor untersucht. Die Beigaben bestanden aus drei Keramikgefäßen, einem Toilettebesteck, bestehend aus Pinzette und Ohrlöffel mit tordiertem Schaft, sowie einer Nadel (Abb. 95). Die Schale (Abb. 95, links) lag als Abdeckung mit der Mündung nach unten auf der Kragenrandschüssel (Abb. 95, Mitte), das dritte Gefäß seitlich darüber. Die Keramik datiert das Grab an den Übergang der Stufe Ha B zu Ha C, wobei die Kehlung der Schale unterhalb des Randes eher auf Ha C hindeutet.

Die Ausgrabungen in Burladingen belegen ein weiteres Mal den hohen Stellenwert des Platzes. Neben einem kompletten vorgeschichtlichen Hausgrundriss konnte ein Brandgrab aus dem Übergang von der Bronze- zur Eisenzeit geborgen werden. Eine umfassende Aufarbeitung der Grabungen der letzten Jahrzehnte ist dringend geboten.

Marc Heise

LITERATURHINWEIS

H. Reim, Zum Abschluß der Ausgrabungen im Gewerbegebiet „Kleineschle" in Burladingen, Zollernalbkreis. Arch. Ausgr. Baden-Württemberg 1997, 55–58.

■ BAD MERGENTHEIM, MAIN-TAUBER-KREIS

Eine Siedlung der Urnenfelder- bis Frühlatènezeit im Baugebiet „Auenland III" bei Bad Mergentheim

Mit seinen guten Böden und dem günstigen Klima ist das ganz im Nordosten von Baden-Württemberg gelegene Taubertal seit jeher eine siedlungsgünstige Landschaft, was sich in einer Vielzahl archäologischer Bodendenkmale ausdrückt. Dies gilt auch für den Bereich um die Stadt Bad Mergentheim. Obwohl die Stadt selbst wohl auf eine merowingische Gründung zurückgeht, ist das Umfeld geprägt von vorgeschichtlichen Siedlungsspuren, die bis in das Neolithikum zurückreichen.

Die Ausweisung von Gewerbe- oder Neubaugebieten ruft im Taubertal fast immer Archäologen auf den Plan. Dies galt auch für das im Südosten der Stadt gelegene Neubaugebiet „Auenland III", das im Vorfeld der Erschließung von Juli bis Dezember 2020 auf knapp 3 ha Fläche durch die Firma ADW flächig ausgegraben wurde (Abb. 96). Weitere 2 ha wurden baubegleitend betreut und dokumentiert.

Das Grabungsareal befand sich an einem Talhang, der sanft zur nördlich gelegenen Tauber hin abfällt. In dem tiefgründigen Löss auf Muschelkalk waren mehrere kolluviale Ereignisse nachweisbar, bei denen Sediment den Hang hinabrutschte und dabei auch archäologisch relevante Schichten mit sich nahm. Diese Erdbewegungen hatten dazu geführt, dass der hangaufwärts gelegene Teil der Grabungsfläche beinahe befundleer war. Im hangabwärts gelegenen Teil war dafür zahlreiches verlagertes Fundmaterial zu finden; in den Schichten darunter konnten interessante Befunde einer mehrphasigen Siedlung der späten Bronze- bis frühen Eisenzeit aufgedeckt werden.

Siedlungsgruben und Pfostenbauten

Es wurden insgesamt 45 Pfostengruben, 15 Kegelstumpfgruben, 28 sonstige Siedlungsgruben – darunter teils größere mehrphasige Grubenkomplexe – und eine einzelne Hockerbestattung dokumentiert (Abb. 97). Die Funde deuten dabei auf eine Nutzung von der späten Urnenfelderzeit bis in die Frühlatènezeit. Die Hockerbestattung lag nördlich des Grabungsareals und war bereits so stark durch Landwirtschaft und Bauarbeiten zerstört, dass nur noch der Bereich der Knie erhalten war. Da sich die Bestattung in rechtsseitiger Lage in Ost-West-Ausrichtung befand, scheint eine Zuordnung zur Schnurkeramik wahrscheinlich.

Während sich die einfachen Siedlungsgruben in gewohntem Bild über das gesamte Siedlungsareal verteilen, fällt bei den Kegelstumpfgruben eine Konzentration im östlichen Bereich der Grabungsfläche auf. Dies könnte auf ein Areal der Vorratshaltung, möglicherweise sogar auf eine zentral organisierte Form der Vorratshaltung hinweisen. Ähnliche Befunde wurden bereits in anderen keltischen Siedlungen beobachtet, z. B. in der frühlatènezeitlichen Siedlung von Kelheim-Gmund in Bayern. Ein Teil der Kegelstumpfgruben weist zudem sehr komplexe Verfüllungen auf. Hier lassen sich einzelne Verfüllungsvorgänge rekonstruieren, aber auch Hinweise darauf finden, dass die Vorratsgruben von innen mit Lehm ausgekleidet wurden. Letzteres wurde in Vorratsgruben angewendet, um die Gruben dichter zu machen und damit den in den Gruben entstehenden Anteil von Kohlendioxid zu erhöhen. Bei der richtigen Schichtung des gelagerten Getreides und einem dichten Lehmverschluss der Grube kann so die Aktivität von Mikroorganismen deutlich verringert werden, was die Haltbarkeit des gelagerten Getreides erhöht. So entstanden hocheffiziente Kühl- und Lagerungssysteme, die vermutlich von den Bewohnern der Siedlung gemeinsam genutzt wurden.

Die älteren, urnenfelderzeitlichen Siedlungs-

96 ▷ Bad Mergentheim, „Auenland III". Überblick über die Grabungsfläche im November 2020, Blickrichtung Nordost.

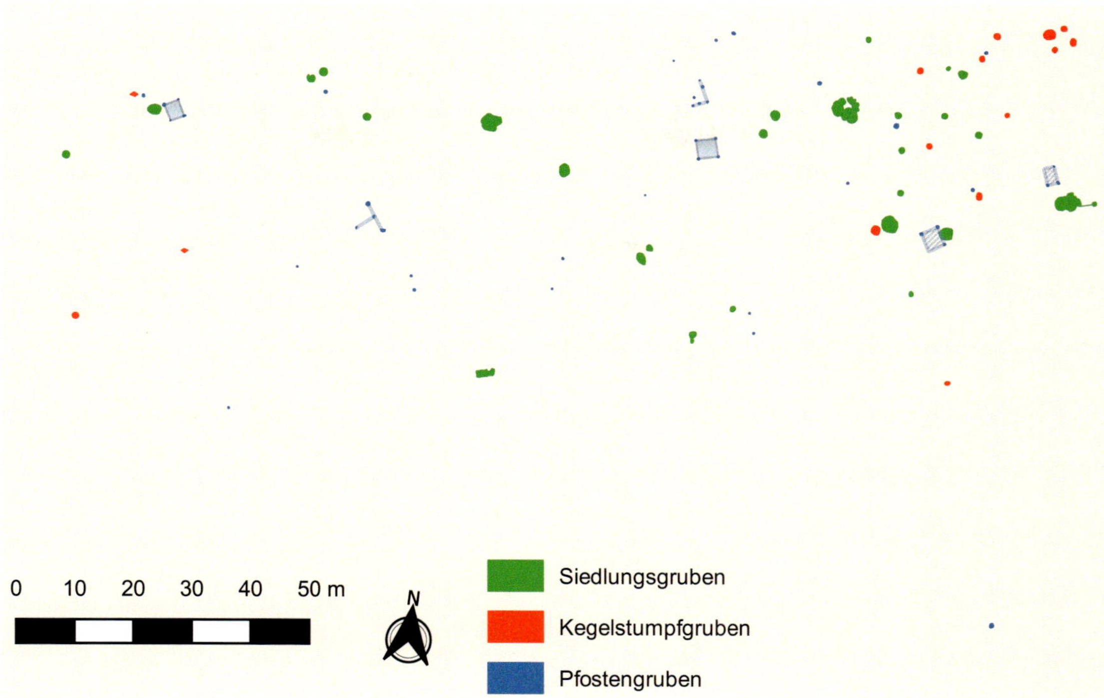

97 △ *Bad Mergentheim, „Auenland III". Gesamtplan der Grabung 2020.*

gruben und die jüngeren, eisenzeitlichen Siedlungsgruben lagen häufig eng beieinander, ohne dass sich eine Regelhaftigkeit oder ein bestimmtes Muster abzeichnen würden. Sich schneidende Befunde traten interessanterweise nur sehr selten auf.

Anders verhält es sich bei den Pfostenstellungen, die allgemein eher schlecht erhalten waren und mangels Fundmaterial häufig nicht exakt datiert werden können, aber durchaus Rückschlüsse auf Gebäudegrundrisse zulassen. So zeigen sich zwei sichere und zwei wahrscheinliche Grundrisse von Vierpfostenbauten, vermutlich Vorratsspeicher, von ca. 3 m × 3 m Grundfläche. Weitere unvollständige Pfostenreihen lassen zudem auch größere Gebäude vermuten, hier ist durch den schlechten Erhaltungszustand und die Grabungsgrenze aber keine sichere Aussage zu treffen.

Ein reiches Fundspektrum

Das Fundspektrum umfasst, wie für vorgeschichtliche Siedlungen typisch, Keramik, Tierknochen, Holzkohle und Hüttenlehm. Ungewöhnlich sind die doch zahlreichen Metallfunde. Teils konnten auch Hüttenlehmstücke mit Kalkverputz geborgen werden.

Bei der Keramik ergibt sich zunächst ein für vorgeschichtliche Siedlungen repräsentatives Bild von ca. 90 % Gebrauchskeramik zu 10 % Feinkeramik. Das Spektrum reicht dabei von der späten Urnenfelderzeit über die Hallstattzeit (Ha C und Ha D) bis in die Frühlatènezeit. Überwiegend ist die Keramik reduzierend und sehr weich gebrannt. Einen Großteil der Keramikfunde machen Scherben großer Vorratsgefäße aus. Nur selten finden sich zusammenhängende Stücke oder

(Teil-)Gefäße (Abb. 98), die meisten Funde sind alt zerscherbt und kamen wohl bereits als Siedlungsabfall mit in die Verfüllung der Gruben. Es gibt vielfältige Verzierungen, u. a. Stempelverzierungen und Graphitbemalung. Hinweise auf alltägliches Handwerk geben außerdem Spinnwirtel, Webgewichte, Nadeln sowie mehrere Mahlsteine, teils mit zugehörigen Läufern.

Die Tierknochen bilden bis auf wenige Ausnahmen vorgeschichtliche Speisereste ab. Dementsprechend ist der Großteil fragmentiert bzw. weist Schlachtspuren in Form von Schnittmarken, Hiebmarken und Zertrümmerung auf. Teilweise finden sich Spuren von Erhitzung. Das Spektrum umfasst dabei einer ersten Sichtung nach Schaf/Ziege, Rind, Canide (Hund/Wolf/Fuchs), Pferd und Geflügel.

Aus der Siedlung stammt außerdem eine Reihe gut ansprechbarer Metallfunde. So wurden u. a. ein bronzener Armreif und mehrere Schläfenringe gefunden, die in die Späthallstattzeit datieren. Dazu passen die Fibelfunde: eine Paukenfibel (Ha D2), eine Spitzpaukenfibel (Ha D2), eine Fibel mit entwickelter Fußzier (Ha D3) und eine sehr gut erhaltene Fußzierfibel F2 mit rechteckiger Fußplatte (Ha D3). In den Aussparungen ihrer Fußplatte dürften sich organische Einlagen befunden haben, vermutlich Koralle. An Eisenfunden sind vor allem zwei Messer erwähnenswert, die ebenfalls aus den Gruben stammen. Eine einzelne bronzene Gewandnadel datiert in die späte Urnenfelderzeit, womit die Metallfunde annähernd das gleiche zeitliche Spektrum abdecken wie die Keramik.

98 ▽ *Bad Mergentheim, „Auenland III". Auf der Grubensohle von Befund 128 lag ein fast vollständig erhaltenes Keramikgefäß.*

Fazit

Die Ausgrabung im Baugebiet „Auenland III" zeichnet das vollständige Bild einer von der späten Urnenfelderzeit bis in die Frühlatènezeit genutzten offenen Flachlandsiedlung. Funde und Befunde zeigen dabei archäologisch das ganze Spektrum des Alltagslebens der einst hier lebenden und arbeitenden Menschen. Sie deuten eine Siedlungskontinuität über mehrere Jahrhunderte an – eine Tradition, die sich mit dem Bau des Wohngebietes „Auenland III" nun wieder fortsetzten wird.

Wir bedanken uns für die vertrauensvolle und konstruktive Zusammenarbeit bei der Stadt Bad Mergentheim, insbesondere bei Stadtbaudirektor Bernd Straub.

Andreas Thiel, Sarah Wolff

LITERATURHINWEISE

C. Brenner/A. Groß, Ein Siedelplatz der Urnenfelderzeit in Pflugfelden, „Hintere Halden". Arch. Ausgr. Baden-Württemberg 2018, 134–135; F. Klein, Siedlungsfunde der ausgehenden Späthallstatt- und frühen Latènezeit aus Württemberg (Tübingen 2004); M. Rehfeld, Keltische Silogruben am Main: Eine Siedlung der Eisenzeit in Zellingen. Arch. Jahr Bayern 2019, 61–63; M. Schußmann, Die Kelten in Bayern (Regensburg 2019).

Siedlungsspuren von der Jungsteinzeit bis in die frühe Latènezeit in Tauberbischofsheim

Schon in den frühen 1960er Jahren untersuchte das damalige Landesdenkmalamt Karlsruhe am nordöstlichen Stadtrand von Tauberbischofsheim ausgedehnte Siedlungsfunde der Hallstattzeit. Der rechtsseitige Talhang der Tauber zeigt hier mächtige Lössauflagen, in denen sich bei kleineren Sondageschnitten teils bereits verlagerte, teils ungestörte Kulturschichten fanden. Diese Befundlage bestätigten Lesefunde aus den nachfolgenden Jahrzehnten sowie insbesondere eine gezielte Sondage im Vorfeld eines geplanten Neubauvorhabens. Mit der Durchführung der anschließenden archäologischen Ausgrabung wurde die Firma ArchaeoBW, Gerlingen, beauftragt.

Unterschiedliche Erhaltungsbedingungen

Die Grabungsmaßnahme Tauberbischofsheim Östliche Kapellenstraße/Seniorenzentrum Haus Heimberg galt dem letzten noch nicht überbauten Grundstück im nordöstlichen Stadtbereich. Das Areal von etwas über 10 000 m² konnte in zehn Wochen zwischen dem 13. Januar und 20. März 2020 archäologisch erfasst und dokumentiert werden.
Das Öffnen der Fläche erfolgte bis zur befundführenden Schicht oder der vereinbarten Bautiefe und zeigte dabei auch deutlich die im Hang erkennbaren Spuren geomorphologischer Veränderungen auf. Im Osten des Areals ließ sich nur eine geringe Überdeckung des anstehenden gelben Lösslehms ausmachen. Nach Westen hin zeigte sich, dass sich durch Kolluvien bzw. Erosion zur Straße hin eine Sedimentfalle mit einer deutlich mächtigeren Überlagerung des Anstehenden gebildet hatte.
Dies beeinflusste auch die Erhaltungsbedingungen der archäologisch relevanten Befunde. Der größte Teil der dokumentierten Befunde sind Gruben. Diese zeigen eine dunkelbraune Verfüllung aus tonigem Schluff und beinhalten als Fundmaterial hauptsächlich Scherben von Gebrauchskeramik. Besonders die nicht annähernd so tief eingebrachten Pfostengruben lassen sich nur im Westen der Fläche nachweisen.
Anzunehmen ist, dass in den übrigen Bereichen zwar ebenfalls Pfostengruben vorhanden waren, die aber wegen ihrer deutlich geringeren Eintiefung der Erosion und dem Hangfluß zum Opfer gefallen sind. So zeigen sich hauptsächlich die Gruben sowie schmale Gräbchen als Spuren der längst vergangenen Siedlungen. Die ansprechbaren Befunde lassen keine nachvollziehbare Siedlungsstruktur erkennen. Die Anlage der Gruben folgte ohne erkennbares Muster den örtlichen Gegebenheiten.

Zwei außergewöhnliche Befunde

Zwei größere Gruben zeigen aufgrund ihrer Einschlüsse und ihrer Anlage Besonderheiten: Befund 0164/0165, eine wannenförmige Grube, wurde von einem nachträglich eingebrachten Pfosten geschnitten. Die Verfüllung der Grube wies Anzeichen von Hitzeeinwirkung auf. Hervorzuheben ist die in

99 ▷ *Tauberbischofsheim, Östliche Kapellenstraße. Im Profil einer Kegelstumpfgrube zeigt sich eine Ansammlung von großen Steinen und Keramikfragmenten.*

Massen gefundene hallstattzeitliche Keramik, die aus der Verfüllung der Grube geborgen wurde. Hier wurden mehrere mehr als handtellergroße Keramikscherben aufgefunden.

Eine besonders deutlich ausgeformte Kegelstumpfgrube ließ sich in Profil 0164 erkennen (Abb. 99). Hier war eine Fertigungsgrube geschnitten worden, in der noch die Spuren der Resthitze der Keramikfragmente ausgemacht werden konnten. Die Keramik wurde als Halb- oder Fehlfabrikate noch im heißen Zustand in die Grube geworfen. Als außergewöhnlicher Fund zeigte sich eine Bronzetülle aus einer Brandstelle. Weiter wurde eine Armbrustfibel aus der Latènezeit gefunden, die aus der Verfüllung einer Kegelstumpfgrube geborgen wurde. Die Erhaltung beider Bronzeobjekte ist tadellos.

Der Hauptteil der ergrabenen Befunde und aufgenommenen Funde im Baugebiet „Östliche Kapellenstraße/Haus Heimberg“ und somit der Schwerpunkt der Besiedlung datiert in die frühe Hallstattzeit. Einige Funde von steinzeitlicher Keramik, Steingeräten und einer entsprechend einzuordnenden Grubenform belegen zudem einen Siedlungsniederschlag aus dem Neolithikum. Die ältesten Reste, Scherben mit charakteristischer Verzierung, lassen sich der Linearbandkeramik zuweisen. Die Latènezeit ist dagegen nur mit der erwähnten Fibel vertreten.

Max Hermann, Andreas Thiel

LITERATURHINWEISE

Fundber. Baden-Württemberg 5, 1980, 86 (1), (2); ebd. 15, 1990, 559; M. Hoppe, Neue Siedlungsfunde der Bronze- und Eisenzeit aus dem Taubergrund. Ebd. 7, 1983, 73 ff. bes. 198.

Gräber der frühen Eisenzeit bei Allensbach

Zwischen Allensbach und Hegne erstreckt sich am Südrand des Bodanrücks ein weitläufiges Areal aus flachen Kuppen und nach Süden zum Bodensee abfallenden Hangabschnitten. Das einst bewaldete Areal im Distrikt „Tafelholz" wurden 1850 und 1857 zur Gewinnung von Ackerfläche „ausgestockt" und trägt seither die Gewannbezeichnung „Stockteil". 1847 werden 36 Grabhügel im „Tafelholz" von Bezirksförster Hahn erwähnt, der fünf der Tumuli im selben Jahr öffnete. Neben einer Steinpackung fanden sich in den Hügeln Reste der Bestatteten, Leichenbrand sowie Tierknochen, Keramik, Bronzeringe und wenige Eisenreste. 1862 zählte Zollinspektor Dehoff nur noch 16 Grabhügel, die vermutlich ebenfalls für ein leichteres Bewirtschaften der Flächen einplaniert wurden. Die genaue Lokalisierung der Grabhügel war bislang nicht möglich, da sich oberirdisch keine eindeutigen Spuren der Hügelgräber erhalten haben.

Als im Berichtsjahr für den Bau einer Umleitungsstrecke an der Bundesstraße 33 großflächig Humus abgetragen wurde, konnten von der Kreisarchäologie des Landratsamtes Konstanz unmittelbar nördlich der frühneuzeitlichen Richtstätte von Allensbach (siehe den Beitrag S. 328) die Reste von vier Brand- und Körpergräbern entdeckt und in einer nur wenige Tage umfassenden Rettungsgrabung im Dezember 2020 untersucht werden. Die vier Fundstellen streuen über eine ca. 41 m × 18 m große Fläche an einem flachen Hangabschnitt, etwa 460 m nördlich des Uferrands. Sehr wahrscheinlich gehören die Grabfunde zu der von Bezirksförster Hahn erwähnten Grabhügelgruppe, die er 500 Schritte vom Bodenseeufer entfernt lokalisierte.

Es handelt sich um die allerletzten Reste von zwei bereits völlig vom Pflug zerstörten Körpergräbern, von denen sich nur noch wenige etwa West–Ost ausgerichtete Skelettfragmente erhalten haben, sowie um ein ebenfalls bereits in Mitleidenschaft gezogenes Brandgrubengrab der Stufe Hallstatt C/D1 mit mindestens zwei Keramikgefäßen und einem verbrannten Bronzearmring mit Stollenenden. Besser erhalten war ein ursprünglich wohl eingetieftes, ca. 2,5 m × 1,2 m großes Körpergrab mit einer Nordwest–Südost ausgerichteten Steinpackung aus großen Wacken und einer Steinplatte (Abb. 100). Vom unverbrannten Skelett hatten sich nur wenige Fragmente des Schädels und von West–Ost orientierten Langknochen erhalten. Zur persönlichen Ausstattung der hier beigesetzten Person gehören zwei geometrisch verzierte, dicht beieinander lie-

100 ▽ Allensbach, „Stockteil". Vorläufiger Plan einer nahezu vergangenen Körperbestattung der frühen Eisenzeit, Stufe Ha D1: 1 Bereich Schädelreste unter der Steinpackung; 2 Reste von Langknochen; 3 zwei Bronzearmringe mit Stollenenden; 4 zwei Lignit-/Sapropelit-Armringe; 5 Bronzeringchen und Reste eines Bronzegürtelblechs; 6, 7 Keramikbeigaben (ca. 650–550 v. Chr.).

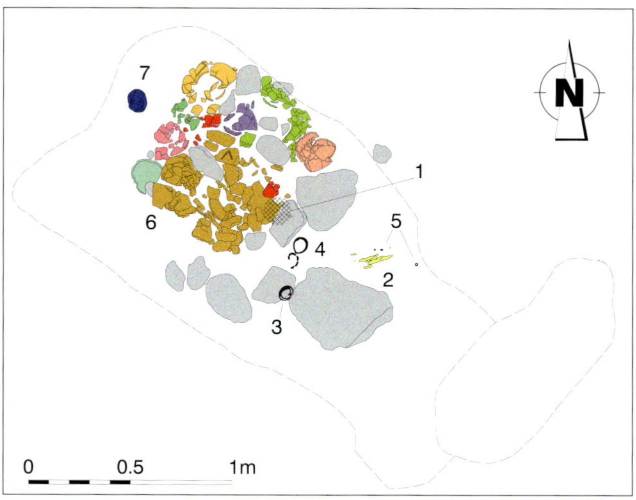

gende Bronzearmringe mit Stollenenden (Abb. 101), zwei stark fragmentierte Lignit- oder Sapropelitarmringe sowie vermutlich die letzten Reste eines weitgehend vergangenen Bronzegürtelblechs mit Kreisaugenzier und dazugehörigem Bronzeringchen. Ein stark zerscherbtes Keramikservice fand sich mit Ausnahme eines einzelnen Schälchens in einem eng begrenzten, etwa 80 m × 70 cm großen Bereich im westlichen Teil des Grabes. Es setzt sich aus zahlreichen, teils ineinander gestapelten Tongefäßen zusammen. Hierzu gehören ein großes Kegelhalsgefäß, eine ebenfalls in Alb-Hegau-Manier verzierte Kragenrandschüssel, ein Töpfchen mit randständigem Henkel sowie weitere Schälchen und Schüsseln. Wurde das Service möglicherweise in einer Kiste ins Grab gestellt? Grabritus und Beigabenzusammensetzung sprechen für die Grablege einer Frau bereits während des ersten Abschnitts der Späthallstattzeit, etwa zwischen 650 und 550 v. Chr.

Der Neubauleitung Singen des Regierungspräsidiums Freiburg sowie der Firma Storz GmbH & Co. KG sei vielmals für die Unterstützung des Ausgrabungsarbeiten gedankt. Großer Dank gebührt auch dem ehrenamtlichen Mitarbeiter der Landesdenkmalpflege Dr. Hermann Schmid sowie Björn Schleicher M.A. von der Kreisarchäologie für den engagierten Einsatz trotz widriger Witterungsumstände.

Jürgen Hald

LITERATURHINWEIS

J. Hald/H. Schlichtherle, Von der Steinzeit bis zum Mittelalter, Die Besiedlung von Allensbach aus archäologischer Sicht. In: St. J. Egenhofer/W. Kramer/R. Welschinger (Hrsg.), Allensbach am Bodensee. Die Geschichte der Gemeinde von den Anfängen bis heute. Hegau-Bibliothek 137 (Radolfzell 2010) 19–40 bes. 33–35 mit weiterer Lit.

101 ▷ *Allensbach, „Stockteil". Zwei Bronzearmringe mit geometrischer Zier und Stollenenden aus einem Körpergrab der Stufe Ha D1 (ca. 650–550 v. Chr.).*

Ein neues Prunkgrab der Bettelbühlnekropole bei der Heuneburg

Die Heuneburg stellt eines der bedeutendsten frühkeltischen Machtzentren nördlich der Alpen dar. Während ihrer Blütezeit in der ersten Hälfte des 6. Jahrhunderts v. Chr. lebten schätzungsweise insgesamt 5000 Menschen auf dem Burgberg, in der Vorburg und in der über 100 ha großen Außensiedlung. Die Toten wurden in der Regel in Nekropolen außerhalb der Ansiedlungen bestattet. Heute haben sich in einem Radius von ca. 5 km um die Heuneburg noch etwa 100 Grabhügel erhalten.

Bisherige Forschungen in der Bettelbühlnekropole

Etwa 2,5 km südsüdöstlich der Heuneburg liegt in der Donauebene die aus sieben Hügeln bestehende Bettelbühlnekropole. Bereits 2005 wurde im vollkommen verpflügten Grabhügel 4 das reich ausgestattete Grab eines zwei- bis vierjährigen Kindes entdeckt und ausgegraben. Die Untersuchungen zeigten, dass es sich um eine Nachbestattung innerhalb des Hügels handelte. 2010 wurde der Großteil dieses Tumulus systematisch durch das Landesamt für Denkmalpflege untersucht. Europaweite Aufmerksamkeit erlangte dabei die Blockbergung der reich mit einzigartigen Beigaben aus Gold, Bernstein und Bronze ausgestatteten Zentralbestattung. Dieses Grab der „Fürstin vom Bettelbühl" konnte anhand der erhaltenen Eichen- und Tannenhölzer der Grabkammer dendrochronologisch exakt ins Winterhalbjahr 583/582 v. Chr. datiert werden.
Zwei weitere Tumuli der Bettelbühlnekropole wurden bereits im Jahr 2006 im Rahmen einer Lehrgrabung untersucht, die in Kooperation mit der Gesellschaft für Archäologie in Württemberg und Hohenzollern durchgeführt wurde. Hügel 6 zeigte eine quadratische Umfassung und enthielt im Zentrum lediglich vereinzelte Menschenknochen und Fragmente eines Keramikgefäßes. In Hügel 7, der ursprünglich von einem runden Pfostenkranz umgeben war, fand sich in der Nähe des Zentrums ein mehrteiliges hallstattzeitliches Keramikensemble. In beiden Fällen handelte es sich um ebenerdig angelegte Kammern, wie sie typisch für das 7. bzw. die erste Hälfte des 6. Jahrhunderts v. Chr. sind.

Grabungen in Hügel 2

Seit 2018 wird ein weiterer Großgrabhügel der Nekropole, der etwa 100 m südlich des Hügels 4 liegt, vom Landesamt für Denkmalpflege im Rahmen eines von der Deutschen Forschungsgemeinschaft geförderten Projektes untersucht.
Der noch bis zu 1,1 m hoch erhaltene Hügel 2 weist einen eher quadratischen Umriss auf und besitzt heutige Seitenlängen von ca. 45 m. Zunächst wurde ein 4 m × 40 m großer Sondageschnitt angelegt, der vom Zentrum des Hügels bis über den rezenten Hügelfuß hinaus verlief, um das zu erwartende Zentralgrab zu lokalisieren sowie den Aufbau des Tumulus und das Vorhandensein weiterer Bestattungen innerhalb des Hügels oder eventuell auch außerhalb davon zu klären. Am südlichen Rand des Tumulus wurde ein

linear verlaufendes Gräbchen mit Resten von senkrecht eingelassen Kanthölzern entdeckt, die von der Hügeleinfassung stammen könnten.

Annähernd im Zentrum wurde bei den Sondagen der Rand eines Grabschachtes angeschnitten. Durch eine Erweiterung wurde der Befund daraufhin flächig freigelegt. Die eigentliche Baugrube besaß Maße von ca. 5, m × 7,1 m, die Sohle lag 1,38 m unter der rezenten Oberfläche. Der mit anmoorigem Material verfüllte Zentralbereich zeichnete sich von dem ebenfalls dunklen, anstehenden Boden dadurch ab, dass er von einem hellen Kiesring umgeben war. Bei der Anlage des Grabschachtes war der tiefer liegende Kies nach außen geworfen und ringförmig um die Grube angehäuft worden (Abb. 102). Beim flächigen Abtragen kamen die Reste der eigentlichen Holzgrabkammer zutage, die lichte Maße von ca. 3 m × 5 m besitzt und exakt Nord–Süd ausgerichtet ist. Die Hölzer der Kammerwand sind partiell noch gut erhalten und weisen an den Ecken Verkämmungen auf. Um die Erhaltung innerhalb des Grabes beurteilen zu können, wurde ein 1,3 m breiter, West–Ost verlaufender Sondageschnitt abgetieft, bis die ersten Funde zutage traten. Besonders auffällig war das zahlreiche Vorkommen von organischen Materialien in Form von Hölzern und kleinen Geflechten.

Spektakuläre Blockbergung

Die Erhaltung der Konstruktionshölzer sowie weiterer aus Holz und organischen Materialien bestehender Fundstücke stellt einerseits einen Glücksfall dar. Andererseits zeigte sich bei den Untersuchungen, dass diese seltenen und wissenschaftlich außergewöhnlich wertvollen Objekte durch die extreme Trockenheit der vergangenen Jahre bereits Schaden genommen haben und auch vor dem Hintergrund der fortschreitenden klimatischen Veränderungen akut gefährdet sind. Da die weiteren archäologischen Arbeiten aufgrund der komplexen Fund- und Befundsituation nicht vor Ort durchgeführt

102 ▷ *Herbertingen, Bettelbühlnekropole, Hügel 2. Innerhalb des hellen Kiesringes ist der Bereich der mit dunkler Erde verfüllten Grabgrube bzw. -kammer zu erkennen.*

werden konnten, wurde Anfang Oktober 2020 die gesamte Grabkammer im Block geborgen und mithilfe von zwei Schwerlastkränen auf einen speziellen Tieflader gehoben (Abb. 72, siehe S. 106). Der 80 Tonnen schwere und 6 m × 8 m große Block wurde anschließend in die Labore des Landesamtes für Denkmalpflege transportiert.

Erste Funde belegen, dass es sich um ein ursprünglich reich ausgestattetes Grab der sozialen Oberschicht mit qualitätvollen Schmuckbeigaben, wie sie für die Frauentracht der Zeit um 600 v. Chr. typisch sind, handelt. Obwohl ein Teil der Beigaben einer antiken Beraubung zum Opfer gefallen sein dürfte, zeigen die bisher geborgenen Gold- und Bernsteinobjekte große Übereinstimmungen zur benachbarten „Fürstinnenbestattung" unter Hügel 4 (Abb. 103). Besondere Aufmerksamkeit verdienen Bronzeobjekte, bei denen es sich um Beschläge eines vierrädrigen Wagens handeln dürfte (Abb. 104). Normalerweise kennen wir von hallstattzeitlichen Wagen lediglich die Metallobjekte. Holzelemente haben sich nur in Ausnahmefällen erhalten.

Das Grab wird in den nächsten Jahren von Archäologen, Restauratoren und Naturwissenschaftlern des LAD mit modernsten wissenschaftlichen Methoden untersucht.

Wir danken Bürgermeister M. Hoppe und der Rinderunion Baden-Württemberg e. V. für die Erlaubnis, die Grabungen durchführen zu dürfen. Ferner sei K&L Bau GmbH Dusslingen, Hermann Paule GmbH & Co. KG Stuttgart-Obertürkheim, Peter + Partner PPR GmbH Reutlingen-Mittelstadt und Live Trakway GmbH Neuenstein für ihre professionelle und sehr engagierte Arbeit ganz herzlich gedankt.

Dirk Krausse, Leif Hansen,
Nicole Ebinger

103 △ *Herbertingen, Bettelbühlnekropole, Hügel 2. Drei gerippte Röhrenperlen aus Gold. Objekte identischer Form wurden 2010 aus Hügel 4 geborgen.*

104 △ *Herbertingen, Bettelbühlnekropole, Hügel 2. Dieser Bronzebeschlag könnte Bestandteil eines vierrädrigen Wagens gewesen sein.*

LITERATURHINWEISE

S. Kurz/J. Wahl, Zur Fortsetzung der Grabungen in der Heuneburg-Außensiedlung auf Markung Ertingen-Binzwangen, Kreis Biberach. Arch. Ausgr. Baden-Württemberg 2005, 78–82; J. Bofinger/S. Walter, Ein Grab im Kornfeld – Untersuchungen im Bereich der frühkeltischen Bettelbühlnekropole nahe der Heuneburg, Gde. Herbertingen, Kreis Sigmaringen. Ebd. 2006, 68–71; D. Krausse/N. Ebinger, Das Geheimnis der Keltenfürstin. Der sensationelle Fund von der Heuneburg (Darmstadt 2021).

Siedlungsarchäologie im Umland der Heuneburg: Bussen – Emerfeld – Außensiedlung

Die Heuneburg gehört zu den bedeutendsten und am besten erforschten frühkeltischen Machtzentren nördlich der Alpen. Schon vor 100 Jahren wurden die ersten Grabungen auf dem Burgberg durchgeführt. Seit 1950 finden auf dem Plateau und im näheren Umfeld systematische wissenschaftliche und sehr gut dokumentierte Forschungen statt. Sie haben gezeigt, dass die Heuneburg in ihrer Blütezeit eine Größe von über 100 ha aufwies und aus Burgberg, Vorburg und Außensiedlung bestand. Im Rahmen eines von der Deutschen Forschungsgemeinschaft geförderten Langfristprojektes wird seit 2014 durch das Landesamt für Denkmalpflege zudem das weitere Umland der Heuneburg erforscht. Im Folgenden sollen drei Grabungen in der Region vorgestellt werden.

105 ▽ *Grabungsfläche am Bussen. 1 hallstattzeitliches Grubenhaus; 2 urnenfelderzeitliche Grube; 3 vorgeschichtliches Gräbchen; 4 Grube aus dem Zweiten Weltkrieg.*

Bussen

Bei Uttenweiler-Offingen erhebt sich der markante Kegel des Berges Bussen, der eine regelrechte Landmarke darstellt. 2020 wurden die 2019 begonnenen Grabungen auf der mittleren Fläche des dreigeteilten Plateaus in einem 3 m × 6 m großen Schnitt fortgesetzt. Nachdem im letzten Jahr vor allem mittelalterliche Siedlungshorizonte mit Nachweisen von Gebäudegrundrissen sowie Planierschichten erfasst wurden, konnten in diesem Jahr auf Tiefen zwischen ca. 0,7 m und 1,1 m unter der rezenten Geländeoberfläche erste vorgeschichtliche Befunde dokumentiert werden. Hervorzuheben ist das Auftreten eines angeschnittenen hallstattzeitlichen Grubenhauses – aus dem ein vollständiges Keramikgefäß und eine fragmentierte Doppelzierfibel stammen – sowie einer wohl urnenfelderzeitlichen Siedlungsgrube im letzten bislang untersuchten Planum (Abb. 105). Zudem kam ein sehr interessantes Fundensemble im Bereich einer kleinen Verfärbung zutage. Es handelt sich um zwei offene Armringe mit flach D-förmigem Querschnitt, die nahezu senkrecht mit den Öffnungen nach oben im Boden steckten (Abb. 106). Die besten Vergleiche zu diesen Schmuckstücken finden sich in der mittleren und späten Bronzezeit. Von der Fund- und Befundlage her dürfte es sich um einen Depot- bzw. Versteckfund handeln. Die Grabungen sind noch nicht gänzlich abgeschlossen, sodass durchaus noch weitere Überraschungen zutage treten können.

Bisher haben sich ca. 60 Fundkartons mit einem Gesamtgewicht von 460 kg angesammelt. Das Fundspektrum reicht vom Neolithikum bis ins Spätmittelalter (Abb. 107). Für die Metallzeiten zeichnet sich ein interessantes Wechselspiel zwischen dem Bussen und der 13 km entfernten Heuneburg ab. Die bisherigen Funde und Befunde sprechen dafür, dass die Heuneburg in der mittleren Bronzezeit und der frühen Urnenfelderzeit als überregionales Zentrum fungierte. Von der entwickelten Urnenfelderzeit bis um 620 v. Chr. verlagerte sich der Machtsitz dann auf den Bussen, um danach bis ca. 450 v. Chr. wieder auf die Heuneburg zu wechseln, wobei die Siedlung auf dem Bussen ebenfalls noch weiter bestand.

Durch die bisherigen Grabungen am Bussen wird schon jetzt deutlich, dass der Berg im Laufe der Jahrtausende eine spannende

106 △ *Bussen. Bronzene Armringe mit Strichgruppenverzierungen.*

107 ◁ *Fundstücke verschiedener Zeit aus Keramik, Metall, Stein und Bein aus der Grabungsfläche am Bussen.*

und wechselvolle Geschichte durchlebte, die noch weitgehend ungeschrieben ist. Für die gesamte Region zwischen Bodensee und Schwäbischer Alb wird der Bussen in vor- und frühgeschichtlicher Zeit eine wichtige Rolle gespielt haben, denn vom Bodensee aus könnte eine Verbindung stromaufwärts über die Schussen zum Federsee und von dort über die Kanzach, den Bussen passierend, zur Donau bestanden haben. Dass der damals wesentlich größere, heute etwa 10 km vom Bussen entfernte Federsee sehr bedeutend gewesen ist, zeigen u. a. die mittelbronzezeitliche Siedlung Forschner, die spätbronzezeitliche Wasserburg Buchau sowie hochspezialisierte hallstattzeitliche Fischfanganlagen in Oggelshausen. Auch der Federsee dürfte folglich in das überregionale Siedlungssystem von Heuneburg und Bussen eingebunden gewesen sein.

Langenenslingen-Emerfeld

Etwa 2,6 km nordöstlich der als frühkeltischer Versammlungs- und Kultplatz gedeuteten Alte Burg (siehe den Beitrag S. 150 ff.) liegt am Südrand der Schwäbischen Alb bei Langenenslingen-Emerfeld eine ausgedehnte urnenfelder- bis hallstattzeitliche Siedlung, wie Prospektionen, geophysikalische Messungen und seit 2018 stattfindende Ausgrabungen ergeben haben. 2019 wurden dort ein 6,4 m × 7,9 m großer Hausgrundriss sowie wenig nördlich davon eine Brenngrube untersucht. Während die Grube in die Hallstattzeit gehört, datiert das Gebäude gemäß den Radiokarbonuntersuchungen an den Übergang von der Urnenfelder- zur Hallstattzeit. Die 2018 mittels eines Sondageschnittes begonnenen Ausgrabungen im Bereich eines ca. 13 m × 13 m großen, weiter südöstlich liegenden Grundrisses wurden 2020 fortgeführt, sodass inzwischen etwa drei Viertel der Struktur ausgegraben sind (Abb. 108). Dieser Grundriss und die weiteren Befunde zeichneten sich bei den Grabungen deutlich im anstehenden Schotter durch eine dunkelhumose Verfüllung ab. Von dem Bauwerk haben sich Gräbchen erhalten, in denen stellenweise noch Hinweise auf senkrecht stehende Pfosten entdeckt wurden. Bei den neuen Grabungen konnte zudem festgestellt werden, dass der Grundriss von einem weiteren, noch nicht ganz erfassten winkligen Gräbchensystem geschnitten wurde, das von einem ähnlichen Bauwerk stammen dürfte. Gemäß den ^{14}C-Daten gehören beide Grundrisse in die Hallstattzeit. Unter dem bisherigen Fundmaterial stechen einige besondere Objekte hervor, die auf kultische Handlungen in diesem Areal hindeuten. So wurden mehrere Keramikgefäße auf einer Grubensohle deponiert. Aus dem Bereich der Gräbchenstrukturen kamen ferner zwei niedergelegte Hirschgeweihstangen, mehrere Miniaturgefäße und zwei Tonspulen zutage. Die ausgegrabene Brenngrube stellt eine von insgesamt fünf in den Geomagnetikmessbildern sichtbaren, nebeneinanderliegenden Exemplaren dar. Derartige Grubenreihen sind für die Metallzeiten vielfach bekannt. Der Bau dieser Brenngruben, die oftmals mehr als hundert Kilo Steine enthalten, könnte mit kollektiven Veranstaltungen in Verbindung gebracht werden, bei denen u. a. gemeinsame Mahlzeiten eingenommen wurden. Es zeichnet sich somit ab, dass der Fundplatz von Emerfeld ein ausgedehnter Siedlungsplatz war, in dem es auch Areale für öffentliche und rituelle Handlungen gab.

Interessant ist der bei Prospektionen entdeckte Fund eines silbernen Kreuzquinars vom Typ Schönaich, der etwa 5 m südlich der 2020 untersuchten Gebäudegrundrisse

zutage kam. Er zeigt, dass das Areal in Emerfeld auch in der Spätlatènezeit aufgesucht wurde.

Heuneburg-Außensiedlung

Nachdem in den ersten sechs Jahren des Langfristprojektes vornehmlich weitere Höhenbefestigungen und offene Siedlungsstellen in einem Umkreis von ca. 20 km um die Heuneburg durch Prospektionen und Grabungen erforscht wurden, rückt in den nächsten Jahren das unmittelbare Umfeld des Machtzentrums wieder in den Fokus. Die nach derzeitigem Kenntnisstand mindestens 100 ha große Außensiedlung, die sich in der ersten Hälfte des 6. Jahrhunderts v. Chr. südlich, westlich und nördlich des eigentlichen Burgberges und der Vorburg anschloss, soll in den nächsten Jahren intensiv untersucht werden. Die Außensiedlung war offenbar durch Wall-Graben-Anlagen in verschiedene Bezirke untergliedert, in denen sich mehrere Gehöfte aneinanderreihten. Wie die Auswertung der bisherigen Grabungen in der Außensiedlung durch A. Gutekunst zeigt, war diese offenbar wesentlich dichter besiedelt, als bisher angenommen. Die neuen Grabungen, die in Arealen mit anscheinend besserer Befunderhaltung stattfinden sollen, werden voraussichtlich neue Hinweise auf die Besiedlungsintensität, Chronologie und wirtschaftliche Organisation der Außensiedlung erbringen.

Bereits 2015 wurde ein Grabungsschnitt im Bereich der im Norden vermuteten, Südwest–Nordost verlaufenden Begrenzung der

108 △ *Langenenslingen-Emerfeld. Der mittels geomagnetischer Messungen entdeckte Grundriss wurde zu etwa zwei Dritteln ausgegraben. Er wird von einem jüngeren, nur teilweise erfassten Gräbchensystem geschnitten. Die Befunde datieren in die Urnenfelder- und die Hallstattzeit.*

Außensiedlung angelegt. Es kam ein noch etwa 2,2 m tiefer Spitzgraben mit flach gerundeter Sohle zum Vorschein. Dieses Areal war besonders interessant, weil wenig westlich im Magnetogramm zwei mindestens 90 m lange, in einem Abstand von 10 m parallel in Richtung Nordwesten verlaufende Anomalien sichtbar waren. Es wurde vermutet, dass es sich um einen von Gräben flankierten Zugangsweg zur Heuneburg-Außensiedlung gehandelt haben könnte. 2020 wurde eine Grabungsfläche angelegt, die die beiden vermuteten Gräben schneiden sollte. Es zeigte sich jedoch schnell, dass die im Messbild sichtbaren Anomalien keine archäologischen Strukturen darstellen und somit in diesem Bereich wider Erwarten kein straßenartiger Zugang nachweisbar ist.

Durch die Grabungen und intensiven Prospektionen der letzten Jahre wissen wir inzwischen, dass die Heuneburg in ihrer Blütezeit eine komplexe stadtartige Anlage war, die ein ausgedehntes Siedlungssystem aus befestigten weiteren Zentren, ländlichen Gehöften bzw. Dörfern, Gräberfeldern und Kultplätzen kontrollierte. Durch die Grabungen der nächsten Jahre im Rahmen des Langfristprojektes soll dieses Bild noch verfeinert und präzisiert werden.

Für Unterstützung und Mithilfe danken wir Herrn Ph. Friedrich, Herrn G. Steinhauser, Herrn H. Bayer, Herrn K. König, Herrn J. Hamann und Herrn H. Märkle. Dank gebührt ferner Herrn O. Nelle und Frau E. Marinova-Wolff für die Auswahl der Holzkohlen bzw. botanischen Großreste für die Radiokarbonanalysen.

Leif Hansen, Quentin Sueur, Roberto Tarpini, Jonas Abele, Ralf Hartmayer, Jörn Heimann, Dirk Krausse

LITERATURHINWEISE

L. Hansen u. a., Weitere Grabungen im Umfeld des „Fürstensitzes" an der Heuneburg. Arch. Ausgr. Baden-Württemberg 2015, 131–133; J. Abele u. a., Von Tonspulen und Geweihen – Eine neue urnenfelder- bis hallstattzeitliche Siedlung bei Emerfeld. Ebd. 2018, 156–160; L. Hansen u. a., Fortsetzung der Ausgrabungen im Umland der Heuneburg. Ebd. 2019, 127–132.

LANGENENSLINGEN, KREIS BIBERACH

Weitere Grabungen an der Alte Burg bei Langenenslingen

Am Südrand der Schwäbischen Alb schiebt sich zwischen Langenenslingen und Emerfeld die „Alte Burg" aus der Hochfläche vor. Dieses nur ca. 2 ha große Plateau wird noch heute von tiefen Gräben, hohen Wällen und verstürzten Steinmauern begrenzt. Es liegt etwa 9 km nordwestlich der Heuneburg und war Teil eines frühkeltischen Systems aus Höhenbefestigungen, offenen Siedlungsstellen, Gräberfeldern und rituellen Plätzen, die durch Verkehrswege miteinander verbunden waren.

Die Ausgrabungstätigkeiten der letzten Jahre haben deutlich vor Augen geführt, dass der gesamte Bergsporn der Alte Burg in der Hallstattzeit von Menschenhand umgeformt wurde. Man kann von regelrechter Landschaftsarchitektur sprechen. Das sehr regelmäßige langgestreckte Plateau besitzt heute eine Länge von 340 m bei Breiten zwischen

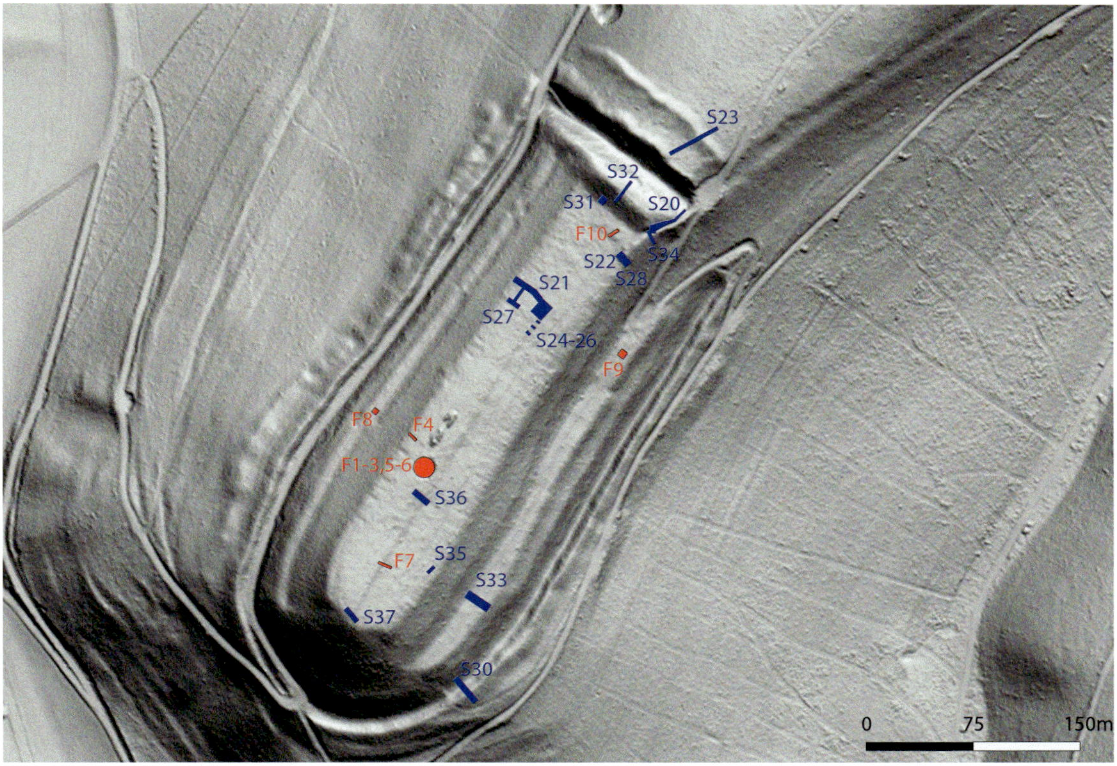

109 △ *Lidar-Laserscan der Alte Burg mit Eintragung der Grabungsschnitte der Jahre 2006–2007 (F1–F10, rot) und 2014–2020 (S20–S37, blau).*

55 m und 65 m. An den Längsseiten liegen zwei Terrassen, die sich nicht um die „Spitze" ziehen. Im Nordosten riegelten zwei Vorwälle und eine mächtige, 13 m starke und ursprünglich mindestens 10 m hohe Mauer aus Kalksteinen die Innenfläche ab. Im rechten Winkel zur Hauptmauer schloss sich eine 6 m breite Randmauer an. Vor der Hauptmauer befand sich ein gewaltiger Graben, der im Norden in einen ca. 1 km langen Befestigungsring mündete, der aus äußerem Wall und innerem Graben bestand. Wall und Graben endeten im Nordosten im Hang und schlossen nicht an die Hauptbefestigung an (Abb. 109).

Um die relativ ebene, zungenförmige Hochfläche zu modellieren, wurden die Hangkanten durch die Errichtung von Dutzenden rechtwinklig zur ursprünglichen Plateaukante verlaufender Bindermauern, deren Zwischenräume mit Schutt, Steinen und Lehm verfüllt wurden, erweitert. Zudem wurde das ursprüngliche Gelände durch Abtragungen und Aufschüttungen nivelliert.

In den Jahren 2019 und 2020 wurden im Zuge von Lehrgrabungen für Mitglieder der Gesellschaft für Archäologie in Württemberg und Hohenzollern e. V. zwei Grabungsschnitte angelegt. Der 3 m × 5 m große Schnitt 35 lag unmittelbar an der südöstlichen Hangkante und zeigte, dass auch in diesem Bereich massive Verbreiterungen des ehemaligen Plateaurands vorgenommen worden waren. Das gesamte hier vorgefundene Material schütteten die hallstattzeitlichen Erbauer auf und planierten es ein.

Der zweite, 5 m × 12 m große Schnitt 36 wurde südlich eines Schachtes angelegt, in

110 △ *Alte Burg. Im Vordergrund ist der anstehende Fels erkennbar. Oberhalb davon zieht sich quer durch das Bild die künstlich angelegte Stufe; dahinter der aufplanierte Bereich mit den freigelegten, rechtwinklig zur Stufe verlaufenden Steinsetzungen.*

dem 1894 sowie bei Nachgrabungen 2006 und 2007 Menschenknochen zum Vorschein gekommen waren. Auch hier zeigten sich massive Planierungsmaßnahmen, die dazu dienten, auf dem Plateau zwei Ebenen zu schaffen, die durch eine mittig verlaufende Stufe getrennt werden. Auf der südöstlichen Plateauhälfte kommt bereits nach wenigen Zentimetern Bodenauflage der anstehende Fels zum Vorschein, im Nordwesten ist das Niveau deutlich höher, da hier massiv aufplaniert wurde. Teilweise wurden zur Stabilisierung und möglicherweise Drainierung des Untergrundes kleinere Trockenmäuerchen errichtet, deren Zwischenräume mit Lehm- und Felsmaterial aufgefüllt wurden (Abb. 110). Es ist verlockend, diese Geländestufe, die auf etwa 250 m Länge nachgewiesen ist und im Südwesten eine schmalere, im Nordosten eine breite Öffnung lässt, als Trennlinie für sportliche Wettkämpfe zu interpretieren. Denn von der Gesamtform her fällt die Ähnlichkeit der Alte Burg – langgestreckt zungenförmig mit einer abgerundeten und einer gerade abschließenden Schmalseite – mit antiken Anlagen für Pferde- und Wagenrennen, insbesondere den italisch-römischen Circusanlagen, ins Auge. Durch die Grabungen der letzten Jahre kristallisiert sich immer deutlicher heraus, dass wir mit der Alte Burg keine einfache Höhensiedlung vor uns haben, sondern ein multifunktionales Zentrum. Hier fanden Versammlungen, Kulthandlungen und vielleicht auch sportliche Wettkämpfe statt.

Wir danken den Mitgliedern der Gesellschaft für Archäologie in Württemberg und Hohenzollern für ihre engagierte Mitarbeit. Für weitere Unterstützung und Mithilfe danken wir ferner Herrn Bürgermeister A. Schneider, Herrn J. Hainzl, Herrn N. Arnold, Herrn Ph. Friedrich und Herrn J. Hamann.

Leif Hansen, Roberto Tarpini, Patrick du Mont, Daniel Richardt, Quentin Sueur, Carmen Stähler, Dirk Krausse

LITERATURHINWEISE

L. Hansen u. a., Die Alte Burg bei Langenenslingen: Landschaftsarchitektur in der Hallstattzeit. Arch. Ausgr. Baden-Württemberg 2017, 119–124; L. Hansen u. a., Alte Burg – Große Heuneburg – Ensmad. Untersuchungen im weiteren Umland des frühkeltischen Machtzentrums an der Heuneburg. Ebd. 2018, 150–155; L. Hansen u. a., Fortsetzung der Ausgrabungen im Umland der Heuneburg. Ebd. 2019, 127–132.

Eine Siedlung der jüngeren Latènezeit und Siedlungsspuren der Glockenbecherkultur an der Donau bei Tuttlingen

Anlässlich der Erweiterung des Gewerbegebiets „Gänsäcker“ bei Tuttlingen (siehe den Beitrag S. 110 ff.) führte die Grabungsfirma ArchaeoTask zwischen dem 17. August und dem 30. Oktober 2019 eine Rettungsgrabung – Unter Haßlen 1 – ganz im Westen des Baufelds durch, zwischen dem asphaltierten Landwirtschaftsweg im Süden und der B 311 im Norden.

Auf einer flachen Terrasse direkt am Rande der Donauniederung gelegen, wurde das Gelände in der Vergangenheit durch mehrere alte Flussschlingen geprägt, die auch im Bereich der Grabungsfläche kleine, offenbar weitgehend hochwassersichere „Kiesinseln“ umspülten, auf denen sich die prähistorische Bebauung konzentrierte. Oberflächennah wiesen Funde von Militaria wie zahlreiche

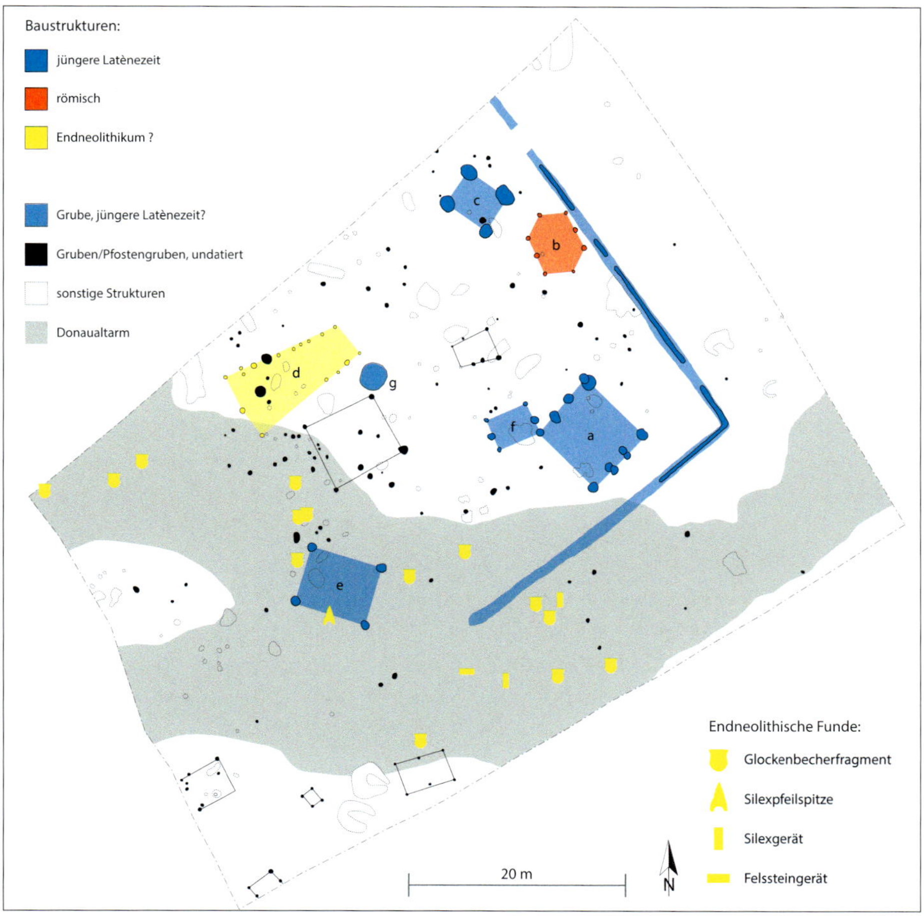

111 ◁ *Tuttlingen-Möhringen, Unter Haßlen 1. Gesamtplan der erfassten Baustrukturen und Verteilung der endneolithischen Funde.*

112 △ *Tuttlingen-Möhringen, Unter Haßlen 1. Grabenkopf der jüngerlatènezeitlichen Anlage während der Freilegung. In die Verfüllung war eine fundreiche Steinpackung eingebracht worden, auf der mehrere Unterkiefer von verschiedenen Tierarten lagen.*

Musketenkugeln, Reste von Pferdegeschirr und der Griff einer Stichwaffe auf die Schlacht bei Tuttlingen am 24. 11. 1643 hin. Auf 3900 m² ließen sich unter zum Teil bis zu 2,2 m mächtigen Hangkolluvien insgesamt etwa 300 Strukturen, darunter mindestens zwölf Hausgrundrisse, erfassen (Abb. 111). Aus den Schwemmschichten und aus Gebäude b liegen wenige römische Funde vor. Eine bronzezeitliche Schmucknadel blieb bislang einzigartig.

Strukturen der jüngeren Latènezeit

Der überwiegende Teil der Strukturen dürfte einer mehrphasigen Bebauung der jüngeren Latènezeit angehören. Hierzu zählen mehrere wuchtige Bauten mit enorm großen Pfostengruben (a, c, e) und der Rest eines Grubenhauses (f), aus dem noch eine Eisenfibel vom Mittellatèneschema zu bergen war. Schon aus den Voruntersuchungen bekannt, wurde eine großflächige gewinkelte Grabenanlage freigelegt. Von Norden her kommend – wo er beim Bau der B 311 undokumentiert zerstört worden sein muss –, wurde dieser bis zu 1,1 m breite und 0,6 m tiefe Spitzgraben bei nordwest-südöstlicher Ausrichtung auf einer Länge von 37 m erfasst. Dann knickte er in südwestliche Richtung um und endete nach weiteren 30 m unvermittelt in einem verdickten Grabenkopf. In der Mitte der oberen Grabenverfüllung waren noch die letzten Reste einer rund 0,3 m breiten Rinne zu beobachten. Nur in dieser fand sich viel zusammenpassendes Scherbenmaterial, darunter kammstrich-, kammgrübchen-, furchenstrich- und besenstrichverzierte Keramik, vereinzelt auch Drehscheibenware, von nur wenigen Gefäßeinheiten. Dazwischen lagen immer wieder Tierknochen, vor allem Unterkiefer. Auffällig war die Einlagerung von mindestens sechs Unterkieferknochen von Rind und Schaf bzw. Ziege, die sich im Grabenkopf auf einem Steinpflaster konzentrierten (Abb. 112). Aus diesem Bereich stammt auch das Fragment einer blauen Glasringperle mit weißen Fadeneinlagen.

Die Funktion der Grabenanlage bleibt weitgehend unklar: Weder ließen sich Holzeinbauten einer Palisade nachweisen – hier würde auch die Wahl eines Spitzgrabens verwundern – noch zeigt die Verfüllung Anzeichen für ein längeres Offenstehen. Damit teilt der Befund die Eigenschaften von mehreren Grabenanlagen der jüngeren Latènezeit, die in den letzten Jahren landesweit, vor allem aber auch im nah gelegenen Hegau erfasst werden konnten. Ihrer bisherigen Deutung, die zwischen Elementen der Siedlungs- oder Flurgliederung und Anlagen mit rituellem Charakter – wie sie für weiträumige Strukturen im Umfeld des Oppidums Heidengraben erwogen wurde – schwankt, vermag der Tuttlinger Graben kaum etwas Neues hinzuzufügen. Rituelle Assoziationen mag vielleicht eine große trichterförmige Grube mit gleichem Abstand zu beiden Grabenschenkeln wecken (g). Auf ihrer Sohle waren die Teilskelette eines Rindes, dreier Schweine und einer Ziege – allesamt Jungtiere – zusammen deponiert worden (Abb. 113). Da aus der Grubenverfüllung ansonsten aber nur kleinteilige Wandscherben und ein geschmiedeter Eisennagel stammen, bleibt eine Datierung in die Latènezeit ohne naturwissenschaftliche Altersbestimmung zunächst unsicher.

Siedlungsspuren der Glockenbecherkultur

Eine große Überraschung waren großflächig verstreute Funde der Glockenbecherkultur. Neben einer Silexpfeilspitze mit eingezogener Basis, mehreren Silexabschlägen und Klingenbruchstücken fanden sich mindestens 15 Fragmente von mehreren kammstempelverzierten Glockenbechern mit Metopen- und Mäanderbandmotiven sowie eine Vielzahl an Scherben von teils grob gearbeiteten Wirtschaftgefäßen der sogenannten „Komplementärkeramik“.
Erhaltung, Zusammensetzung und Verteilung der Funde sprechen hier insgesamt gegen eine Herkunft aus zerstörten Gräbern und sehr viel wahrscheinlicher für die Deutung als „Müllschleier“ einer – für die Zeitstellung überaus seltenen – Siedlungsstelle. Im Hinblick auf die Frage nach endneolithischen Baustrukturen im Gelände ist vor allem der trapezförmige Hausgrundriss d verdächtig. Der etwa 11,9 m lange und 6,6–3,6 m breite Südwest–Nordost ausgerichtete Bau war erhaltungsbedingt nur noch fragmentarisch zu erfassen. Auch enthielten seine Pfostengruben praktisch kein Fundmaterial, weshalb Datierungsfragen nur noch naturwissenschaftlich anhand von Holzkohleproben geklärt werden können. Sollte sich diese Vermutung bestätigen, wäre hier allerdings der erste glockenbecherzeitliche Gebäudegrundriss im weiten Umfeld greifbar.

Fazit

Sowohl die mit Sicherheit mehrphasige Siedlungsbebauung in der jüngeren Latènezeit als auch die endneolithischen Siedlungsspuren haben außergewöhnliche Einblicke in die historische und prähistorische Nutzung

113 ▽ *Tuttlingen-Möhringen, Unter Haßlen 1. Teilskelette eines Rindes, dreier Schweine und eines Schafs bzw. einer Ziege auf der Sohle einer großen trichterförmigen Grube.*

115 △ *Grabenstetten, Heidengraben. Läufer und Unterliegerfragment einer Schiebemühle sowie ausgewählte Keramikfunde aus der bronzezeitlichen Fundstelle im Gewann „Bannholz".*

Zaungräbchen zum Vorschein gekommen. Die zum Teil außerordentlich großen Pfostengruben – mit Durchmessern von bis zu 1,6 m – erbrachten nur eine geringe Zahl an Keramikfunden, die unter Vorbehalt in die jüngere Eisenzeit eingeordnet werden können.

Wie Vergleiche mit anderen Fundstellen Süddeutschlands zeigen, sprechen jedoch sowohl das sehr geringe Fundaufkommen als auch die immense Größe der Pfostengruben für eine Datierung der Gebäude in die spätkeltische Zeit. Diese Beobachtung wirft ein vollkommen neues Licht auf die Besiedlung des Oppidums Heidengraben. So war wohl neben dem eigentlichen Siedlungszentrum, der sogenannten „Elsachstadt", auch deren näheres und weiteres Vorfeld wesentlich dichter bebaut als bislang angenommen. Auffällig ist, dass offenbar eine größere Zahl an Pfosten nach dem Ende ihrer Nutzung intentionell gezogen wurden. Dabei spricht das Fehlen von Brandresten für eine geplante Aufgabe des Siedlungsareals. Die systematische Auflassung und nahezu „rituell" anmutende Räumung von Siedlungen ist für die späte Latènezeit ein regelrechtes Charakteristikum, nicht nur in Baden-Württemberg. In diesem Verhalten könnte (zumindest teilweise) auch die Fundarmut der spätkeltischen Siedlungsplätze begründet liegen.

Tore und Mauern des Oppidums

Ein weiterer kleiner Grabungsschnitt wurde 2020 bei Tor B der „Elsachstadt" angelegt (Abb. 114, 2). Der Bodeneingriff fand im Rahmen der Bauarbeiten zum „Kelten-Erlebnis-Pfad" statt und erbrachte interessante Einblicke in die Bauweise und Anlage des Zangentors. So zeigte sich unter anderem, dass die steinerne Tor- und Mauerkonstruktion auf einer Planierschicht aus sterilem gelbem Lehm mit Kalksteinbrocken auflagert.

Das hierfür verwendete Material wurde aus den vorgelagerten Befestigungsgräben gewonnen und als Fundament vor dem Bau des Tores und der Mauer auf den natürlichen Untergrund aufgetragen. Entsprechende Beobachtungen konnten auch schon an der Außenbefestigung des Heidengrabens, südlich des Burrenhofs gemacht werden. Sie zeigen, dass die Pfostenschlitzmauern des Oppidums nach einem einheitlichen Bauprinzip angelegt und errichtet wurden (vgl. dazu Abb. 116).

Ein Bollwerk aus unbekannter Zeit

Ein besonderes Augenmerk der archäologischen Ausgrabungen 2020 galt der Befestigungsanlage, die nördlich von Erkenbrechtsweiler die Berghalbinsel „Bassgeige" von der Hochfläche des Heidengrabens abtrennt (Abb. 114, 3). Der dieser Befestigung vorgelagerte Graben ist heute noch sehr gut in der Landschaft erkennbar und hat mit dem eigentlichen, spätkeltischen Oppidum Heidengraben augenscheinlich nichts zu tun. Die Annahme, dass die massive Befestigung daher in einen anderen Zeitabschnitt datiert, scheint berechtigt und lässt sich wohl auch aus den bis dato bekannten Informationen zur Bauweise der Fortifikation herleiten. So wurde bereits in älteren Berichten erwähnt, dass das Befestigungswerk aus einem vorgelagerten Sohlgraben und einer rückwärtig aufgesetzten Mauer aus künstlich geformten (gesägten) Kalksinterquadern besteht. Dieses Gestein kommt auf der Albhochfläche nicht vor, steht aber im unmittelbar benachbarten Lenninger Tal an und muss von dort nach Erkenbrechtsweiler hinaufbefördert worden sein.

Da in der Vergangenheit aber noch keine gezielten und gut dokumentierten Ausgrabungen im Bereich der Anlage durchgeführt worden waren und sich oberflächlich auch nur vereinzelt zugerichtete Kalksintersteine im Bereich eines modernen Wegdurchbruchs fanden, schien eine genauere Untersuchung lohnenswert. Diese erbrachte anhand eines 10 m langen und 2 m breiten „Graben-Wall-Schnitts" den Beweis, dass die Befestigung einstmals wohl auf ihrer ganzen Länge eine Mauer aus gesägten Kalksintersteinen besaß. Ebenso zeigte sich, dass das Befestigungswerk sehr wahrscheinlich mehrphasig ist und zu verschiedenen Zeiten genutzt und aus- bzw. umgebaut wurde. Da kein eindeutig datierbares Fundmaterial aus entsprechend aussagekräftigen Befunden geborgen werden konnte, wurden an mehreren Stellen Proben für OSL-(Optically Stimulated Luminescence-)Untersuchungen entnommen,

116 ◁ *Grabenstetten, Heidengraben. Digitale Rekonstruktion der Befestigungsanlagen des Siedlungszentrums „Elsachstadt" mit Pfostenschlitzmauer, Zangentor und doppeltem Graben.*

um die Erd- und Befundschichten genauer zu datieren (Abb. 117). Darüber hinaus konnten auf der Sohle des Befestigungsgrabens Holzkohlefragmente gesichert werden, die derzeit im Rahmen einer ^{14}C-Analyse untersucht werden. Sowohl die bisher gewonnenen Informationen zum Aufbau der Befestigung als auch die zu erwartenden naturwissenschaftlichen Daten sind vielversprechend. Daher sollen die Untersuchungen an diesem Befestigungswerk im kommenden Jahr fortgesetzt und mithilfe gezielter Feldbegehungen auf die dahinterliegende Hochfläche der „Bassgeige" ausgedehnt werden.

117 ▽ *Erkenbrechtsweiler, Heidengraben. Probenentnahme für die OSL-Datierung im Grabungsschnitt an der „Bassgeige".*

Ergebnisse

Die gezielten Sondagen, geomagnetischen Messungen und kleinflächigen Grabungen, die in den vergangenen Jahren an verschiedenen Stellen durchgeführt wurden, haben das Bild des Heidengrabens grundlegend verändert. Dies betrifft nicht nur die Zeit des spätkeltischen Oppidums und seiner mächtigen Befestigungsanlagen, sondern auch die vorhergehenden und nachfolgenden chronologischen Abschnitte. Ziel der Untersuchungen am Heidengraben wird es daher auch in Zukunft sein, ein möglichst umfassendes, diachrones Bild der Besiedlungs- und Landschaftsgeschichte zu erhalten, um so die Entwicklung und Genese dieses einmaligen Fundplatzes besser zu verstehen und einordnen zu können.

Wie schon zuvor, wurden die Untersuchungen auch im Jahr 2020 von zahlreichen Personen und Institutionen unterstützt und begleitet. Ein besonderer Dank gilt dabei den Landwirten und Grundstückseigentümern W. Buck und H. Schulig, beide Grabenstetten, sowie H. und G. Schempp, Erkenbrechtsweiler, auf deren Flächen die Ausgrabungen durchgeführt wurden. Zu danken ist des Weiteren der „Archäologischen Gruppe" des Fördervereins FAKT e. V., die in Person von Herrn F. Weiss, Unterlenningen, kostenfrei ein Fahrzeug zur Verfügung stellte. Technische und logistische Unterstützung erfuhren die Arbeiten darüber hinaus durch die Bauhöfe Grabenstetten, Erkenbrechtsweiler und Hülben, denen an dieser Stelle ganz herzlich gedankt sei. Luftbildaufnahmen der Grabungsflächen fertigte Herr D. Hagmann, Schlattstall, dankenswerterweise kostenfrei an. Nicht zuletzt ist dem ehrenamtlichen Mitarbeiter der Denkmalpflege Baden-Württemberg, Herrn A. Lehmkuhl,

Bempflingen, zu danken, der den Prospektions- und Grabungsarbeiten fortwährend mit Rat und Tat zur Seite stand.

Gerd Stegmaier, Markus Dürr, Jörg Bofinger, Max Braun

LITERATURHINWEISE

D. Ade u. a., Der Heidengraben – Ein keltisches Oppidum auf der Schwäbischen Alb. Führer Arch. Denkm. Baden-Württemberg 27 (Stuttgart 2012); Ch. Morrissey/D. Müller, Der Heidengraben auf der Uracher Alb. Vor- u. frühgesch. Befestigungen 23. Atlas Arch. Geländedenkm. Baden-Württemberg 2 (Wiesbaden 2017); G. Stegmaier u. a., Arch. Ausgr. Baden-Württemberg 2018, 129–133 (mit weiterer Lit.); ders. u. a., ebd. 2019, 143–147.

INFO

Region am Heidengraben

Auf einer Strecke von 6 km führt ein kostenfreier, multimedialer Weg mittels modernster Medien durch das Oppidum. Startpunkt ist der Informationspavillon beim Burrenhof.
Parkplatz: Hochholz/Astropfad
www.kelten-erlebnis-pfad.de

Keltenmuseum Heidengraben
Böhringer Straße 7
72582 Grabenstetten

Öffnungszeiten:
Mai–September, sonntags 14–17 Uhr
Führungen durch das Museum und das Oppidum nach Terminabsprache
www.keltenmuseum-heidengraben.jimdo.com

KÖNIGHEIM-BREHMEN, MAIN-TAUBER-KREIS

Neue Untersuchungen im Bereich der keltischen Viereckschanze bei Brehmen

Angrenzend an das Odenwaldgebiet, in den Gäulandschaften von Bau- und Tauberland gelegen, befindet sich auf der Gemarkung Brehmen, Gemeinde Königheim, eine spätkeltische Viereckschanze. Die dortige Landschaft ist geprägt von Muschelkalk- und Lettenkeuperböden, wobei sich die Schanze samt zugehöriger Anlagen fast ausschließlich auf einer Geländewelle aus Lettenkeuper erstreckt. Dabei ist die Viereckschanze mit ca. 380 m ü. NN an deren höchster Stelle gelegen, bevor das Gelände nach Osten und Westen wieder leicht abfällt. Während der späten Eisenzeit nahm sie damit eine landschaftlich dominierende Position ein.

Eine Viereckschanze mit Annex

Die heute noch im Gelände sichtbaren Teile der Anlage befinden sich in einem ca. 900 m östlich von Brehmen gelegenen Waldstück im Gewann „Am Schindweg“. Gleich mehrere Aspekte machen das Denkmal aus spätkeltischer Zeit zu einer der interessantesten Viereckschanzen Baden-Württembergs. Darunter fällt zum einen die Mehrteiligkeit der Hauptschanze: Die von Wall und Graben umschlossene Innenfläche teilt sich in drei Bereiche von ca. 120 m × 80 m, 68 m × 38 m und 45 m × 39 m auf. Neben dieser eigentlichen Viereckschanze, an deren nordwestlicher und südöstlicher Ecke sich ein ausgedehnter Annex in südwestlicher Richtung anschließt (Abb. 118), befindet sich zum anderen knapp 300 m südlich eine kleine Schanze. Mit einer Fläche von lediglich ca. 30 m × 15 m fällt sie allerdings komplett aus dem Größenspektrum der Viereckschanzen heraus. Dennoch ist sie in ihrer Ausrichtung klar auf die große Schanze bezogen, da beide parallel zueinander sowie in einer Flucht liegen. Besonders südlich und südwestlich der großen Schanze ist das Annexwerk noch auf einer Länge von ca. 750 m bis zum Waldrand zu verfolgen.

Die Schanze ist bereits seit den 1920er Jahren bekannt, aber erst in den 1930ern fand sie, im Zuge der Badischen Landesaufnahme durch Ernst Wahle, Eingang in den Bestand der vorgeschichtlichen Denkmale. Dieser dokumentierte die Hauptschanze im Norden sowie die kleine Schanze südlich davon. Der Annex, der zu zwei Seiten an die große Schanze anschließt und nördlich der kleinen Schanze verläuft, schien damals noch nicht bekannt zu sein und wurde schließlich 1960 von W. Böser kartiert. Als Ende der 1970er Jahre im Bereich der Schanze bei unerlaubten Grabungen Eisenfunde zutage kamen, wurden von I. Stork 1981 erste systematische Grabungen durchgeführt. Die kleine Fläche im Bereich des Annexwalls erbrachte aber keine nennenswerten Befunde. Durch Bohrungen konnte der Verlauf des Annexgrabens 1988 auf ca. 100 m Länge im Ackerland verfolgt werden. 2018 kam es zu neuen Geländearbeiten mit einem Fokus auf dem Bereich des obertägig nicht mehr erhaltenen Annexwerkes. Die Annahme lag nahe, dass sich der Annex mittels geophysikalischer Messungen weiter verfolgen lassen könnte. Ebenfalls von Interesse waren Untersuchungen an der kleinen Schanze.

118 ▽ Königheim-Brehmen. Kombination von Lidar-Daten und dem Ergebnis geomagnetischer Kartierung des Viereckschanzen-Ensembles. Im Geländemodell noch gut erkennbar sind die Hauptschanze (a), der Annexwall (b) sowie die kleine Schanze (c).

Geophysikalische Untersuchungen

Die geomagnetische Kartierung der 26,6 ha großen Fläche wurde mit dem 10-kanaligen Gradiometer-System LEA D2 von EASTERN ATLAS, Berlin, durchgeführt, das von einem All-Terrain-Vehicle gezogen wird.

Das Ergebnis der Kartierung (Abb. 118) zeigt deutlich den gesuchten Annexgraben. Der westliche Teil des nördlichen Grabens ist etwas undeutlicher ausgebildet, da er unter einem Feldweg verläuft, der eine dämpfende Wirkung auf die geomagnetischen Anomalien hat.

Auffällig ist im Magnetogramm ein weiterer Graben im nördlichen Bereich: Auf einer Länge von 73 m ist dessen geomagnetische Anomalie in Form und Stärke identisch zu dem etwa 10 m südlich davon liegendem Annexgraben. Auch entspricht seine Breite von knapp 2 m der des Annexgrabens, sodass wohl auch diese Struktur im Zusammenhang mit der Schanze stehen könnte.

Innerhalb des Annexes sowie nördlich des Grabens konnten mehrere Ensembles von Anomalien dokumentiert werden, die typisch für Gruben sind. Den Anomalien zufolge sind viele stark erodiert und in einigen Fällen von ihrer Substanz her kaum noch vorhanden.

Um Informationen über eventuell vorhandene Innenstrukturen der kleinen Schanze zu erhalten, führten wir u. a. eine elektromagnetische Induktionskartierung durch. Die Abbildung 119 zeigt die Leitfähigkeitsverteilung in einer Tiefe von etwa 0,75 m. Wall und Graben sind deutlich zu erkennen, dazu am östlichen Rand der Schanze eine Doppelstruktur, die innerhalb des Grabens und des Walles verläuft und vor Ort nicht auszumachen ist. Im Innenbereich sind derart diffus und schwach ausgeprägte Struktu-

119 ▽ *Königheim-Brehmen. Kombination aus den Lidar-Daten und den Messdaten der elektrischen Leitfähigkeit im Untergrund in einer Tiefe von etwa 0,75 m im Bereich der kleinen Schanze.*

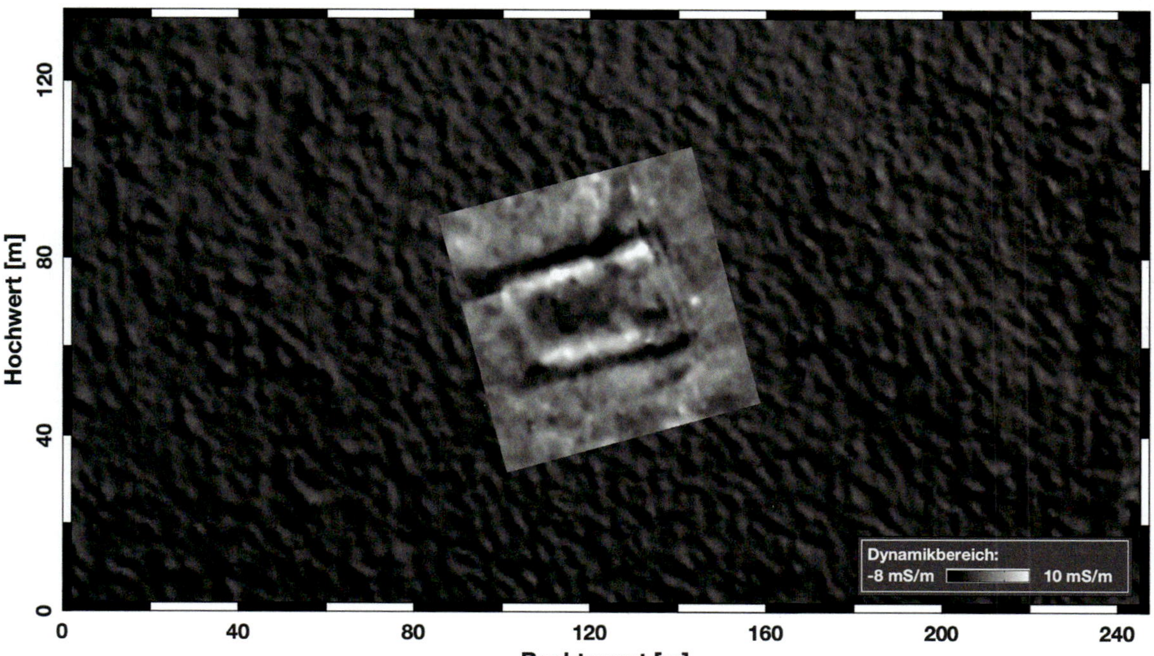

120 ▽ *Königheim-Brehmen. Metallfunde aus den Prospektionen im Bereich der Viereckschanze. Bronzener Zügelführungsring (Mitte) und Füßchen eines Bronzegefäßes (links) der Spätlatènezeit, spätbronzezeitliche Pfeilspitze mit Widerhaken (rechts).*

ren vorhanden, dass eine interpretatorische Ansprache nicht möglich ist. In dem Ergebnis der Induktionskartierung wie auch in den Radardaten ist bei etwa zwei Drittel der Breite der Schanze eine Andeutung einer Unterteilung erfasst worden, die sich auch in den Radardaten als nicht durchgängig abzeichnet.

Ein keltischer Zügelführungsring

Die herausragende Visualisierung und Vervollständigung des Annexes mittels geomagnetischer Messungen gaben Anlass zu zwei systematischen Prospektionen durch das Landesamt für Denkmalpflege im Juli 2019 sowie Februar 2020. Auch der Bereich der kleinen Schanze wurde dabei untersucht. Allgemein war dabei das Fundaufkommen relativ gering, aber beide Prospektionen erbrachten einige interessante Stücke.

Sicher das bemerkenswerteste Fundstück stellt ein aus Bronze gegossener spätlatènezeitlicher Zügelführungsring dar (Abb. 120). Durch solche auf dem Joch befestigten Ringe verliefen die Führungsleinen des Pferdegespanns zum Wagenlenker. Der Führungsring entspricht dem sogenannten Typ Kappel (nach dem Fundort Kappel bei Bad Buchau), der u.a. aus dem Oppidum von Manching mehrfach belegt ist. Sicher gehörten diese Ringe nicht zu einfachen „Nutzfahrzeugen“, sondern zu prunkvoll ausgestatteten Wagen. Noch ein weiteres Fundstück, das auf den ersten Blick eher unscheinbar wirkt, zählt zu den Luxusgütern der spätkeltischen Zeit, nämlich das Füßchen einer Bronzekanne

(Abb. 120). Diese charakteristisch geformten Stücke waren an die Standfläche von Bronzekannen angelötet und sind ebenfalls aus dem Kontext spätkeltischer Siedlungen, vor allem der Oppida, sehr gut bekannt. Ein Fragment einer Fibel vom Mittellatèneschema und eine spätbronzezeitliche Pfeilspitze (Abb. 120) wurden ebenfalls im Zuge der systematischen Prospektion dokumentiert und geborgen. Dass mit dem Führungsring und dem Füßchen eines Bronzegefäßes bereits zwei Objekte vorliegen, die man mit dem Lebensstil der keltischen Oberschicht in Verbindung bringen kann, unterstreicht die Deutung der Viereckschanzen als Gutshöfe der keltischen Eliten. Dabei hebt sich das Ensemble von Brehmen aufgrund seiner Besonderheiten nochmals deutlich aus der Menge der Viereckschanzen hervor.

Für die Unterstützung der Arbeiten möchten wir der Gemeinde Königheim und den Eigentümern und Pächtern der betroffenen Grundstücke sowie der Forstverwaltung ganz herzlich danken.

Felicitas Schmitt,
Harald von der Osten-Woldenburg,
Günther Wieland

LITERATURHINWEIS

K. Bittel/S. Schiek/D. Müller (Hrsg.), Die keltischen Viereckschanzen. Atlas Arch. Geländedenkm. Baden-Württemberg 1,1 (Stuttgart 1990) 211–222.

RÖMISCHE ZEIT

121 ⇑ *Riegel, „Breite III". Glasurne mit umgekehrt aufgelegtem, deformiertem Keramikdeckel. In der Glasmatrix erkennt man einige Luftbläschen, was auf eine mindere Qualität bzw. Massenware schließen lässt (zum Beitrag S. 192 ff.).*

Bestattungen mit Flussblick – Zum Abschluss der Ausgrabungen im germanisch-römischen Gräberfeld von Diersheim

Trotz der Einschränkungen durch die Corona-Pandemie war es auch 2020 wieder möglich, das Kooperationsprojekt der Abteilung für Provinzialrömische Archäologie der Universität Freiburg und des Landesamtes für Denkmalpflege Baden-Württemberg fortzuführen und größere Bereiche des Brandgräberfeldes von Diersheim auszugraben.

Hierbei konnten weitere 14 Gräber geborgen werden (Abb. 122). Somit beträgt die Gesamtzahl der untersuchten römerzeitlichen Bestattungen insgesamt 53.

Neue Erkenntnisse zur antiken Topographie

Das Gräberfeld erstreckt sich auf einem sanften, 200 m langen und bis zu 50 m breiten lössbedeckten Höhenrücken. Dieser wird nach Norden und Westen durch einen Altwasserlauf begrenzt. Diese auffällige Lage ließ bereits früh vermuten, dass der Gewässerbezug eine wichtige Rolle bei der Wahl des Bestattungsplatzes gespielt haben könnte, zumal vergleichbare Gräberfelder in der Germania Magna häufig ähnliche Lagebezüge aufweisen. Allerdings ließ sich für Diersheim bisher eine Aktivität des Flusslaufes nur bis in vorrömische Zeit belegen.

Neue Aufschlüsse zur römerzeitlichen Flusslandschaft liefern nun ^{14}C-Analysen von Treibholz, das aus den Auelehmsedimenten des Altwasserarmes entnommen werden konnte. Diese legen nahe, dass der Flusslauf noch mindestens bis in das 3. Jahrhundert n. Chr. hinein wasserführend gewesen sein dürfte. Das Gräberfeld lag somit unmittelbar im Überschwemmungsgebiet der antiken Flussaue.

Auch bezüglich der Ausdehnung des Bestattungsplatzes konnten neue Erkenntnisse gewonnen werden. Nach Norden hin erstreckten sich die erfassten Gräber bis an den äußersten Rand des zugänglichen Gewanns, aber viel weiter in diese Richtung dürfte sich das Gräberfeld auch nicht erstreckt haben, da hier das Gelände bereits deutlich zum Altarm hin abfällt. Im Süden reichen die Gräber unmittelbar bis an einen modernen Feldweg. Aufgrund der dichten Befundlage ist allerdings davon auszugehen, dass sich der römerzeitliche Bestattungsplatz auch jenseits der Straße auf der anschließenden Obstwiese weiter fortsetzt.

Bei der Breitenausdehnung entspricht die Verteilung der Gräber im Wesentlichen dem Bild, dass vor Grabungsbeginn aufgrund der oberflächigen Fundstreuung angenommen worden war. Nur hier und da könnten einzelne Gräber noch jenseits des untersuchten Areals liegen.

Die ältesten Bestattungen fanden sich allesamt im nördlichen Bereich des Gräberfeldes. Hier waren die Befunde meist deutlich schlechter erhalten als im südlichen Bereich, was oft eine genauere zeitliche Einordnung erschwert. Als charakteristisch für diesen älteren Gräberhorizont im 1. Jahrhundert n. Chr. kann das Auftreten von Terra-rubra-Keramik (rottonige Gefäße in gallischer Formtradition) gelten. Diese Keramikgattung findet sich ausschließlich in Form von

Tellern, die meist umgekehrt auf die Öffnung der Urnen gelegt worden waren und somit wohl als Urnenabdeckungen dienten. Eine derartige Abdeckung wies ursprünglich auch Grab 45 auf, das zu den ältesten Gräbern der diesjährigen Kampagne zählt. Es enthielt u. a. eine Fibel vom Typ Langton-Down, womit das Grab spätestens in claudische Zeit zu datieren sein dürfte.

Die jüngeren Gräber des ausgehenden 1. und beginnenden 2. Jahrhunderts n. Chr. kamen hingegen hauptsächlich im südlichen Bereich zutage. Hier findet sich auch erstmals Terra sigillata unter den Grabbeigaben, die in den Gräbern des älteren Horizontes bisher vollständig fehlt. Auch scheinen interessanterweise die Gräber des südlichen Abschnittes weit häufiger Waffen und andere größere Eisengeräte zu enthalten, als dies im nördlichen Abschnitt der Fall ist.

122 ◁ *Rheinau-Diersheim, Fachheu. Gesamtplan des Gräberfeldes.*

123 △ *Rheinau-Diersheim, Fachheu. Beigabendeponierung von Grab 42 mit Trinkhornbeschlag und Boden eines Bronzebeckens. Weiter im Hintergrund sind die noch größtenteils in situ liegenden Fragmente der Urne zu erkennen.*

In der Einflusssphäre Roms

Die zahlreichen in den Gräbern gefundenen römischen Importgegenstände belegen die engen Kontakte der in Diersheim bestatteten Personengruppen zum Römischen Reich.
Mit Grab 42 konnte dieses Jahr eine besonders reiche Bestattung geborgen werden. Neben einer verkippt auf der Seite liegenden Keramikurne, in der sich der Leichenbrand befand, fand sich hier eine umfangreiche Beigabenausstattung, die zahlreiche Metallobjekte enthielt (Abb. 123; 124). Soweit sich dies vor der endgültigen Restaurierung sagen lässt, gehört dazu u. a. ein römischer Bronzegeschirrsatz bestehend aus mindestens einem großen Bronzebecken, einer Kasserolle und einem kleinen Bronzeeimer. Hinzu kommen die Beschläge von mindestens zwei germanischen Trinkhörnern. Sämtliche Gegenstände waren intentionell zerhackt worden und wiesen zum Teil deutliche Brandspuren vom Feuer des Scheiterhaufens auf.

Belesene Barbaren?

Dass die bei Diersheim bestatteten Personen nicht nur den materiellen, sondern auch den intellektuellen Errungenschaften der (gallo-)römischen Kultur zugetan waren, lässt Grab 53 vermuten. Die Urne dieser stark vom Pflug zerstörten Bestattung war nur noch im unteren Drittel erhalten. An Beigaben enthielt das Grab unter anderem eine norisch-pannonische Doppelknopffibel, einen eisernen Schreibgriffel und ein schmales klingenförmiges Eisenobjekt, das als Wachstafelglätter gedient haben könnte. Diese beiden Objekte heben die Bestattung deutlich vom bisher bekannten Beigabenspektrum der Diersheimer Gräber ab, lässt das Ensemble doch darauf schließen, dass der oder die hier Bestattete des Schreibens mächtig war. Das weist auf einen bisher gänzlich unbekannten Grad der Romanisierung der hier am Rande des Römischen Reiches bestatteten Personen hin. Aufgrund der Fibel sowie der Form des Schreibgriffels dürfte das Grab in das 1. Jahrhundert n. Chr. zu datieren sein.

Neuzeitliches Körpergrab und Kriechgräben

Neben den Bestattungen des römerzeitlichen Brandgräberfeldes konnte dieses Jahr erneut ein neuzeitliches Körpergrab geborgen werden. Von dem offenbar stark durch den Pflug in Mitleidenschaft gezogenen Skelett, das am Rand von Fläche 9 zutage kam, war nur noch die untere Körperpartie vom Becken abwärts bis zu den Fußknochen erhalten. Die Fundsituation und die ^{14}C-Analysen der Knochen lassen einen zeitlichen Zusammenhang mit der napoleonischen Schlacht bei Diersheim von 1797 vermuten.

Ferner konnte im Zuge der diesjährigen Kampagne erneut das ausgedehnte Grabensystem des Zweiten Weltkrieges dokumentiert werden. Der aus der Grabenverfüllung geborgenen Munition nach zu urteilen scheint es sich um eine zweiphasige Anlage zu handeln. Denkbar wäre ein Zusammenhang mit den unterschiedlichen Ausbauphasen des Westwalls.

Wie geht es weiter?

Mit der diesjährigen Untersuchung sind die Rettungsgrabungen beendet. Die Einschätzung, dass nur durch rasches und entschlossenes Handeln dieser landesgeschichtlich herausragende Denkmälerbestand gesichert werden konnte, haben die Grabungen vollauf bestätigt. Viele Gräber erwiesen sich als durch den Pflug bereits weitgehend gestört. Daher war es richtig, den Teil des Gräberfeldes, der im Acker liegt, zu bergen. Die vielen vor den Grabungen aufgesammelten Lesefunde zeigen, dass die untersuchten Gräber vermutlich nur einen kleinen Teil des ehemals vorhandenen Gesamtbestandes ausmachen. Aber nur die geborgenen Gräber ermöglichen eine Beurteilung des Grabbrauches der hier bestatteten Bevölkerung. Gerade die Bestattungssitten lassen das germanische Element deutlich werden, wohingegen das Sachgut vielfach aus römischen Werkstätten stammen dürfte.

Die vordringlichste Aufgabe der nahen Zukunft wird es sein, den umfangreichen Fundbestand zu restaurieren. Erst dann werden die wissenschaftlichen Auswertungen beginnen können, die außergewöhnliche Aufschlüsse zu den politischen, kulturellen und ethnischen Verhältnissen in der Anfangsphase der römischen Expansionspolitik am Rhein versprechen.

124 △ *Rheinau-Diersheim, Fachheu. CT-Schichtbild von Grab 42. In der Mitte ein eiserner Axtkopf sowie links darüber eine Gürtelschnalle aus Buntmetall, die sich, neben zahlreichen anderen Metallobjekten, deutlich in der Computertomographie abzeichnen.*

Wie die Untersuchungen der Vorjahre wäre auch die diesjährige Grabungskampagne ohne die vielen ehrenamtlichen Helfer und interessierten Bürger aus Diersheim und der näheren Umgebung nicht möglich gewesen. Ihnen möchten wir herzlich für ihren unermüdlichen Einsatz und ihre tatkräftige Unterstützung danken. Die Diersheimer Ausgrabungen entwickelten sich somit zu einem guten Beispiel für die fruchtbare Zusammenarbeit zwischen Denkmalpflege, Universität und ehrenamtlich tätigen Unterstützern.

Uwe Xaver Müller, Klaus Kortüm, Gertrud Kuhnle, Alexander Heising

LITERATURHINWEISE

U. X. Müller u. a., Gerüstet fürs Jenseits – Fortsetzung der Ausgrabungen im römerzeitlichen Gräberfeld von Diersheim. Arch. Ausgr. Baden-Württemberg 2019, 152–154 (mit weiterer Lit.).

Öhringer Limesübergang und alamannische Siedlung – zum Zweiten

Bauen am UNESCO-Welterbe

Vor sechs Jahren wurde an dieser Stelle über eine Prospektionsmaßname am Limes am Ostrand von Öhringen berichtet. Anlass waren Planungen für einen größeren Neubaukomplex, der eine Vorbebauung ersetzen sollte. Die damalige Sachstandsermittlung hatte u. a. ergeben, dass der Maßnahme nur unter der Bedingung zugestimmt werden könne, dass die archäologische Substanz im Limesverlauf, der das Grundstück durchquert, unangetastet bleiben würde. Nun lag ein dementsprechender Bauantrag vor.

Die Integrität des archäologischen Welterbes wurde durch eine Kombination von geringfügigen Bodeneingriffen und einer konservierenden Überdeckung gewährleistet. Hilfreich war, dass der Limesverlauf ein altes Tälchen durchquert, das der in die Ohrn fließende Ströllerbach geschaffen hatte. In nachantiker Zeit verschwanden die antiken Befunde unter meterhohen Sedimenten und Auffüllungen.

Die Rettungsgrabungen sollten sich daher auf die Tiefgarage westlich außerhalb der Limeszone konzentrieren. Zudem musste ein alter Bodeneingriff am heutigen Welterbe nachdokumentiert werden, nämlich das Areal eines nun abgerissenen Hauses. Mit der Durchführung der Untersuchungen hat der Investor die Firma AAB, Berlin, beauftragt.

Die archäologischen Fragestellungen betrafen zum einen den im Grundstücksbereich schon seit Zeiten der Reichs-Limeskommission vermuteten Limesübergang, zum anderen die Einordnung der bei der Prospektion

125 ▷ Öhringen, Haller Straße. Blick in die nachgearbeitete Baugrube eines abgerissenen Wohnhauses. 1 Limesgraben; 2 Graben der Limespalisade; 3 frühalamannisches Grubenhaus mit Pfosten an der Stirnseite; 4 alte Sedimente. Die Befunde sind teils in die Sedimente eingetieft, teils werden sie überlagert. Die jüngsten Auffüllungen fanden nach dem Ende des Zweiten Weltkrieges statt.

2014 zutage gekommenen alamannischen Funde. Für beide Fragen erwiesen sich ausgerechnet die Wände und Böden der alten Baugrube als aufschlussreich (Abb. 125).

Ein Limesdurchgang …

Der Limesgraben endete von Norden kommend nach wenigen Metern in der Baugrube. Da er in der Prospektion weiter im Süden aber wieder vorhanden war, muss es sich um eine Unterbrechung des Grabens mit einer Breite von mindestens 9 m handeln. Mehrere Meter vor dem Graben zeigte sich die Limespalisade. Damit lässt sich der Limesverlauf vor Öhringen nun erstmals exakt lokalisieren, was bisher so nicht möglich war.

Nur der große Wall hinter dem Limesgraben fehlt. Weder im Prospektionsschnitt noch in den Baugrubenwänden ließ er sich erkennen. Bei den örtlichen Erhaltungsbedingungen hätte man eindeutige Überreste erwartet. Aber auch der Limesgraben war mit einer Breite von gut 2 m deutlich schmaler als von anderen Abschnitten gewohnt. Vielleicht muss man von der Vorstellung eines überall gleichartigen Limesbauwerks Abschied nehmen.

… mit alamannischem Grubenhaus

Wo der Limesgraben aussetzt, wurde ein durch ^{14}C-Analysen in die Zeit um 300 n. Chr. datiertes Grubenhaus angetroffen. Um die flache Eintiefung saßen sechs Pfosten, je einer an den Stirnseiten und je zwei an den Längsseiten. Man hatte sie auffallend tief in den Boden getrieben, nicht eingegraben. Der Grund dafür bleibt offen. Zusammen mit den früheren Funden unterstreicht der Baubefund jedoch, dass hier eine frühalamannischen Siedlung bestanden haben muss. Entgegen den Erwartungen setzten sich die Siedlungsspuren westlich der Limeszone im Areal der Tiefgarage nicht fort. Es dürfte sich also um einen eher kleinen Weiler unmittelbar am Rande des Ströllerbachs gehandelt haben.

Auch die römischen Überreste beschränken sich auf den Limesstreifen. Die Lücke im Grabenverlauf wird man als Übergang werten dürfen, auch wenn dazugehörige Elemente, wie z. B. ein Wachtturm, in dem beschränkten Untersuchungsraum ausblieben. Dafür verzeichnete die Reichs-Limeskommission unmittelbar nördlich der aktuellen Grabung „Bauspuren".

War die Lücke hier nur von lokaler Bedeutung, oder haben wir einen der seltenen Limesdurchgänge am Obergermanischen Limes vor uns? Aufgrund der verkehrstopographischen Situation wird in Öhringen schon lange ein zentraler Übergang ins Barbaricum vermutet. Die neuen Untersuchungen machen diesen nun wahrscheinlicher. Der Standpunkt des Nachbaus eines hölzernen Limestors beim nahe gelegenen Gelände der Öhringer Gartenschau erweist sich somit im Nachhinein als perfekt gewählt.

Zum Schluss möchten wir uns bei der Kreisbaugenossenschaft Öhringen eG und allen am Projekt Beteiligten für die gute und zielgerichtete Zusammenarbeit bedanken.

Klaus Kortüm, Stephan Weber

LITERATURHINWEISE

K. Kortüm/M. Thoma, Alamannen am möglichen Limesübergang bei Öhringen. Arch. Ausgr. Baden-Württemberg 2014, 176–178; Artikelsammlung zum Nachbau des Limestors, URL: www.oehringen.de/freizeit/limes-welterbe-der-unesco/limes-tor.html (Zugriff: 18. 3. 2021); Grenze aus Holz – Die Limespalisade. Inhalte – Projekte – Dokumentationen 22 (München 2021).

Im Zeichen der Victoria – Neue Erkenntnisse zum Bürgkastell in Öhringen

Im Vorjahr wurde an dieser Stelle über den Beginn der großflächigen Rettungsgrabungen im Öhringer Bürg- oder Westkastell berichtet. Ausgelöst wurden sie durch eine geplante Erweiterung des Hohenloher Krankenhauses, von der die südliche Umwehrung des Kastells betroffen war. Nach einer kurzen Winterpause konnten die Untersuchungen fortgesetzt und trotz vieler unerwarteter Entdeckungen im Sommer 2020 planmäßig durch die fodilus GmbH abgeschlossen werden. Der Baubeginn auf dem ca. 1,4 ha großen Gelände ist für 2021 vorgesehen.

Alles auf Anfang

Die aktuellen Untersuchungen haben die Ersteinschätzung bestätigt, dass die Baugeschichte der Kastellumwehrung neu gedacht werden muss. Es hat sich deutlich gezeigt, dass einzelne Schnitte durch die Gräben – die bisherige Vorgehensweise – nur einen eingeschränkten Einblick in den Aufbau der Wehranlage bieten. Manche Strukturen sind nur bei flächigem Abtrag der Schichten und Grabenverfüllungen zu finden oder werden sogar nur durch Ausschälen der Befunde verständlich. Zudem stellten sich die Details der Umwehrung in jedem Abschnitt anders dar (Abb. 126).

Pfusch am Bau – wer wars?

Ein Teil der Wehrmauer östlich des Tores ist im Verband in den davorliegenden Wehrgraben gestürzt. Auf der inneren Grabenflanke haben sich so die in Reihe liegenden Mauersteine erhalten. Die Front der Wehrmauer bestand demnach aus naturbelassenen grauen Handquaderlagen mit rot nachgezogenen Mörtelfugen. Der umgestürzte Mauerteil dürfte ungefähr eine Höhe von ca. 3,50 m gehabt haben, wobei Hinweise auf den Wehrgang mit Zinnen usw. überraschenderweise fehlen. Die Gründe dafür sind noch unklar.

Zwischen den Mauerreihen lag ein größerer bearbeiteter Sandsteinblock mit seltenen Farbresten. Aktuell wird die äußerst empfindliche Oberfläche in den Werkstätten des Landesamtes für Denkmalpflege behutsam weiter freigelegt. Vermutlich handelt es sich um eine kleine Bauinschrift, in der sich die für den Mauerabschnitt östlich des Tores verantwortliche Mannschaft verewigt hat. Man darf also gespannt sein, wer die instabile Mauer verschuldet hat.

Ein gestempeltes Ziegelbruchstück der 1. Helvetierkohorte (Abb. 127) fand sich in einer Grube innerhalb des Kastells. Als erster Ziegelstempel aus dem Westkastell dürfte er für die künftige Diskussion der hier liegenden Truppenteile ebenfalls eine Rolle spielen. Bisher war nur bekannt, dass die Kohorte in Öhringen stationiert war, aber nicht in welchem der beiden Kastelle.

Warum ist die Mauer umgefallen? Der Versturz erstreckt sich auffälligerweise nur auf einen Abschnitt, wo die Kastellmauer über einen Graben aus der Anfangszeit des Kastells geführt worden war. Das deutet auf Instabilitäten im Untergrund. Diese waren im

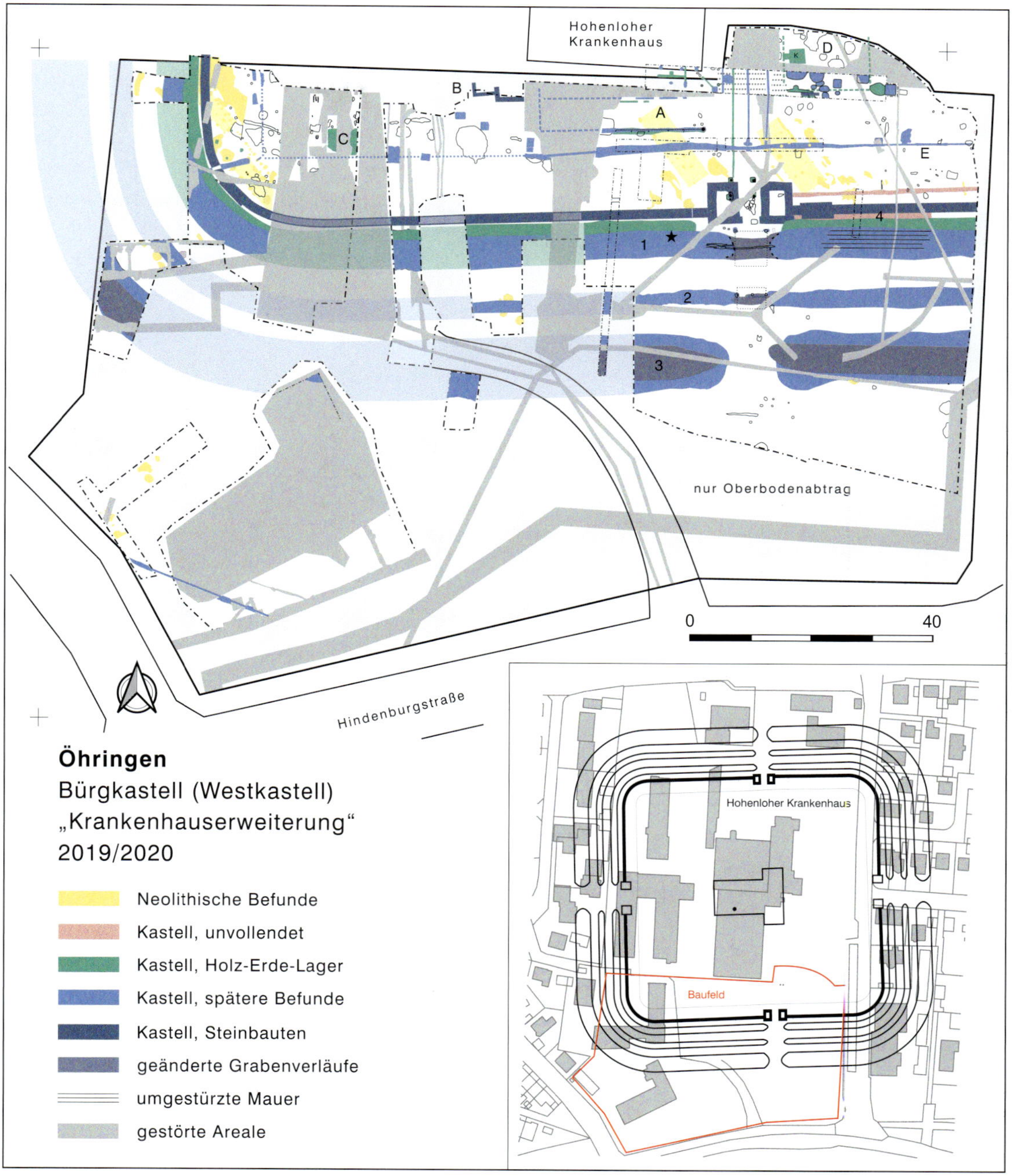

126 △ *Öhringen, Bürgkastell. Übersichtsplan zum südlichen Kastellbereich nach den aktuellen Grabungen.*

127 △ *Öhringen. Ziegelstempel der COH I HE[L(vetiorum)]. Die Einheit kam bei der Vorverlegung des Limes von Heilbronn-Böckingen nach Öhringen. Ob sie jemals im Westkastell lag, ist umstritten. Ihre Stempel finden sich z. B. auch im Ostkastell.*

128 △ *Öhringen. Um das Profil des großen äußeren Kastellgrabens dokumentieren zu können, waren umfangreiche Erdarbeiten nötig.*

Prinzip wohl auch bekannt gewesen, denn den östlichen Torturm hatte man dort, wo er in den alten Graben ragte, tiefer fundamentiert. Es gibt jedoch Indizien, dass das Steintor von einem anderen Bautrupp hochgezogen worden ist, der demnach sorgfältiger vorgegangen war. Auf einen Reparaturversuch an der Wehrmauer könnte eine nachträgliche Verbreiterung des Fundamentes hindeuten, die unmittelbar östlich des Tores nachgewiesen wurde.

Ein Provisorium als erstes Kastell

Der Graben unter der Mauer war der bisherigen Forschung entgangen. Er beginnt beim Kastelltor, endet aber nach gut 20 m bereits wieder abrupt. Ein Gegenstück im Westen fehlt. Zudem ist er völlig steril verfüllt. Wir werten das als Indiz, dass der Graben noch vor seiner Fertigstellung aufgegeben worden ist. Auf Umplanungen weist auch eine Holzpalisade, mit deren Anlage – wie sich nun herausgestellt hat – nur in der Osthälfte des Kastells begonnen worden war.

Die tatsächlich ausgeführte erste Umwehrung bestand wohl nur aus einem Erdwall mit hölzerner Brustwehr. Als Tor diente ein einzelner, auf vier Pfosten ruhender Holzturm. Offenbar errichtete man statt eines ursprünglich geplanten „richtigen“ Holzkastells lediglich ein Provisorium. Der baldige Umbau in Stein dürfte zu diesem Zeitpunkt schon geplant gewesen sein. Das Tor erhielt erst dabei die übliche Form mit zwei seitlichen Türmen und zentraler Durchfahrt. Einen Eckturm besaß das Kastell dagegen nicht. Die stattdessen erfolgte partielle Verbreiterung des Fundamentes könnte allerdings auf einen erhöhten Mauerabschnitt hindeuten. Dieser Zustand der Wehrmauer blieb bis zum Ende des Kastells bestehen.

Kastellgräben und Brücken

Anders als bisher vermutet, existierten alle drei Gräben rings um das Kastell bis zu dessen Aufgabe. Besonders imposant ist der äußere Graben (Abb. 126, 3), dessen gewaltige Ausdehnung erst beim Betreten richtig erfahrbar wird (Abb. 128). Der innere Graben (Abb. 126, 1) war zunächst ein Doppelspitzgraben, später wählte man die Variante mit nur einer Spitze wie beim mittleren Graben (Abb. 126, 2). Die beiden inneren Gräben erreichten eine Tiefe von ca. 2 m, der äußere von 4 m.

Als aufschlussreich erwiesen sich die Grabenabschnitte unmittelbar vor dem Südtor, wo die Verbindung vom Kastell zur Öhringer Zivilsiedlung verlief. Ursprünglich gab es vor dem Tor bei allen Gräben eine Erdbrücke. Im Falle der beiden inneren Gräben wurde diese später durchstoßen. Nun existierten Holzbrücken, was man als eine Verstärkung der Defensivfunktion deuten darf. Gerade Tore sind ja klassische Angriffspunkte und Holzbrücken lassen sich im Verteidigungsfall schnell abbauen. Zuletzt hat es jedoch überraschenderweise wieder Erdbrücken geben. Vermutlich sind diese aber erst in nachrömischer Zeit entstanden, als die hölzernen Übergänge nicht mehr nutzbar waren. Möglicherweise besteht ein Zusammenhang mit mittelalterlichen Abbrucharbeiten an der Ruine.

129 ◁ *Öhringen. In dem als Negativ ausgenommenen Kastellgraben zeichnen sich auf der Sohle die Abdrücke von länglichen Holzbalken ab. Sie können als mehrmals erneuerte Verankerung von Astverhauen oder anderen Annäherungshindernissen gedeutet werden.*

130 △ *Öhringen. Sandsteingesims als Auflage für den Torbogen. Die im Foto kontrastverstärkten roten Linien ahmen die bemalten Fugen der Handquader nach, aus denen das seitlich anschließende Mauerwerk bestand. Links oben ist die leicht abgeschrägte Auflage für den ersten Keilstein des Bogens zu erkennen.*

Beim äußeren Graben blieb die Lücke zwischen den Gräben durchgängig bestehen, aber die Ausführung der Grabenköpfe variiert. In einer ersten Phase hatten sie eine rechteckige Grundrissform, während die späteren Grabenköpfe spitz zuliefen. Nur der östliche Grabenkopf wies darüber hinaus eine weitere Grabenphase auf.

Hölzerne Annäherungshindernisse?

Das sorgfältige Ausschälen der Grabenverfüllung ergab mehrere länglich-kantige Rinnen im Bereich der Sohle (Abb. 129). Die scharfkantige Ausprägung der Befunde, die in dieser Form erstmals am Limes großflächig freigelegt werden konnten, spricht für eingegrabene Holzbalken, deren Negativ sich im lehmigen Untergrund erhalten hat. Diese Balken könnten der Arretierung von Verhauen gedient haben, die ein Durchqueren des Grabens erschweren sollten. Für die Standlager am Limes hat man zusätzliche hölzerne Annäherungshindernisse bisher nicht in Betracht gezogen. Die neuen Befunde sollten Anlass geben, dieser Frage weiter nachzugehen.

131 ▽ Öhringen. Statue der voranstürmenden geflügelten Victoria. Das außergewöhnliche Stück orientiert sich an hellenistischen Vorbildern der schreitenden Siegesgöttin Nike. Gefunden vor dem Kasteltor.

Victoria & Co.

In den Grabenabschnitten vor dem Südtor kamen inmitten des darin entsorgten Ruinenschuttes eine ganze Reihe herausragender Funde zutage. Dem Tor zuzuordnen ist ein profilierter Sandsteinblock, der die Auflage für den Eingangsbogen gebildet hat (Abb. 130). Das Besondere sind die auf der Frontseite des Steins erhalten gebliebenen senkrechten und waagrechten roten Linien. Demnach hat man die Fugenausmalung des anschließenden Handquadermauerwerks einfach auch auf den Sandstein verlängert, statt das Bauteil selbst hervorzuheben. Der „Maler" war wohl kein Architekt.

Völlig unerwartet fanden sich auch mehrere Statuenbruchstücke im Graben. Direkt westlich vor dem Tor lagen eine unterlebensgroße Statue der Siegesgöttin Victoria (Abb. 131) sowie die Figur eines nackten Jünglings. Bei beiden waren Köpfe, Füße und Arme abgeschlagen. Zwei Köpfe von weiteren Götterstatuen, ein Relief mit einer sitzenden Herecura (Abb. 132) sowie Altarbruchstücke vervollständigen das Ensemble. Offenbar standen die Figuren ehemals in der Nähe des Kastelltors. Das wäre ein einmaliger Befund. Andererseits: eine Siegesgöttin

als Beschützerin des Kastells – das ist wohl keine ganz abwegige Vorstellung.

Zur Innenbebauung

Von der Innenbebauung des Kastells, über die bisher kaum etwas bekannt war, konnte bei den aktuellen Untersuchungen nur ein schmaler Streifen erfasst werden. Dennoch liegen hier aufschlussreiche Beobachtungen vor. Neben den römischen Befunden traten auch Gruben und mehrere Hausgrundrisse einer Siedlung der Bandkeramik (ca. 5500–5000 v. Chr.) auf.

Der ca. 4,50 m breite Erdwall gab sich als weitgehend befundfreie Zone zu erkennen. Dahinter folgte der Entwässerungsgraben der Lagerringstraße, der im Westen durch die Ecke der Umwehrung hindurch in den Kastellgraben geführt worden ist. Bei einem holzverschalten Becken in der Nähe könnte man aufgrund der Lage an eine Latrine denken.

Westlich hinter dem Tor lag anstelle eines der Mittelgebäude ein offener Hof. Von der Lagerringstraße war er durch eine ungewöhnliche Holzwand aus dicht gesetzten Hälblingen getrennt. Westlich davon wurde erstmals im Westkastell ein Innengebäude aus Stein erfasst. Der kleine Ausschnitt lässt leider keine nähere Ansprache zu.

Östlich des Tores kam u. a. ein Holzkeller zutage. Unter der feinen Sandschicht des Fußbodens haben sich noch die Abdrücke der genagelten Soldatenstiefel der Erbauer im Lehm erhalten. Der Keller markiert den Kopfbau einer Süd–Nord ausgerichteten

132 △ *Öhringen. Weihesteine aus dem Kastellgraben vor dem Tor. In der Mitte ein als Thron gearbeitetes Relief einer sitzenden Muttergöttin, evtl. die Fruchtbarkeits- bzw. Totengöttin Herecura. Rechts ausdrucksstarker Kopf, möglicherweise eines Genius. Von der Blütenbinde ist nur noch ein Element erhalten, der Rest abgeschlagen. Links Kopf einer Göttin mit Zopffrisur.*

134 △ *Sindelfingen, Böblinger Straße. Geschlossener Lederschuh und Zehensandale mit verziertem Riemen aus Latrine 2.*

ge Steinsetzung aus Kalksteinen mit einem Außendurchmesser von ca. 1,5 m erkennbar. Er war noch 1,6 m hoch erhalten und in den torfigen Untergrund eingegraben. In der Verfüllung des Brunnens lagen Keramik und Ziegel. Daneben hatten sich aber auch hölzerne Teile der Schöpfvorrichtung, unbestimmte Lederobjekte und ein zerbrochenes Schreibtäfelchen erhalten. Ein stark abgegriffener Dupondius des Kaisers Trajan (98–117 n. Chr.) liefert nur einen sehr groben Datierungsansatz.

Die Latrinen befanden sich im östlichen Bereich der Grabungsfläche. Die nördliche Latrine 1 hatte Seitenlängen von 1,7 m × 2,3 m und war noch 70 cm hoch erhalten. Die vollständig aus Eichenholz errichtete Konstruktion bestand aus genuteten Eckpfosten mit dazwischen geschobenen Federbrettern. Die dendrochronologische Datierung der Hölzer ergab ein Fälldatum von 156 n. Chr. Die zweite, gleichartig konstruierte Latrine 2 besaß einen 1,8 m × 1,8 m großen Holzkasten, der aber mit 1 m Höhe deutlich besser erhalten war. Nur ein Bohrpfahl hatte die nordöstliche Wand leicht verdrückt. Das Fälldatum der Bauhölzer für die Latrine ist jahrgenau auf 189 n. Chr. datiert. Bearbeitungsspuren an einem Brett und ein Datum von 171 n. Chr. zeigen eine Wiederverwendung von Bauholz an.

Das Fundmaterial war ausgesprochen qualitätvoll. Aus der Verfüllung wurden Münzen, Knochennadeln und Spielsteine geborgen. Die Erhaltung organischer Materialien war hervorragend. Neben Nüssen, Kirschkernen und einer mit Fruchtfleisch erhaltenen Schlehe kamen mehrere Lederschuhe un-

135 ▷ *Sindelfingen, Böblinger Straße. Römische Gefäßkeramik aus Latrine 2.*

terschiedlicher Machart zum Vorschein (Abb. 134). Zusätzlich konnten mehrere vollständige oder nahezu vollständige Gefäße ausgegraben werden (Abb. 135). Bei der Terra sigillata (Abb. 135, vordere Reihe, 2. v. links) handelt es sich um eine Bilderschüssel vom Typ Dragendorf 37 des Rheinzaberner Töpfers PUPUS aus dem ersten Drittel des 3. Jahrhunderts n. Chr. Ein besonderes Highlight ist der komplett erhaltene und metallisch glänzende Trinkbecher vom Typ Niederbieber 33 (Abb. 135, vorne links). Er lässt sich in die Jahre 220 bis 240 n. Chr. datieren. Die Aufgabe der 189 n. Chr. erbauten Latrine dürfte ebenfalls in diesen Zeitraum oder kurz danach fallen.

Betrachtet man die Nordwest-Südost-Ausrichtung der beiden Latrinen im Verhältnis zum bekannten Verlauf der römischen Straßen, ist anzunehmen, dass sie zu Streifenhäusern nur wenig östlich der Straßenkreuzung gehört haben. Die Zugehörigkeit zu einem Grundstück ist aufgrund der Nähe sowie der zeitlichen Abfolge der Errichtung im Abstand von 33 Jahren sehr wahrscheinlich.

Die Ergebnisse der botanischen und parasitologischen Untersuchungen liegen noch nicht vor, werden aber sicher weitere Aspekte des Alltags im römischen Sindelfingen beleuchten.

Wir danken Herrn Hagen Digel für die zahlreichen Informationen zu römischen Funden der Umgebung, dem Labor für Dendrochronologie des LAD in Hemmenhofen für die gute Zusammenarbeit, Herrn Dr. Marcus G. Meyer für die Bestimmung der Funde sowie Familie Edelhoff.

Marc Heise, Sebastiaan van Kaam

LITERATURHINWEISE

Th. Knopf, Das römische Sindelfingen. Materialh. Arch. Baden-Württemberg 55 (Stuttgart 2000); D. Ade-Rademacher/R. Rademacher, Reich an Vergangenheit. Römer und Alamannen in Sindelfingen. Schriftenr. Stadtarchiv Sindelfingen 6 (Sindelfingen 2004); D. Ade-Rademacher, Siedeln im Morast – römische und frühmittelalterliche Siedlungsreste in Sindelfingen, Kreis Böblingen. Arch. Ausgr. Baden-Württemberg 2006, 128–131.

■ NEURIED-MÜLLEN, ORTENAUKREIS

Erste Erkenntnisse zur römischen und mittelalterlichen Vergangenheit von Neuried-Müllen

Die Fundstelle im Dorfkern von Müllen liegt unmittelbar westlich der Schutter und nördlich der erstmals im 12. Jahrhundert erwähnten und in ihrer jetzigen Form auf das Jahr 1741 zurückreichenden Wallfahrtskirche St. Ulrich. Die Entdeckung der Bodendenkmale ist allein der Aufmerksamkeit des ehrenamtlichen Mitarbeiters der archäologischen Denkmalpflege Gerhard Gmeiner zu verdanken. Die Ausgrabung – die erste auf Gemarkung Müllen überhaupt – der ca. 1800 m² großen Fläche wurde durch die Firma Südwest-Archäologie von August bis Ende 2019 durchgeführt; die Bergung des römischen Brunnens erfolgte durch das Landesamt für Denkmalpflege im Mai 2020.

Zwei Siedlungsschwerpunkte

Die zahlreichen Befunde können überwiegend zwei unabhängigen Siedlungstätigkeiten zugeordnet werden, die in der Römerzeit und im späten Mittelalter stattfanden. Bei den mittelalterlichen Befunden handelt es sich um lose über die Fläche verteilte Gruben, darunter eventuell ein Grubenhaus. Ihre Verfüllungen enthielten hauptsächlich scheibengedrehte unglasierte Irdenware des 14.–15. Jahrhunderts, aber auch Eisenobjekte, darunter zahlreiche Nägel, sowie eine bronzene Gürtelschnalle mit Beschlag. Die Möglichkeit, diese Siedlungsspuren mit einer historischen Quelle in Zusammenhang zu bringen, scheint gegeben: In einer Urkunde aus dem Jahr 1348, in der der Straßburger Bürger Wilhelm von Winsberg seinem Sohn, Pfarrer von Altenheim, das Wohnrecht in „Mulnheim" sichert, ist von einer Mühle und einem Burgstadel in der Nähe der Kirche die Rede.

136 ▽ *Neuried-Müllen, „Bei der Kirche". Eingetieftes, quadratisches Gebäude (ca. 5 m × 5 m), bei dem es sich um einen Tempel handeln könnte.*

Vielfältige römische Strukturen

Neben einigen Gruben wurden vier Grubenhäuser, zwei Gebäude und ein Brunnen entdeckt. Die Grubenhäuser sind 3–4,20 m lang und 2,40–2,80 m breit und weisen in den abgerundeten Ecken Pfostenstellungen auf. Die Verfüllungen lieferten Gebrauchskeramik und ein pyramidenförmiges Webgewicht. Drei römische Spinnwirtel aus Blei waren bei der Begehung des Geländes aufgelesen worden.

Vom östlich liegenden Gebäude war nur eine Restfläche eines ziegelgemagerten Estrichbodens über einer Stickung aus Ziegelbruchstücken erhalten. Ein Wandgräbchen, das im Süden an die Planierschicht für den Bodenaufbau anschloss, weist auf einen Fachwerkbau hin. Geborgene Bauelemente deuten auf ein Ziegeldach und eine Heizanlage (Hypokaustplatten und *tubuli*). Die ursprünglichen Ausmaße des Gebäudes konnten nicht mehr erfasst werden; vielleicht wurde es durch eine Überschwemmung zerstört.

Das zweite, ca. 15 m weiter westlich liegende, annähernd quadratische Gebäude mit Außenmaßen von ca. 5 m × 5 m war besser erhalten (Abb. 136). Trotz seiner Eintiefung handelt es sich nicht um einen Keller. In Bezug auf die Oberkante des gewachsenen Bodens lagen der Fußboden in 1 m Tiefe und die Sohle des entlang der vier Wände laufenden, 0,4 m breiten Wandgräbchens in 1,4 m Tiefe. Letzteres diente sicherlich der Aufnahme breiter Schwellbalken eines Fachwerkbaus, wobei zuunterst eine ca. 0,3 m hohe Drainage aus Kieselsteinen eingebracht war, um die Haltbarkeit der Hölzer zu verbessern. In etwa auf der Höhe der vergangenen Schwellbalken bestand der Fußboden aus flächig verlegten Flusswacken und einem dünnen, darübergestrichenen Estrich. Auf diesem lag eine dünne Brandschicht auf, in der sich noch fragile Spuren verkohlter Holzbalken abzeichneten. Aus der Versturz- bzw. Abbruchschicht wurden viele Ziegelbruchstücke, Eisennägel und mehrfarbig bemalte Wandputzfragmente geborgen, die von einem Ziegeldach und einer gehobenen Ausstattung des Gebäudes zeugen. Zudem enthielt die Schicht zahlreiche Scherben von Gebrauchs- und Feinkeramik, darunter Terra sigillata aus Rheinzabern. Angesichts der Präsenz von drei Trierer Spruchbecherfragmenten ist das Gebäude frühestens in der zweiten Hälfte des 3. Jahrhunderts n. Chr. aufgegeben worden. Besonders erwähnenswert ist ein im Überfanggussverfahren hergestellter Schlüssel, bei dem Bart und Stiel aus Eisen und der Griff aus Bronze gefertigt sind (Abb. 137). Das Ende des massiven Griffs mit Rückständen einer Vergoldung ist mit einem Tierkopf verziert. Ob dieser eine Raubkatze oder einen Bären darstellt, ist Ansichtssache und kann auch nicht durch Vergleiche entschieden werden, da entsprechende Schlüssel zwar aus dem Römischen Reich bekannt sind, es sich dabei jedoch immer um Einzelstücke handelt. Für derartige Prunkschlüssel kann eine Zugehörigkeit zu einer bedeutenden Tür oder Truhe angenommen werden. Die quadratische Form, die relativ hochwertige Ausstattung des Gebäudes und nicht zuletzt dieser Schlüssel leiten uns zu der Hypothese, das Gebäude als einfachen Tempel anzusprechen.

Trotz des nahe gelegenen Wasserlaufs haben die Römer einen ca. 2 m tiefen Brunnen angelegt (Abb. 138). Der ursprüngliche, knapp 1 m² große Brunnenkasten war aus Brettern gebaut, die von einer im Jahr 94 n. Chr. gefällten Eiche stammen. Offensichtlich erforderte das Verrutschen der untersten Bretter eine nachweisbare Reparatur. Diese erfolgte mithilfe eines ausgehöhlten und innen angekohlten Stammes einer Ulme, dessen Durchmesser genau in den Brunnenkasten passte. Unruhige Jahrringmuster und Spuren abgebeilter Wurzeln zeigen, dass es sich um die Basis des Baumes handelt. In Kombination mit drei Radiokarbondatierungen erscheint eine dendrochronologische Datierung gegen 130 n. Chr. plausibel. Im Wasser auf dem Brunnengrund lag eine noch funktionsfähige Emailbügelfibel, die in das 2. Jahrhundert n. Chr. datiert. Wahrscheinlich ist sie dem Besitzer oder der Besitzerin beim Wasserschöpfen aus Versehen hineingefallen.

137 △ *Neuried-Müllen, „Bei der Kirche". Schlüssel mit Tierkopf aus Eisen und Bronze.*

Fazit

Für die Römerzeit war die Gemarkung Müllen bis vor Kurzem ein weißer Fleck, ohne jegliche Siedlungsspuren. Insofern ist das neu entdeckte Bodendenkmal, dessen gesamte Ausdehnung unbekannt ist, von hoher Wertigkeit. Seine Einordnung fällt schwer, aber die Nähe zur Schutter, die im mittleren Schwarzwald entspringt, und die verkehrsgünstige Lage im Bereich zweier aufeinandertreffender Trassen – in Nord-Süd-Richtung entlang dem Rand der Rheinniederterrasse und in Ost-West-Richtung in der Verlängerung des Kinzigtals zu einem Rheinübergang – scheinen eine wichtige Rolle zu spielen. Ein kleines Heiligtum könnte an diesem Platz durchaus bestanden haben. Denkbar wäre zudem ein Umschlagplatz, wo Holzlieferungen vom Wasserweg auf den Landweg verladen wurden. Der Platz wäre ideal, da die Schutter kurz nach Müllen die Kinzig erreicht, die nördlich von Straßburg in den Rhein mündet. Bemerkenswerterweise findet sich unter den Funden auch ein Bruchstück eines gestempelten Dachziegels der seit den 90er Jahren des 1. Jahrhunderts n. Chr. in Straßburg stationierten 8. Legion (*legio VIII Augusta*). Für den Bau des Legionslagers und alle weiteren Umbauten benötigten die Legionäre große Mengen an Holz, das nicht nur aus den Vogesen, sondern auch aus dem Schwarzwald beschafft worden sein könnte.

138 △ *Neuried-Müllen, „Bei der Kirche". Reste des ursprünglichen viereckigen Brunnenkastens mit dem eingesetzten ausgehöhlten Baumstamm der Reparatur.*

Für die vertrauensvolle und konstruktive Zusammenarbeit danken wir der Gemeinde Neuried, hier besonders Herrn Bürgermeister Jochen Fischer (†) sowie den Herren Klaus Person und Peter Steinert vom Bauamt. Ein herzliches Dankeschön geht auch an Frau Hilde Wurth-Schell, Ortsvorsteherin von Müllen, und die beteiligte Baufirma Huber GmbH, Gengenbach.

Gertrud Kuhnle, Daniel Langhauser,
Oliver Nelle, Diethard Tschocke,
Inga Willmes

Ein römisches Brandgrab in einem Gewerbegebiet von Endingen

Die geplante Anlage eines Sickerbeckens (40 m × 7,5 m) auf dem Gelände der Firma Girsberger, Ersteiner Straße 2, ergab einen Einblick in eine der vielen archäologischen Verdachtsflächen von Endingen am Kaiserstuhl. Die baubegleitende Untersuchung der Erdaushubarbeiten erfolgte durch Mitarbeiter des Landesamts für Denkmalpflege. Im Südteil des Sickerbeckens konnte ein römisches Brandgrab in der westlichen Baugrubenböschung dokumentiert und geborgen werden.

Unter einer ca. 1 m hohen, modernen Auffüllschicht des Geländes war im Bereich des Brandgrabes noch die ehemalige, 0,2 m starke Ackerkrume über einem fast 0,5 m mächtigen Kolluvium erhalten. Direkt unter dieser Ackerkrume kam die Grube zutage, welche die Römer für die Brandbestattung ausgehoben hatten. Die im Profil eher unregelmäßige Grube von ca. 0,8 m Durchmesser und 0,5 m Tiefe zeichnete sich relativ undeutlich in dem mittelbraunen Kolluvium ab und schnitt nur geringfügig den darunterliegenden Löss. Auf der Grubensohle stand, dezentral und leicht Richtung Grubenmitte geneigt, ein fast vollständiger Topf aus grautoniger Gebrauchskeramik, der als Urne diente; ein Deckel war nicht vorhanden.

Die meisten Leichenbrandreste befanden sich, vermischt mit ockerfarbigem Sediment, in der unteren Hälfte der Urne (Abb. 139). In der oberen Hälfte entsprach das Sediment in Farbe und Beschaffenheit dem der Grubenverfüllung und enthielt wie Letztere weitere Knochen sowie Holzkohlepartikel. An Einschlüssen kamen in der Urne zehn geschmolzene Fragmente eines feinwandigen kleinen Glasgefäßes, zwei Wandscherben aus Keramik und ein Eisennagel zutage; dazu kommen aus der Grubenverfüllung mehrere Keramikscherben und einige geschmolzene Glasfragmente.

Von den 185,7 g verbrannten und kalzinierten Knochen ließen sich 165,7 g als sicher menschlich und 20 g als tierisch bestimmen. Bei den Tierknochen, deren Bestimmung dankenswerterweise durch Elisabeth Stephan (LAD) erfolgte, handelt es sich um Reste eines juvenilen/subadulten Schweins sowie um Hühnerknochen; sie zeugen von Speisebeigaben auf dem Scheiterhaufen. Die menschlichen Überreste stammen tendenziell von einer Frau, deren Körperhöhe auf ca. 1,52 m geschätzt werden kann. Sie verstarb im Alter zwischen 40 und 60 Jahren (matur) und litt unter einer Knochenwucherung auf

139 ▽ *Endingen, Ersteiner Straße 2. Reste des Leichenbrandes in der Urne der römischen Brandbestattung. Die innere Höhe des Topfes beträgt 13 cm.*

141 ▷ *Ettenheim-Altdorf, „Steinröhre". Querschnitt durch den Hauptgraben.*

Das Profil des Hauptgrabens wechselt mehrmals, von V- förmig im Osten bis wannenförmig im Westen. Der in der Regel ca. 3 m breite Graben ufert im Planum zweimal deutlich aus, im westlichen Verlauf auf bis zu 4,5 m und im mittleren auf bis zu 6 m Breite. Entsprechenden Spuren nach zu urteilen, waren innerhalb des Grabens vereinzelt Bohlen eingebaut und Pfähle eingerammt. Einbauten im Graben, wie beispielsweise Schleusen, sind somit denkbar.

Die Verfüllung des Hauptgrabens zeigte im unteren Drittel vielfarbige und feingliedrige Sedimentschichten, die vor allem zahl-

142 ▷ *Ettenheim-Altdorf, „Steinröhre". Freigelegte Nordostecke und Nordmauer des Gebäudes, das hauptsächlich außerhalb der aktuellen Erschließung liegt.*

reiche Metallschlacken lieferten. In den darüber liegenden hellen Sedimenten fanden sich Keramikfragmente, Ziegelbruch und Knochenfragmente. Die obersten Sedimentschichten waren sehr homogen, hell und fast fundleer (Abb. 141). Es wirkt, als ob der Hauptgraben mehrmals zur Instandhaltung ausgeräumt wurde und somit mehrere, vielleicht auch unterschiedliche Nutzungsphasen möglich sind. Das komplexe Grabensystem mit unterschiedlichen Breiten und Tiefen und den Einbauten aus Holz könnte auf eine Nutzung zur Fischzucht hinweisen, die Schlacken dagegen lassen eher eine Verbindung zu handwerklichen Betrieben vermuten. Es bleibt zu hoffen, dass die Analysen der entnommenen Sedimentproben hierzu weitere wichtige Anhaltspunkte liefern werden.

Gebäude und Weg

Parallel zum Hauptgraben kamen entlang der südlichen Grabungsgrenze die Nordostecke und, auf einer Länge von ca. 16 m, die anschließende Nordmauer eines Gebäudes zutage, das zum allergrößten Teil außerhalb der Untersuchungsfläche unter einem Wirtschaftsweg und dem anschließenden Acker liegt (Abb. 142). Zwei Lagen trocken verlegter, grob behauener Sandsteine lassen sich als Fundamentsockel für Schwellbalken eines Fachwerkbaus deuten. Diese Annahme wird dadurch gestützt, dass nördlich der Mauer auf Höhe der zweiten Steinlage eine Schicht aus Steinen und Dachziegelfragmenten freigelegt werden konnte.

Ein Weg, der von Westen kommend parallel zur Nordmauer des Gebäudes verlief und ca. 12 m westlich von dessen Nordostecke endete, zeugt vom römischen Gehhorizont. Es handelte sich zunächst um einen Feldweg, bestehend aus einer 3,8 m breiten, wenige Zentimeter starken, kompakten Lehmschicht, der beidseitig von zwei Gräben begleitet war. Eine Kiesschicht bildete den eigentlichen Straßenkörper. Diese noch etwa 10 cm mächtige Schicht ist über die begleitenden Gräben hinaus durch Pflug oder Erosion verzogen. In diesem Zusammenhang ist die oben erwähnte Schicht aus Steinen und

Dachziegelbruchstücken möglicherweise als Belag einer Art Zufahrt, am Ende des Weges, zum Gebäude zu interpretieren. Eine halbkreisförmige Konzentration mit dem gleichartigen Baumaterial im Bereich der Nordostecke des Gebäudes könnte auch ein Teil davon sein oder als Rollierung für einen Anbau gedient haben.

Die Frage, ob der freigelegte Gebäudeabschnitt zu einer eventuell komplexen Baustruktur des *vicus* oder aber zu einem etwas außerhalb der Siedlung liegenden Gutshof gehört, bleibt offen. Dagegen zeigt die Befundsituation eindeutig, dass zum Schutz des archäologischen Kulturdenkmals keine weitere Erschließung Richtung Süden erfolgen sollte.

Für die vertrauensvolle Zusammenarbeit danken wir den Vertretern der Stadt Ettenheim, Herrn Stefan Rheiner von badenova-Konzept und der beteiligten Baufirma Trenkle, Kippenheim.

Horst Esslinger, Gertrud Kuhnle, Diethard Tschocke

LITERATURHINWEISE

R. Asskamp/M. Kokabi/J. Wahl, Das römische Brandgrab von Altdorf, Gde. Ettenheim, Ortenaukreis. Fundber. Baden-Württemberg 12, 1987, 325–363; Fundschau, ebd. 19/2, 1994, 101–107 (M. Schmitt).

RIEGEL AM KAISERSTUHL, KREIS EMMENDINGEN

Töpfereibetrieb und Gräber an einer Ausfallstraße aus dem römischen *vicus* von Riegel

Im Nordwesten der Gemeinde Riegel am Kaiserstuhl wurde von Anfang März bis Mitte Dezember 2020 zwischen dem Wohngebiet „Breite II“ und der Bahntrasse der Kaiserstuhlbahn auf einer Fläche von ca. 3,4 ha eine Rettungsgrabung durch die Firma ArchaeoBW GmbH ausgeführt. Grund für die Grabungsmaßnahme war die Planung des Wohnbaugebietes „Breite III“. Bereits 2015 war beim Anlegen einer Lagerfläche für die Erschließungsarbeiten in „Breite II“ ein römerzeitlicher Steinkeller auf dem Gelände von „Breite III“ zutage gekommen. Ende 2018 führte das Landesamt für Denkmalpflege auf dem gesamten Gebiet „Breite III“ (4,9 ha) eine Voruntersuchung durch, bei der eine flächendeckende geophysikalische Prospektion und Baggersondagen kombiniert wurden. Ziel war es, die Ausdehnung des römischen *vicus* nach Nordwesten zu fassen.

In römischer Zeit war Riegel aller Wahrscheinlichkeit nach Hauptort einer *civitas* (antiker Verwaltungsbezirk), jedenfalls besaß die Siedlung nachweislich ein Forum mit Marktbasilika. Nördlich dieses antiken Zentrums konnte 1986 unmittelbar nördlich der heutigen Haflerstraße ein in Ost-West-Richtung verlaufender Straßenkörper dokumentiert werden. Die magnetische Kartierung in „Breite III“ ließ 2018 diese Römerstraße Richtung Rheinübergang bei Sasbach nebst einer bislang unbekannten Abzweigung Richtung Nordwesten sehr deutlich erscheinen. Die Sondageschnitte erbrachten außerdem Befunde vom Endneolithikum bis in die Römerzeit. Die Ausgrabungen von 2020 bestätigten die vielseitige Befundsituation.

Vorgeschichtliche Bestattungen, spätbronze-/früheisenzeitliche Gruben

Nachdem bei der Sondierung bereits im Pflughorizont ein schlecht erhaltenes Skelett und in dessen Nähe ein für die endneolithische Glockenbecherkultur typischer Knochenknopf entdeckt worden waren, erbrachten Knochenproben zwei passende ^{14}C-Datierungen in das 24./23. Jahrhundert v. Chr. Bei der Ausgrabung kam im mittleren und östlichen Bereich des Grabungsareals je eine Sonderbestattung zutage. Der Fund eines Knochenknopfes in einer Grube, in der zwei Individuen übereinander bestattet worden waren, datiert diese Kollektivbestattung vermutlich ebenfalls ins Endneolithikum. Im zweiten Fall handelte es sich um eine gut erhaltene Doppelbestattung in einer ehemaligen kegelstumpfförmigen Vorratsgrube (Abb. 143). Da die Grubenverfüllung außer unspezifischen Wandscherben keine datierbaren Objekte enthielt, bedarf es ^{14}C-Datierungen, um die Zeitstellung – möglicherweise in der späten Eisenzeit – zu präzisieren. Tiefe kegelstumpfförmige Vorratsgruben traten über das gesamte Areal verteilt auf. Die meisten unter ihnen sind nach ihrer Aufgabe als Vorratsspeicher in Abfallgruben umfunktioniert worden und datieren nach einer ersten Einschätzung des Fundmaterials überwiegend in die späte Bronze- und die frühe Hallstattzeit. Neben Tierknochen und Keramikbruch wurden darin auch Brandrückstände entsorgt, wie verziegelte Lehmschichten und/oder feine Schichten mit Holzkohleflittern erkennen ließen.

Zwei Römerstraßen inklusive Gabelung

Den Mittelpunkt der Grabung bildete die Aufdeckung und Erforschung der großen Ost–West verlaufenden Ausfallstraße, die entlang der südlichen Grabungsgrenze zog, sowie des Abzweigs nach Nordwesten (Abb. 144). Die Dokumentation der Ausfallstraße ergab einen nur noch abschnittsweise

143 ◁ *Riegel, „Breite III". Doppelbestattung in einer vorgeschichtlichen Vorratsgrube. Die Bauchlage und die unnatürlich stark angewinkelten Unterschenkel eines der beiden Individuen sind besonders auffallend.*

vorhandenen Rest des Straßenkörpers, bestehend aus einer dünnen Schicht an Flusskieseln, und insgesamt fünf Straßengräben. Letztere lassen vermuten, dass die Straße im Laufe der Zeit sowohl verbreitert als auch verschmälert wurde. Der Abzweig war im Bereich der Straßengabelung ebenfalls mit einer dünnen Rollierungsschicht aus Flusskieseln versehen, doch verliert sich diese Schicht Richtung Nordwesten immer mehr. Mit ihrer Gesamtbreite – Straßengräben eingeschlossen – von ca. 8,3 m war diese Seitenstraße sicher schmaler als die Hauptstraße, deren Breite offensichtlich variierte und durch die Auswertung der Befundsituation für jede Phase erst noch ermittelt werden muss.

Römische Töpferwerkstätte beiderseits der Ausfallstraße

Der etwa 50 m östlich der Straßengabelung und nördlich der Ausfallstraße gelegene, bereits 2015 entdeckte Steinkeller war auf 1,5 m Tiefe erhalten und bestand aus einem Raum von ca. 14,5 m² (ca. 3,8 m × 3,8 m) und einem ebenfalls gemauerten, 1,8 m langen und 1,3 m breiten Kellereingang. In seinem Umfeld fanden sich mehrere Befunde, die eindeutig zu einem Töpfereibetrieb gehörten, wodurch auch der Keller zu diesem zu rechnen ist. Neben einem Töpferofen handelt es sich um einen 3,1 m tiefen Brunnen und mehrere rechteckige Schlämmgruben, deren Holzverschalungen schwache Abdrücke auf den senkrechten Wandungen hinterlassen hatten. Wie der Kellereingang, so war auch die Bedienungsgrube des in den anstehenden Löss eingetieften Töpferofens von Süden aus zugänglich. Die Wandungen der Feuerungskammer (1,65 m × 1,4 m), der Brennkammer und des Schürkanals waren aus Ziegelbruchstücken im Lehmverband gegen den Löss gebaut, ebenso wie die frei aufgebaute Ofenzunge zur Stütze der (eingebrochenen) Lochtenne. Der Ofen entspricht der nördlichsten Einrichtung der Töpferwerkstatt, deren größter Teil südlich der Ost-West-Hauptstraße lag. Dort wurden

144 ▽ *Riegel, „Breite III". Die römische Ausfallstraße aus dem* vicus *im Bereich der Straßengabelung aus der Vogelperspektive, Blick Richtung Süden.*

2012 drei Töpferöfen, eine Schlämmgrube und die Grube eines Drehscheibenstands erfasst sowie das Vorhandensein weiterer töpfereispezifischer Strukturen Richtung Süden konstatiert. Die Töpferwerkstätte bildete die am westlichsten gelegene Bebauung des *vicus* an dieser Ausfallstraße, bis dorthin könnte sich die in der Haflerstraße 2003/2004 beobachtete Parzellenbebauung mit Streifenhäusern erstreckt haben.

145 △ *Riegel, „Breite III". Terrakottastatuette eines Hahns aus einem Brandgrab.*

Römische Nekropole entlang der Ost-West-Ausfallstraße

Höhepunkt der Grabung war die für den *vicus* von Riegel erstmalige Entdeckung einer Nekropole, die ab ca. 20 m nach der Straßengabelung über eine Distanz von ca. 140 m Richtung Westen entlang der Ausfallstraße angelegt worden war. Über 120 Brandbestattungen sowie fünf Körperbestattungen von Säuglingen bzw. Kleinkindern konnten freigelegt werden. Die Toten müssen über einen längeren Zeitraum beigesetzt worden sein, da mehrere Gräber von der Straße überlagert bzw. durch einen Straßengraben gestört wurden und einige den Straßenkörper schnitten; bei den meisten Gräbern wiederum wird erst die endgültige Auswertung das Verhältnis zu den verschiedenen Phasen der Ausfallstraße klären können. Bei den Brandbestattungen handelt es sich neben fünf *busti* (bei einem *bustum* erfolgt die Einäscherung über der Grabgrube, deren Wände dadurch verziegeln) sowohl um Urnen- als auch um Brandschüttungsgräber. Zu den Sonderfunden aus den Gräbern gehören kleine Terrakottafiguren in Form von Tieren – Katze, Ente, Hahn (Abb. 145) – oder Personen.

Nordöstlich des Steinkellers und somit ein Stück nördlich der großen Ausfallstraße wurde ein kleiner Verbund aus sechs Urnenbestattungen entdeckt. Unter den ansonsten aus keramischem Material bestehenden Bestattungsgefäßen war auch eines aus Glas, das mit einem Keramikdeckel abgedeckt war (Abb. 121, siehe S. 166). Im Inneren waren neben dem Leichenbrand keine Bestattungsbeigaben anzutreffen.

Abschließend sei an dieser Stelle ganz besonders unseren direkten Ansprechpartnern Herrn Bürgermeister Daniel Kietz und Herrn Volker Hog von der Gemeinde Riegel für die sehr angenehme und produktive Zusammenarbeit sowie den Anwohnern für die allseits freundlichen Begegnungen gedankt.

Gertrud Kuhnle, Helen Reinhardt,
Niela Katsi, Diethard Tschocke

LITERATURHINWEISE

J. Klug-Treppe/S. Mäder, Neue vorgeschichtliche und römische Siedlungsbefunde im Nordwestbereich des römischen *vicus* von Riegel, Kreis Emmendingen. Arch. Ausgr. Baden-Württemberg, 2003, 122–125; J. Klug-Treppe/B. Lißner, Abschließende archäologische Untersuchungen im Bereich des Nordwestvicus von Riegel, Kreis Emmendingen. Ebd. 2004, 153–158; L. K. Regetz, Eine Töpferwerkstätte aus dem *vicus* von Riegel am Kaiserstuhl, Arch. Nachr. Baden 90/91, 2015, 51–55.

Öffentlicher Raum und private Hinterhöfe im *vicus* von Lahr-Dinglingen

Zwischen dem 10. Juli 2019 und dem 9. April 2020 – mit Winterpause – erfolgte durch die Grabungsfirma ArchaeoTask eine Rettungsgrabung im nördlichen Teil des *vicus* von Lahr-Dinglingen. Dabei wurde über siebeneinhalb Monate eine Fläche von 964 m^2 mit einer durch die römische Besiedlung entstandenen Schichterhaltung (Stratigraphie) von durchschnittlich 1 m Höhe vollständig ausgegraben. Es wurden über 1700 Befundnummern vergeben und an die 20 000 Fundstücke geborgen (Abb. 146).

Die Untersuchung hat eindeutig ergeben, dass das Grabungsareal zwei unterschiedlich bebaute und genutzte Bereiche innerhalb des *vicus* betraf. Eine Ost–West verlaufende Abgrenzung verlief ungefähr in der Mitte des Grabungsfeldes und war über die mindestens vier erhaltenen Siedlungsphasen von Bedeutung. Der nördliche Bereich war offensichtlich der Öffentlichkeit zugänglich gewesen, während der südliche Bereich, genauer die dort freigelegten Hinterhöfe, vermutlich im Besitz von Privatleuten waren.

Teilbereich eines öffentlichen Raums im Norden

In den ersten zwei Siedlungsphasen belegte jeweils lediglich ein kleiner, annähernd quadratischer Holzbau den ansonsten unbebauten Platz nördlich der Grundstücksabgrenzung. Ein nur teilweise erfasster, 15 m breiter Bau mit einer rechteckigen Apsis im Westen prägte die dritte Phase und in der vierten Phase waren zwei Steinbauten aufeinander bezogen: ein quadratischer Bau und ein L-förmiger, nach Süden offener Bau, möglicherweise mit Pultdach, dessen Längsseite nach Osten unter die Grabungsgrenze zog.

Vergleiche für die quadratischen Gebäude sind vor allem aus dem kultischen Bereich bekannt: Unter den einfachen Tempelbauten käme jeweils vor allem eine Ädikula in Frage, also ein Schutzbau, in dem ein Götterbild aufgestellt war. Der Apsidenbau und der L-Bau können sowohl in den kultischen als auch in den profanen Bereich eingeordnet werden. Es wäre denkbar, dass der nördliche Bereich über alle Phasen zu einem Marktplatz mit mindestens einem Heiligtum – sozusagen zu einem Markt unter göttlichem Schutz – gehörte.

Hinterhofbereich privater Parzellen im Süden

Das Grabungsareal südlich der Abgrenzung ist durch eine komplexe Bebauung mit mehreren Graben- und Grubenstrukturen geprägt, die über alle Siedlungsphasen eine Gliederung in mindestens zwei Parzellen erkennen lassen. Zahlreiche Funde aus den Verfüllungen der Erdstrukturen, die zur Entsorgung der Abfälle genutzt wurden, erlauben interessante Einblicke in Handwerke, die hier oder in der Nachbarschaft ausgeübt wurden. Eine Töpferwerkstatt lag sicherlich in der Nähe, wie ein regelrechtes Depot mit Fehlbränden und Keramik zweiter Wahl veranschaulicht. Gemessen am Schlackenanfall in der Verfüllung von mehreren Gräb-

146 ◁ *Lahr-Dinglingen, „Leopoldstraße/Kleinfeld-Nord". Eine Auswahl von 19 der 33 gefundenen Fibeln.*

FRÜHMITTELALTER

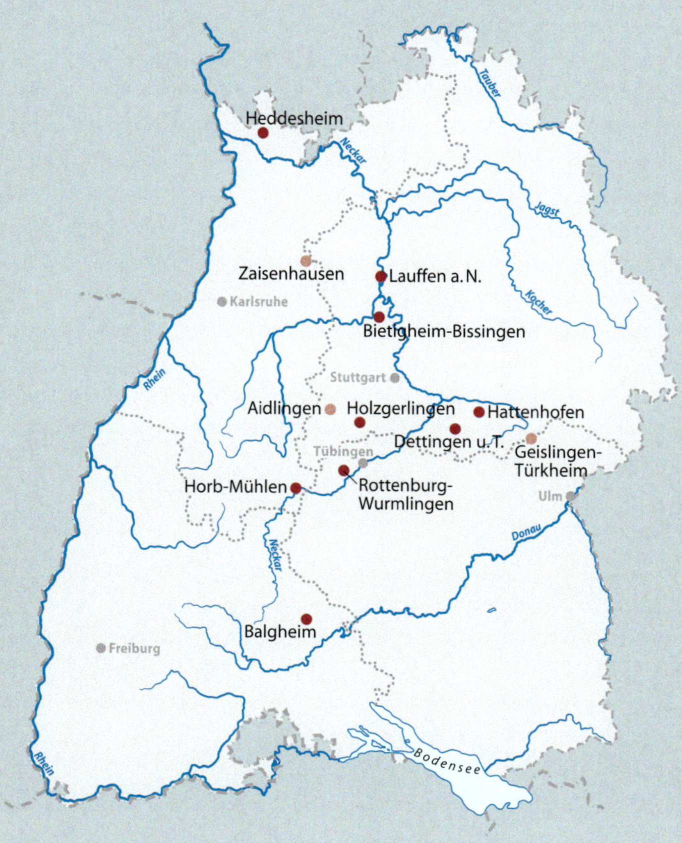

149 △ *Bietigheim-Bissingen, Gerokstraße. Perlenkette aus Grab 29 (zum Beitrag S. 207 ff.).*

Blockbergung eines merowingerzeitlichen Baumsargs in Balgheim

Die geplante Ausweisung eines Neubaugebietes am Westrand von Balgheim führte im Herbst 2019 zu einer Beteiligung des Landesamtes für Denkmalpflege. Da in diesem Areal vor vielen Jahren vorgeschichtliche Keramik geborgen worden war, erhoffte man sich nun Hinweise auf weitere Funde. Aus diesem Grund erfolgte eine engmaschige Prospektion des zukünftigen, mehrere Hektar großen Baugebietes. Doch abgesehen von neuzeitlichen Störungen gab es nur einen archäologischen Befund, der dafür umso größere Aufmerksamkeit auf sich zog. In dem Ost–West orientierten Befund zeigte sich rasch Holzerhaltung in feuchtem Milieu. Die flächige Aufdeckung ließ einen Holzbefund erkennen, bei dem es sich eindeutig um einen Baumsarg in einer Holzkammer handelte (Abb. 150). Da das obere Brett in die Kammer gerutscht war, wurde dieses zunächst geborgen und in das dendrochronologische Labor des LAD nach Hemmenhofen gebracht, wo die Kollegen sehr sehr schnell zu einer Datierung kamen: 544 ± 10 n. Chr. Damit war klar, dass es sich um ein merowingerzeitliches Grab handelte. Dies ließ sofort an die zahlreichen Baumsärge aus dem nur sechs Kilometer entfernten Oberflacht denken oder auch an das sensationelle Grab 58 von Trossingen. An eine Freilegung vor Ort war unter diesen Voraussetzungen nicht mehr zu denken. Da jedoch der Winter vor der Tür stand und eine Planung und Bergung vor einem Wintereinbruch nicht mehr ermöglicht werden konnte, wurde das Projekt ins kommende Frühjahr verschoben.

Wie so viele Pläne, war auch die Bergung des Baumsarges en bloc durch die Corona-Pandemie betroffen. Und da auch die Erschließungsmaßnahmen nicht drängten, wurde in Absprache mit der Gemeinde Balgheim und der Leitung der Archäologischen Restaurierung des LAD die Blockbergung auf Oktober 2020 verschoben. Da eine solche Blockbergung für den Dienstsitz in Freiburg Neuland war, nahm die sorgfältige Planung einige Zeit in Anspruch. Schließlich konnte der Befund von fünf Seiten freigelegt werden.

150 ▷ *Balgheim. Der Baumsarg in Fundlage vor der Bergung.*

Dann wurde mithilfe von mehreren Pressen die Bodenplatte aus Stahl unter der Holzkammer durchgedrückt und schließlich der Caisson, ebenfalls aus Stahl, auf die Platte abgelassen. Als Platte und Caisson fest miteinander verbunden waren, erfolgte schließlich die eigentliche Bergung. Mit einem Bagger wurde der knapp drei Tonnen schwere Block auf einen Transporter verladen und nach Ludwigsburg in das dortige Labor des LAD gefahren. Dort wird die sachgemäße Lagerung und Freilegung der Bestattung und der Beigaben erfolgen. Dann wird vielleicht auch klarer, weshalb nur dieses einzelne Grab am Fuß des Dreifaltigkeitsberges angelegt worden ist.

Die Gemeinde Balgheim hat die Grabungsarbeiten umfangreich unterstützt. Besonders Herrn Bürgermeister Nathanael Schwarz ist dafür ganz herzlich zu danken.

Andreas Haasis-Berner, Urs Grabo, Inga Willmes

■ HATTENHOFEN, KREIS GÖPPINGEN

Unter Strom – Frühmittelalterliche Siedlungsspuren im Umfeld der Wüstung „Pippendorf" bei Hattenhofen

Topographie und Geschichte

Die Gemarkungsgrenze zwischen Hattenhofen und Ohmden bildet zugleich auch die Grenze zwischen den Landkreisen Göppingen und Esslingen. Die Grenzlinie orientiert sich am Verlauf des Pippendorfer Bachs. Die Feld- und Wiesenfluren der auf Ohmdener Gemarkung nach Südwesten und auf Hattenhofener Seite nach Nordosten sanft ansteigenden Hänge des Bachtälchens tragen alle die Bezeichnung „Pippendorf". Der Flurname weist auf eine abgegangene Siedlung hin, die im frühen 12. Jahrhundert in einer Schenkungsurkunde an das Kloster St. Peter im Schwarzwald genannt wurde. Nachdem Pippendorf wüstgefallen war, ging seine Gemarkung bis zum 14. Jahrhundert in den Ortsgemarkungen von Hattenhofen und Ohmden auf. Die Endung -dorf des Ortsnamens spricht dafür, dass die Siedlung bereits im 7./8. Jahrhundert Bestand hatte.

Forschungsgeschichtliches

In der weitläufigen Flur „Pippendorf" lokalisierte der ehrenamtliche Mitarbeiter Felix Glöckner 1989 auf Hattenhofener Gemarkung zwei ausgedehnte Fundplätze. Eine weitere großflächige Fundzone entdeckte er auf Ohmdener Gemarkung (Abb. 151, 1–3). Seit 1993 führte Marlies Barteit-Klopp dann systematische Begehungen durch.

Das umfangreiche Fundmaterial macht deutlich, dass der Standort der Siedlung Pippendorf im Bereich der Fundzone 1 lag (Abb. 151, 1). Die Keramik belegt eine Siedlungskontinuität von der Völkerwanderungszeit bis in das Hochmittelalter. Bereits im 13. Jahrhundert zeichnete sich der Niedergang des Ortes ab. Vom südöstlichen Randbereich des Fundplatzes liegen Hinweise auf Eisenverhüttung vor. Außerdem gibt es auch Belege für mesolithische, neolithische, jüngerlatènezeitliche und römische

Begehungs- und Siedlungsaktivitäten. Während sich in der Fundzone 2 (Abb. 151, 2) ausschließlich Keramik der jüngeren Latènezeit und der römischen Kaiserzeit fand, lieferte die Fundzone 3 (Abb. 151, 3) neben römischer auch völkerwanderungs- und merowingerzeitliche Tonware.

Erstmals Baubefunde

Für den Neubau einer Bahnstromleitung auf einer bestehenden, von Salach nach Kirchheim führenden Leitungstrasse mussten einzelne Masten an neue Standorte verlegt werden. Auf der Gemarkung von Hattenhofen war der Mast Nr. 8 in der Flur „Pippendorf" unmittelbar östlich der Fundzone 3 von einer solchen Positionsverschiebung betroffen. Als Baustellenzufahrt sollte ein in Südost-Nordwest-Richtung quer durch diese Fundstelle führender Feldweg ausgebaut werden. Die Bodeneingriffe wurden in Absprache mit dem Landesamt für Denkmalpflege und in Kooperation mit der Grabungsfirma ArchaeoConnect GmbH durch die Kreisarchäologie Göppingen begleitet. Zur Anlage der 3 m breiten, als Schnitt 1 geführten Zufahrtstraße wurde der alte Feldweg abgeschoben (Abb. 151, S1). Der Untergrund bestand über weite Flächen aus einem schwach ausgeprägten Kolluvium. An einigen Stellen zeigte sich bereits der Verwitterungshorizont des die wellige Landschaft bildenden Posidonienschiefers. Im nordwestlichen Abschnitt der Trasse traten Teile eines mindestens zweischiffigen Pfostenbaus zutage. Der Befund wurde auf einer Länge von 13 m und einer Breite von 2,40 m erfasst. Die Längsseite war Nordwest–Südost orientiert und bestand aus elf Pfostengruben und einer Doppelpfostengrube. Auf deren Höhe zweigten zwei weitere Pfostenstellungen rechtwinklig nach Südwesten ab. Die Durchmesser der Pfostengruben variierten zwischen 33 cm und 45 cm. Vereinzelt zeichneten sich auch Pfostenstandspuren ab. Einige der nur noch bis zu 24 cm tiefen Pfostengruben waren bis in den Posidonienschiefer eingearbeitet. Die Keramik aus den Verfüllungen datiert den Hausbefund in die Merowingerzeit. Westlich von Fundzone 3 wurde im unteren Hangbereich am zukünftigen Standort eines neuen Leitungsmasts der 67 m^2 umfassende Schnitt 2 angelegt (Abb. 151, S2). Auch hier waren die Sohlen mehrerer merowingerzeitlicher Pfostengruben erhalten.

In Schnitt 1 traten nordwestlich des Hausgrundrisses noch einzelne Gruben unklarer Funktion zutage. Nach Südosten nahm die Befunddichte deutlich ab. Auffallend war jedoch, dass in dieser Richtung verstärkt Streufunde spätantiker Zeit auftraten. Außerdem fanden sich Scherben römischer Gebrauchskeramik, Terra-sigillata-Fragmente und Leistenziegelbruchstücke. Auch einzelne Gruben enthielten frühalamannische und römische Keramik. Zusammen mit den Funden der Geländebegehungen bestätigt die Grabungssituation in der Fundzone 3,

151 ▽ *Hattenhofen, „Pippendorf". Eingetragen sind die Fundzonen 1–3 mit Siedlungsfunden ur- und frühgeschichtlicher sowie mittelalterlicher Zeitstellung und die Grabungsschnitte S1 und S2.*

dass hier schon während der Völkerwanderungszeit im Umfeld einer römischen Anlage eine Siedlung gegründet wurde. Eine einzelne, durch einen jüngeren Befund überlagerte Brandgrube belegt Siedlungsaktivitäten, die wie im Bereich der Fundzone 2 wohl in die jüngere Latènezeit weisen.
Geringfügige Bodeneingriffe im Bereich des Masts Nr. 9 am Südwestrand der Fundzone 1 erbrachten weder Befunde noch Funde. Allerdings sind die Arbeiten in diesem Gebiet noch nicht abgeschlossen und werden auch 2021 überwacht.

Ausblick

Die Hänge des Pippendorfer Bachtälchens und dessen unmittelbare Umgebung wurden bereits seit dem Neolithikum immer wieder besiedelt. In der Nähe der Fundzonen 1 und 3 muss es römische Anlagen gegeben haben, in deren Umfeld während der Völkerwanderungszeit Siedlungen entstanden. Mit dem Ende der Merowingerzeit konzentrierten sich die Siedlungsaktivitäten offenbar nur noch auf Pippendorf. Die im Bereich der Fundzone 3 angetroffene Befundsituation sollte Anlass für weiterführende Untersuchungen geben. Ein erster Schritt wären noch weiträumiger angelegte Feldbegehungen, großflächige geophysikalische Prospektionen und Sondagen.

Für die gute Zusammenarbeit danken wir den Herren Guntram Brunner, Andreas Lingott und Gerhard Staerkl von SPIE SAG GmbH, Herrn Christian Agler von K. Schmid Baggerbertrieb GmbH und der DB PSU GmbH. Dank geht auch an die ehrenamtliche Mitarbeiterin Evi Kletti und an die Fachstudentin Josephine Guttermann.

Marlies Barteit-Klopp, Sarah Goll,
Reinhard Rademacher, Michael Schmid

BIETIGHEIM-BISSINGEN, KREIS LUDWIGSBURG

Ein bislang unbekanntes merowingerzeitliches Gräberfeld in Bissingen

Das städtische Bauprojekt einer Kindertagesstätte in der Bissinger Gerokstraße erforderte im Juni des vergangenen Jahres eine bauvorgreifende Sondage des Landesamtes für Denkmalpflege. Bereits 1931 war man in unmittelbarer Nähe des Baugrundstücks auf römische Gebäudereste gestoßen, die 30 Jahre später beim Bau des Gebäudes Gerokstraße 44 ein weiteres Mal dokumentiert wurden. Es handelte sich um einen römischen Keller, der auf eine größere Siedlungsstelle schließen ließ.

Erwartungsgemäß kamen auf dem Baugrundstück, das im bisherigen Gartenbereich der Schillerschule liegt, römerzeitliche Gruben zum Vorschein, allerdings wurden auch dicht unter dem Oberboden zwei Gräber angeschnitten, die nach den Beigaben offensichtlich frühmittelalterlich waren. Die direkt anschließende archäologische Grabung, die sich wegen noch nicht erfolgter Baumfällungen und des noch ausstehenden Abbaus von Teilen des Gehwegs nach längeren Pausen bis kurz vor Weihnachten 2020

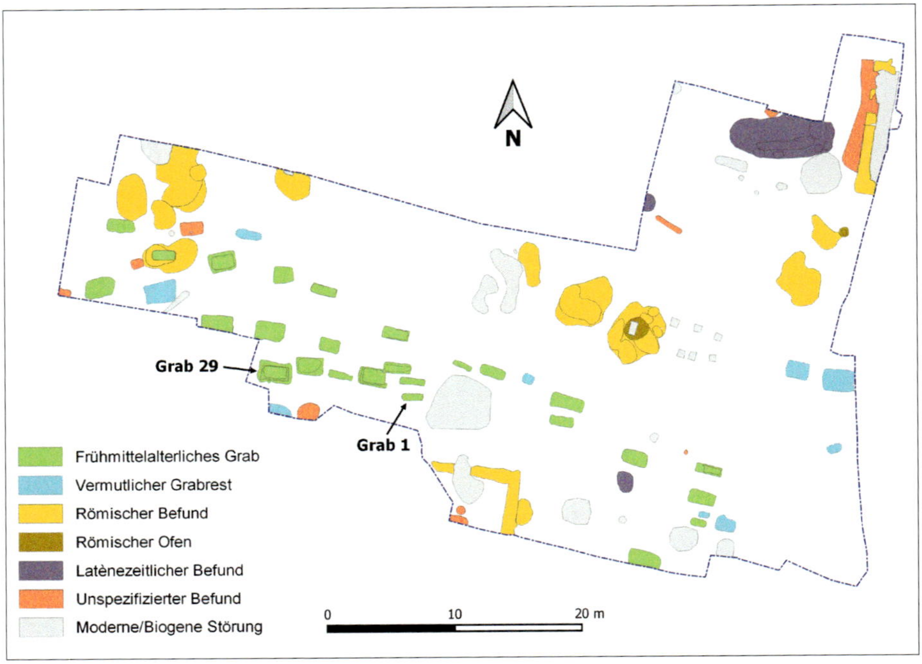

152 ▷ *Bietigheim-Bissingen, Gerokstraße. Gesamtplan der Grabungsbefunde.*

hinzog, wurde vom Prospektionsteam des Landesamtes für Denkmalpflege (PfP) und weiteren Mitarbeitern des LAD übernommen. Hierbei konnte eine dreiphasige Fundstelle dokumentiert werden (Abb. 152).

Älteste Befunde

Die älteste Phase wird durch Befunde der frühen Latènezeit definiert. An der nördlichen Grabungsgrenze liegt ein großer Befund, der angesichts seiner flachen Sohle möglicherweise ein Grubenhaus darstellt, sowie mehrere Pfostenlöcher und kleine Gruben. Mehrere Meter weiter südwestlich davon fand sich eine umgekehrt trichterförmige, noch ca. 1 m tief erhaltene Vorratsgrube, deren Durchmesser an der Sohle 2,5 m betrug. Es dürfte sich um die Ausläufer eines weiter nordöstlich liegenden Siedlungsareals handeln.

Römerzeitliche Befunde

Die nächste Phase stellen die römischen Befunde dar. Es handelt sich um mehrere Gruben (Lehmentnahmegruben, Vorrats- und Abfallgruben) sowie zwei Öfen und die Steinfundamente zweier Gebäude, die am südlichen und am nördlichen Grabungsrand erfasst wurden. Es zeigte sich, dass das Gelände ursprünglich um einige Dezimeter höher gewesen sein muss und im Lauf der Zeit erodiert ist bzw. abgetragen wurde, denn das Fundament im Süden lag direkt unter der Grasnarbe bzw. dem Buschbewuchs sowie der Asphaltdecke des Gehwegs, während dasjenige im Norden direkt unter einer modernen Aufplanierung lag. Vom südlichen Gebäude war die nordöstliche Ecke erhalten, der Rest des Gebäudes zieht unter die Gerokstraße bzw. unter den Bewuchs im Westen. Vom nördlichen Gebäude wurde die gesamte westliche Außenmauer mit den zwei Ecken erfasst; diese war ca. 10 m lang. Der gesamte östliche Gebäudeteil liegt außerhalb des Grabungsfeldes. Vermutlich handelt es sich bei diesen Befunden und dem altbekannten Keller um die Reste eines jener Gutshöfe, die das ländliche Siedlungsbild der Römerzeit prägten.

Gräber des 7. Jahrhunderts

Die jüngste Phase ist über das merowingerzeitliche Gräberfeld fassbar. Im Frühmittelalter siedelten die Alamannen in der Nähe und legten am Ort der römischen Siedlung einen Bestattungsplatz an. Ob die Ruinen damals noch sichtbar waren, ist fraglich, die Gräber scheinen sich nicht darauf zu beziehen. Diese lagen alle im südlichen Teil des Baufeldes, sodass der nördliche Rand des Friedhofs hier wohl erfasst ist. Der Bestattungsplatz erstreckt sich sicher noch weiter nach Süden bzw. Südwesten unter die Gerokstraße und den anschließenden Parkplatz. Teilweise wurden die Bestattungen dicht unter dem Oberboden angetroffen, andere in einer Tiefe von noch 1,50 m. Somit muss nach dem Frühmittelalter hier eine Abtragung von zumindest stellenweise mehr als einem Meter stattgefunden haben. Insgesamt wurden 29 Bestattungen erfasst, alle Gräber sind Ost–West mit leichter Abweichung nach Norden ausgerichtet, d. h. mit dem Kopf im Westen und Blick in Richtung Osten. Diese Abweichung ist auch, in einem geringeren Maße, bei den römischen Fundamenten zu beobachten. Die Gräber liegen teilweise dicht, Richtung Osten jedoch auch locker gestreut. Bei den meisten Bestattungen handelt es sich um einfache Erdgräber, nur zwei waren mit Steinplatten abgedeckt. In vier Fällen gibt es Hinweise auf eine hölzerne Grabkammer oder zumindest ein Totenbrett. Laut Beigaben und Skelettgröße wurden hier Männer, Frauen und Kinder bestattet, somit scheint es sich um einen Querschnitt durch die Bevölkerung einer normalen Siedlung zu handeln. Von den 29 Bestattungen waren allerdings nur zehn unberaubt; die Beraubungsquote scheint mit über 60 % sehr hoch zu sein. Drei der unberaubten Gräber waren beigabenlos. Diese Bestattungen können aufgrund der fehlenden Beigaben möglicherweise als Gräber des ausgehenden 7. Jahrhunderts angesprochen werden. Dieser Datierungsansatz wird durch die Steinabdeckungen unterstützt. Gänzlich fundleer waren die meisten beraubten Gräber jedoch nicht, in vielen fanden sich noch Beigabenreste, die offenbar den Grabräubern entgangen waren.

Die Ausstattung der meisten Gräber ist nicht sehr reich, so hat etwa keines der Männergräber eine vollständige Waffenausstattung mit Spatha, Sax, Lanze und Schild. Dennoch fanden sich auch außergewöhnliche Beigaben, wie etwa die große Scheibenfibel in Grab 1 (Abb. 153). Es handelt sich um eine sehr gut erhaltene Pressblechscheibenfibel. Die Rückenplatte weist eine silberfarbene Veredelung sowie Ritzungen auf. Die Bildseite trägt die Umschrift „Roma invicta – utere felix“ und zeigt eine thronende Roma mit der Darstellung einer kleinen Victoria auf einem Globus in der rechten Hand und einem Lanzenschaft mit handförmigem

153 ▽ *Bietigheim-Bissingen, Gerokstraße. Romafibel aus Grab 1; auf der Rückseite an der Nadelung anhaftende Textilreste. Dm. 6 cm.*

154 △ *Bietigheim-Bissingen, Gerokstraße. Gürtelgehänge und Strangverteiler aus Grab 7.*

Aufsatz in der linken. Die Vorbilder dieser Darstellung finden sich in römischen Medaillons des frühen 5. Jahrhunderts; es gibt nahe Vergleichsfunde beispielsweise aus Andernach (Rheinland-Pfalz), Eichstetten (am Kaiserstuhl), aber auch aus Kirchheim/Neckar, Waiblingen und Stuttgart-Feuerbach. Interpretiert wird die Darstellung von Günther Haseloff und Margarethe Klein-Pfeuffer als Gottesmutter Maria, die den Sieg Christi symbolisiert und in der Ausstattung einer byzantinischen Kaiserin dargestellt wird. Auch Grab 29 muss sicher zu den reicher ausgestatteten zählen. Die Verstorbene war in einer 2,2 m langen und 1,3 m breiten hölzernen Grabkammer an der Nordseite beigesetzt worden. Sie wurde mit einer aus mehr als 60 Perlen bestehenden Kette (Abb. 149, siehe S. 202), einem Gürtelgehänge mit diversen Utensilien, Wadenbindengarnitur und Gürtel sowie einem großen Topf bestattet. Ein versuchter Grabraub scheiterte, da der Raubschacht genau in die Mitte zwischen der Toten und dem Tongefäß traf. Bemerkenswert ist auch ein Gürtelgehänge vom Typ Krautheim aus Grab 7 mit Glasperlen und Steinamulett sowie dem ehemals am Gürtel montierten Strangverteiler (Abb. 154).

Neben den 29 Bestattungen gibt es noch neun weitere Befunde, die wohl Gräber waren, jedoch durch die Abplanierung des Geländes fast vollständig abgetragen wurden.

Siedlungsgeschichtliche Einordnung

Das neu entdeckte frühmittelalterliche Gräberfeld liegt zwischen zwei weiteren merowingerzeitlichen Bestattungsplätzen, die sich in einer Entfernung von 150–200 m östlich bzw. westlich davon befinden. Bis jetzt ist es aber das einzige, das mit modernen wissenschaftlichen Methoden archäologisch ergraben wurde. Wo die zu den Bestattungsplätzen gehörige(n) Siedlung(en) lagen, ist nicht bekannt, aber es ist anzunehmen, dass der Ursprung des Dorfes Bissingen, aus dem die heutige Siedlung entstanden ist und das erst im 10. Jahrhundert erstmals in den Schriftquellen erwähnt wird, zu einem der Bestattungsplätze gehört hat.

Dorothee Brenner, Christian Bollacher, Sebastiaan van Kaam

LITERATURHINWEISE

G. Haseloff, Kunststile des frühen Mittelalters, dargestellt an Funden des Württembergischen Landesmuseums (Stuttgart 1979) bes. 93; M. Klein-Pfeuffer, Merowingerzeitliche Fibeln und Anhänger aus Preßblech. Marburger Stud. Vor- u. Frühgesch. 14 (Marburg 1993) 199–201.

HEDDESHEIM, RHEIN-NECKAR-KREIS

Heddesheim im Frühmittelalter

Die in Heddesheim bislang bekannt gewordenen Siedlungsstellen aus der Merowingerzeit und dem Hoch- und Spätmittelalter gehören zu einer Reihe von Siedlungen, die am Rand des vermutlich im Umkreis von heutiger Remigiuskirche und Gräberfeld (Beethovenstraße, Johann-Sebastian-Bach-Straße, Viernheimer Straße) zu lokalisierenden frühmittelalterlichen Dorfes gelegen haben. Ausgrabungen im Frühjahr 2020 in der Oberdorfstraße 19 und der Weidigstraße 1 führten nun zur Entdeckung neuer Fundstellen aus dem Frühmittelalter und ergänzen das bisher gezeichnete Siedlungsbild.

Ausgrabungen in der Oberdorfstraße 19

Der geplante Neubau von Mehrfamilienhäusern mit Tiefgarage machte im Zeitraum vom 7.4. bis 6.5.2020 auf einer Fläche von ca. 350 m^2 eine archäologische Untersuchung notwendig, deren Durchführung durch die Auswirkungen der Corona-Pandemie und zeitweise auftretenden, unbändigen Starkregen besondere Härten erfuhr.

Nach dem Abriss des bäuerlichen Anwesens aus dem 19. Jahrhundert (Abb. 155, 8) wurde die gesamte Baufläche um etwa einen

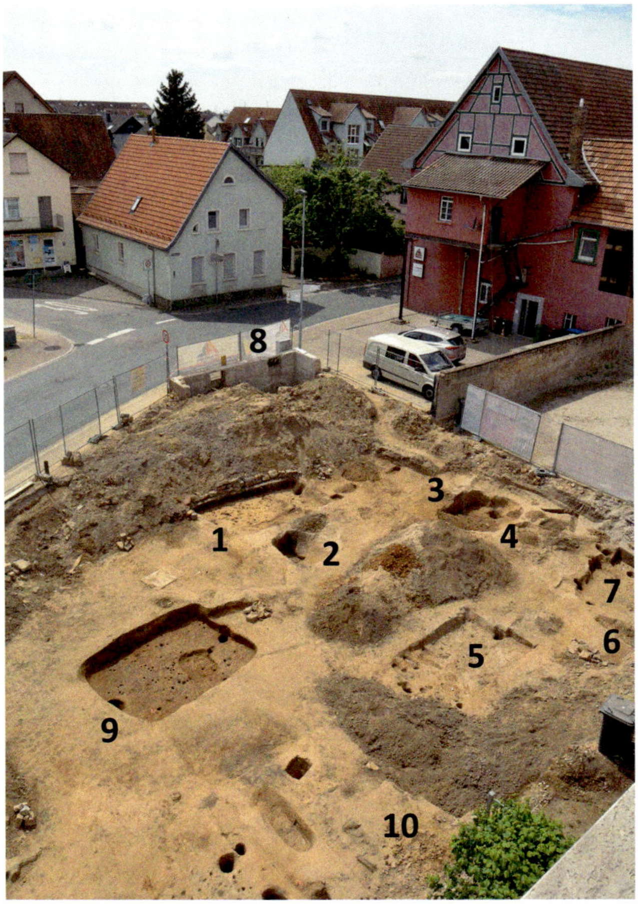

155 △ *Heddesheim, Oberdorfstraße 19. Blick auf den westlichen Teil der Grabungsfläche mit Negativbefunden. Einzelbefunde sind im Text erläutert.*

Meter abgebaggert, um die Oberfläche des sandigen Auelehms zu erreichen. Dort waren die Umrisse der archäologisch relevanten Befunde – insgesamt 170 – deutlich zu erkennen (Abb. 155; 156). Stellenweise hatten sich zwei Planierschichten aus dem Frühmittelalter erhalten, die als Teilflächen von Hand abgegraben wurden. Die ältesten Grubenverfüllungen (Abb. 156, 6) enthielten Fragmente vorgeschichtlicher Gefäßkeramik, darunter die Randscherbe eines ältereisenzeitlichen Topfes. Vereinzelt waren die Scherben mit klingenförmigen Abschlägen vergesellschaftet. Sie befanden sich wie die ältesten merowingerzeitlichen Befunde unter einer graufarbigen, sandigen Schluffschicht von maximal 0,1 m Stärke. Eine vorgeschichtliche Kulturschicht war aber spätestens durch Aktivitäten im Frühmittelalter vollständig ausgeräumt. Aus der späten Merowingerzeit waren zwei Grubenhäuser mit annähernd rechteckiger Grundfläche und sechs Pfosten mit vorgezogenen Firstpfosten (Abb. 155, 5; 156, 4) sowie ein ebenerdig im Grundriss desselben Konstruktionsprinzips angelegtes Haus erhalten (Abb. 156, 8). Die Grubenlänge betrug maximal 4 m, die Breite 2,6 m, die Grubenfläche maximal 10,4 m². Zahlreiche Gruben, Pfostengruben sowie ein (Lehmkuppel-)Ofen mit Pfostenkranz (Abb. 156, 3), der möglicherweise die Substruktion eines Schutzdaches darstellte, vervollständigten das Befundbild dieser Epoche. Zwei langovale, jeweils ca. 0,3 m tiefe Gruben (Abb. 155, 6; 156, 9) von bis zu 1,7 m Länge und 0,6 m Breite wiesen verziegelte Wände und Böden auf. Da sich Ofenlehm weder in der Grubenverfüllung noch außerhalb erhalten hatte, ist zu vermuten, dass es sich um offene Erdöfen handelte. Das Fundmaterial bestand aus zeittypischen Gefäßscherben, Tierknochen, Hüttenlehmfragmenten und Webgewichten. Herausragend war jedoch eine Goldscheibenfibel (Abb. 157), die den Ausgräbern beim Baggern unversehens vor die Füße rollte und vermutlich aus der jüngeren der beiden Planierschichten stammte. Die dosenförmige Fibel mit einem Durchmesser von 5,5 cm und einer Höhe von 2,5 cm besteht aus ei-

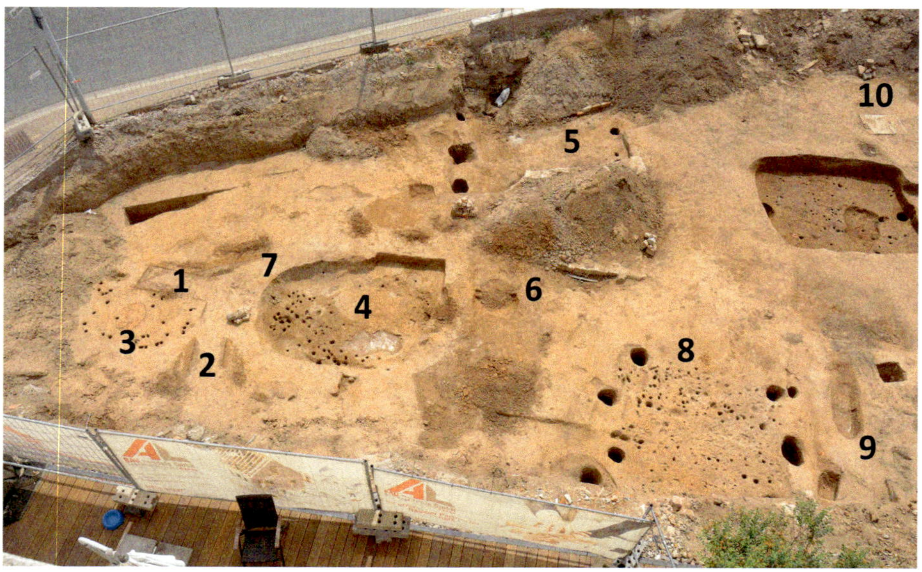

156 ▷ *Heddesheim, Oberdorfstraße 19. Blick auf den östlichen Teil der Grabungsfläche mit Negativbefunden. Einzelbefunde sind im Text erläutert.*

nem Goldblech mit aufgelötetem Filigran und eingesetzten Steinen aus Glas auf einer Grundplatte aus Bronze. Nur Frauen von hohem gesellschaftlichem Rang trugen ab der Mitte des 7. Jahrhunderts solche Fibeln, wie zahlreiche Inventare von merowingerzeitlichen Friedhöfen belegen.

Im Süden, Südwesten und Westen der Grabungsfläche schlossen sich karolingerzeitliche Befunde an. Überschneidungen mit den älteren merowingerzeitlichen Strukturen konnten nicht festgestellt werden. An Großstrukturen waren zahlreiche Gruben (Abb. 155, 2), drei Grubenhäuser (Abb. 155, 1, 7, 9; 156, 5) sowie ein ca. 0,7 m tiefer Keller mit Firstpfosten erhalten (Abb. 155, 3). In die Verfüllung einer den Keller überlagernden Grube war eine Ofengrube (Abb. 155, 4) eingetieft worden. Die nur wenige Dezimeter tief erhaltenen Grubenhäuser waren wie die merowingerzeitlichen Ost–West orientiert mit geringen Abweichungen. Von dem bislang nur teilweise bearbeiteten Fundmaterial (Keramik, Tierknochen, Hüttenlehm) belegen Fragmente von schlecht gebrannten Webgewichten die Textilherstellung am Gewichtswebstuhl (Grubenhaus Befund 94; Abb. 155,1). In der Verfüllung von Grube B 70, die den Keller B 104 schnitt, waren drei Fragmente von Lederschuhen erhalten. Skelettreste eines Fohlens fanden sich in der Verfüllung des karolingerzeitlichen Grubenhauses B 47 (Abb. 155,9).

Nach einer langen Siedlungsunterbrechung wurde das Gelände erst wieder in der Barockzeit und vor allem im 19. Jahrhundert großflächig erschlossen. Aus der Zeit nach 1792 stammt eine mit Baustoffen und Keramik verfüllte Grube (Abb. 155, 10) an der nördlichen Grundstücksseite. Datierend ist ein Jeton mit dem Bildnis von Louis XVI., dem *„roi des fransois“*. In der Grubenverfüllung befanden sich zudem eine weitere

157 ◁ *Heddesheim, Oberdorfstraße 19. Goldscheibenfibel aus dem 7. Jh.*

Münze sowie ein dreieckiger, punzverzierter Buchbeschlag mit Nietloch. Zum Anbau von Nutzpflanzen waren Pflanzgräben bzw. rechteckige Beete (Abb. 156, 1, 2, 7) im Ostteil der Grabungsfläche angelegt worden. Ein Brunnen aus Sandsteinquadern könnte in die Übergangszeit vom Ende des 18. bis ins beginnende 19. Jahrhundert datieren (Abb. 156, 10).

Ausgrabungen in der Weidigstraße 1

Die zweite, ebenfalls im Mai durchgeführte Grabung wurde auf dem Grundstück Weidigstraße 1 auf einer Fläche von ca. 100 m^2 durchgeführt. Sie befand sich ca. 20 m südlich der Oberdorfstraße 19. Auch hier war die Grabung durch den Abriss eines bäuerlichen Anwesens und den geplanten Neubau eines teilunterkellerten Bürogebäudes veranlasst worden. In ca. einem Meter Tiefe unter heutigem Gelände wurden Gruben und viele Stakenlöcher aus der späten Merowingerzeit sowie eine in Teilen angeschnittene Kellergrube (Länge 2,2 m, Breite 1,4 m, Tiefe ca. 1 m) aus der Karolingerzeit ausgegraben. Von zwei Firstpfosten konnte der östliche dokumentiert werden.

Nach einer langen Siedlungsunterbrechung wurde das Gelände in der Barockzeit erneut bebaut. Aus dieser Epoche fanden sich mindestens drei Kalkgruben. In einer Grube an der Außenwand der ehemaligen Scheune befand sich ein weitgehend intaktes glasiertes Tongefäß. Es dürfte als Bauopfer anzusprechen sein.

Die jüngsten Bauten stammten aus dem 20. Jahrhundert. Sie zerstörten tiefgründig den größten Teil der frühmittelalterlichen Denkmalsubstanz.

Mittlerweile lassen sich auf einer gedachten Linie von ca. 260 m Länge von der Vorstadtstraße 27 im Norden Heddesheims bis zur Weidigstraße 1 im Süden fünf Siedlungsstellen nachweisen, die im 7. Jahrhundert einsetzten, jedoch unterschiedlich lange Laufzeiten hatten. Siedlungsaktivitäten im Wohngebiet „In den Gänsgräben", ca. 270 m südwestlich der Weidigstraße, endeten bereits im 7. Jahrhundert.

Die nächsten Neubauten in der Vorstadtstraße befinden sich in der Planungsphase. Man darf gespannt sein, welche archäologischen „Schätze" der Boden dort freigibt.

Mein persönlicher Dank für treue Unterstützung in harten Coronazeiten gilt den Ehrenamtlichen S. Alles, P. Bickel, G. Heimsch, N. Knopp, J. K. Neuhaus, Z. Perhoć, A. Protz, P. Seitz, A. Sohn-Fritsch, G. Trapp sowie der Studentin S. Gebhardt, Universität München. Unser Dank gilt dem geduldigen Bauherrn A. Albayrak, AL-Bau Handels GmbH, Mannheim, sowie M. Burkhardt, ibb Baumanagement, Weinheim. W. Weber versorgte uns mit Frischwasser und bot Gelegenheit für fotografische Übersichtsaufnahmen. Bemerkenswert war die rege Anteilnahme des Gemeinderats und vieler Heddesheimer Bürger*innen, die sich von unserer „Pinnwand" am Bauzaun tagesaktuelle archäologische Berichte aus dem Mannheimer Morgen holten.

Klaus Wirth

LITERATURHINWEIS

B. Stadler/P. Will/U. Koch, Eine Filigranscheibenfibel des frühen Mittelalters aus Heddesheim, Rhein-Neckar-Kreis. Mannheimer Geschichtsbl. 40, 2020, 139–155.

DETTINGEN UNTER TECK, KREIS ESSLINGEN

Ein früh- bis hochmittelalterlicher Eisenverhüttungsplatz in Dettingen unter Teck

Beim Aushub der Baugrube für ein Mehrfamilienhaus am nördlichen Ortskernrand von Dettingen in der Hinteren Straße 113 im Sommer 2020 zeigte sich unerwartet ein sehr ungewöhnliches Befundbild. Beinahe der gesamte Grundstücksbereich war – mit Ausnahme des bis dato bebauten Teils – von Eisenschlacken bedeckt. G. Gassmann, Montanarchäologe im Landesamt für Denkmalpflege, konnte moderne Schlacken ausschließen. Mit der Zuordnung ins Früh- bis Hochmittelalter war dann klar, dass es sich um einen für diese Zeit ausgedehnten Eisenverhüttungsplatz handeln musste. Aufgrund der Randbedingungen und des sehr speziellen Befundes wurden die Grabungen gleich im Anschluss von einem Team des LAD durchgeführt, unterstützt und angeleitet durch die Montanarchäologie.

Frühmittelalterliche Schlackenhalden

Auf dem Gelände zeigten sich mehrere Schlackenhaldenschüttungen, die aus mindestens zwei unterschiedlichen Richtungen angeschüttet erscheinen (Abb. 158). Die eine führt an der Ostseite des Grundstücks ins Profil und wohl noch unter die unmittelbar anschließende Straße. Aus dem Profil stammen Rösterze, Verhüttungsschlacken und Düsenziegelfragmente, sodass mindestens ein Schmelzofen in nicht allzu großer Entfernung in dieser Richtung rekonstruiert werden kann. Die Schlacken setzen sich dann weiter hangabwärts fort. Es handelt sich um Schlacken des sogenannten Typs Frickenhausen, der zahlreich in den dortigen Wäldern auftritt und von L. Szöke in das 6. bis 9. Jahrhundert datiert wurde. Neben den Schlacken fand sich auch das Rohmaterial (Abb. 159): Erze aus dem Braunen Jura, vor allem Toneisensteingeoden, wie sie auch südwestlich von Dettingen vorkommen, dazu Holzkohle und wenige Eisenstücke. Im Südwesten des Baufeldes kam ein Bereich mit Pfostenlöchern zutage, die auf Gebäude oder Ähnliches hindeuten (Abb. 158). Einige Meter unterhalb davon befand sich noch ein Aufbereitungsplatz für die metallreichen frühmittelalterlichen Schlacken zur Rückgewinnung kleiner Metalleinschlüsse. Im Westteil des Grundstücks fanden sich dann Hochwassersedimente, die mindestens zwei Überflutungsereignisse erkennen ließen, darunter eine Kiesbank und Flussmäander mit verrollten Schlackeneinschlüssen, die von Verhüttungsaktivitäten weiter flussaufwärts stammen.

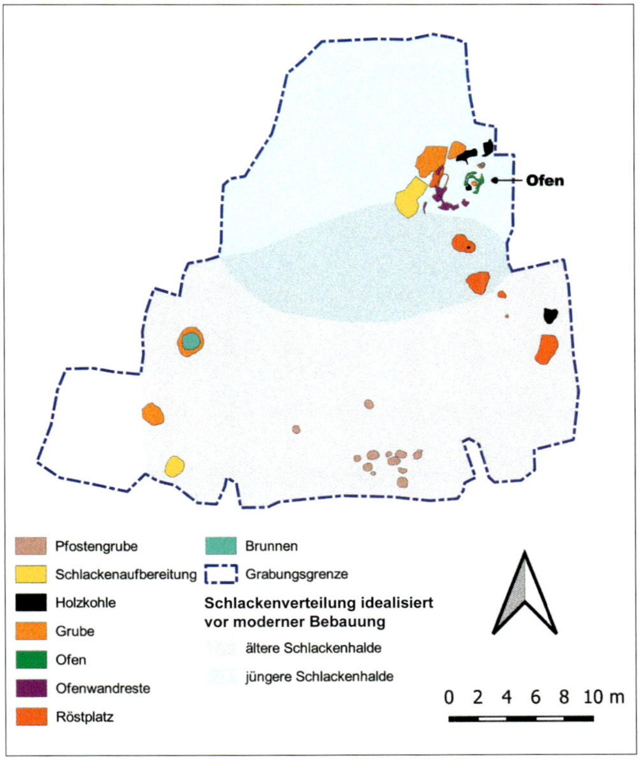

158 △ *Dettingen u. T., Hintere Straße 113. Gesamtplan der Schlackenhalden und ausgegrabenen Befunde.*

Eine weiterentwickelte Verhüttungstechnologie des 10. Jahrhunderts

Auf den Ausläufern der Schlackenhalde, ohne darüberliegende Trennschicht, fanden sich mehrere flache Röststadel (Abb. 158). Anscheinend wurden hier Erze vor der Verhüttung in großem Stil aufbereitet, wobei die Röstplätze wahrscheinlich einer jüngeren Phase der Verhüttung auf dem Gelände zuzuordnen sind. Zu dieser gehören auch große Mengen an vollglasigen Schlacken (Abb. 159), die teilweise auf den älteren Schlacken sowie den Hochwassersedimenten aufliegen und im nördlichen Teil des Grundstücks eine riesige Schlackenhalde bilden, die sich mit Sicherheit noch nach Norden und Westen fortsetzt. Passend zu den Schlacken fand sich noch der Rumpf eines

159 ▷ *Dettingen u. T., Hintere Straße 113. Schlacken, Erze (unten Mitte) und Bruckstücke einer Ofenwandung (unten links).*

zugehörigen Verhüttungsofens (Abb. 159; 160) und einer weiteren vorgelagerten Hochtemperaturinstallation (Abb. 158). Die dem Rennofen zuzuordnenden überwiegend glasig erstarrten Verhüttungsschlacken scheinen den Übergang zu einer veränderten Verhüttungstechnik mit anderer Schlackenführung darzustellen. Das vollglasige Material von Dettingen steht chronologisch vermutlich am Beginn der neuen Technik. Aufgrund der zahlreichen Fundplätze im Äußeren Wald bei Metzingen wird dieser Schlackentyp als Typ Metzingen bezeichnet. Der Rennofenrest war an seiner Frontseite vermutlich nach der letzten Schmelzperiode zerstört und die Reste samt der Bodenplatte in der

160 ▷ *Dettingen u. T., Hintere Straße 113. Rennofen, vermutlich aus dem 10. Jh., geschnitten und ausgenommen.*

unmittelbaren Nachbarschaft einplaniert worden. Derartige Zerstörungen sind auch an anderen Fundstellen die Regel, weswegen nur selten intakte Öfen anzutreffen sind. Die Rückseite des Ofens war noch relativ hoch erhalten; hier war sogar eine Reparatur erkennbar, bei der die Ofenwand in diesem Bereich nach innen zum Teil neu aufgesetzt worden war (Abb. 160).

Etwas weiter hangabwärts fanden sich mit der Halde verzahnt zahlreiche kleingepochte und korrosiv verbackene glasige Verhüttungsschlacken einer Aufbereitung zur Metallgewinnung. Vergleichbare Befunde wurden zuletzt bei Grabungen in Bissingen an der Teck festgestellt.

Technologischer Lückenschluss durch Münzdatierung

Als besonderer Fund ist eine Münze hervorzuheben, die aus der Verfüllung einer der oben erwähnten Pfostengruben stammt (Abb. 161). Sie war vergesellschaftet mit Schlacke des Typs Frickenhausen. Es handelt sich um einen silbernen Denar Ludwigs des Kinds (Bestimmung durch Dr. Matthias Ohm, Landesmuseum Württemberg), der in dessen kurze Regierungszeit (900–911) als ostfränkischer König datiert. Im Allgemeinen sind Münzen aus karolingischer Zeit im archäologischen Fundgut sehr selten. Durch diese Datierung ist es möglich, die Laufzeit der Schlacken des Typs Frickenhausen weiter bis ins 10. Jahrhundert zu datieren. Ohne größere Unterbrechungen dürfte sich in Dettingen auch die neue Verhüttungstechnik etabliert haben. Damit schließt sich die bisher bestehende zeitliche Lücke zwischen den Verhüttungstechniken ausgerechnet im bis dato außerhalb jeglicher Betrachtung stehenden 10. Jahrhundert, in dem also in unserem Raum grundsätzliche technologische Innovationen gelangen.

Insgesamt kann die Schlackenmenge auf dem Grabungsgelände auf mindestens 80 Tonnen geschätzt werden, zu etwa gleichen Teilen auf beide Schlackentypen verteilt. Somit bestand an dieser Stelle ein intensiv genutzter Eisenproduktionsplatz, an dem in großen Mengen Eisen ausgeschmolzen wurde. Das Erz wurde wohl aus dem mehr als 2 km entfernten Gebiet des Käppele im Südwesten Dettingens bezogen, wo die nächsten Erzausbisse zu finden sind. Damit gibt es neben den massenhaft in den Wäldern um Frickenhausen und Metzingen nachgewiesenen Verhüttungsplätzen in unmittelbarer Nachbarschaft zu den durch Tausende von Pingen angezeigten Erzabbaugebieten weitere Standorte unbekannter Zahl bei den Siedlungen. Die schon vor dem Hochmittelalter hochgradig spezialisierte Eisenproduktion größeren Ausmaßes lässt auf eine höherrangige dahinterstehende Organisation schließen, in einer Zeit, in der sich solche, seien es Hochadel oder Städte, erst allmählich herauszubilden beginnen.

161 △ *Dettingen u. T., Hintere Straße 113. Karolingischer Denar von Ludwig dem Kind (reg. 900–911).*

Unser Dank geht an die BauWerk Rudolph GmbH für die erhaltene Unterstützung und an Rainer Laskowski für tätige Mithilfe.

Guntram Gassmann, Dorothee Brenner

LITERATURHINWEISE

L. Szöke, Schlackenhalden und Schürfgruben im Braunen Jura zwischen Reutlingen und Weilheim an der Teck. Fundber. Baden-Württemberg 15, 1990, 353–382; M. Kempa, Archäologische Untersuchungen an früh- und hochmittelalterlichen Verhüttungsplätzen. In: Abbau und Verhüttung von Eisenerzen im Vorland der mittleren Schwäbischen Alb. Forsch. u. Ber. Vor- u. Frühgesch. Baden-Württemberg 86 (Stuttgart 2003) 9–115; D. Brenner, eine früh- bis hochmittelalterliche Siedlung mit Hofgrablege im Ortskern von Bissingen an der Teck. Arch. Ausgr. Baden-Württemberg 2015, 208–212.

Brunnen und Töpfereiabfall – Ein großes früh- bis hochmittelalterliches Siedlungsareal am Rand von Holzgerlingen

Im Frühjahr 2020 wurden am westlichen Rand des Ortskerns von Holzgerlingen auf einer ausgedehnten Fläche sämtliche Häuser abgebrochen, da hier mehrere Wohngebäude und ein Ärztehaus entstehen sollten. Die archäologische Sondage belegte dann auf einem großen Teil des Baugeländes eine hohe Anzahl von früh- bis hochmittelalterlichen Erdbefunden, zu denen noch drei Keller hinzukamen, die dem Abbruch entgangen

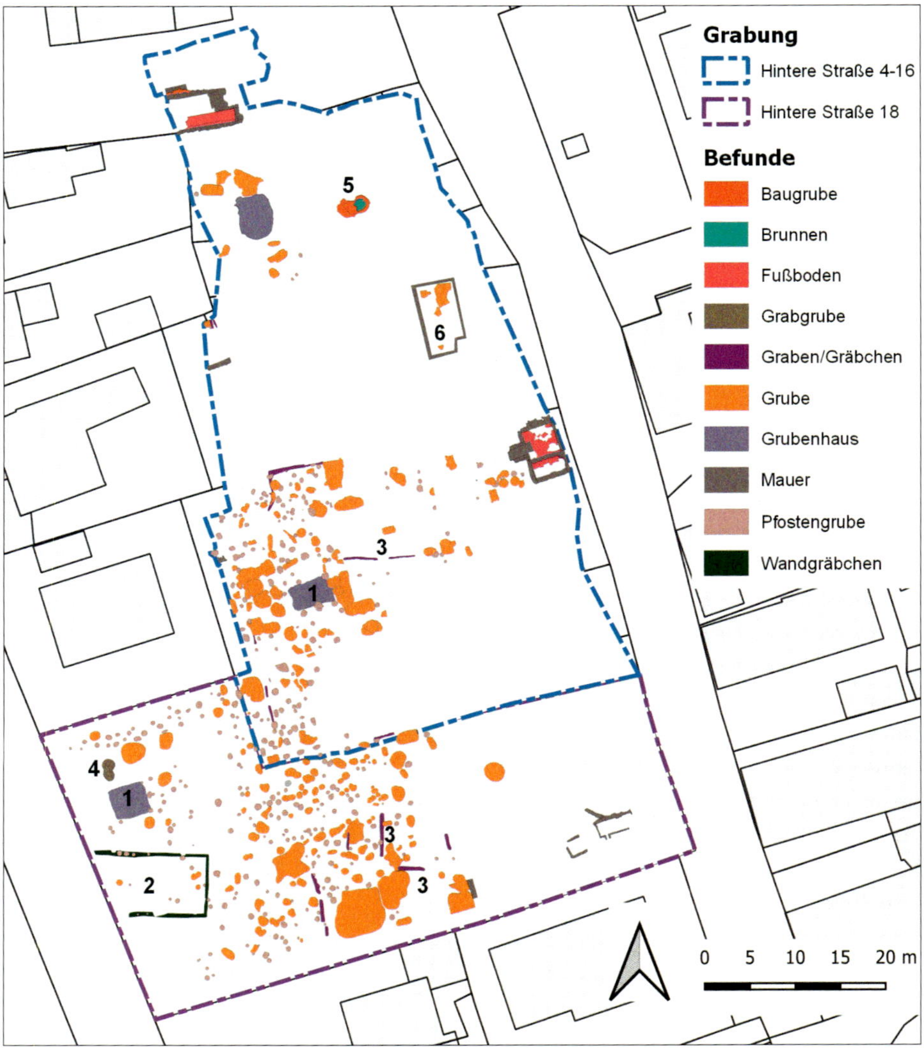

162 ▷ *Holzgerlingen, Hintere Straße 4–18. Gesamtplan. Erklärung der Ziffern im Text.*

waren. Die somit folgende archäologische Ausgrabung wurde von ArchaeoConnect und ArchaeoBW durchgeführt, die parallel unterschiedlichen Bauherren gehörende Areale Ende Mai bis Anfang August bearbeiteten.
Auf dem Gelände, das von der Hinteren Straße nach Westen hin leicht ansteigt, war die Befunderhaltung sehr unterschiedlich. Auf der gesamten Fläche fanden sich dort, wo die Häuser samt Kellern großzügig entfernt worden waren, tiefgründige Störungen, sodass Erdbefunde in den östlichen Bereichen so gut wie gar nicht erhalten waren. Im nördlichen Teil war die Lösslehmbedeckung nur noch teilweise vorhanden, teils lag bereits der anstehende Fels offen. Im (ungestörten) südlichen Teil der Gesamtfläche waren unter dem Oberboden die Befunde im Lösslehm sehr gut erhalten.

Dichte Besiedlung des Früh- und Hochmittelalters

Die zahlreichsten Befunde stellen die vielen kleinen und größeren Gruben und unzähligen Pfostengruben dar, die vor allem im südwestlichen Teil des Areals – teils aufgrund der Störungen in den anderen Bereichen – gehäuft auftreten (Abb. 162). Dagegen gibt es nur relativ wenige Grubenhausbefunde, drei sichere und zwei, bei denen die Interpretation unsicher bleibt. Es lassen sich zwar einige Reihen und Ausrichtungen von Pfostenreihen ablesen, ganze Gebäude sind aber im Moment noch nicht erschließbar. Die erkennbaren Reihungen sowie zwei Grubenhäuser sind in Ostnordost-Westsüdwest-Richtung orientiert (Abb. 162, 1). Ein Hausgrundriss, der von einem Schwellgräbchen (Abb. 162, 2) definiert wird, liegt fast genau in Ost-West-Richtung, leicht nach Süden gekippt, und setzt sich somit sehr deutlich von der Hauptrichtung der wohl meisten Gebäude ab. In diese Richtung sind auch einige Gräbchen (Abb. 162, 3) orientiert, die möglicherweise Reste von Schwellgräbchen oder etwa Begrenzungen darstellen. Möglicherweise handelt es sich hier um zwei zeitlich getrennte Phasen der Besiedlung; das wird sich aber erst nach einer genaueren Auswertung klarer darstellen lassen.
Nach einer ersten Sichtung des Fundmaterials liegt der Siedlungsbeginn mit relativ wenigen Funden noch im späteren 7./am Anfang des 8. Jahrhunderts, wie Wölbwandtöpfe und ein Knickwandtopf zeigen. Aus der folgenden Zeit, besonders ab der zweiten Hälfte des 8. Jahrhunderts bis in das 11./12. Jahrhundert, liegt sehr viel keramisches Fundmaterial vor, das größtenteils der älteren gelben Drehscheibenware der Typen Runder Berg und Jagstfeld angehört. Obwohl es Formen der Ware mit starker Riefung der Wandung gibt, was eher bei der ältesten Phase der Warenart vorkommt, fehlt doch bis jetzt jeglicher Hinweis auf die typischen Verzierungen des Typs Kirchhausen.
Ein einzelnes beigabenloses und gestörtes Kindergrab (Abb. 162, 4) fand sich ganz im Südwesten des Grabungsareals. Hier lassen sich allerdings vorerst keine Aussagen zur Zeitstellung machen.

Ein Brunnen des frühen Mittelalters mit dem Nachweis eines nahen Töpferofens

Im Norden des Grabungsgeländes fand sich ein Brunnen (Abb. 162, 5) mit einem recht geringen Durchmesser von ca. 1,2 m. Er war aus Bruchsteinen in eine große Baugrube gesetzt; seine Tiefe betrug von der Geländeoberkante noch 3,8 m, die untersten 2,5 m waren dabei in den Fels gehauen (Abb. 163).

Im untersten Bereich, in dem auch heute noch das Grundwasser stand, war er mit Flechtwerk ausgekleidet, dessen Staken aus Eichenhölzern bestanden, die bis jetzt leider keine eindeutige Datierung ergeben haben. Die Verfüllung, die zumindest im unteren Teil wohl in einem Zug erfolgte, kann aufgrund des keramischen Materials gut datiert werden. In dieser fanden sich mehrere grob zerscherbte, wohl weitgehend vollständige Kannen, eine davon war sogar komplett. Es handelt sich um frühe Kannen des Typs Runder Berg, die in die zweite Hälfte des 8. Jahrhunderts gehören (Abb. 164). Offenbar hat man hier die Beschickung eines Brennofens entsorgt, die aufgrund eines Fehlbrandes unbrauchbar geworden war. Sehr deutlich sieht man an der vollständigen nur einhenkeligen Kanne die starken Abplatzungen, und auch die Farbe variiert. Im gesamten Fundmaterial finden sich sehr viele Scherben, die eindeutige Zeichen eines Fehlbrandes aufweisen, bei den meisten handelt es sich um den Typ Runder Berg, es waren aber auch Fehlbrände des Typs Jagstfeld vertreten. Damit ist ein Töpferareal nahebei nachgewiesen, wo wohl über eine lange Zeit, von der zweiten Hälfte des 8. zumindest bis in das 11. Jahrhundert, ältere gelbe Drehscheibenware produziert wurde.

163 ▽ *Holzgerlingen, Hintere Straße 4–18. Teilweise ausgenommener Brunnen mit Flechtwerkauskleidung.*

Keller der frühen Neuzeit

Auf dem gesamten Areal waren nur noch drei Keller vorhanden, die wohl dem Abbruch weitestgehend entgangen waren, weil sie schon vorher aufgegeben worden waren. Der mittlere Keller (Abb. 162, 6) wies dabei einen Steinboden auf, der erst auf den zweiten Blick als gewachsener Fels erkennbar war, weil er absolut eben war und die Bruchkanten an zurechtgehauene Steinplatten erinnerten. Die Verfüllung des nördlichen Kellers ist sicherlich erst im frühen 20. Jahrhundert erfolgt, seine Bauzeit liegt im 17. Jahrhundert. Der südliche Keller mit wohl ähnlicher Bauzeit war dagegen schon im 18. Jahrhundert verfüllt worden. Diese beiden Keller erbrachten jeweils zwei Nachgeburtstöpfe unter den schweren Steinplatten.

Siedlungsgeschichtliche Einordnung

Das Grabungsareal liegt nur 70–150 m südlich der Pfarrkirche und bildet den westlichen Rand des frühneuzeitlichen Ortskerns. Das Ortsgräberfeld des 6. und 7. Jahrhunderts liegt etwa 400 m weiter nördlich; die Siedlung setzt aber wohl erst nach dessen Aufgabe ein. Bis jetzt waren aus Holzgerlingen, vor allem durch zahlreiche archäologische Baubegleitungen, besonders hochmittelalterliche Fundstellen bekannt, wobei in wenigen Fällen die Funde bis ins 9. Jahrhundert und eventuell noch bis in die Merowin-

gerzeit zurückreichen. Nur etwa 180 m östlich des Grabungsareals von 2020 fand sich ein Töpferofen, der ältere gelbe Drehscheibenware vom Typ Jagstfeld produzierte.
Das aktuelle Grabungsareal war mit insgesamt 4600 m^2 die erste großflächige Grabung im Ortskern von Holzgerlingen. Hier zeigt sich ein großer, wohl schon vor dem 8. Jahrhundert durchgängig bis ins 12. Jahrhundert besiedelter Bereich. Wahrscheinlich befand sich in der Nähe auch ein während der gesamten Zeit produzierender Töpfereibereich, der sowohl den Vorgänger des östlich gelegenen Töpferofens darstellt, aber wohl auch gleichzeitig mit diesem bestand. Somit stellt sich Holzgerlingen als größerer Produktionsort der älteren gelben Drehscheibenware dar. Auch im benachbarten Altdorf gibt es Hinweise auf eine Produktion des Typs Jagstfeld.
Holzgerlingen scheint im Hochmittelalter und eventuell schon im 8. Jahrhundert aus mehreren größeren und kleineren Siedlungskernen zu bestehen, die sich beinahe über den gesamten späteren Ortskern erstrecken. Im Grabungsareal an der Hinteren Straße scheint nach dem 12. Jahrhundert die Besiedlung nach Ausweis der Funde zumindest stark auszudünnen. Möglicherweise schließt sich im Spätmittelalter die Besiedlung enger um die Kirche und/oder den oder die Ortsadelssitze. Erst im 16. Jahrhundert scheint an der Hinteren Straße wieder eine flächige Besiedlung einzusetzen.

Für die gelungene Zusammenarbeit möchten wir Frau Neuschl und Herrn Scheuermann von der BB Wohnbau Böblingen sowie Herrn Achim Weinmann von der Böblinger Baugesellschaft mbH danken.

Dorothee Brenner, Susanne Barthel, Sybil Harding

164 △ *Holzgerlingen, Hintere Straße 4–18. Frühe Kanne der älteren gelben Drehscheibenware mit einem eingezapften Henkel und geriefter Oberfläche. Die Abplatzungen sind durch Fehlbrand entstanden.*

LITERATURHINWEISE

B. Scholkmann, Töpfer und Töpferei in Holzgerlingen im Mittelalter. Ortsgeschichtliche Beilage Holzgerlinger Bote 31, 01/2016. URL: https://www.holzgerlingen.de/de-wAssets/docs/a_die-stadt/ortsgeschichte/16_01.pdf (Zugriff: 23. 3. 2021); Von Königs Gnaden – ein Dorf erwacht. Ausstellungskat. „1000 Jahre Holzgerlingen", Städtisches Heimatmuseum 2007 (Holzgerlingen 2007).

Ein karolingisches Grubenhaus in Mühlen am Neckar

Seit 1075 ist das im Neckartal auf einem Schwemmkegel des Eutinger Talbachs gelegene „Mulin“ historisch belegt. In diesem Jahr erhielt das Kloster Hirsau ein Landgut sowie zwei Mühlen als Stiftung vom örtlichen Adel. Allerdings machen die seit dem 19. Jahrhundert bekannten merowingerzeitlichen Gräber mit Beigaben wie „Schwert, Lanze, Dolch und Scherben“ sowie die örtliche Kirche St. Remigius – ein häufiges Patrozinium zwischen dem 6. und 11. Jahrhundert – bereits einen Siedlungsbeginn für das Frühmittelalter wahrscheinlich.

Die Ausgangslage

Die archäologische Denkmalpflege wurde im April 1973 nach Mühlen gerufen, nachdem Ausschachtungsarbeiten in der Feuerwehrgarage des Rathauses – 60 m Luftlinie von der aktuellen Fundstelle entfernt – zahlreiche Keramikscherben und Knochen zutage gefördert hatten. Diese stammten aus einer etwa 2 m breiten und ca. 0,80 m tiefen, durch einen neuen Wasserleitungsgraben angeschnittenen spätmittelalterlichen Siedlungsgrube. Die Grubenfüllung enthielt fast ausnahmslos Keramik der jüngeren Drehscheibenware sowie Bruchstücke einer Feld-

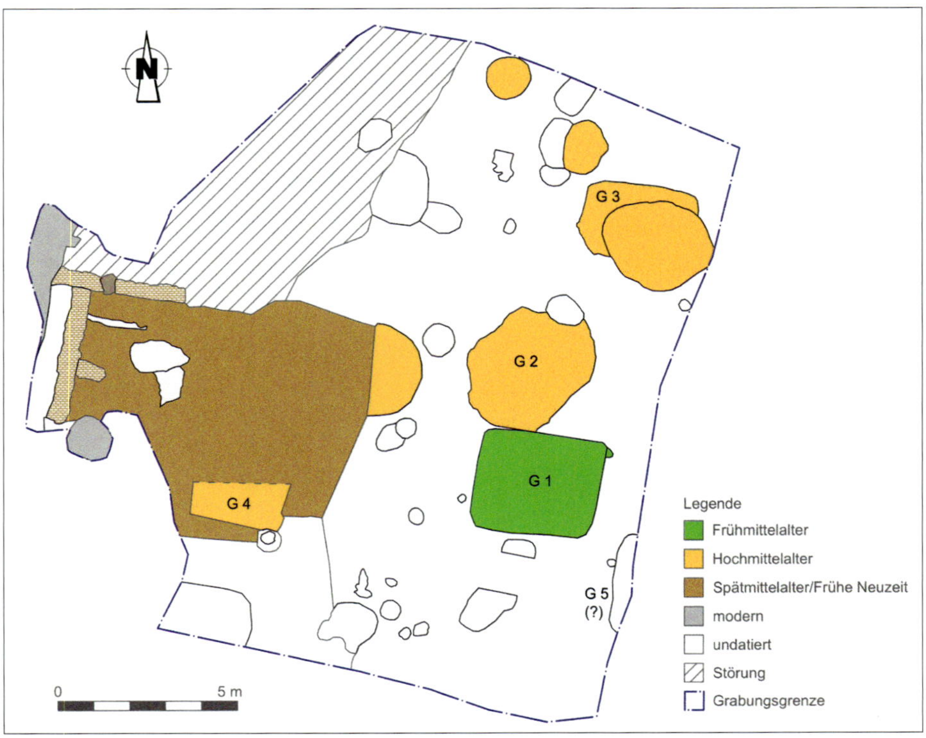

165 ▷ *Mühlen am Neckar. Vorläufiger Gesamtplan der Grabungsfläche.*

flasche aus dem späten 14. bis 15. Jahrhundert. Eine genauere Untersuchung des Befunds samt Umfeld konnte seinerzeit nicht realisiert werden.

Neue Erkenntnisse

Im Herbst 2020 ergab sich nun die Gelegenheit, das letzte unbebaute Grundstück im Ortskern Mühlens auf archäologische Relikte hin zu überprüfen. Nach Vorlage eines Bauprojekts für besagtes Wiesengelände wurden Ende Oktober zwei Prospektionsschnitte eröffnet – Steinsetzungen, Pfostengruben und diverse Verfärbungen konnten freigelegt werden. An Fundmaterial lieferten die Befunde hoch- und spätmittelalterliche sowie neuzeitliche Siedlungskeramik und auch Tierknochen. Darüber hinaus war die Dokumentation einer Siedlungsgrube mit Keramikfragmenten aus der späten Hallstattzeit bemerkenswert. Aufgrund dieser Ergebnisse erfolgte in Abstimmung mit dem Bauherrn die flächige Ausgrabung auf ca. 250 m² im Bereich der Baugrube während der ersten Novemberhälfte (Abb. 165).

Nach Abtrag des Bodens auf den Suchhorizont zeigte das Drohnenfoto einen durch eine ehemalige Baumsetzung sowie einen Wasserschacht modern gestörten straßenseitigen Flächenabschnitt. Im rückwärtigen Bereich zeichneten sich umso deutlicher Verfärbungen sowohl von Pfosten- und Siedlungsgruben unterschiedlichster Größe als auch eines frühmittelalterlichen Grubenhauses ab (Abb. 165, G1). Dieses war in einer Ausdehnung von 3,45 m × 2,73 m und einer Tiefe von knapp 0,20 m erhalten. Innerhalb des Grubenhauses lagen zwei Steinquader in Längslinie, die womöglich als Punktfundamente zur Stütze des Firstpfostens dienten. Hinweise auf weitere Einbauten oder einschlägige Funde, die beispielsweise Rückschlüsse auf eine Nutzung z. B. als Webgrubenhaus zuließen, waren nicht zu beobachten. Lediglich für die südöstliche Ecke konnte ein stärker verdichteter Boden mit halbrunder, loser Steinsetzung und frühmittelalterlichen Keramikfragmenten festgestellt werden. Überhaupt überraschte die Grubenhausverfüllung u. a. mit zahlreichen Scherben von Töpfen und Kannen der älteren gelben Drehscheibenware. Wandscherben vom Typ Kirchhausen mit Hochrechteck- und Gitterrollstempelzier oder Randscherben vom Typ Runder Berg (Abb. 166) ermöglichen eine Datierung des Grubenhauses in das 8./9. Jahrhundert.

Nach Abschluss der Rettungsgrabung und einer ersten Durchsicht des Fundmaterials (Dank an U. Gross) ist nunmehr für Mühlen am Neckar der Nachweis für eine ortskonstante mittelalterliche Siedlungstätigkeit seit der Karolingerzeit erbracht. Dorfkernarchäologie im Zuge der Nachverdichtung kann sich lohnen.

Judith Baldauf

166 △ *Mühlen am Neckar. Karolingerzeitlicher Topf sowie stempelverzierte Wandscherben der älteren gelben Drehscheibenware aus Grubenhaus 1.*

LITERATURHINWEIS

G. Bossert, Was die Steine und Urkunden von Mühlen a. Neckar erzählen. Ein Beitrag zur Ortsgeschichte Mühlens bis 1805 (Reutlingen 1929).

Wo früher Knochen geschliffen wurden – Römische und frühmittelalterliche Knochenobjekte aus Lauffen am Neckar

Der geplante Neubau von zwei Geschäftshäusern auf dem Areal der ehemaligen Kleingartenanlage „Im Brühl“ in Lauffen am Neckar machte im Mai 2020 eine Prospektion durch das Landesamt für Denkmalpflege erforderlich. Hierbei bestätigten sich Hinweise auf eine rege Siedlungsaktivität, die sich während einer archäologischen Baubegleitung des benachbarten Feuerwehrhauses ergeben hatten. Die nachfolgende dreimonatige Rettungsgrabung auf der ca. 6500 m² großen Baufläche nordwestlich des historischen Stadtzentrums wurde durch die Firma ArchaeoBW GmbH aus Gerlingen durchgeführt.

Den ältesten Befund bildet ein spätrömisches Brandschüttungsgrab, das sich über seine Beigaben in das 2. Jahrhundert n. Chr. datieren lässt. Darüber hinaus konnte der Nachweis von insgesamt 23 Grubenhäusern erbracht werden. In diesen wurden zahlreiche Knochenobjekte gefunden, die zusammen mit dem ergrabenen Keramikmaterial in das 8. Jahrhundert weisen (Abb. 167).

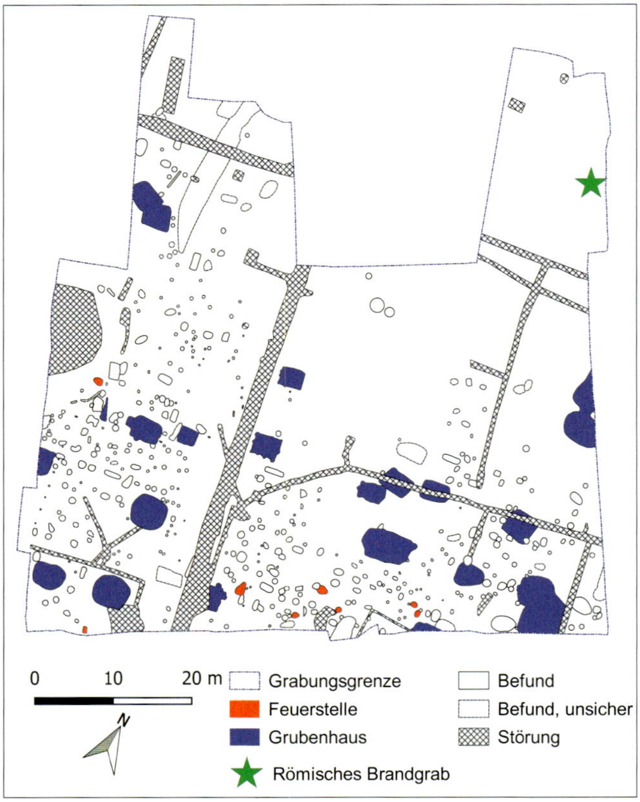

167 ▽ *Lauffen am Neckar, Im Brühl. Gesamtplan der Rettungsgrabungen.*

Römisches Brandgrab

Im Nordosten der Grabungsfläche fand sich ein Brandschüttungsgrab, das mit einer Schicht aus Keramikfragmenten (Terra sigillata u. a.) verfüllt worden war, über der man den Leichenbrand und verschiedene Beigaben deponiert hatte.

Von Letzteren sind vor allem sechs gut erhaltene Öllämpchen hervorzuheben, die allein aufgrund ihrer Anzahl einen außergewöhnlichen Fund darstellen (Abb. 168). Wenn auch alle vom gleichen Typ, unterscheiden sich diese sogenannten Firmalampen doch in ihrer Größe und Gestaltung. Eine der Lampen lässt die Bodenstempelung SATONS (SATTONIS) erkennen, was auf eine Herstellung nördlich der Alpen hinweist. Vergleichsfunde stammen unter anderem aus der römischen Nekropole von Heidelberg, deren Datierung auf den Zeitraum von 80 bis 190 n. Chr. eingegrenzt werden konnte.

Bemerkenswert ist darüber hinaus das Fragment eines Toilettebehältnisses aus Bein. Das zylindrische Gefäß mit dünner Wandung ist innen glatt ausgearbeitet und außen mit Zierrillen versehen. Vermutlich gehörten ehemals passende Verschlüsse zu dem Objekt, die bisher jedoch stets unentdeckt blieben. Vergleichbare Stücke, beispielsweise aus Nida-Heddernheim in Hessen, können anhand entsprechender Grabfunde vom Ende des 1. Jahrhunderts bis zur zweiten Hälfte des 2. Jahrhunderts datiert werden, was wiederum mit den in Lauffen vergesellschafteten Firmalampen korrespondiert.
Siedlungsgeschichtlich geriet Lauffen ab der zweiten Hälfte des 1. Jahrhunderts unter römischen Einfluss. Spätestens mit der Errichtung des Obergermanisch-Raetischen Limes in der Mitte des 2. Jahrhunderts kann eine römische Ansiedlung im Bereich um die Neckarstadt mit mindestens zwölf *villae rusticae* archäologisch belegt werden. Mit der Aufgabe des Limes um die Mitte des 3. Jahrhunderts wurde dieser Siedlungsplatz vermutlich ebenfalls aufgelassen, sodass der Lauffener Grabbefund in die zweite Hälfte des 2. Jahrhunderts datiert werden kann.

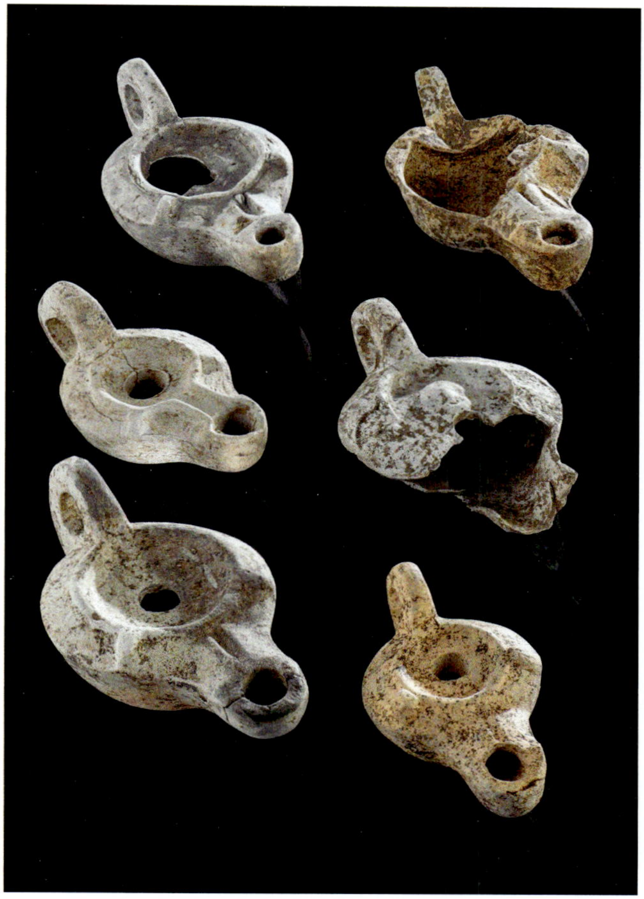

168 △ *Lauffen am Neckar, Im Brühl. Firmalampen aus dem römischen Brandschüttungsgrab.*

Frühmittelalterliche Grubenhäuser

Neben zahlreichen (Pfosten-)Gruben sowie mehreren Feuerstellen lagen im Südteil der Grabungsfläche die Überreste von insgesamt 23 Grubenhäusern. Informationen zu den konstruktiven Details lieferte ein Grubenhaus, das mit ca. 3,60 m × 3,00 m nur noch eine Resttiefe von gut 0,30 m aufwies. Hier zeigten sich in den vier Ecken sowie mittig an den Stirnseiten Pfostengruben, welche die Rekonstruktion eines Satteldachs mit Firstpfosten erlauben. Auch im Innenbereich fanden sich Pfostengruben, was auf eine (nachträgliche) Verstärkung oder Ausbesserung des Überbaus schließen lässt. Bei denjenigen Grubenhäusern, wo die ursprünglichen Eintiefungsniveaus noch vorhanden waren, fanden sich zum Teil auch Spuren des ehemals hierauf aufsetzenden Satteldachs.
Die meisten Grubenhäuser waren homogen mit schluffigem Lehm verfüllt, der keine besonderen Schichtungen aufwies. Auffällig war insbesondere ein Befundkomplex im Westteil der Grabungsfläche, der im unteren Bereich mit einer massiven Steinschüttung verfüllt war. Die Steine wiesen unterschiedliche Größen und Formen auf und auch ihre

169 △ *Lauffen am Neckar, Im Brühl. Beinerne Flöte, Ahle und Nadel aus frühmittelalterlichen Grubenhäusern.*

Lage zeigte keinerlei Struktur, weshalb hier von einer ungeordneten Deponierung ausgegangen werden kann.

In der Gesamtschau zeigen die Grubenhäuser eine annähernd lineare, Westnordwest–Ostsüdost gerichtete Anordnung; es ist jedoch anzunehmen, dass die Gebäude nicht alle gleichzeitig in Benutzung waren. Zugehörige Pfostenbauten, Einfriedungen oder Wege konnten bislang nicht nachgewiesen werden. Endgültige Aussagen zur Struktur der Siedlung und Nutzungsdauer der einzelnen Gebäude sind allerdings erst nach der vollständigen Auswertung der Grabung zu erwarten.

Aus den Verfüllungen konnte nur relativ wenig datierendes Fundmaterial geborgen werden, überhaupt machen die Grubenhäuser den Eindruck einer planmäßigen Aufgabe. Nichtsdestotrotz kann die Siedlung anhand der gefundenen Keramik in das Frühmittelalter datiert werden. Einige wenige Fragmente jüngerer rauwandiger Drehscheibenware lassen sich frühestens in das 7. Jahrhundert, eher jedoch in die erste Hälfte des 8. Jahrhunderts einordnen. Der größte Teil der Keramik ist dagegen als frühe Form der älteren gelbtonigen Drehscheibenware anzusprechen. So lassen einige Stücke Verzierungen erkennen, die dem Typ Kirchhausen zuzuordnen sind, der bereits im 8. Jahrhundert wieder außer Gebrauch kam. Hieraus ergibt sich für die zugehörige Siedlung eine relativ kurze Bestandsdauer von maximal 100 Jahren.

Die Knochenobjekte

Bei den zahlreichen Knochenfunden aus den Grubenhäusern handelt es sich zum einen um Gebrauchsobjekte, die im weitesten Sinne auf Leder-/Textilverarbeitung schließen lassen. Zu nennen sind hier vor allem eine ritzverzierte Ahle mit Gebrauchsspuren sowie eine Beinnadel mit erhaltenem Öhr (Abb. 169). Zum anderen handelt es sich um Objekte, die auf eine Herstellung vor Ort hindeuten. Neben dem Halbfabrikat einer Knochenflöte mit Blasloch zählt hierzu auch ein Beinplättchen mit Kreisaugenverzierung, wie sie auch an einem dreilagigen Beinkamm auftritt (Abb. 170). Letzterer besteht aus zwei mit einem Linienmuster verzierten Griffplatten, zwischen denen sich drei Knochenplättchen mit fein ausgestalteten Kreisaugen befinden. Fragmente ebensolcher, allerdings kleinerer Beinkämme fanden sich auch in drei weiteren Grubenhäusern. Ihre Verwendung setzte bereits in der Merowingerzeit und besonders im 8./9. Jahrhundert ein, was auch durch die Art der Verzierung mit Kreisaugen gestützt wird. Die relativ große Anzahl an Knochenobjekten und das gleichzeitig eher unterrepräsentierte keramische Fundmaterial legen die Vermutung nahe, dass zumindest einige der Grubenhäuser primär für die Knochenverarbeitung genutzt wurden.

Für ihre Kooperation ist insbesondere dem Projektleiter der Kreissparkasse Heilbronn, Herrn Christoph Patzelt, sowie dem Stadtbaumeister der Stadt Lauffen am Neckar, Herrn Helge Spieth, herzlich zu danken.

Max Hermann, Olaf Goldstein

LITERATURHINWEISE

M. Auer, Die römischen Firmalampen aus dem Municipium Claudium Aguntum. In: Le Luminaire antique. Lychnological Acts 3 (Kongress Heidelberg 2009). Monogr. Instrumentum 44 (Montagnac 2012) 11–24; J. Obmann, Die römischen Funde aus Bein von Nida-Heddernheim. Schr. Frankfurter Mus. Vor- u. Frühgesch. 13 (Bonn 1997) 61–63; R. Röber, Zur Verarbeitung von Knochen und Geweih im mittelalterlichen Südwestdeutschland. In: Fundber. Baden-Württemberg 20, 1995, 885–944, hier 889–892; 920–921; A. Schneider u. a., Lauffen am Neckar. Arch. Stadtkataster Baden-Württemberg 38 (Stuttgart 2014).

170 △ *Lauffen am Neckar, Im Brühl. Frühmittelalterlicher Dreilagenkamm aus Bein.*

Ein frühmittelalterlicher Siedlungsbereich am Westrand von Wurmlingen

Der im Jahr 1120 erstmals erwähnte Ort Wurmlingen liegt nordöstlich von Rottenburg zwischen Korngäu und Tübinger Stufenrandbucht. Der Ortsname und mehrere Bestattungsplätze weisen auf eine Entstehung im Frühmittelalter hin.

Im Gewann „Hinter den Gärten“ kamen in den 1880er Jahren zwei frühmittelalterliche Steinkistengräber zutage, im Gewannnamen „Rittergärten“ hat sich der Standort einer im 14. Jahrhundert erwähnten Befestigung erhalten. Aus diesem Grund wurden im Vorfeld der Erweiterung eines Baugebietes sowie des Neubaus eines Feuerwehrgerätehauses geophysikalische Messungen und anschließend archäologische Sondagen durchgeführt. Die Ergebnisse dieser Maßnahmen machten Ausgrabungen erforderlich, die zwischen Sommer 2019 und Frühjahr 2020 von der Firma ArchaeoConnect GmbH aus Tübingen durchgeführt wurden.

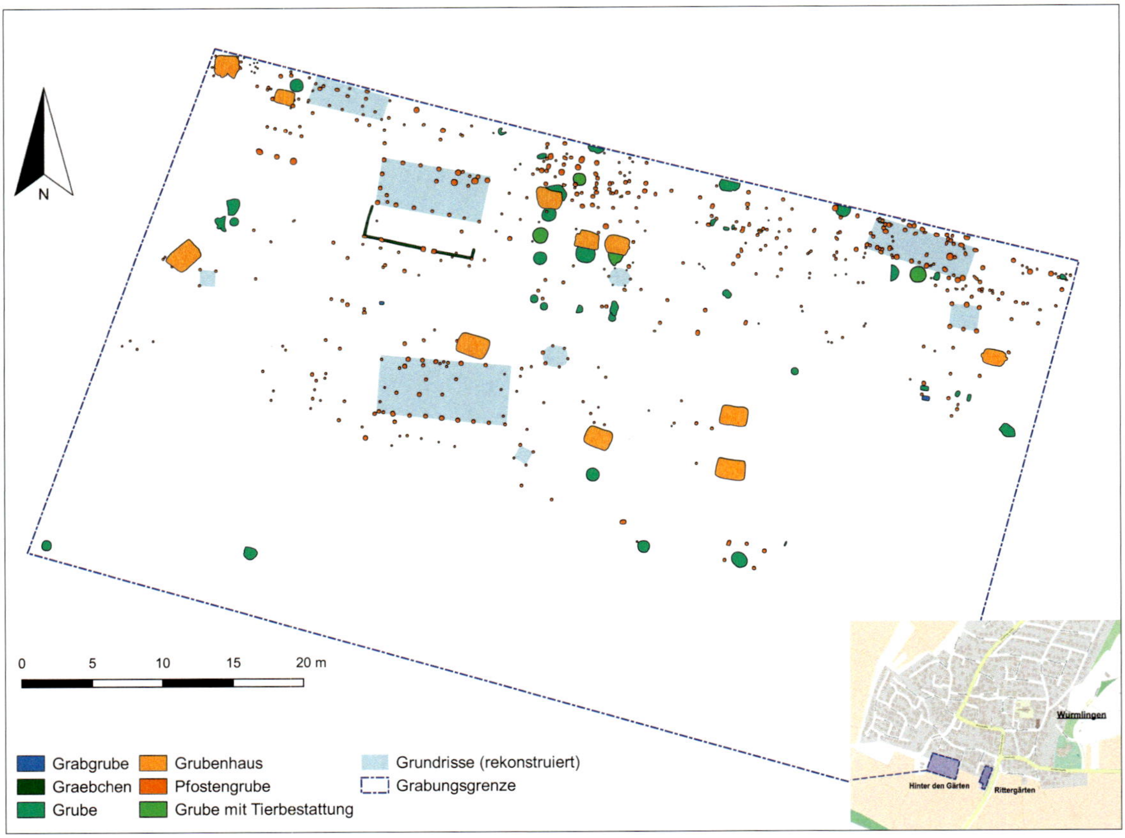

171 ▽ *Rottenburg-Wurmlingen. Lageplan der Grabungsflächen und Plan der ausgegrabenen Befunde im Gewann „Hinter den Gärten“.*

Eine merowingerzeitliche Siedlung im Gewann „Hinter den Gärten"

Das ca. 1 ha große Grabungsareal fällt nach Norden ab und läuft nach Osten in einem flachen Hang aus. Unter der Humusauflage folgte eine Lösslehmschicht, in welche die archäologischen Befunde eintieften. Im Süden war diese nur noch wenige Zentimeter hoch erhalten und stellenweise bis auf den darunterliegenden Löss durchpflügt.

Die ältesten Befunde gehören in die Frühlatènezeit (Abb. 171). Es handelte sich um große Gruben mit im Profil umgekehrt trichterförmigem Querschnitt. Im äußersten Westen der Grabungsfläche wurde außerdem ein Grubenhaus erfasst. Unter dessen südöstlicher Längsseite befand sich das Nordost–Südwest orientierte Grab eines Säuglings (neonatus).

Die überwiegende Zahl der archäologischen Befunde gehört zu einer Siedlung der Merowingerzeit. Im Zentrum der untersuchten Fläche befand sich ein West–Ost orientierter Pfostenbau, vor dessen östlicher Seite ein Vierpfostenspeicher und mehrere Grubenhäuser lagen. Sie gehörten zum Typus des Sechspfostenbaus mit eingezogenen Eckstützen. Die Grubenhäuser wurden wahrscheinlich als Wirtschaftsgebäude genutzt. Die genannten Bauten bildeten vermutlich eine separate Hofeinheit innerhalb der Siedlung. Direkt nördlich davon lag ein ähnlich strukturiertes Gehöft. Vor der Ostseite eines West–Ost orientierten Pfostenbaus befand sich eine Reihe von zugehörigen Grubenhäusern. Nach Nordwesten und Nordosten erstreckten sich die Grundrisse weiterer Gebäude und Grubenhäuser und deuten den Standort zusätzlicher Hofeinheiten an.

Zusätzlich wurden zwei Bestattungen von Kleinkindern (neonatus/infans I) freigelegt, die als Hofgrablegen anzusprechen sind. Die Grabgruben waren West–Ost orientiert, die Toten lagen in Rückenlage mit dem Schädel im Westen. Der im Nordosten gelegenen Bestattung war ein im Fußbereich stehendes Keramikgefäß beigegeben, dessen ausgeprägte Rillenzier charakteristisch für rauwandige Drehscheibenware „Neuhausener Art" des 7. und frühen 8. Jahrhunderts ist (Abb. 172). Bestattungen von Kindern und Jugendlichen sind ein typischer Befund in Siedlungen des späten 7. Jahrhunderts.

172 △ *Rottenburg-Wurmlingen, „Hinter den Gärten". Topf der rauwandigen Drehscheibenware „Neuhausener Art" des 7./frühen 8. Jhs. mit abgesetztem Rand und ausgeprägter Rillenzier aus einem Grab.*

Friedhof der Nutztiere

Über das Siedlungsareal verstreut lag eine Reihe von Vorratsgruben. In vier von diesen wurden knapp über der Grubensohle sehr gut erhaltene Tierskelette angetroffen, darunter ein Rinder-, ein Hunde-, ein Hirschsowie zwei Pferdeskelette. Die Überreste des Rinds lagen zusammen mit einem Pferdeskelett in derselben Grube. Im Falle des Rinderskeletts waren die Extremitäten nicht mehr mit dem Rumpf verbunden. Die Vorderläufe waren zwar vollständig erhalten, lagen aber auf Höhe des Beckens und waren bereits vor der Niederlegung abgetrennt worden (Abb. 173). Bei dem darunterliegenden Skelett eines Fohlens fehlte der komplette Schädel. Aufgrund des allgemeinen Erhaltungszustands kann davon ausgegangen werden, dass dieser vor der Deponierung vom Hals getrennt wurde. Die anderen Skelette waren vollständig und befanden sich im anatomischen Verband. Diese Befunde dürften als intentionelle Bestattungen von Nutztieren zu interpretieren sein. Eine ^{14}C-Datierung der Skelette ergab eine einheitliche Datierung in das 5./6. Jahrhundert n. Chr. Vergleichbare Tierbestattungen sind sowohl aus dem Frühmittelalter als auch aus verschiedenen anderen Zeitstellungen bekannt. Der direkte Zusammenhang mit offenbar aufgegebenen Vorratsgruben wird häufig als Hinweis auf ein Fruchtbarkeitsritual gedeutet.

Während die Tierbestattungen hier eine Erscheinung der frühen Merowingerzeit sind, weist das keramische Fundmaterial mit rauwandiger Drehscheibenware „Neuhausener Art" auf eine Besiedlung dieses Platzes bis in das 7./8. Jahrhundert n. Chr. hin.

173 ▽ *Rottenburg-Wurmlingen, „Hinter den Gärten". Freigelegtes Rinderskelett, im Bildvordergrund links erkennbar die ersten Knochen des darunterliegenden Pferdeskeletts.*

Hocker, Hirsche, Grubenhäuser: Siedlungsspuren in den „Rittergärten"

Das etwa 4000 m² große Grabungsareal liegt in einer kleinen Senke am Südrand des Ortes. Nach dem Abtrag des Oberbodens und eines Kolluviums kamen besonders im Norden des Areals eine Vielzahl verschiedener Siedlungsbefunde zutage.

Im Nordwesten wurde das Schüttfundament eines etwa 80 m² großen, Ost–West ausgerichteten Gebäudes freigelegt, dessen Datierung und Funktion unklar sind. Das Schüttfundament selbst lieferte während der Grabung lediglich wenige Baukeramikfragmente, wohl von römischen Leistenziegeln, die hier einen Terminus post quem darstellen.

Die Erdbefunde des Frühmittelalters

Darüber hinaus wurde eine große Anzahl verschiedener Erdbefunde erfasst (Abb. 174). Im Norden der Fläche befanden sich drei Grubenhäuser mit den dazugehörigen Pfostenstellungen des ehemaligen Überbaus. Das Fundmaterial weist auf eine Aufgabe der Gebäude während des 10. bis 11. Jahrhunderts hin.

Südlich der Grubenhäuser zeichnete sich eine Reihe aus neun Pfostengruben von der

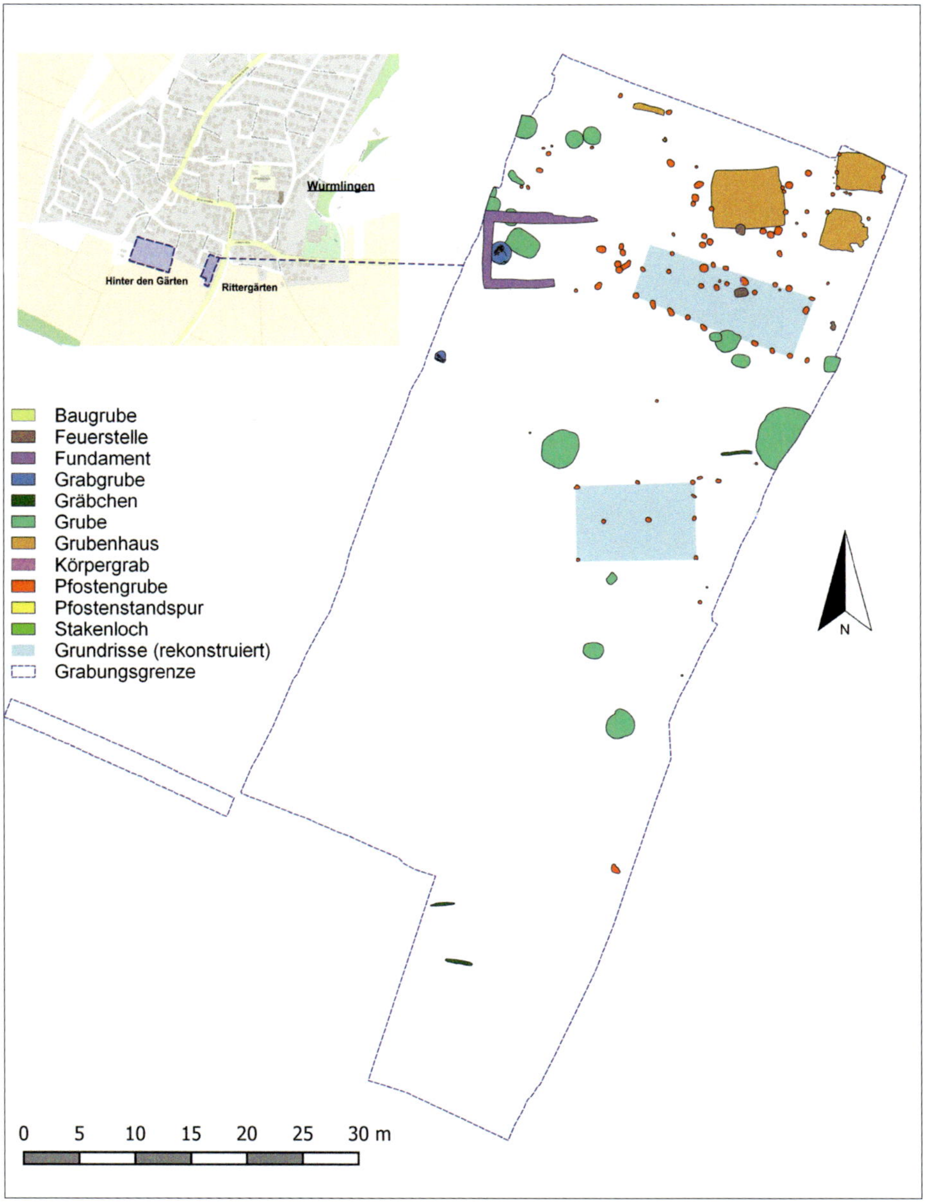

174 ◁ *Rottenburg-Wurmlingen. Lageplan der Grabungsflächen und Plan der ausgegrabenen Befunde im Gewann „Rittergärten".*

südlichen Wand eines größeren Gebäudes ab. Einzelne Pfostenstellungen deuten die Nordwand an und erlauben zusammen mit der Südreihe die Rekonstruktion eines 15 m × 5 m großen Grundrisses. Etwas weiter südlich lassen sich insgesamt acht weitere Pfostenstellungen zu einem etwa 12 m × 7 m großen, Ost–West ausgerichteten Gebäude mit Firstpfostenreihe zusammenfügen.

Überdies fand sich eine große Anzahl teilweise sehr großer Gruben, die zunächst als Abfallgruben interpretiert wurden. Es zeigte sich jedoch, dass diese Gruben zum größten Teil fundleer waren. Die Durchmesser dieser Befunde, bei denen es sich möglicherweise um Lehmentnahmegruben oder Grundwasserbrunnen handelte, rangierten zwischen 1,20 m und 5,50 m, die Tiefen zwischen 1,50 m und über 3 m.

Zwei Bestattungen mit überraschendem Alter

Hervorzuheben ist die Bestattung eines jungen Rothirsches im Westen des Schnittes. Das Tier war, komplett und ohne entfleischt worden zu sein, auf der untersten Verfüllschicht einer Grube niedergelegt worden. Mit seinem ausgestreckten rechten Vorderlauf und den seitlich angezogenen Hinterläufen wirkte der Hirsch wie drapiert. Der Schädel lag auf dem Körper nach hinten angelegt und war vor der Niederlegung vom Rumpf getrennt worden. Etwas weiter südlich fanden sich auf gleicher Höhe Skelettteile eines Rehbocks. Der Großteil der Knochen dieses Tieres fand sich jedoch in der Grubenverfüllung. Offenbar war der Rehbock zuerst in der Grube bestattet worden. Später wurde diese wieder geöffnet, um das Hirschskelett niederzulegen. Dabei wurde die primäre Deponierung des Rehbocks gestört und die Knochen teilweise ausgegraben. Beim erneuten Zuschütten der Grube gelangten diese in die Verfüllung.

Die ^{14}C-Datierung des Hirsches fällt in das frühe 4. Jahrtausend v. Chr. Aufgrund der Nähe zu den vergleichbaren Befunden der Ausgrabung „Hinter den Gärten“, die in das 5. bis 6. Jahrhundert n. Chr. datierten, war das hohe Alter überraschend. Die ^{14}C-Datierung einer Hockerbestattung, die sich nur wenige Meter südwestlich des Hirschgrabes befand, ergab allerdings ebenfalls ein vergleichbares Alter. Das etwa zwölf Jahre alte Kind war ebenfalls im frühen 4. Jahrtausend v. Chr. gestorben (Abb. 175).

175 ▽ Rottenburg-Wurmlingen, „Rittergärten“. Bestattung eines etwa zwölfjährigen Kindes, frühes 4. Jtsd. v. Chr.

Das Fundmaterial

Der Großteil des keramischen Fundmaterials gehört zur älteren gelben Drehscheibenware des Typs Runder Berg. Nur wenige Befunde erbrachten älteres Fundmaterial. Darunter waren vereinzelte Fundstücke römischen Ursprungs und wenige Keramikfragmente der älteren und jüngeren Merowingerzeit. In einer Pfostengrube wurde überdies eine gut erhaltene Hornnadel gefunden.

Die frühmittelalterliche Siedlung liegt weniger als 2 km von der zeitgleichen Niederlassung in Rottenburg-Sülchen und dürfte sich am Verlauf der Römerstraße nach Köngen orientieren. Es deutet sich außerdem an, dass sich der Schwerpunkt des Siedlungsareals vom Früh- ins Hochmittelalter nach Osten verschoben hat.

Abschließend ist der Stadtverwaltung Rottenburg und insbesondere dem Tiefbauamt, vertreten durch Herrn Jürgen Klein, für die reibungslose Zusammenarbeit zu danken.

Manuel Birker, Sybil Harding, Marc Heise

LITERATURHINWEIS

D. Ade-Rademacher/R. Rademacher, Vor- und Frühgeschichtliche Siedlungsspuren und mittelalterliche Burgen auf der Gemarkung von Wurmlingen. In: K. Geppert (Hrsg.), 900 Jahre Wurmlingen. Vom Dorf am Fuße der Kapelle (Horb a. N. 2000) 23–49.

MITTELALTER UND NEUZEIT

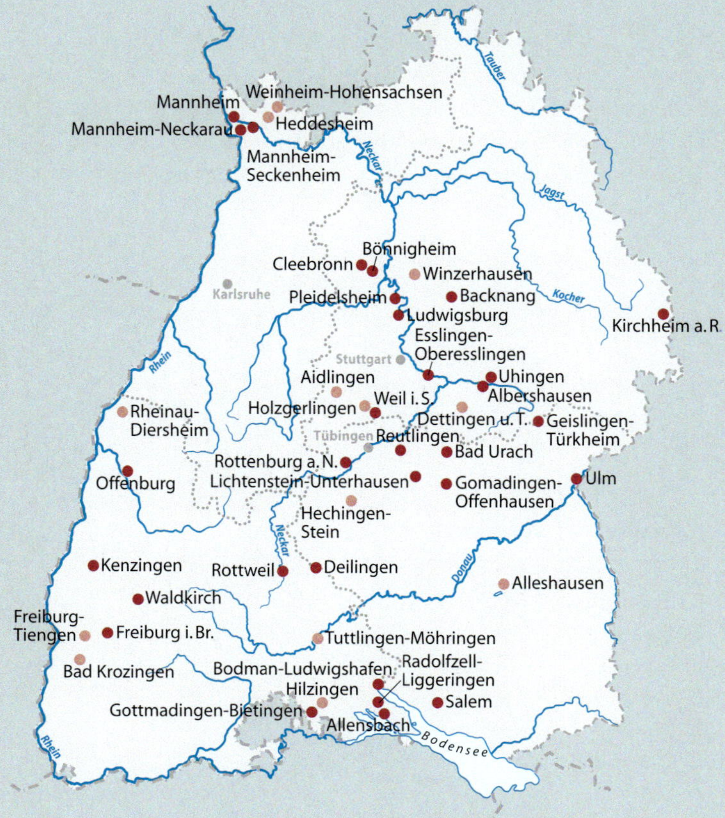

176 Allensbach, Gewann „Hausteil", neuzeitliche Richtstätte. Blick von Norden über die Grabungsfläche und den Gnadensee zur Insel Reichenau. Von dort wurden die Delinquenten mit dem Boot zum Richtplatz gebracht (zum Beitrag S. 328 ff.).

Spuren des hochmittelalterlichen Pleidelsheim am Ufer des Riedbachs

Die Gemeinde Pleidelsheim liegt östlich des Neckars an der Straße, die hier schon im Mittelalter über eine Fähre nach Großingersheim führte, das im Hochmittelalter eine gewisse Bedeutung als Sitz der Grafen des Murrgaus besaß. Der Ort liegt im flachen Tal des Riedbachs, der heute im Ortsbereich weitgehend verdolt ist.

Die frühmittelalterlichen Wurzeln Pleidelsheims sind durch das nördlich des Ortes liegende merowingerzeitliche Gräberfeld bekannt, und auch in den Schriftquellen taucht es schon Ende des 8. Jahrhunderts im Lorscher Kodex auf. Das in großen Teilen ausgegrabene Reihengräberfeld, dessen Belegung von der zweiten Hälfte des 5. Jahrhunderts bis ins 7. Jahrhundert reicht, erbrachte teils reich ausgestattete Gräber mit einzigartigen Beigaben.

Das Grabungsareal liegt ca. 400 m südlich des Gräberfelds direkt nördlich des verdolten Riedbachs zwischen Riedbach- und Gartenstraße und somit nur wenig außerhalb des spätmittelalterlichen/frühneuzeitlichen Ortskerns. Das ca. 1200 m^2 große Gelände, auf dem nun ein Ärztehaus mit Tiefgarage entsteht, war bis dato weitgehend unbebaut geblieben. Da sich bei der Sondage mittelalterliche Siedlungsbefunde ergaben – wenn auch nicht, wie erwartet, frühmittelalterliche Bestattungen –, wurde bauvorgreifend eine archäologische Untersuchung notwendig, die von Mitte Juni bis Ende August 2020 durch die Firma fodilus GmbH, Rottenburg, durchgeführt wurde. Aufgrund der Lage am Riedbach waren die Grundwasserverhältnisse trotz der Hitze im Sommer so beschaffen, dass in tieferen Schnitten ein Arbeiten nur

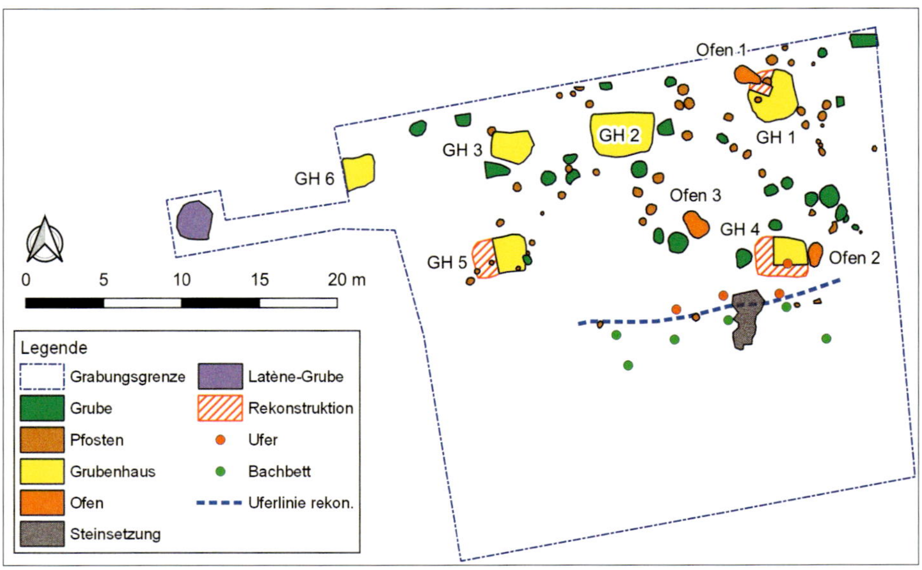

177 Pleidelsheim, Riedbachstraße. Gesamtplan der ausgegrabenen Befunde.

mit Abpumpen des Wassers und sehr eingeschränkt möglich war.

Ein latènezeitlicher Befund

Den ältesten Befund in der Grabungsfläche stellt eine einzelne Grube dar, die in einem Suchschnitt nach Westen zutage kam, wobei dieser Bereich nicht weiter untersucht werden konnte (Abb. 177). Es handelt sich um eine im Durchmesser ca. 2,5 m große, rundovale bis rechteckige Grube mit einem ca. 1,5 m messenden verziegelten Bereich im Zentrum der Verfüllung. Die zahlreiche Keramik weist den Befund in die Latènezeit, die Form war aber durch Wurzeln so stark gestört, dass eine weitergehende Interpretation nicht möglich ist.

Grubenhäuser und Öfen des Hochmittelalters

Befunde konnten nur in der nördlichen Hälfte des Geländes in den dort anstehenden sogenannten Pleidelsheimer Sanden erfasst werden, der südliche Bereich bestand aus Schwemmschichten des Riedbaches, die auch eine zunehmende Feuchtigkeit aufwiesen und somit für eine Bebauung nicht geeignet waren.

Die Befunde, die nach einer ersten Durchsicht des Fundmaterials, das hauptsächlich aus älterer gelber Drehscheibenware mit Rändern vom Typ Runder Berg und Jagstfeld besteht, alle ins 9./10. bis 12. Jahrhundert datieren, zeigen mit den üblichen Pfostenlöchern, Gruben, Grubenhäusern und Öfen ein bachnahes Siedlungs- und Werkareal (Abb. 177).

Drei der Grubenhäuser (GH 1, 3, 5) waren mit 20–30 cm noch erfasster Tiefe nur noch flach erhalten, während das auf derselben Höhe liegende Grubenhaus 2 noch eine erheblich größere Tiefe von 80 cm aufwies. Dieses war auch mit 4 m × 2,7 m das größte dieser Gebäude.

Einen Hinweis auf den Zweck der Grubenhäuser lieferte im westlichen Bereich der Grabungsfläche, wo die Befunde deutlich ausdünnten, das Grubenhaus 6. Trotz erheblicher Störungen fanden sich zehn vollständige, mehr als 10 cm große Webgewichte auf dem Boden des Grubenhauses (Abb. 178). Dabei könnten fünf der Gewichte durch ihre Lagerung in einer Reihe noch den Standort des Webstuhls erkennen lassen. Konstruktive Spuren eines solchen waren allerdings nicht zu finden. Eins der Gru-

178 ◁ *Pleidelsheim, Riedbachstraße. Das bis auf die Sohle ausgegrabene Grubenhaus 6 mit den Webgewichten in Fundlage.*

179 △ *Pleidelsheim, Riedbachstraße. Grubenhaus 1 und Ofen 1 nach Entfernung der Verfüllung.*

benhäuser (GH 5) lag sehr nah am Bachbett teils in, teils unter einer lehmigen Schwemmschicht. Möglicherweise wurde es in einer trockenen Phase errichtet und dann bei Änderung der Wasserverhältnisse wieder aufgegeben und von einer Schwemmschicht überdeckt.

Im östlichen Bereich der Grabungsfläche konnten insgesamt drei Öfen ergraben werden. Ofen 1 liegt an der Nordwestecke von Grubenhaus 1 und ist vermutlich jünger als dieses (Abb. 179).

Der zweite Ofen lag in einem Bereich, in dem das Grundwasser bereits hoch anstand. Auf der Sohle des Ofens befanden sich zwei Reihen aufrecht gesetzter Kalksteine, deren Zweck aber unklar bleibt. Beide Öfen sind im Gegensatz zum dritten in unmittelbarer Umgebung von Grubenhäusern zu finden; eine genaue Zweckbestimmung der Öfen entzieht sich auch aufgrund mangelnder charakteristischer Funde der Deutung.

Das Ufer des Riedbachs

Nach Süden wurden keine Befunde mehr festgestellt, stattdessen sind hier nur sehr feuchte Bachsedimente zu finden. Über neun bodenkundliche Bohrungen konnte die ungefähre Uferlinie des Riedbachs bestimmt werden, der demnach wohl in mittelalterlicher Zeit ein gutes Stück weiter nördlich verlief als die heutige Verdolung unter der Riedbachstraße. Der südliche Uferbereich ist bei der festgestellten Breite von 10–12 m dementsprechend unterhalb der heutigen Gebäude der Riedbachstraße anzunehmen.

Insgesamt wurden 30 m des Uferbereichs untersucht. Nur in der östlichen Hälfte waren Befunde erhalten, zu denen u. a. Pfosten gehörten, von denen einer auch eine Holzerhaltung aufwies und durch eine noch ausstehende dendrochronologische Datierung die Zeitstellung der Bachbefestigung bestätigen könnte. Eine Steinsetzung im Uferlehm ist als rudimentärer Übergang bzw. Zugang zum Bach anzusprechen.

Fazit

Im Grabungsgelände zeigt sich wohl der Randbereich einer Siedlung, der mit Öfen und Grubenhäusern, die sicher für die Weberei bestimmt waren, hauptsächlich einen hauswerklichen Hintergrund widerzuspiegeln scheint. Pfostengruben sind zwar zahlreich vertreten, scheinen aber nicht unbedingt eine Bebauung mit Wohngebäuden anzuzeigen. Dafür spricht auch die dichte Lage der Grubenhäuser, wobei hier noch eine Überprüfung einer etwaigen zeitlichen Abfolge erfolgen muss. Die Nähe zum Riedbach sorgte zwar für eine einfache Wasserversorgung, der sehr feuchte Untergrund war aber mit Sicherheit zur Errichtung von Wohnhäusern nicht sonderlich geeignet.

Zusammen mit der unweit gelegenen hochmittelalterlichen Fundstelle in der Badstubenstraße, den Erkenntnissen durch meh-

rere baubegleitende Untersuchungen bei Neubauten im Kernbereich Pleidelsheims sowie einer kleineren archäologischen Untersuchung in der Hauptstraße 58–60 am westlichen Ortskernrand, die das Einsetzen der Besiedlung dort im 12./13. Jahrhundert belegt, zeigt sich jetzt ein etwas differenzierteres Bild der Siedlungsentwicklung Pleidelsheims.
Der frühmittelalterliche Kern des Ortes – wobei es sich auch um mehrere Siedlungskerne gehandelt haben könnte –, der zum merowingerzeitlichen Gräberfeld im Norden Pleidelsheims gehörte, ist im Moment nicht lokalisierbar. Nach bisherigen Erkenntnissen scheint er sich zumindest nicht großflächig unter dem heutigen Ortskern befunden zu haben, da nach den entsprechenden Beobachtungen die Besiedlung dort erst im Spätmittelalter einzusetzen scheint. Im Hochmittelalter scheint Pleidelsheim ein weit verstreutes Siedlungsbild gezeigt zu haben mit den Siedelbereichen nördlich der Riedbachstraße, in der Badstubenstraße und am westlichen Rand des heutigen Ortskerns. Möglicherweise hat sich die Siedlung erst mit dem Bau der Ettermauer als Befestigung und Rechtsgrenze auf ihren heutigen Kern zusammengezogen. Weitere Aufschlüsse und Auswertungen wären hier nötig um ein vollständigeres Bild der Entwicklung der Ortschaft erhalten zu können.

Wir danken der Gemeinde Pleidelsheim, besonders Herrn Bürgermeister R. Trettner, der Leiterin des Liegenschaftsamts, Frau A. Benz, sowie Herrn T. Wegener von der TPW Bau GmbH, Ingersheim, für die Unterstützung und Zusammenarbeit.

Matthias Aust, Dorothee Brenner, Radoslaw Gresiak

LITERATURHINWEISE

U. Koch, Das alamannisch-fränkische Gräberfeld bei Pleidelsheim. Forsch. u. Ber. Vor- u. Frühgesch. Baden-Württemberg 60 (Stuttgart 2001); I. Stork, Überraschende Grabungsergebnisse zum alamannisch-fränkischen Friedhof bei Pleidelsheim, Kreis Ludwigsburg. Arch. Ausgr. Baden-Württemberg 2003, 164–166.

■ WEIL IM SCHÖNBUCH, KREIS BÖBLINGEN

Die hochmittelalterliche Siedlung im Lachental in Weil im Schönbuch

Schon seit 1998 bzw. seit den Lehrgrabungen der Universität Tübingen in den Jahren 2000 bis 2002 war bekannt, dass ca. 2 km westlich des Ortskerns von Weil im Schönbuch am Seitenbach ein Eisenverhüttungsplatz zu finden war, der in Zusammenhang mit einer Siedlung zu stehen schien. Hier konnten insgesamt drei ältere und ein jüngerer Verhüttungsofen nachgewiesen werden mit einer Schlackenhalde, die auf ca. 20 Tonnen Eisenschlacke geschätzt werden kann. Dazu kamen aber eindeutige Siedlungsbefunde wie Gruben, Pfostenlöcher und Schwellgräbchen, die für eine unmittelbar im Norden anschließende Siedlung sprachen. Nachdem die Gemeinde vor einigen Jahren im Wiesen- und Ackergelände nördlich davon ein ausgedehntes Gewerbegebiet erschließen wollte, wurden dort Sondagen notwendig. Diese ergaben ein hochmittelalterliches Siedlungsareal nördlich der Bachsenke, wo das Gelände nach Norden hin ansteigt.

Zwar konnten nördlich einer Terrassenkante keine Befunde mehr festgestellt werden und der südliche Teil des Gewerbegebiets war aus der Planung herausgenommen worden, dennoch stellte sich die Befundsituation als deutlich ergiebiger dar, als ursprünglich angenommen, sodass über 4000 m² der Siedlung ergraben werden konnten. Die Untersuchung wurde von E & B excav GbR aus Freiburg in den Monaten Juni bis September durchgeführt.

180 ▽ *Weil im Schönbuch, Lachental. Gesamtplan der ergrabenen Befunde.*

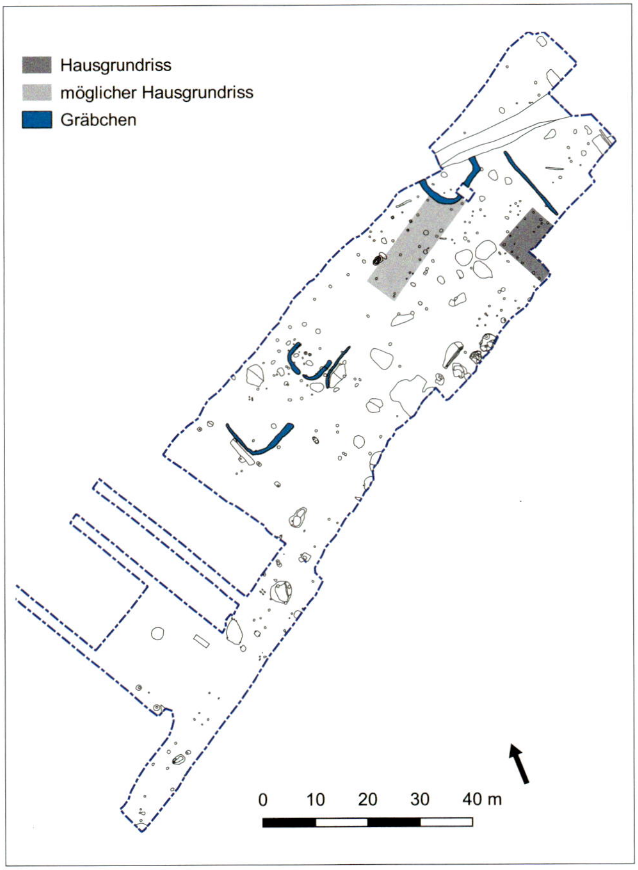

Eine großflächige hochmittelalterliche Siedlung

Es handelt sich um eine großflächige Siedlung, deren Nordrand nicht ganz erreicht werden konnte, auch wenn davon ausgegangen werden muss, dass das Siedlungsareal sich nach den Sondageergebnissen nicht sehr weit über die ergrabenen Flächen hinaus nach Norden erstreckt hat. Auch im Westen konnte der Siedlungsrand nicht erreicht werden, obgleich die Befunddichte deutlich in diese Richtung abnimmt. Im westlichen Grabungsareal sind im Norden nur noch einzelne Befunde nachzuweisen. Ansonsten ist erkennbar, dass die Dichte nach Süden zunimmt; es ist zu vermuten, dass sich die Siedlung, die somit einen erstaunlichen Umfang aufweist, auf voller Länge bis zum Bach hin erstreckt hat.

Einerseits handelt es sich um eine typische Siedlung des Hochmittelalters, die sich anhand der keramischen Funde in das 11. und 12. Jahrhundert datieren lässt. Es finden sich die üblichen Gruben und Pfostenlöcher, die auf eine ebenerdige Bebauung mit Pfostenbauten hinweisen (Abb. 180). Allerdings sind nur wenige Strukturen zu finden, die als Grubenhäuser bezeichnet werden können; diese befinden sich im Osten des Grabungsareals nahe beisammen und zumindest eine der drei Gruben weist die für ein Grubenhaus typische Wandung und flache Sohle auf. Zugehörige Pfostenlöcher und ein Fußboden oder Laufhorizont konnten aber nicht festgestellt werden. Auch sind einige der Strukturen eher ungewöhnlich und darum auch nicht so eindeutig zu interpretieren.

Am Nordrand der Grabungsfläche fanden sich mehrere Gräben, die meist nur noch flach erhalten waren und Breiten von 50 cm bis über 1 m aufweisen. Bis auf ein gerades, langes Nord–Süd verlaufendes Gräbchen

181 ◁ *Weil im Schönbuch, Lachental. Grube mit Feuerstelle und einer Kanne der älteren gelben Drehscheibenware in der Verfüllung.*

scheinen die Gräben alle Rechtecke mit gerundeten Ecken zu bilden – oder zumindest Teile davon – und Räume zu umschließen mit einer Seitenlänge von 6–9 m. Es lassen sich in den meisten Fällen allerdings keine damit in Zusammenhang stehenden Gebäudestrukturen rekonstruieren, die eine Aussage über den Zweck der Gräbchen erlauben würden. In einem Fall scheint sich der Graben an eine Grube zu schmiegen. Möglich wäre es, die Gräben als Begrenzung oder aber Wassersammler zu betrachten, wobei sich aus dem Sediment keinerlei Hinweis auf stehendes oder fließendes Wasser ergibt. Vielleicht dienten sie auch zur Aufnahme von beweglichen Strukturen wie Abdeckplanen oder zeltähnlichen Gebilden. Pfostenlöcher, die auf die Standorte von größeren Gebäuden hinweisen, fanden sich gehäuft nur im Osten der Fläche; die übrigen Pfostenlöcher sind eher wahllos und bis auf einige Konzentrationen locker verteilt. Eine Pfostenreihe entlang der Nordgrenze der Grabungsfläche könnte auf eine Begrenzung wie einen Zaun hindeuten. Im Osten der Fläche finden sich dagegen mehrere zumindest mögliche Hausgrundrisse. Der deutlichste ist auf dem Gesamtplan (Abb. 180) dunkelgrau gekennzeichnet und zeigt den nördlichen Teil eines Hauses mit einer Breite von ca. 8,30 m und einer erfassten Länge von über 10,50 m. Dieses besitzt vermutlich eine Abtrennung im Norden, wobei nur noch ein Teil der Pfosten vorhanden zu sein scheint. Das Areal mit möglicherweise dicht stehenden Häusern wird nach Osten hin durch das erwähnte gerade Gräbchen be-

182 ◁ *Weil im Schönbuch, Lachental. Kanne aus der Feuerstelle Abb. 181, ältere gelbe Drehscheibenware vom Typ Jagstfeld.*

grenzt, sodass eine Interpretation als Abtrennung zweier unterschiedlich genutzter Areale wahrscheinlich wird. Erstaunlich ist auch das Vorhandensein einer Anzahl von sehr großen Pfostengruben; sie messen zwischen 0,7 m und 1,40 m, sind teilweise noch bis zu 1 m tief und die Pfostenstandspur selbst hat immer einen Durchmesser von ca. 30 cm. Leider lassen sich diese Pfostengruben in keinerlei Zusammenhang setzen. Auch Flickungen durch doppelte Pfostenlöcher sind keine Seltenheit, auch hier spiegelt sich wie in anderen sich überschneidenden Befunden die Laufzeit der Siedlung, die wohl an die 200 Jahre bestanden hat.

Am südlichen Grabungsrand konzentrieren sich einige größere und teils sehr verschachtelte Grubenkomplexe. Den meisten kann keine Funktion zugewiesen werden, es wird sich zumindest bei einem Teil davon um Lehmentnahmegruben gehandelt haben, da der Boden sehr tonhaltig ist. In einer größeren Grube war dagegen wohl eine Feuerstelle eingetieft, diese war verfüllt mit Asche, Holzkohle, Brandlehm sowie Steinen und enthielt drei fast vollständige Gefäße der älteren gelben Drehscheibenware, eines davon eine Kanne (Abb. 181; 182). Offenbar handelt es sich um eine mehrphasig genutzte Feuerstelle, da darauf Steinplatten lagen, deren unterste Lage feuergerötet war. Alle Aktivitäten, die mit Feuer zu tun hatten, sind auf den Südrand der Grabung konzentriert.

183 △ *Weil im Schönbuch, Lachental. Kleiner Schlüssel aus einer Grube, L. ca. 5 cm.*

Getrennte Areale für Siedlung und Verhüttungsplatz

Erwähnenswert ist, dass im Fundgut zwar viel Keramik vertreten ist, aber recht wenige Tierknochen und nur sehr wenig Metall. Ein Fundstück aus Metall ist ein kleiner eiserner Schlüssel, der in einer Grubenverfüllung gefunden wurde und dessen Form für eine Datierung in Früh- und Hochmittelalter spricht (Abb. 183). Mit seiner Länge von nur ca. 5 cm ist er wohl eher für eine Truhe oder ein Kästchen als für eine Tür gedacht gewesen. Auch Schlacken treten nur in minimaler Anzahl auf. Anhand der Keramik kann kein Zweifel bestehen, dass der Verhüttungsplatz am Bachufer in nur ca. 70 m Entfernung zur selben Zeit existierte wie die Siedlung. Somit kann eine unmittelbare Zugehörigkeit fast sicher angenommen werden. Insofern überrascht es, dass absolut keine zu der Eisenproduktion gehörenden Aktivitäten in der Siedlung nachgewiesen werden können. Es bleibt der Schluss, dass die zwei Areale getrennt gehalten wurden und alle Werkplätze näher am Bach zu finden sind. Interessant wäre es zu klären, ob es in der nicht ergrabenen Fläche zwischen der Grabung von 2020 und dem Eisenverhüttungsplatz von 2000–2002 zu einer Vermischung von Werkplatz und Siedlung kommt oder ob es eine klare Trennung gibt. Eine solche würde für eine Planung sprechen, die möglicherweise herrschaftlich geregelt war. Dafür spricht auch der Eisenverhüttungsplatz per se, der – im Gegensatz zu den unzähligen Verhüttungsplätzen des Früh- und Hochmittelalters im Albvorland – nicht direkt an den Rohstoffquellen liegt, sondern in Verbindung mit einer Siedlung steht.

Ob die Aufgabe der Siedlung im Kontext mit einer Zusammenziehung der Besiedlung in Weil zu sehen ist, kann im Moment nicht geklärt werden.

Dorothee Brenner, Stephan Kaltwasser

LITERATURHINWEIS

U. Meyerdirks/R. Schreg, Weitere Grabungen auf dem hochmittelalterlichen Eisenverhüttungsplatz im Lachental bei Weil im Schönbuch, Kreis Böblingen. Arch. Ausgr. Baden-Württemberg 2002, 244–246.

Unter den „Römerweg" geschaut – Abschluss der Grabungen in der Wüstung Niederramsbach bei Cleebronn

Die großflächigen Grabungen des Jahres 2019 im Industriegebiet „Langwiesen IV" wurden im Frühjahr 2020 durch die Firma ArchaeoConnect zum Abschluss gebracht. Als Letztes stand ein 270 m langer und ca. 10 m breiter Abschnitt eines zwischen den Grabungsflächen des Vorjahres verlaufenden Wirtschaftswegs zur Untersuchung an (siehe auch den Beitrag S. 93 ff.).

Rahnspacher Straße oder Römerweg?

Besondere Aufmerksamkeit galt der Frage nach der Kontinuität der Wegeführung. Der Weg, der in relativ geradliniger Trassenführung auf dem Südufer der Zaber von Güglingen nach Botenheim führt, ist auf Karten und in der landesgeschichtlichen Forschung als „Römerweg" (oder auch „Heerstraße") bekannt. Da er den *vicus* bei Güglingen sowie gut 2 km weiter östlich einen römischen Grabbezirk passiert, lag es nahe, hier eine römische Überlandstraße zu vermuten, die vom Neckar durch das Zabergäu nach Westen Richtung Rhein verlief. Es bot sich nunmehr die Chance, diese Annahme im Gelände zu überprüfen. Trotz sorgfältiger Beobachtung konnten jedoch keine Hinweise auf ein Zurückreichen bis in römische Zeit gefunden werden. Überall wurde der anstehende Boden erreicht, ohne dass entsprechende Funde oder Befunde auftraten.

Die Etablierung eines Weges an dieser Stelle muss vielmehr mit dem früh- und hochmittelalterlichem Ort Niederramsbach in Verbindung gebracht werden, dessen Randbereiche im Osten der Grabungsfläche erneut angeschnitten wurden. Auch der Flurname „Rahnspacher Straße" für das Areal südlich des Weges stellt ganz eindeutig den Bezug zu der mittlerweile weitgehend vollständig untersuchten Ortswüstung her.

Zahlreiche Karrenspuren, die sich teils zu Spurfächern erweitern, belegen, dass der Weg rege benutzt wurde. Dennoch wurde er nur am Ostende, wo eine Geländesenke zum Fürtlesbach hin bestand, besonders mit Steinen befestigt. Hier waren mindestens zwei aufeinander folgende Steinschüttungen erkennbar (Abb. 184). Ein zweiter Fahrweg, der von Südosten kommend spitzwinklig zur „Rahnspacher Straße" führt, war 2019 im Osten der Fläche dokumentiert worden. An der am besten überlieferten Stelle erwies er sich als 6 m breite gepflasterte Straße, im Einmündungsbereich waren allerdings nur noch geringe Reste zu fassen. Das geborge-

184 ▽ *Cleebronn. Schnitt durch den mittelalterlichen Fahrweg, der im Spätmittelalter zweimal eine Befestigung durch aufgebrachte Steinschüttungen erhielt.*

ne Fundgut stammt überwiegend aus dem 13. Jahrhundert. Offenbar verlor dieser Weg später an Bedeutung, er ist zumindest im heutigen Wegenetz und auf der Urkarte nicht mehr zu erkennen.

Mittelalterliches Gewerbe

Die mittelalterliche Datierung des Weges ist auch deshalb eindeutig, da aus den verschiedenen Laufhorizonten hoch- und spätmittelalterliche Funde stammen, während die Wagenspuren mehrfach früh- und hochmittelalterliche Ofengruben bzw. Brandstellen überschnitten. Am Rand von Niederramsbach wurde im größeren Stil Gewerbe betrieben, denn insgesamt konnten etwa 50 derartige Befunde ergraben werden. Ungefähr die Hälfte von diesen war nicht nur mit großen Mengen Holzkohle und gebranntem Lehm verfüllt, sondern wies auch deutliche Verziegelungen der Grubenränder auf (Abb. 185).

Die Ofengruben waren sämtlich sehr ähnlich und besaßen Tiefen von bis zu 0,6 m unter dem ersten Befundplanum. Zumeist waren sie kreisrund mit Durchmessern um 1 m. Nur vier Gruben waren deutlich birnenförmig. Die Verziegelungen erreichten eine Stärke von bis zu 4 cm. Irgendeine Art von Brenngut oder andere Hinweise auf die Funktion der Anlagen, wie etwa Eisenspäne, wurden nicht beobachtet. Eindeutige Schlacken stammten aus Schwemmschichten und Straßenoberflächen, nicht aber aus den Öfen selbst. Einzelne Funde reichen bis in das 9. Jahrhundert zurück, schwerpunktmäßig gehören die Anlagen aber in das 11. und 12. Jahrhundert.

Über mehrere Jahre hinweg ist die Wüstung Niederramsbach mit ihrem Umfeld zum größten Teil ergraben worden. Aus dem Zeitraum ihres Bestehens vom 7. bis zum 14. Jahrhundert sind u. a. Pfostenbauten, Grubenhäuser und Keller, diverse gewerbliche und infrastrukturelle Einrichtungen sowie die Kirche und drei Bestattungsplätze bekannt. Die europaweiten Transformationsprozesse im ländlichen Raum zwischen Früh- und Spätmittelalter lassen sich hier beispielhaft auf einer hervorragenden archäologischen und historisch-geographischen Quellengrundlage studieren.

Für die gute Zusammenarbeit danken wir der Layher GmbH und Messmer Consult.

Hauke Kenzler, Andrea Neth

185 ▽ Cleebronn. Für gewerbliche Tätigkeiten in dem mittelalterlichen Ort Niederramsbach stehen zahlreiche Ofengruben mit deutlicher Verziegelung entlang der Ränder und stark holzkohlehaltiger Verfüllung.

LITERATURHINWEISE

H. Kenzler/A. Neth, Das frühmittelalterliche Gräberfeld zum abgegangenen Dorf Niederramsbach bei Cleebronn. Arch. Ausgr. Baden-Württemberg 2019, 223–228; A. Neth/B. Duchniewski, Niederramsbach – eine ländliche Siedlung des frühen bis späten Mittelalters bei Cleebronn. Ebd. 2015, 224–228 (mit älterer Lit.).

Neue Erkenntnisse zur Siedlungsgeschichte Neckaraus

Der heutige Mannheimer Stadtteil Neckarau verdankt seinen Namen der Lage auf einer von Flussarmen umschlossenen Insel im ehemaligen Mündungsbereich des Neckars. Die Ursprünge des 871 erstmals schriftlich als Zubehör der Domäne Altrip genannten Königshofs *Naucrauia* liegen sicherlich vor Pippins Schenkung Altrips an das Kloster Prüm 762.

Auf dem am Nordrand des historischen Ortsbereichs gelegenen Grundstück Luisenstraße 8/Rathausstraße 14 war nach Abriss der landwirtschaftlich geprägten Bebauung die Errichtung einer Wohnanlage für die Diakonie geplant. Die im Umfeld der Baustelle bekannten, bis in das Frühmittelalter zurückreichenden Fundstellen gaben Anlass zu Voruntersuchungen durch die Reiss-Engelhorn-Museen Mannheim. Dabei traten Siedlungsspuren vom hohen Mittelalter (11./12. Jh.) bis in die Neuzeit zutage. Um den für die Rekonstruktion der Siedlungsgeschichte Neckaraus bedeutsamen Befund zu sichern, wurde von August bis Oktober 2020 das gesamte Areal im Rahmen einer vom Investor finanzierten Aus-

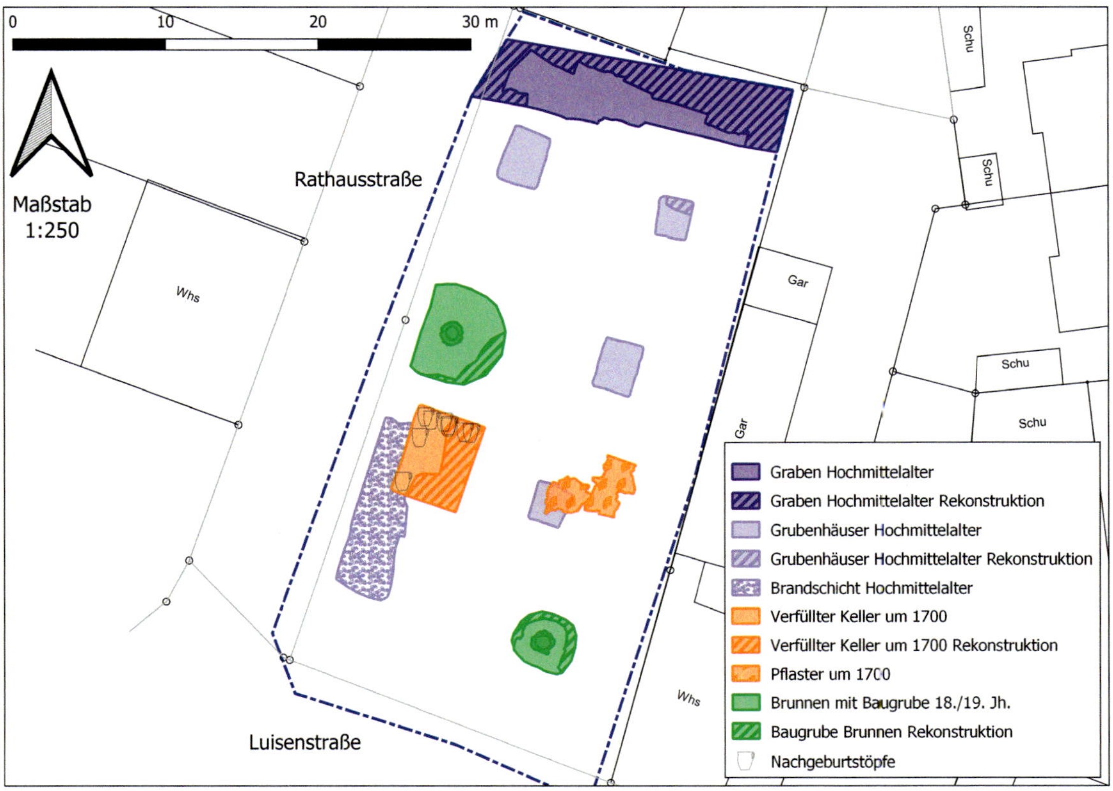

186 ▽ *Mannheim-Neckarau, Luisenstraße. Gesamtplan der Grabung mit den im Text angesprochenen Befunden.*

187 △ *Mannheim-Neckarau, Luisenstraße. Händchenheller des 13./14. Jhs. aus der Verfüllung des Ettergrabens.*

grabung durch die Firma fodilus GmbH, Rottenburg, untersucht.

Der große Graben

Der spannendste Befund zeigte sich gegen Ende der Grabung am Nordrand der untersuchten Fläche: ein mindestens 4 m breiter und etwa 1,40 m tiefer Graben (Abb. 186). Er verläuft von Ost nach West entlang der nördlichen Parzellengrenze und wies an der Grabensohle eine Breite von 0,50 m auf. Schwemmschichten im unteren Bereich zeigen, dass einst Wasser darin floss. In einer dieser Schichten fand sich eine Silbermünze aus dem späten 13. oder 14. Jahrhundert, ein sogenannter Händchenheller aus Schwäbisch Hall (Abb. 187).

Grubenhaus oder Keller?

Südlich des Grabens konnten vier rechteckige, Nord–Süd ausgerichtete Eingrabungen dokumentiert werden, die als Grubenhäuser oder Keller anzusprechen sind (Abb. 186). Ihre Größe bewegt sich zwischen 6 m^2 und 9 m^2 Grundfläche. Die Gruben weisen regelhaft sechs Pfostensetzungen auf. Diese liegen in den Ecken sowie mittig entlang der Längsseiten. Die Befunde geben Hinweise darauf, dass die Bauten nach dem Ende der Nutzungsphase planvoll abgetragen wurden.
Das Spektrum an Funden aus diesen Strukturen reicht von Tierknochen über Keramikscherben bis zu Metallstücken und datiert nach einer ersten Einschätzung in einen Zeitraum vom 11. bis zum 13. Jahrhundert. Hervorzuheben sind frühe, zum Teil fast vollständig erhaltene Becherkacheln. Sie weisen einen Durchmesser von ca. 8 cm und eine geriefte Wandung auf. Bekannt sind solche Stücke des 13. Jahrhunderts vor allem aus Klöstern und Burgen, wie beispielsweise der Burg Dischingen bei Stuttgart-Weilimdorf. Entsprechende Kacheln kommen aber auch in zeitgleichen einfacheren Siedlungen vor, etwa in den Grubenhäusern von Ulm-Eggingen. Ein fast vollständig erhaltener Topf aus sogenannter Glimmerware, der in der nordwestlichen Ecke eines der Befunde eingetieft war, könnte einen Hinweis auf die Nutzung als Vorratsraum geben.
Insgesamt betrachtet ist jedoch die Frage, ob es sich bei den vier rechteckigen Eingrabungen um in prähistorischer Tradition stehende Grubenhäuser oder bereits um städtisch-mittelalterliche Keller handelt, nur schwer zu beantworten. Der Wandel vom Grubenhaus zum Keller setzte etwa um das Jahr 1000 ein, vollzog sich aber langsam und regional unterschiedlich. Die Nord-Süd-Orientierung spricht eventuell eher für einen Keller, Grundfläche, Bauweise und geringe Eintiefung eher für ein Grubenhaus. Da weitere Gebäudereste in der unmittelbaren Umgebung fehlen, ist eine genauere Einschätzung der Befundsituation schwierig. Sicher ist, dass hier eine regelhafte und aufeinander ausgerichtete Bebauung vorlag, die auf eine Parzellierung hindeutet. So könnten zu den vier vorhandenen, rechteckigen Eingrabungen noch zwei weitere entsprechende Befunde gehört haben, die durch die spätere Anlage zweier Brunnen (siehe unten) zerstört wurden (Abb. 186).

Abgebrannt und aufgefüllt

Weitere hochmittelalterliche Befunde wie Pfostensetzungen und Gruben westlich und südwestlich der zuvor beschriebenen Strukturen deuten auf eine Zerstörung im Zuge eines Brandereignisses hin. Eine mächtige

Brandschuttschicht und große Mengen an verziegeltem Hüttenlehm zeugen von abgebrannten Lehmflechtwerkwänden. Das Brandereignis zerstörte an dieser Stelle wahrscheinlich ein weiteres Grubenhaus oder auch einen Fachwerkbau anderer Art mit Lehmflechtwerk als Ausfachung.

Das alte Neckarau deutlich abgegrenzt

Spannend ist, dass bereits die Grubenhäuser oder Keller der frühesten fassbaren Siedlungsphase in ihrer Ausrichtung den heutigen Flurgrenzen und Straßenzügen folgen und unmittelbar südlich des großen Grabens ansetzen. Das Fundmaterial ihrer Verfüllungen reicht zwar bis in das 11. Jahrhundert zurück, wurde aber erst im 13. Jahrhundert dort eingelagert, wie die jüngsten Stücke belegen. Es ist anzunehmen, dass die regelhafte Bebauung im Zusammenhang mit dem in etwa zeitgleichen großen Graben steht, der das Siedlungsareal nach Norden abgrenzte und somit als eines der seltenen Beispiele eines Ettergrabens gelten kann.

Neckaraus jüngere Geschichte

Ein Pflaster aus groben Wacken im Südosten des Grundstücks barg zwischen den Pflastersteinen zahlreiche Fragmente von Tonpfeifen, die bis in die Zeit um 1700 zurückreichen (Abb. 188). Sie gehören zu den frühesten europäischen Tabakpfeifen, wie sie auch in Mannheimer Manufakturen produziert wurden.

Des Weiteren zeichnete sich westlich davon ein noch zur Hälfte erfasster, Nord–Süd ausgerichteter Keller ab. Er wurde nach dem Ende seiner Nutzung ausgebrochen und verfüllt. Unter der Ausbruchgrube sind neun vollständige Töpfe zum Vorschein gekommen. Sie waren von der Kellersohle aus in den anstehenden Boden eingetieft, standen senkrecht und waren meist mit einem Deckel abgedeckt. Bei ihnen handelt es sich um Nachgeburtsbestattungen aus dem 18. Jahrhundert. Reste weiterer zerscherbter Nachgeburtstöpfe fanden sich in der Verfüllung der Ausbruchsgrube des Kellers.

Ebenfalls in das 18. Jahrhundert datiert ein Brunnen, der in der Mitte des Grundstücks zur Rathausstraße hin dokumentiert werden konnte. Der Brunnen wurde Ende des 19. Jahrhunderts verfüllt und durch einen neuen Brunnen im Südwesten, zur Luisen-

188 ▽ *Mannheim-Neckarau, Luisenstraße. Pfeifenköpfe und Pfeifenstiele der Zeit um 1700.*

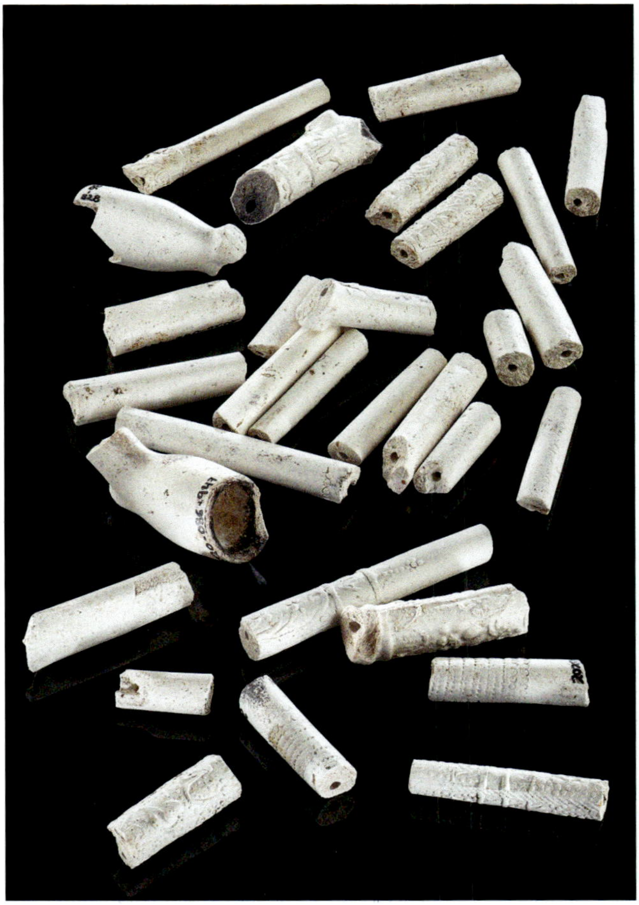

straße hin, ersetzt. Letzterer war vermutlich noch bis nach der Einführung von Wasserleitungen in Neckarau in Betrieb und auch danach noch sichtbar. Er war dicht und reichlich mit Schutt aus der Kriegs- und Nachkriegszeit des letzten Jahrhunderts verfüllt.

Dank gilt Klaus Wirth und Benedikt Stadler von den Reiss-Engelhorn-Museen Mannheim, die uns an ihrer fundierten Kenntnis der regionalen Archäologie teilhaben ließen und so wichtige Impulse für die Grabung gaben. Marcus Meyer, LAD, übernahm dankenswerterweise die Bestimmung der Fundmünze.

Doris Schuller, Folke Damminger

LITERATURHINWEISE

M. Baumhauer, „Grubenhaus" oder „Keller"? Bemerkungen zu ihrer Unterscheidbarkeit anhand ausgewählter mittelalterlicher Befunde. In: J. Pfrommer/R. Schreg (Hrsg.), Zwischen den Zeiten. Festschr. Barbara Scholkmann (Rahden 2001) 349–360; F. Damminger/U. Gross, Zur Ausgrabung und Erforschung einer Wüstung in Mannheim-Vogelstang. Ein Beitrag zur früh- bis hochmittelalterlichen Siedlungsgeschichte am unteren Neckar. In: J. Biel (Hrsg.), Landesarchäologie. Festschr. Dieter Planck. Forsch. u. Ber. Vor- u. Frühgesch. Baden-Württemberg 100 (Stuttgart 2009) 557–584 (mit weiterer Lit.); U. Koch, in: H. Probst (Hrsg.), Mannheim vor der Stadtgründung 1,2 (Regensburg 2007) 28; Die Stadt Mannheim und die Gemeinden des Landkreises Mannheim. Die Stadt- und die Landkreise Heidelberg und Mannheim. Amtliche Kreisbeschreibung 3 (Karlsruhe 1970) 145–152.

MANNHEIM-SECKENHEIM

Seckenheim im Mittelalter. Ausgrabungen in den Frongärten der Lorscher Abtei

Nach dem Abriss eines Wohnhauses und von Scheunen in der Freiburger Straße 27 (um 1900 Luisenstraße; im 16. Jh. Weigass, Weidgaß, Weingasse) fanden sich auf der freigeräumten Baufläche ungewöhnlich viele mittelalterliche Gefäßfragmente. Dies war umso überraschender, als bei vorhergehenden archäologischen Baubegleitungen im Bereich zwischen Seckenheimer Hauptstraße und Zähringer Straße keine Siedlungsstrukturen, sondern stets Auffüllschichten zur Geländenivellierung angetroffen wurden.

In Abstimmung mit dem Landesamt für Denkmalpflege führten Mitarbeiter und Ehrenamtliche der Reiss-Engelhorn-Museen (rem) in Mannheim im Zeitraum vom 16. 11. bis 5. 12. 2020 auf einer ersten Teilfläche von ca. 350 m² Größe im hinteren Parzellenbereich Ausgrabungen durch. Es wurden fast 100 Befundnummern vergeben, von denen der größte Teil neuzeitliche Gruben bezeichnete. Die Böden zwischen 0,7 m und 2,7 m unter heutigem Gelände wurden aus Ablagerungen des Altneckars gebildet. Zunächst stand brauner Auelehm (0,24 m) an, dann kompakter Kies (0,5 m) und im Liegenden ein durch Kies unterbrochener Wechsel von Ton- und Sandschichten (1,3 m).

Ein Fachwerkbau mit Steinkeller

Von herausragender Bedeutung auch hinsichtlich der Interpretation zur Funktion dieses Fundplatzes waren die Befunde aus dem Hochmittelalter. In der südöstlichen Ecke des Grabungsareals wurden etwa 1,7 m unter heutigem Gelände Fundamentreste und Ausbruchsgruben eines im Grundriss leicht trapezförmigen Kellers mit den Außenmaßen von ca. 7,61 m Länge und 7,16 m Breite freigelegt (Abb. 189, 3). Das Baumaterial bestand aus Sandsteinquadern und Flusskieseln aus Sand- und Kalkstein, die mit Kalkmörtel verbunden waren. Die Ansichten der Steinlagen waren unverputzt. Die Breite der Fundamente schwankte zwischen 0,5 m und 0,7 m. Nur das nordwestliche Fundament wich mit einer Breite von 1,2 m erheblich davon ab. Fassen wir hier einen Um- oder Neubau der Mauer auf verbreitertem Fundament, nachdem das ursprüngliche einen Bauschaden davongetragen hatte? Der nur auf einer kleinen Fläche nachweisbare Kellerfußboden bestand aus einer schwarzgrauen, stark verdichteten Sandschicht von ca. 4 cm Stärke mit Einschlüssen von Kalkmörtelbrocken und Holzkohleteilchen. Die Oberfläche lag bei 95,67 m ü. NN, was annähernd den Sohlniveaus der Fundamente entsprach. Der äußere Kellerzugang befand sich vermutlich an der Nordwestecke des Gebäudes. Dort fanden sich keinerlei Fundamentreste. Auf einer verdichteten Oberfläche lag ein Kieselsteinpflaster.

Über dem Keller stand vermutlich ein Fachwerkbau. Zu diesem Gebäude könnten zwei Grubenhäuser mit jeweils zwei Firstpfosten gehören, die etwa 2 m in nordwestlicher Richtung und ca. 6 m in südwestlicher Richtung entfernt standen (Abb. 189, 1). Die Lage des Fachwerkbaus mit Steinkeller und der Grubenhäuser gaben der Parzelle ihre im Hochmittelalter begründete und bis zum heutigen Tag beibehaltene Orientierung zur Straße.

189 ▽ *Mannheim-Seckenheim, Freiburger Straße 27. Im Drohnenflug über die Grabungsfläche. 1 Grubenhaus; 2 Grube; 3 Fundamente und Ausbruchsgruben des Steinkellers; 4 Grube Befund 78; 5 Steinunterlage eines Lehmkuppelofens; 6 neuzeitlicher Brunnen.*

190 △ *Mannheim-Seckenheim, Freiburger Straße 27. Vorder- und Rückseite der sog. Benno-Brosche. Dm. ca. 4 cm.*

Der Fachwerkbau und die Grubenhäuser bestanden nur kurz, dann wurden sie abgebaut und verwertbares Baumaterial entnommen. In die Kellergrube tiefte man eine 6 m × 4,8 m große und maximal 0,7 m tiefe Grube ein (Befund 78, Abb. 189, 4) und errichtete, nachdem diese wieder verfüllt worden war, darüber einen Lehmkuppelofen (Abb. 189, 5). Davon zeugten fünf Sandsteinplatten (Grundfläche 0,6 m × 0,4 m; Oberkante bei 95,65 m ü. NN) in situ, die von Holzkohle und Ofenlehm umgeben waren. Durch die finale Auffüllung (Befund 34) der Kellergrube bis auf etwa 96,50 m ü. NN und die anschließende Planierung des Geländes wurde jegliche Spur dieses bedeutenden Gebäudeensembles gelöscht.

Besondere Funde

Bevor wir die Frage nach den Bewohnern dieser Liegenschaft und ihrer Stellung innerhalb der Seckenheimer Dorfgemeinschaft stellen, lohnt sich ein Blick auf wenige herausragende Fundstücke. In der Verfüllung von Grube 78 befand sich ein münzähnliches Objekt aus Bronze mit dem bekrönten Kopf Kaiser Heinrichs III. Der Münzmeister hatte sich auf der Vorderseite verewigt: BENNO ME FECIT. Auf der Rückseite sind Lötspuren einer Nadelkonstruktion erhalten. Solche sogenannten Benno-Broschen wurden ab der Mitte des 11. Jahrhunderts hergestellt und sind in zahlreichen Varianten noch im 12. Jahrhundert nachweisbar. Damit erhalten wir einen Terminus ante quem für den Abriss des Fachwerkbaus. Aus dem Erdmaterial der Kellerverfüllung (B 34) kamen das eiserne Fragment eines Schlüssels aus dem 12./13. Jahrhundert sowie Scherben der hochmittelalterlichen Pingsdorfer Ware zutage. Leider ohne Befundzusammenhang war ein ca. 5 cm langer Nadelschaft aus Bein mit rechteckiger Öse und Krone. Aus einem neuzeitlichen Kontext stammt ein Petschaft mit einem Glassiegel, das ein Schiff mit drei Masten zeigt.

Der Hubhof des Klosters Lorsch?

Wie eingangs angedeutet, besaß das Kloster Lorsch in Seckenheim zahlreiche Hofstellen, darunter auch eine sogenannte Herrenhube (*hube in dominico*), also einen Zentralhof. Die Sammlung und Registrierung von Abgaben aus den landwirtschaftlichen Erträgen erfolgte unter Aufsicht eines Verwalters (Meier, lateinisch *villicus*). Dieser bewohnte ein im Vergleich zu normalen Hofstellen oft etwas herausgehobenes Haus, das zusammen mit großen Vorratsscheunen und Wirtschaftsgebäuden einen Hubhof bildete. Das zu diesem Hof gehörende Land könnte nun den Frongarten und die Fronäcker im Gebiet zwischen der heutigen Haupt-, Rastatter-, Zähringer- und Kloppenheimer Straße umfasst haben. Fassen wir mit dem Gebäude mit Steinkeller und Fachwerk, das nach seiner Bauweise nicht zum Standard ländlicher Siedlungen zählt, das Wohnhaus des Hubhofes und damit eines jener „nicht unansehnlichen Gebäude", die Abt Heinrich von Lorsch im Jahr 1160 in Seckenheim errichten ließ?

Ohne die Unterstützung unserer stets fleißigen Ehrenamtlichen R. Kapp, N. Knopp, J. K. Neuhaus, A. Protz, G. Rudolf und A. Sohn-Fritsch wären die Arbeiten nicht fristgerecht durchgeführt worden. Dazu haben auch Traudel und Hanspeter Gersbach durch die Versorgung des Grabungsteams mit Nahrungsmitteln wesentlich beigetragen. Dem Bauherrn S. Edler gebührt ein herzlicher Dank für die großartige logistische Unterstützung auf der Baustelle.

Klaus Wirth, Claus Kropp

LITERATURHINWEIS

H. Probst, Seckenheim. Geschichte eines Kurpfälzer Dorfes (Mannheim 1981).

ESSLINGEN-OBERESSLINGEN, KREIS ESSLINGEN

Neue Spuren der mittelalterlichen Siedlung von Oberesslingen

In Esslingen-Oberesslingen, Keplerstraße 34/36, führte die Firma ArchaeoBW GmbH von Januar bis März 2020 eine bauvorgreifende Rettungsgrabung durch. Das untersuchte Areal befindet sich innerhalb des historischen Ortskerns südöstlich des Friedhofs und fällt regelmäßig nach Südosten in Richtung Neckar ab. Auf dem Friedhof befand sich bis 1828/29 die Martinskirche, die durch einen Neubau 1827/28 etwas unterhalb des alten Standorts ersetzt worden war. Eine Kirche ist in Oberesslingen seit 1275 historisch fassbar und frühmittelalterliche Gräber des 6./7. Jahrhunderts im direkten Umfeld lassen auf eine frühe Besiedlung des Ortes schließen (Abb. 191). Zahlreiche vorgeschichtliche Fundstellen im Umfeld belegen die siedlungsgünstige Lage des Ortes, darunter auch ein römischer Gutshof, der 1910 direkt angrenzend an die Grabungsfläche untersucht werden konnte.

Auf dem Grundstück standen zwei unterkellerte Gebäude sowie eine Gärtnerei, die im November 2019 abgerissen wurden. Entsprechend wies die Fläche größere Störungen auf und die Befunderhaltung war sehr unterschiedlich. Trotzdem konnten epochenübergreifend spannende Einblicke in die Siedlungsgeschichte des Ortes dokumentiert werden (Abb. 192).

Vorgeschichtliche Besiedlung

Im nördlichen Teil der Grabungsfläche wurde ein ca. 28 m langer Graben erfasst, der

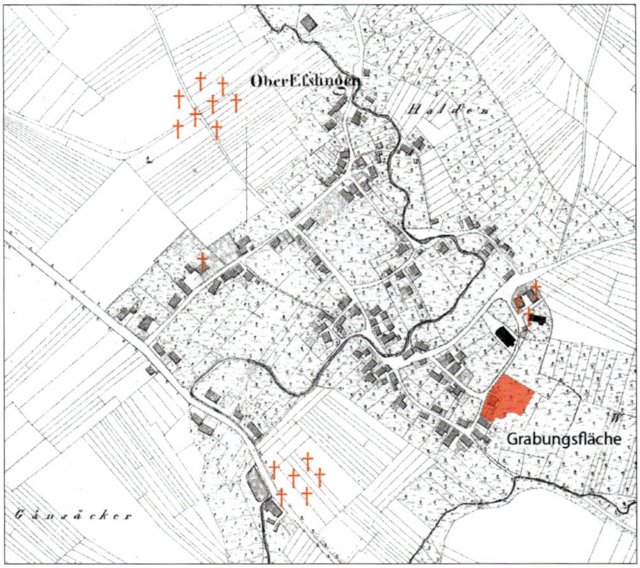

191 ▽ *Esslingen-Oberesslingen, Keplerstraße. Lage der Grabung innerhalb des historischen Ortskerns auf Basis der historischen Flurkarte von 1828. † = Lage der frühmittelalterlichen Gräberfelder.*

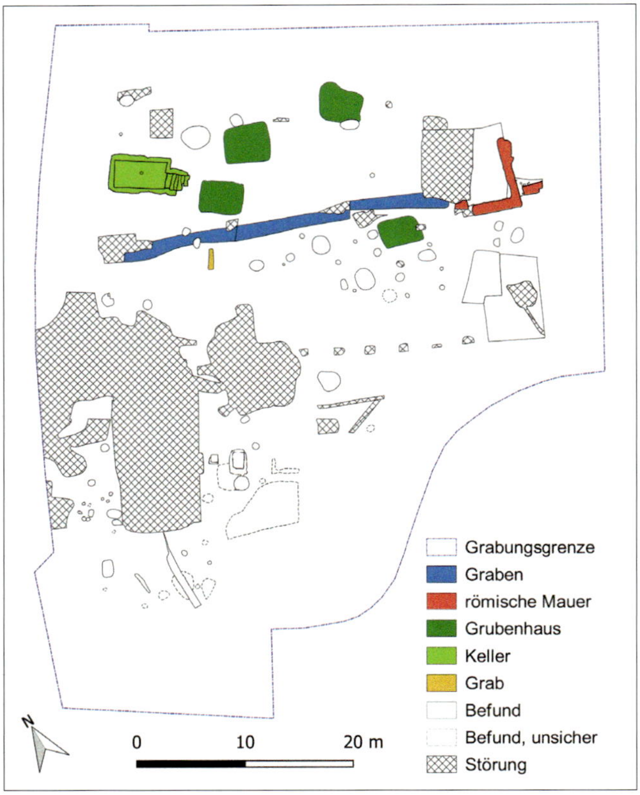

192 △ *Esslingen-Oberesslingen, Keplerstraße. Plan der Grabungsfläche.*

sich über das ganze Areal erstreckt und Rätsel aufgibt. Da im Verlauf des Grabens drei moderne Erdsonden eingegraben waren, wurde der Befund zuerst als „modern" datiert. Der weitere Verlauf zeigte jedoch, dass der Graben von römischen Befunden überlagert wurde, sodass eine vorgeschichtliche Datierung als gesichert angenommen werden kann (Abb. 193). Dies wird auch durch die wenigen kleinteiligen Keramikscherben bestätigt, die aus der Verfüllung geborgen werden konnten. Eine genauere Datierung ist jedoch nicht möglich und auch eine ^{14}C-Datierung konnte hier keine Abhilfe schaffen. Darüber hinaus stammt aus einzelnen Pfostengruben weitere vorgeschichtliche Keramik, die sich in das Bild einfügt.

Römische Gebäudereste

Im nordöstlichen Teil des Grabungsareals war ein ca. 2,5 m hoch aufgefüllter Kohleheizkeller zu erwarten. Daher war anzunehmen, dass archäologische Befunde an dieser Stelle zum Teil oder ganz zerstört waren. Nachdem die modernen Reste entfernt worden waren, kamen dort überraschend drei römische Mauern zutage. Östlich befand sich eine Zweischalenmauer aus Kalksteinen mit einem Westsüdwest–Ostnordost ausgerichteten Fundament aus Bruchsteinen und Schotter. Nach 2,95 m bog das erhaltene Fundament nach Westnordwest ab und war noch bis zu 0,9 m hoch, bis es von einer modernen Öltankgrube gestört wurde. Am nordöstlichen Rand des Schnittes fand sich leicht versetzt zur ersten Mauer ein weiteres Fundament. Das Ensemble gehört zu dem 1910 freigelegten römischen Gutshof. Ein Profil innerhalb des Mauerwinkels belegt, dass hier der Innenraum erfasst wurde (Abb. 193). Die Stratigraphie des Profils zeigt unterschiedliche Nutzungsphasen. Insgesamt ließen sich drei Fußböden erkennen, die sich gut mit der auf Basis der publizierten Keramik der Altgrabung angenommenen Laufzeit von der zweiten Hälfte des 2. bis Mitte des 3. Jahrhunderts in Einklang bringen lassen.

Vier Grubenhäuser

Zwar ist vereinzelt Keramik des 9./10. Jahrhunderts vertreten, deutlich fassbar wird die Besiedlung aber erst im 11./12. Jahrhundert. In diese Zeit datieren vier Grubenhäuser. Sie lagen fast parallel nah beieinander und besaßen eine Ost-West-Ausrichtung. Dabei weisen jeweils zwei Grubenhäuser (ein westliches und ein östliches) leicht versetzte Aus-

193 ◁ *Esslingen-Oberesslingen, Keplerstraße. Profil durch den Innenraum des römischen Gebäudes mit verschiedenen Fußböden. Rechts zeichnet sich unterhalb der römischen Schichten der vorgeschichtliche Graben ab.*

richtungen auf. Auf dem festen gelb-grünen Fußboden des östlichsten, 3,9 m langen und 2,3 m breiten Grubenhauses fand sich eine Eisenschere (Abb. 194). Das hierzu nahezu identisch ausgerichtete Grubenhaus im Westen besitzt eine Länge von 4,2 m und eine Breite von 3,1 m. Zwei leicht zu einer Seite versetzte Firstpfosten trugen die Dachkonstruktion. Kleinere Pfosten im Innenraum ließen sich hier wie auch bei den anderen Grubenhäusern keiner eindeutigen Funktion zuweisen. Das südwestlich anschließende 3,7 m lange und 3,1 m breite Grubenhaus besaß hingegen vier massiv ausgeprägte Eckpfosten, auf die vermutlich mittels horizontaler Balken die Dachlast abgeleitet wurde. In dem 3,9 m langen und 2,7 m breiten nördlichen Grubenhaus ließen sich keine Konstruktionselemente mehr nachweisen.

Jüngere Besiedlung

Einzelne spätmittelalterliche Befunde mit entsprechender Keramik lassen erkennen, dass eine Siedlungstätigkeit vor Ort aufrechterhalten wurde. Die geringe Befunddichte lässt vermuten, dass sich das Siedlungsgeschehen aber in dieser Zeit zum Straßenrand verlagert hat. Einzelne Ofenkachelfragmente bezeugen eine gewisse Wohnqualität im Dorf nahe der Stadt Esslingen. Trotz dieser Nähe lag der Ort in der Hand der Württemberger, wodurch Oberesslingen immer wieder in die Streitigkeiten zwischen den Parteien hineingezogen wurde. So wurde das Dorf 1449 im Süddeutschen Städtekrieg durch die Reichsstadt niedergebrannt und 1529 im Anschluss an eine Belagerung Esslingens durch Herzog Ulrich aus Rache von den Stadtbewohnern geplündert. Zeugnis der letzteren Auseinandersetzung könnte ein verfüllter Keller sein, in dem sich unter dem Schuttmaterial massive Ofenkachelfragmente, aber auch Reste eines Schlosses sowie einer Hellebarde fanden. Ungewöhnlich ist auch der Fund eines kleinen Bronzeschälchens aus einer Grube (Abb. 194). Hierbei könnte es sich um eine sehr einfach ausgeführte Waagschale handeln, wie sie von Klappwaagen bekannt sind. Die Form ist bis in die Neuzeit geläufig, in die nach der ver-

194 ▷ *Esslingen-Oberesslingen, Keplerstraße. Unter dem Fundmaterial hervorzuheben sind eine eiserne Schere aus dem Grubenhaus (rechts unten), eine Hellebarde (links oben), ein Schloss (rechts oben) sowie eine mögliche bronzene Waagschale (links unten).*

gesellschafteten Keramik auch dieses Stück datiert.

Ein unerwartetes Grab

Eine Überraschung stellte die Entdeckung eines Grabes dar. Die Grabungsfläche befindet sich zwar neben dem Friedhof der Martinskirche, jedoch außerhalb des überlieferten Friedhofareals. Die Bestattung hatte eine ungewöhnliche Südsüdwest-Ostnordost-Ausrichtung mit dem Kopf im Süden und über dem Schädel angewinkelten Armen. Das Skelett lag in gestreckter Rückenlage. Der Kopf blickte nach Osten. Textilreste legen nahe, dass der Körper in einem Leinentuch lag. Am rechten Oberarm fanden sich Bronzefragmente, die Reste eines Rosenkranzes darstellen. Dies sowie Gewandhaken im Bereich des Schädels lassen tendenziell eine neuzeitliche Datierung zu, sodass sich die Frage nach dem Grund für eine Bestattung außerhalb des Friedhofs stellt. Eine anthropologische Bestimmung steht noch aus. Eine mögliche Erklärung wäre, dass es sich um die Beisetzung eines Suizidenten handelt, dem eine reguläre Bestattung auf dem Friedhof verwehrt wurde.

Durch die Ausgrabung ergab sich ein spannender Einblick in die Entwicklungsgeschichte des Ortes. Trotz der modernen Überprägungen lässt sich das Siedlungsgeschehen über die Jahrhunderte verfolgen. Dies umfasst auch die Geschichte eines Dorfes, das aus politischen Gründen unter den Konflikten zweier mächtigerer Kontrahenten zu leiden hatte.

Dank geht zum Schluss an Herrn Grüll von der Firma ASPA Bauträger GmbH für die konstruktive und vertrauensvolle Zusammenarbeit.

Gaëlle Duranthon,
Jonathan Scheschkewitz

LITERATURHINWEIS

A. Steudle u. a., Stadt Esslingen am Neckar. Denkmaltopographie Bundesrepublik Deutschland, Kulturdenkmale in Baden-Württemberg I.2.1 (Ostfildern 2009).

Ein Gehöft aus den Anfängen des Dorfes Bietingen

Der Bau eines Mehrfamilienhauses an der Dorfstraße 21a im Zentrum von Bietingen war Anlass der ersten archäologischen Ausgrabung in dem unmittelbar an der Deutsch-Schweizer Grenze gelegenen Ort. Beim Abtrag des Oberbodens wurden von der Kreisarchäologie großflächig Siedlungsreste erkannt und dokumentiert. Mit der anschließenden Rettungsgrabung vom 19. 10. bis 11. 11. 2020 auf einer Fläche von 300 m² beauftragte der Bauherr die Firma ArchaeoTask GmbH. Die leicht nach Osten abfallende Grabungsfläche liegt westlich des historischen Ortskerns, ca. 150 m von der St.-Gallus-Kirche entfernt. Während der Ausgrabung wurden 134 Befunde dokumentiert (Abb. 195). Mehrheitlich handelte es sich um Pfostengruben, die im direkten baulichen Zusammenhang mit zwei Erdkellern und einem Grubenhaus standen. Im Osten wurde zudem ein Teil einer Hofbegrenzung freigelegt.

Die Ortsgeschichte in Kürze

Der 892 erstmals als *villa qua dicitur Puatinga* urkundlich erwähnte Ort Bietingen liegt im Tal der Biber, am Westrand des Hegaus. Bereits früh ist Grundbesitz der Klöster St. Blasien und Rheinau nachweisbar. Die Ortsherrschaft wurde vom 14. Jahrhundert bis 1579 durch die Herren von Stoffeln, als Vögte der Klöster St. Blasien und Petershausen, wahrgenommen. Kurzzeitig erfolgte im 16. Jahrhundert eine Verpfändung an die Deutschordenskommende Mainau. 1579 gelangte die Herrschaft durch Erbteilung an die schwäbischen Freiherren von Hornstein, bei denen sie bis 1806 verblieb. Im Ortskern liegen das Schloss Bietingen und die St.-Gallus-Kirche, deren im Jahr 1498 errichteter Turm einen mittelalterlichen Vorgängerbau bezeugt.

Baustrukturen des 12. Jahrhunderts

Von den beiden Nordost–Südwest und Ost–West ausgerichteten ebenerdigen Pfostenbauten haben sich die zwischen 8 m² und 34 m² großen und noch 70–80 cm tiefen Erdkeller sowie einzelne Pfostengruben erhalten. Die Eingangsbereiche in Form einer Erdtreppe befanden sich jeweils an der westlichen Seite. Der im Osten liegende Erdkeller war aufgrund einer modernen Bebauung

195 ▽ *Gottmadingen-Bietingen, Dorfstraße 21a. Gesamtplan der Ausgrabungsfläche mit den Siedlungsbefunden des 12. Jhs. 1, 2 ebenerdige Bauten mit Teilunterkellerung; 3 Hofbegrenzung; 4 Grubenhaus.*

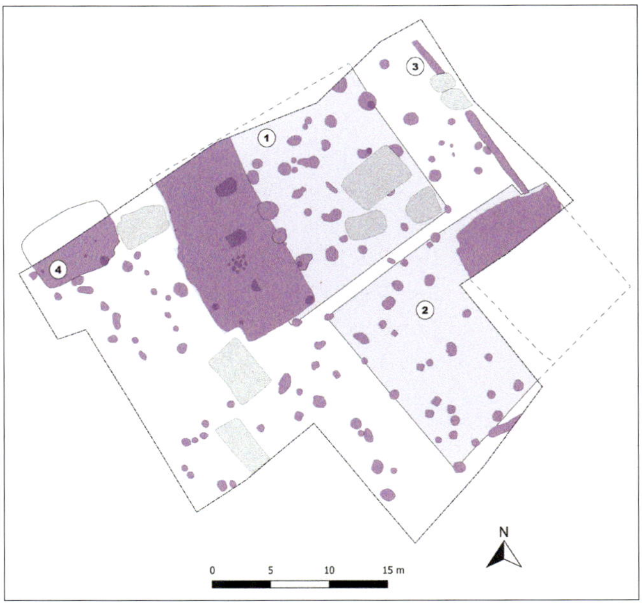

nur noch zur Hälfte erhalten. In den Boden des nordwestlichen Erdkellers waren drei Gruben sowie elf kleine, im Verbund liegende Vertiefungen eingelassen (Abb. 196). Da Hinweise auf Textilherstellung fehlen, sind diese vermutlich als Standspuren von Vorratsgefäßen zu deuten. Beide Keller wurden innerhalb eines kurzen Zeitraums verfüllt, wobei die jüngsten Schichten mehrere große Mühlsteinfragmente aus Randengrobkalk enthielten.

Im Nordwesten der Grabungsfläche befand sich ein Nordost–Südwest orientiertes Grubenhaus, das auf einer Fläche von 4 m² noch zur Hälfte erhalten war. Konzentrationen von Hüttenlehm entlang der südlichen Wand sowie drei Staketen waren Teil der aufgehenden Konstruktion. Fünf außerhalb des Grubenhauses liegende Pfostengruben trugen vermutlich das Dach.

196 △ *Gottmadingen-Bietingen, Dorfstraße 21a. Dokumentation der Vorratsgruben im großen Erdkeller.*

Datierung und Nutzung

Das Fundinventar aller Befunde kann einheitlich in das 12. Jahrhundert datiert werden. Wesentlich für die chronologische Einordnung sind Fragmente von Koch- und Vorratsgeschirr, die aus der nachgedrehten Ware und der älteren Albware gefertigt worden sind. Hervorzuheben ist der Fund eines Topffragments mit ausbiegendem Lippenrand und Einstichdekor. Aus den Verfüllungen stammen Speise- bzw. Schlachtabfälle verschiedener Haustierarten sowie ein Eisenmesser, einige Eisenschlacken und mehrere Mühlsteinfragmente. Die Funde belegen eine vorwiegend landwirtschaftliche Tätigkeit mit Handwerk für den Eigenbedarf.

Besonderer Dank gilt dem Bauherrn Abdullah Öztürk und der H & B Wohnbau GmbH für die gute Zusammenarbeit und Finanzierung der Grabungsarbeiten, die durch den engagierten Einsatz des Grabungsteams zügig abgeschlossen werden konnten

Tamara Ruske, Bertram Jenisch, Jürgen Hald

LITERATURHINWEISE

Der Landkreis Konstanz 3. Gemeindebeschreibungen der Verwaltungsräume Engen, Gottmadingen, Hilzingen, Höri, Konstanz. Die Stadt- und Landkreise in Baden-Württemberg 3 (Sigmaringen 1979) 153; A. Krieger, Topographisches Wörterbuch des Großherzogtums Baden (Heidelberg 1904) Bd. 1, Sp. 190; K. Bänteli/M. Höneisen/K. Zubler, Berslingen – ein verschwundenes Dorf bei Schaffhausen. Mittelalterliche Besiedlung und Eisenverhüttung im Durachtal. Schaffhauser Arch. 3 (Schaffhausen 2000).

Mittelalterliche Siedlungsspuren in Liggeringen

Im Oberdorf von Liggeringen, einem auf dem westlichen Bodanrück gelegenen Teilort der Stadt Radolfzell, erhebt sich an der Dettelbachstraße eine markante Anhöhe von ca. 0,7 ha Fläche. Sie liegt verkehrsgünstig am Kreuzungspunkt der Landstraßen nach Bodman, Radolfzell und Konstanz, sodass der ehrenamtliche Beauftragte der Landesdenkmalpflege und Historiker Christoph Stadler an diesem Platz den örtlichen Kellhof als Keimzelle des heutigen Dorfes vermutet. Die Wasserversorgung war durch den Gässlebach gesichert, der in einem Einschnitt zwischen der Anhöhe und der heutigen Pfarrkirche St. Georg verläuft. Deren Vorgängerbauten reichen bis zu einer Burgkirche des Hochmittelalters zurück (Abb. 197). Der Ortsname mit seiner charakteristischen „ingen"-Endung lässt eine Gründung der Ansiedlung bereits während des frühen Mittelalters annehmen.

In der westlichen Hälfte der durch Verkauf und Erbteilung in mehrere Flurstücke gegliederten Fläche wurde im 18. Jahrhundert der Konstanzer Spitalhof mit einer mächtigen Doppelscheune errichtet. Die markanten Barockbauten sowie weitere Nebengebäude riss man 2020 ab, um Platz für zwei

197 ▽ *Radolfzell-Liggeringen, Oberdorf. Übersichtsbild von Süden mit Lage der Ausgrabungen Dettelbachstraße 2/4 (1) und „In der Schwärze" (2) sowie der Kirche St. Georg (3). Zwischen der Kirche und der Grabungsfläche an der Dettelbachstraße verläuft der Gässlebach.*

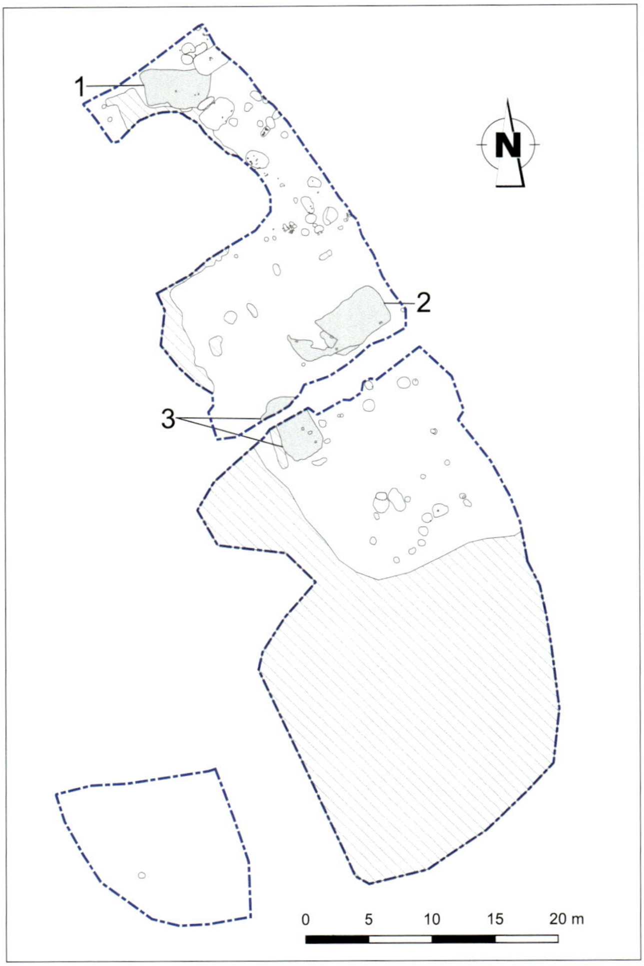

198 △ *Radolfzell-Liggeringen, Dettelbachstraße 2/4. Vorläufiger Gesamtplan der archäologisch untersuchten Fläche mit Erdkeller 1–3; stark gestörte Bereiche schraffiert.*

private Bauvorhaben zu schaffen. Aufgrund der prominenten Lage im Ortsetter wurde der vorgezogene Oberbodenabtrag in der stark überprägten Fläche von der Kreisarchäologie des Landratsamtes Konstanz überwacht. Trotz der vorherigen Überbauung und der vielen modernen Bodeneingriffe ließen sich in Teilen des Geländes noch mittelalterliche Siedlungsspuren feststellen, sodass vom 20.7. bis 3.8. sowie vom 7. bis 15.12.2020 die von den Bauherren beauftragte Grabungsfirma ArchaeoTask GmbH in den Bauflächen Dettelbachstraße 2 und 4 eine archäologische Rettungsgrabung durchführte. Die Arbeiten wurden von der Kreisarchäologie und dem Landesamt für Denkmalpflege fachlich betreut.

Hochmittelalterliche Siedlungsreste im Ortsetter

Auf der etwa 1200 m² großen Untersuchungsfläche war im nordöstlichen Bereich ein ca. 650 m² großes Areal von tief greifenden Störungen verschont geblieben. Hier zeichneten sich in den anstehenden Kies- und Lehmschichten noch knapp 80 Befunde und Strukturen ab (Abb. 198). Es handelt sich dabei überwiegend um Pfostengruben, deren Anordnung allerdings keine Rekonstruktion vollständiger Hausgrundrisse mehr zuließ. Hinzu kommt eine Reihe kleinerer Gruben, die zumindest sekundär der Abfallentsorgung gedient haben dürften. Besser erhalten haben sich die Überreste dreier Erdkeller. Während die Keller 2 und 3 in Nordost-Südwest-Ausrichtung bzw. rechtwinklig hierzu angelegt wurden, war Keller 1 im Norden der Grabungsfläche mit ca. 5,5 m × 3 m Grundfläche und noch 25 cm erhaltener Tiefe Ost–West orientiert. Auf seiner Sohle wurden einige Pfostengruben entlang der Wandseiten und der Längsachse dokumentiert, die auf Einbauten verweisen. In der Südwestecke des Kellers zeichneten sich auf der Sohle zudem Staketenreihen in rechteckiger Anordnung in Kombination mit Pfostensetzungen ab. Es dürfte sich hierbei um Reste eines technischen Einbaus für handwerkliche Tätigkeiten handeln, dessen genaue Funktion sich ohne detaillierte Befundanalyse noch nicht abschließend bestimmen lässt.

Im 19 m südöstlich davon gelegenen Erdkeller 2 kamen ebenfalls Pfostengruben sowie Reste des ehemaligen Laufhorizontes mit eingetretenen Keramik- und Knochenfunden zutage. Hier fand sich auch eine stark verziegelte kleine Brandplatte, die auf eine Herdstelle in diesem Teil des Kellers hinweist. Der nordwest-südöstlich ausgerichtete, ca. 5,8 m × 3,5 m große Befund war aufgrund der neuzeitlichen Überbauung nur noch 20 cm tief erhalten. Nach Westen schloss ein kleiner rechteckiger Anbau an, sodass die Gesamtlänge des Befundes nahezu 8 m betrug.

Rechtwinklig hierzu, nach Südosten orientiert, wurde Keller 3 angelegt. Mit 5,5 m × 3,4 m Länge und Breite sowie noch 1,2 m Tiefe war er wesentlich besser erhalten. Die drei trennbaren Verfüllschichten enthielten die üblichen Siedlungsabfälle, darunter eine größere Menge an Tierknochen. Die Sohle des Erdkellers war weitgehend horizontal eingeregelt, Einbauten waren nicht erkennbar. Lediglich im nordwestlichen Bereich des Befundes konnte ein ca. 40 cm auf 30 cm großes Stück inkohlten Holzes geborgen werden, dessen anthrakologische und dendrochronologische Analyse allerdings noch aussteht.

Zum Fundmaterial aus den Gruben und Erdkellern gehören neben Keramikfragmenten auch einige Bruchstücke von Mühlsteinen aus dem charakteristischen Randengrobkalk, der vermutlich bei Tengen abgebaut wurde. Hinweise zur zeitlichen Einordnung der Siedlung geben vor allem die vergleichsweise wenigen keramischen Funde aus den Erdkellern. Scherben mit eingeritzter Wellenzier auf der Gefäßschulter sowie weitere Fragmente der für den Hegau charakteristischen nachgedrehten Ware zeigen eine Verfüllung der Befunde während des 12. und beginnenden 13. Jahrhunderts und damit eine Besiedlung dieses Platzes während des Hochmittelalters an.

Weitere Siedlungsspuren und ein Brandgrab „In der Schwärze"

Bereits im Juni 2020 konnte die Kreisarchäologie in einer Baugrube im Gewann „In der Schwärze", ca. 130 m nordwestlich des ehemaligen Konstanzer Spitalhofes einige Pfostengruben dokumentieren, die sich noch nicht genauer datieren lassen. Dazwischen fand sich eine einzelne eingegrabene Urne, in deren Inneren bislang vier kleine Schälchen sowie Leichenbrand sichtbar sind. Das im Gipsblock geborgene Grab ist noch nicht komplett ausgegraben, dürfte aber vermutlich in die späte Phase der Bronzezeit (ca. 1300–800 v. Chr.) gehören.

Resümee

Mit den archäologischen Untersuchungen im Oberdorf von Liggeringen konnten erstmals frühe Siedlungsspuren des heutigen Dorfes gesichert werden. Die vorläufige Datierung des aus den Erdkellern an der Dettelbachstraße geborgenen Fundguts ins 12. und beginnende 13. Jahrhundert belegt die Existenz eines ländlich geprägten hochmittelalterlichen Anwesens mit mehreren einfachen Gebäuden im Ortsetter nahe der damaligen Burgkirche. Ob ein „Regienoldus de Luitgeringen", der als Zeuge in einer auf das Jahr 1174 datierten Urkunde des Klosters Salem genannt wird, damals der Verwalter dieses möglicherweise zu den Gütern des Klosters Reichenau gehörigen Hofes war, muss freilich offenbleiben. Ein vermutlich während der späten Bronzezeit angelegtes Brandgrab im nur wenig entfernten Gewann „In der Schwärze" zeigt darüber hinaus, dass in Liggeringen schon sehr viel früher – vor rund 3000 Jahren – Menschen ihre Toten bestatteten und wohl auch in unmittelbarer

Nähe siedelten. Beide Grabungsergebnisse verdeutlichen, wie bedeutsam die archäologische Begleitung von Baumaßnahmen in den Dorfzentren ist, um die Entstehung und Entwicklung der unsere Kulturlandschaft prägenden Ortschaften besser zu verstehen.

Wir danken vielmals den Bauherrschaften Leitz und Wolf für die Kooperation und die Finanzierung der Ausgrabungsarbeiten an der Dettelbacher Straße. Großer Dank gebührt auch der Familie Rebholz und dem ehrenamtlichen Beauftragten der Landesdenkmalpflege Dr. Herman Schmid für die Unterstützung der archäologischen Untersuchungen im Gewann „In der Schwärze“.

Steven Bosch, Stefanie Kramp, Jürgen Hald, Bertram Jenisch

LITERATURHINWEISE

Der Landkreis Konstanz. Amtliche Kreisbeschreibung, Bd. IV (Sigmaringen 1984) 55–61; P. Hirscher, Dorf, Vogtei und Gemeinde Liggeringen. Hegau-Bibliothek 47 (Stockach-Hindelwangen 1987).

FREIBURG IM BREISGAU

Die Siechen im Felde – Freiburgs mittelalterlicher Leprafriedhof

An der Kronenstraße 21 kam bei Erdarbeiten für einen Anbau mit Tiefgarage im Bereich einer Unterfangung des Bestandsgebäudes ein Skelett zutage. Dadurch notwendig gewordene Sondagen der Archäologischen Denkmalpflege und später durch die Firma ArchaeoTask ergaben, dass durch das Bauprojekt ein Teilbereich des ehemaligen Leprosenfriedhofs mit hoher Befunddichte erfasst wurde. Ausschnitte des Sonderfriedhofs waren bereits in den Jahren 1939 und 1958 erkannt, aber nur unzureichend dokumentiert worden. Mit der abschließenden Untersuchung des ca. 450 m² großen Baufensters beauftragte die Maximilian Kehl GbR die Firma AAB Archäologie, Berlin (Abb. 199).

Daten zum Freiburger Gutleuthaus

Ein offenbar schon bestehendes Leprosenhaus in Freiburg (*domus pauperes leprosorum*) wird 1251 erstmals erwähnt. 1258 bewilligte der Konstanzer Bischof der Niederlassung einen Kaplan und einen Friedhof (*cimiterium*). Am 30. Mai 1268 weihte Albertus Magnus den Hochaltar einer offenbar neu erbauten Kapelle zu Ehren der Jungfrau Maria und des Hl. Jacobus, Schutzpatron des Hauses. Seit 1273 setzen städtische Urkunden zum Siechenhaus ein und die Ämter des für die Verwaltung des zunehmenden Grundbesitzes zuständigen Siechenpflegers und des vor Ort wohnenden Siechenmeisters und der -meisterin werden genannt. Im Jahr 1480 wurde eine Siechenhausordnung erlassen und 1507 ergänzt, um die Organisation und das Gemeinschaftsleben der als Bruderschaft vor den Toren der Stadt zusammenlebenden Aussätzigen zu regeln. Während des Dreißigjährigen Krieges wird das Freiburger Gutleuthaus am 29. 12. 1632 „von Schweden verbrannt“. Danach scheint es hier nicht wieder aufgebaut worden zu sein. Die Stiftung bestand noch bis 1806.

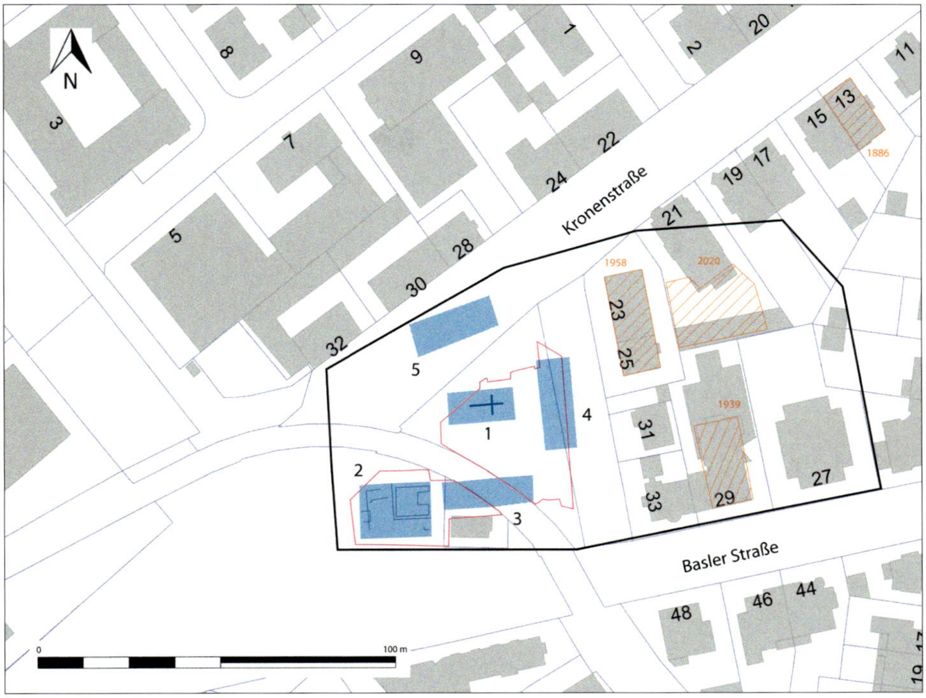

199 ◁ *Freiburg i. Br., Kronenstraße 21. Lageplan der Grabungsfläche 2020 mit älteren Fundbergungen von Bestattungen im Umfeld (rote Schraffur). Schwarz umrandet: Lage der Gebäude des Gutleuthauses; violett umrandet: Messflächen der geophysikalischen Untersuchungen. 1 Jacobus-Kapelle, 2 Siechenschaffnei, 3 Südflügel, 4 Ostflügel, 5 durch Hinweise aus historischen Abbildungen erschlossener Nordflügel.*

Gräber über Gräber …

Von Juni bis September 2020 wurden über 285 menschliche Bestattungen mit fachgerechter anthropologischer Dokumentation geborgen (Abb. 200). Aufgrund der schwierigen Bodenverhältnisse konnte im Siechenfriedhof kein flächiges Planum angelegt werden. In den Dreisamschottern, mit Geröllen von bis zu 40 cm Durchmesser, waren nur bei wenigen Bestattungen im westlichen Bereich Grabgruben erkennbar. Die fehlende Stratigraphie erschwert die zeitliche Einordnung und Reihenfolge der Bestattungen. Die Gräber sind in zwei Horizonte zu trennen. Die älteren, Ost–West orientierten Gräber der Belegungsphase des Siechenhauses datieren von 1256 bis 1632 und sind in Reihen geordnet. Da es kaum Überschneidungen gibt, ist von einer obertägig sichtbaren Markierung der Grabstellen auszugehen (Abb. 201). Insbesondere aus jüngeren Gräbern dieser Phase stammen Rosenkränze und Pilgerzeichen (Abb. 202). Manche Bestattungen des Friedhofs liefern auch Hinweise auf Aberglauben oder achtlose „Verlochungen“ und Verscharrungen. Mehrfach sind Skelette in Bauchlage oder als Hocker zu beobachten.

Nach den Bewohnern des Leprosenhauses wurden auf dem aufgelassenen Friedhof zahlreiche Soldaten bestattet, die anhand der Bronzeknöpfe von Uniformen eindeutig identifizierbar sind. Sie waren offenbar bei der Belagerung Freiburgs durch französische Truppen 1744 im Österreichischen Erbfolgekrieg gefallen. Diese Gräber sind meist ungeregelte Mehrfachbestattungen. Einige Individuen wirkten wie ins Grab bzw. die Grube unachtsam und in Eile „hineingeworfen“. Einzelne Bestattungen sind aufgrund der Trachtbestandteile noch jünger.

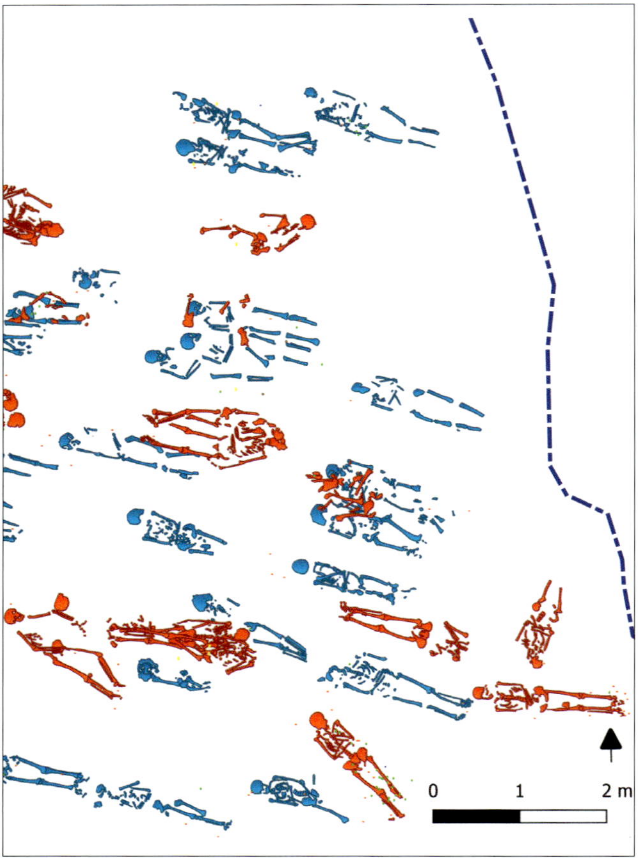

200 △ *Freiburg i. Br., Kronenstraße 21. Ausschnitt aus dem Gesamtplan der Grabung des Freiburger Siechenfriedhofs, Südwestecke. Die Reihenbestattungen des Gutleuthauses aus den Jahren 1256–1632 (blau) werden von jüngeren Bestattungen des Jahres 1744 überlagert (rot).*

Lepra, Syphilis und Mangelernährung

Bei der anthropologischen Erstbegutachtung ergab sich überraschenderweise, dass es sich bei den Bestatteten fast ausschließlich um Männer handelte. Die meisten von ihnen, ca. 60 %, verstarben im Alter zwischen 20 und 40 Jahren. 90 % der Skelette weisen Anzeichen von Infektionserkrankungen am Knochen und an den Kiefern auf. Neben Hinweisen auf Lepra (60 %) zeigten weitere Skelette u. a. Anzeichen von Syphilis, Tuberkulose, Meningitis, Rachitis und Mangelernährung.

Die typischen Skelettmodifikationen von Lepra sind: Veränderungen des Gesichtsschädels wie die Reduktion des Gaumens und der Nasenknochen (*Facies leprosa*) sowie Veränderungen am Hand- und Fußskelett. Im Gegensatz zur Pest, die den Betroffenen meist in wenigen Tagen den Tod brachte, stand dem Leprakranken eine lange Leidenszeit mit der fortschreitenden Zerstörung der Haut, der Augen, der Nase und der Extremitäten bevor.

Der Anteil von Toten mit Anzeichen von Syphilis, insbesondere bei Knaben, ist überraschend hoch. Diese Geschlechtskrankheit ist durch charakteristische Haut- und Knochenveränderungen gekennzeichnet, die im Erscheinungsbild der Lepra ähneln. Sie treten allerdings erst ca. fünf Jahre nach der ersten Infektion im Tertiärstadium dieser durch das Bakterium Treponema pallidum verursachten Krankheit auf. Sie kann während Schwangerschaft oder Geburt von der Mutter auf das Kind übertragen werden. Hutchinson-Zähne mit zentralen Einkerbungen und konvergierenden Rändern sowie die Maulbeer- oder Knospenform bei Mahlzähnen, wie zahlreich dokumentiert, sind typische Merkmale einer im Mutterleib oder bei der Geburt erworbenen Syphilis.

Ein Geköpfter unter Siechen

Ein auf dem Friedhof bestatteter 50 bis 70 Jahre alter Mann mit Hinweisen auf eine Infektionskrankheit erlag scharfen Hiebverletzungen am 4. und 5. Halswirbel. Dies deutet auf eine Hinrichtung mit dem Schwert hin. Er wurde in einem Sarg bestattet und man legte ihm noch einen großen Stein auf die Halswirbelsäule. Nur einige hundert Meter südwestlich des Gutleuthauses lag an der Basler Landstraße eine von drei Freiburger Richtstätten. Vermutlich wurde unser Toter dort enthauptet.

201 ◁ *Freiburg i. Br., Kronenstraße 21. In Reihen geordnete, Ost–West orientierte Gräber der ersten Belegungsphase (1256–1632).*

Zur Lage des Gutleuthauses

Die Einrichtungen der Siechen im Felde sind vom frühen 13. Jahrhundert bis zum Dreißigjährigen Krieg nachweisbar. Das Gutleuthaus lag südlich der Stadt Freiburg, jenseits der Dreisam, und diente zur Unterbringung von Menschen mit ansteckenden Krankheiten. Historische Abbildungen stellen die Wohnbauten der Siechen, das Schaffneigebäude, die Kapelle und den Friedhof am Zusammentreffen der Kronenstraße mit der Basler Straße, der Landstraße nach Süden, dar. Sie sind südwestlich unserer Fundstelle, westlich der Häuserzeile Kronenstraße 23 bis 33 zu verorten. Da die Leprosen ihren Lebensunterhalt mit dem Betteln um Almosen bestritten, war die Lage gut gewählt und charakteristisch.

Ein Plan des Gutleuthauses ist nicht überliefert, daher wurden zur Klärung der Lage der Gebäude der an den Sonderfriedhof angrenzende Parkplatz und die Parkanlage am 16. und 17. Dezember 2020 durch Bodenradar mit einer 400 mHz-Antenne untersucht. Teile der Gebäude zeichnen sich dort in einer Tiefe von 0,3–1,8 m als Anomalien ab. Markant ist im Südwesten ein etwa 20 m × 15 m großes, unterkellertes Gebäude, das wohl als Schaffnei (Verwaltungsgebäude) anzusprechen ist (Abb. 199, 2). Daran schloss sich der etwa 25 m lange und 8 m breite Südflügel an (Abb. 199, 3). Den Abschluss nach Osten bildete ein etwa 28 m langer Gebäudetrakt (Abb. 199, 4). Der in historischen Abbildungen dargestellte Nordflügel lag au-

202 ▽ *Freiburg i. Br., Kronenstraße 21. Bestattungen aus dem 16. und 17. Jh. waren häufig mit Rosenkränzen ausgestattet.*

ßerhalb des Untersuchungsgebietes und erstreckt sich wohl unter den Gehweg und die Kronenstraße (Abb. 199, 5). Im Zentrum der Anlage zeichnen sich oberflächennah die Reste der rechteckigen, etwa 18–19 m langen und 9 m breiten Jacobus-Kapelle ab, die Ost–West ausgerichtet war (Abb. 199, 1).

Schlussbemerkungen

Der mittelalterliche Leprafriedhof Freiburgs gehört bundesweit zu den am besten untersuchten Grabstätten dieser Art. Etwa 10 % seiner Fläche wurden erfasst, es lässt sich daraus ableiten, dass während seiner 376-jährigen Nutzungszeit etwa 2000 Menschen dort bestattet worden sind. In dem erfassten Ausschnitt waren fast ausschließlich Männer begraben, offenbar spiegelt der Friedhofsplan die nach Geschlechtern getrennte Unterbringung im Siechenhaus wider. Beigesetzt wurden nicht nur Leprosen, sondern auffallend viele Syphiliskranke und auch Hingerichtete. Die weitere Auswertung wird sicherlich noch viele Erkenntnisse zur Freiburger Gesundheits- und Sozialgeschichte im Spätmittelalter bereithalten.

Für die gute Zusammenarbeit vor Ort gebührt Herrn Maik Disch, Maximilian Kehl GbR, und den ausführenden Baufirmen unser Dank. Sehr unterstützt haben uns auch unser ehrenamtlich Beauftragter Klaus Rechner und der Bürgerverein Mittel- und Unterwiehre.

Bertram Jenisch, Jana Nolle, Carola Berszin, Harald von der Osten-Woldenburg

LITERATURHINWEISE

U. Knefelkamp, Das Gesundheits- und Fürsorgewesen der Stadt Freiburg im Breisgau im Mittelalter. Veröff. Archiv Stadt Freiburg i. Br. 17 (Freiburg 1981); B. Kuner, Das Freiburger Gutleuthaus im Spätmittelalter. Organisation – wirtschaftliche Basis – Alltagsleben. In: Schauinsland 125, 2006, 7–24; B. Jenisch, Leprosorien oder Gutleuthäuser spätmittelalterlicher Kleinstädte im Breisgau. In: Städtische Spitalbauten in Südwestdeutschland. Tagung Ravensburg 2004. Südwestdt. Beitr. Hist. Bauforsch. 8 (Esslingen 2009) 87–96.

REUTLINGEN, KREIS REUTLINGEN

Ein Gewölbekeller und eine Nachgeburtsbestattung aus der Häuserzeile Oberamteistraße 28–34 in Reutlingen

Seit 2001 werden in, um und unter der Häuserzeile Oberamteistraße 28 bis einschließlich des abgebrochenen Gebäudes 34 entsprechend den denkmalfachlichen Auflagen des Landesamtes für Denkmalpflege archäologische und bauhistorische Untersuchungen durchgeführt, zuerst von der Universität Tübingen, anschließend von den freien Archäologen T. Marstaller und M. Wolf. Diese Untersuchungen stehen immer mit baulichen Maßnahmen zur Sicherung und Sanierung des Bauensembles im Zusammenhang. Die einzelnen Gebäude der Häuserzeile wurde in der ersten Hälfte des 14. Jahrhunderts in einheitlicher Weise als zwischen Brandmauern eingespannte Holzkonstruktionen errichtet, deren Straßenseite dieselbe Fassadengliederung aufweist. Die Häuserzeile zählt damit zu den ältesten in Deutschland. Zugleich dürfte sie aber mit den obertägig erhaltenen Gebäuden Nr. 28 und 30/32 auch zu den kürzesten zählen, wenn man das abgebrochene Gebäude Nr. 34 außer Acht lassen würde. Ebenso ist das nordöstliche Ende dieser Häuserzeile mit Nr. 28 nicht sicher erfasst, eine Verlängerung um ein weiteres Gebäude in dieser Richtung ist möglich. Für Reutlingen selbst stellt das Bauensemble einen der wenigen erhaltenen Reste dar, die den großen Brand von 1726 überstanden haben.

Seit Kurzem haben sich die Arbeiten an den erhaltenen Gebäuden intensiviert, da nach der reinen Sicherung nun die Sanierung zur Wiedernutzbarmachung des Ensembles folgt. Als zentrale Maßnahme ist die Errichtung eines stützenden Kopfbaus anstelle des ehemaligen Gebäudes 34 zu sehen, der untertägig erhaltene Teile des historischen Gebäudes integrieren wird.

Keller unter Nr. 34

Der Keller (Abb. 203) war 1972 mit Abbruchschutt des Gebäudes verfüllt worden und wurde in zwei Abschnitten 2017 und 2020/21 wieder ausgenommen. Mit einer Länge von ca. 11,50 m und ca. 6,70 m Breite ist der Keller mit Abstand der größte unter der Häuserzeile und, abgesehen von der deutlich kleineren Anlage unter Nr. 32, der einzige Gewölbekeller. Die Gewölbeansätze liegen ca. 1,60 m, der Scheitelpunkt des längsgerichteten Gewölbes lag zwischen 3,50 m und 4 m über dem Kellerboden. Die Kellerwände zeigen keine Baufugen oder sonstigen Hinweise, die auf eine mehrphasige Entstehung oder eine erst spätere Einwölbung hindeuten, vom Einbau zweier neuzeitlicher Schütten abgesehen. Auch der Zugang über eine breite, eigenständig eingewölbte Kellertreppe bindet in die Kellerwände ein. Dabei fällt die repräsentative Ausführung der Kel-

203 ▽ *Reutlingen, Oberamteistraße 34. Ansicht des ausgeräumten Kellers von Südwesten. Unten rechts der bauzeitliche Zugang, oben rechts eine der nachträglich eingebauten Schütten.*

lertür am Fußende des Abgangs auf. Die beiden Wandnischen in der Südwestwand des Abgangs und in der nordwestlichen Stirnwand waren wiederum schlicht mit einem geraden Sturz ausgeführt.

Die Lehm- bzw. Schmutzschichten, die am Kellerboden über dem gewachsenen Echazkies lagen, waren schon durch die Auffüllungsmaßnahmen beschädigt worden. Die Reste dieses Bodens wurden entfernt, wobei sich keine eingetieften Strukturen zeigten, die auf spezielle Einbauten im Keller hinweisen könnten. Ebenso waren keine Gruben für Nachgeburtsbestattungen zu erkennen.

Nachgeburtsbestattung in Nr. 30

Im Zuge kleinerer Sondierungen für die Sanierungsplanung konnte im Keller der Haushälfte 30 ein Nachgeburtsgefäß aus dem 16. Jahrhundert geborgen werden. Es ist bislang der erste dokumentierte Nachweis im Stadtgebiet Reutlingen. In der Südostecke dieses Kellers, gegenüber dem ehemaligen Zugang, wurde randlich des ca. 55 cm × 75 cm messenden Sondagefeldes ein aufrecht stehender, innen teilglasierter Henkeltopf mit Karniesrand freigelegt, der in den anstehenden gewachsenen Echazkies eingegraben war (Abb. 204). Der Rand lag unmittelbar unter der dünnen Lehm- und Schmutzschicht des Kellerbodens. Eine Abdeckung war nicht mehr eindeutig festzustellen, allerdings könnte ein seitlich oberhalb des Gefäßes liegender Stein ursprünglich dazu gedient haben. Der Gefäßrand war bei Freilegung schon zerstört, was wohl auf das Verrutschen des möglichen Decksteines im Zuge der Kellernutzung zurückzuführen sein dürfte. Der Stampflehmboden dieses Kellers ist weitgehend intakt, es ist nicht auszuschließen, dass sich noch weitere Gefäße im Boden verbergen.

Markus Wolf

204 ▽ *Reutlingen, Oberamteistraße 30. Freigelegtes Gefäß des 16. Jhs. von einer Nachgeburtsbestattung in Fundlage, mehrfach zerbrochen. Gefäßfüllung und zerscherbter Rand sind schon entfernt. Blick von Südwesten.*

LITERATURHINWEISE

M. Wolf/T. Marstaller, Archäologie und Bauforschung in Reutlingen – das Gebäude Oberamteistraße 30/32. Arch. Ausgr. Baden-Württemberg 2001, 219–221; T. Marstaller, Das Haus unter dem Haus – archäologische Untersuchung im Gebäude Spendhausstraße 5 in Reutlingen. Ebd. 2010, 251–254; M. Wolf, Oberamteistraße 34 in Reutlingen – ehemals Teil einer der ältesten Fachwerkhäuserzeilen Deutschlands. Ebd. 2013, 238–242; T. Marstaller, Bauarchäologische Untersuchung eines frühstädtischen Kellers in der Oberamteistraße 34 in Reutlingen. Ebd. 2017, 291–295; S. Dalacker, Überlegungen zum Zusammenhang von Nachgeburtstöpfen und Reformation. Aberglaube bei den frühen Protestanten. Denkmalpfl. Baden-Württemberg 46, 2017, 257–261.

Die Stadtbefestigung von Kenzingen

Die Stadt Kenzingen wurde im Jahr 1249 von den Herren von Üsenberg unmittelbar an der Elz gegründet. Die 12 ha große Stadt wird durch die Südwest–Nordost verlaufende Hauptstraße (heute Bundesstraße 3) sowie die Nordwest–Südost verlaufende Eisenbahnstraße bzw. Brotstraße in vier Teile gegliedert. Während die zwei Durchgänge der Hauptstraße durch die Stadtmauer mit mächtigen, 36 m hohen Tortürmen versehen waren, gab es an den beiden anderen Durchgängen nur einfache Durchlässe. Wie nahezu alle Städte am Oberrhein, so verfügte auch Kenzingen über eine doppelte Stadtbefestigung. Außerhalb des inneren Grabens verlief ein schmaler Weg, auf den dann ein weiterer Graben folgte. In Kenzingen wird dieser zweite Graben durch eine Ableitung der Elz – Kleine Elz genannt – gebildet. Schriftquellen zeigen, dass diese doppelten Stadtbefestigungen keine deutlich jüngeren Anlagen darstellen, sondern dass sie unmittelbar nach Fertigstellung der inneren Umwehrung errichtet wurden. Es handelt sich nicht um eine Stadterweiterung, sondern um eine Verdoppelung der Stadtbefestigung, die aufgrund ihrer Datierung in das frühe 14. Jahrhundert nicht mit der Einfüh-

205 ◁ *Kenzingen, Niederes Tor. Plan der Grabung 2019 mit den wichtigsten Befunden der ehemaligen Stadtbefestigung. Lila: Torturm; rot: Begrenzung des Stadtgrabens; blau: steinerne Brücke über den Stadtgraben (frühe Neuzeit); grün: vorgelagertes Tor (frühe Neuzeit).*

rung der Artillerie in Verbindung stehen kann. Vor diesem Hintergrund war die Erwartung an die bevorstehenden Bodeneingriffe entsprechend hoch.

Diese Eingriffe standen im Zusammenhang mit der Sanierung der Innenstadt von Kenzingen, insbesondere mit der Erneuerung der Wasserversorgung und -entsorgung in der Hauptstraße und den Anschlüssen in die Seitenstraßen. Dieses umfangreiche Projekt begann im Sommer 2019 und fand Ende 2020 seinen Abschluss. Hier war die Archäologische Denkmalpflege frühzeitig einbezogen, da nicht nur im Bereich der Innenstadt, sondern besonders im Bereich der beiden ehemaligen Stadttore mit umfangreichen archäologischen Befunden gerechnet werden musste.

Grabung 2019 am Niederen Tor

Im Sommer 2019 erfolgte die Untersuchung der Stadtbefestigung im Norden durch die Firma ArchaeoTask (Grabungsleitung F. J. Gomez). Dabei wurden das Fundament des ehemaligen, 1328 erstmals genannten und 1838 abgebrochenen Stadttores (Niederes Tor), die Stadtmauer, die Reste der Brücke über den Stadtgraben und das „Törle“ außerhalb des Stadtgrabens freigelegt (Abb. 205).

Vom Niederen Tor konnte das östliche Fundament erfasst werden; das westliche liegt unter dem Gehsteig bzw. bildet einen Teil des Fundamentes des angrenzenden Hauses und war durch die Baumaßnahmen nicht betroffen. Das Fundament war etwa 10 m ×10 m groß und ist aus Bundsandstein errichtet. Die östliche Fundamentmauer war gut 2 m breit, das südliche Spannfundament dagegen nur 1 m. Das nördliche Spannfundament misst wiederum fast 2 m. Eine Baunaht oder unterschiedliche Bauweise konnte nicht erkannt werden. Das dürfte bedeuten, dass Stadtmauer und Fundament des Stadttores gleichzeitig errichtet wurden. Die Stadtmauer ist hier 1 m breit.

Vor der Stadtmauer befand sich der gut 15 m breite Stadtgraben. Er wurde von einer doppeljochigen Steinbrücke überspannt. Jedes Joch misst etwa 7 m. Die Bögen bestehen überwiegend aus Kalksteinen und nur zu einem geringen Teil aus Bundsandsteinen. Direkt außerhalb des Stadtgrabens befand sich ein Torgebäude, das in der frühen Neuzeit entstanden sein dürfte. Eine bildliche Darstellung stammt aus der Barockzeit. Auch dieses Tor ist 10 m lang und dürfte ebenso breit gewesen sein.

Grabung 2020 am Oberen Tor

Die Stadtbefestigung im Südwesten wurde Ende 2020 durch die Firma AAB untersucht (Grabungsleitung Ch. Kutz). Die Befunde entsprachen weitgehend den Erwartungen. Das Stadttor (Oberes Tor; 1328 genannt, 1838 abgebrochen) war jedoch – abweichend zu dem Befund am Niederen Tor – an die bestehende Stadtmauer angebaut. Aufgrund von Störungen konnte die Breite des Turmes nicht ermittelt werden. Die lichte Weite zwischen den beiden Orthäusern – dem Tor benachbarte Gebäude, die aus der Häuserflucht in den Straßenraum vorspringen, um den Durchgang zu verengen – beträgt jedoch 9 m. Dies dürfte mit der ehemaligen Breite des Stadttores übereinstimmen. Die Länge des Torturmes betrug 7,2 m. Die 1,2 m breite Stadtmauer konnte ebenfalls erfasst werden. Sie schloss sich direkt an das südliche Ende des Tores an. Die Mauer setzt sich im Keller des benachbarten Gasthauses Beller fort. Aufgrund der baubedingten Eingriffstiefe konnten die Fundamente der

Stadtmauer und des Turmes nicht ermittelt werden.

Vor der Stadtmauer befindet sich der 14,2 m breite Stadtgraben. Auch er war mit einer doppeljochigen Steinbrücke überspannt. Die 0,5 m mächtigen Bögen waren überwiegend aus Bundsandstein mit wenigen Kalksteinen und Bachwacken errichtet (Abb. 206). Lücken wurden durch Ziegel ausgefüllt. Diese Brücke dürfte maximal so breit wie der Tordurchgang (4 m) gewesen sein. Nachgewiesen wurde eine Breite von 1,8 m. Sie war beidseitig durch neuzeitlichen Leitungsbau gestört, kann aber nicht breiter als 4 m gewesen sein. Jedes Brückenjoch war etwa 1,5 m breit. Sie trafen sich an einem Pfeiler aus Bundsandstein. Die Oberkante der Brückenbögen lag etwa 0,5 m unter der heutigen Oberfläche. Dies dürfte bedeuten, dass sich der mittelalterliche und neuzeitliche Gehhorizont in etwa auf dem heutigen Niveau befanden. Aufgrund der verwendeten Baumaterialien dürfte die Brücke in der frühen Neuzeit errichtet worden sein.

Jenseits des Stadtgrabens fand sich dann noch das 8,2 m lange Fundament des frühneuzeitlichen Torhäuschens aus sauber gearbeiteten Bundsandsteinquadern.

Resümee

Da die Bodeneingriffe sich auf die oberen Bereiche beschränkt haben, ist der Anfall an Funden naturgemäß gering. Insgesamt ist die Bauweise der beiden Befestigungsabschnitte so ähnlich, dass man jeweils einen gleichen Bauplan und eine identische Entstehungszeit voraussetzen kann.

Die Beobachtungen im Stadtbereich zeigen, dass das Gelände, auf dem die Stadt gegründet wurde, aus einem grauen Auelehm bestand. Anzeichen für eine Besiedlung des sicherlich hochwassergefährdeten Bereichs vor der Stadtgründung gibt es nicht. Es gibt zumindest beim Oberen Tor im Südwesten aber auch keine Hinweise auf eine intentionelle Erhöhung des Stadtgebiets durch Aufschüttungen. Vermutlich dienten die Stadtgräben erfolgreich dem Schutz vor Hochwasser.

206 △ *Kenzingen, Oberes Tor, Grabung 2020. Blick über die Bögen der ehemaligen Brücke über den Stadtgraben.*

So gut es ging, wurden die erforderlichen Bodeneingriffe so gestaltet, dass die aufgedeckten Baubefunde weitgehend erhalten bleiben konnten.

Ein herzliches Dankeschön geht an die Verantwortlichen der Stadt Kenzingen für die gute Zusammenarbeit sowie an die Baufirma Pontiggia.

Andreas Haasis-Berner,
Francisco José Gómez, Christoph Kutz

LITERATURHINWEIS

B. Jenisch u. a., Kenzingen. Arch. Stadtkataster Baden-Wüttemberg 22 (Esslingen 2003).

Ein Querschnitt durch die Uracher Stadtbefestigung – die Grabung am Alten Amtsgericht in Bad Urach

Im Oktober/November 2020 war eine Arbeitsgemeinschaft freier Archäologen vier Wochen im Auftrag der Stadt Bad Urach und unter Fachaufsicht des Landesamts für Denkmalpflege zwischen Amtsgericht und Haus des Tourismus tätig. Die Verlegung des ins Spätmittelalter zurückgehenden „Dreiachtelkanals" durchbricht die ehemalige Stadt- und Zwingermauer, auch ältere Bebauungsstrukturen werden unwiderruflich zerstört. Die Untersuchung, die im Frühjahr 2021 fortgesetzt werden soll, steht im Kontext eines mehrjährigen Projektes zur Verbesserung des Hochwasserschutzes, das an verschiedenen Stellen innerhalb der Stadt archäologische Begleitung erfordert.

Die etwa 28 m × 9 m große Grabungsfläche (Abb. 207) reicht von der obertägig noch als Gartenmauer überlieferten Zwingermauer im Süden bis an einen Parkplatz an der Straße „Beim Schloss" im Norden. Direkt westlich an die Grabungsfläche schließt unter einer asphaltierten Fläche der kanalisierte Mühlbach an (Fließrichtung nach Norden, in die Stadt hinein).

Die Grabungsstelle liegt topographisch an einem neuralgischen Punkt (Abb. 208). Hier treffen sich Stadtbefestigung und Mühlbach. Dass zugleich wohl auch noch eine rechtliche Grenze tangiert wurde, die mit der spätmittelalterlichen Ummauerung des Schlossbezirks in Verbindung steht, ist ein wichtiges Ergebnis der bisherigen Untersuchungen. Das in der Urkarte vermittelte Bild eines geschlossenen, durch öffentliche Bauten geprägten Areals südöstlich des Schlosses kann nicht bruchlos in die Stadtgründungszeit zurückgeschrieben werden.

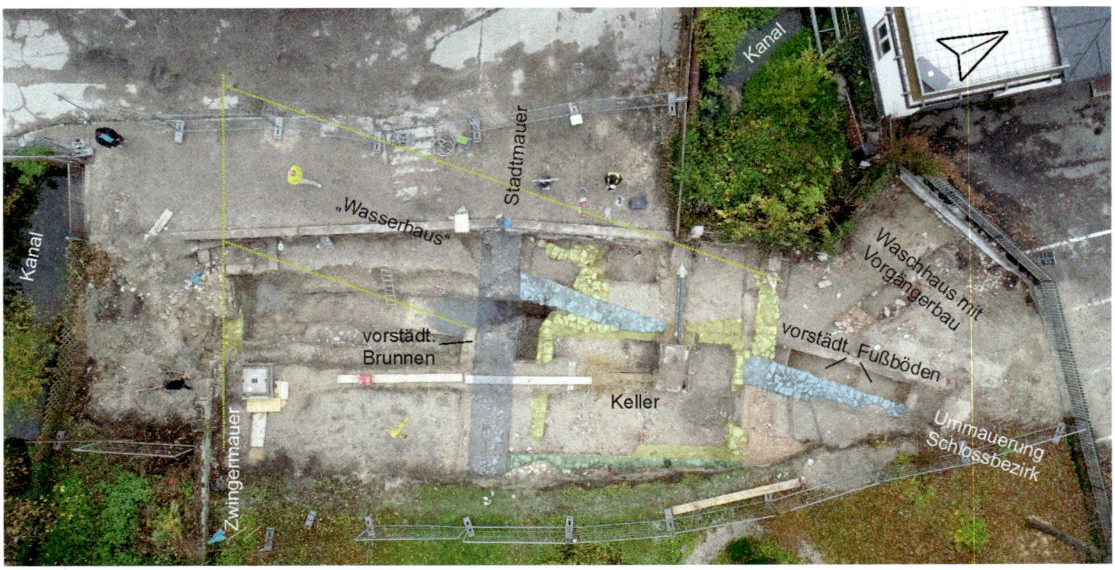

207 ▽ *Bad Urach, Altes Amtsgericht. Luftbild am letzten Grabungstag, 3. 11. 2020. Die wichtigsten Befunde sowie rekonstruierte Baufronten sind farblich hervorgehoben.*

Vorstädtische Besiedlung

Aufgrund der überraschend tiefen Lage der vorstädtischen Schichten – etwa 2 m unter heutigem Niveau – kann bisher nur wenig zu den zugehörigen Befunden gesagt werden. Erst nach Entfernung einer das Areal querenden Datenleitung wird es möglich sein, im Nordwesten des Areals flächig vorstädtische Befunde zu erfassen. Bisher bekannt ist ein größtenteils unter der Stadtmauer liegender, aus Bruchstein gesetzter Brunnen, der schon in vorstädtischer Zeit aufgegeben wurde (Abb. 207). Die wenigen, zum Teil verrundeten Fundstücke sind aktuell noch nicht klar datierbar, neben mittelalterlichen könnten auch römische und vorgeschichtliche Funde erfasst worden sein. Der Brunnen war nur noch als unterste „Rollierung" erhalten, etwa 2,70 m unter Außenniveau, er verschwand nach der Freilegung und Dokumentation unter eintretendem Grundwasser. Ein besonderer Befund wurde im nördlichen Grabungsareal aufgedeckt: Im entlang der schräg durch die Grabungsfläche verlaufenden Mauer angelegten Sondageschnitt wurden zwei Niveaus eines insbesondere in der jüngeren Phase sehr festen, ganz ebenen Sandbodens angetroffen. Das jüngere Niveau, in dem eine Reihe von Stakenlöchern leichte Einbauten/Abgrenzungen anzeigt, ist teilverziegelt. Die Hitzequelle liegt nordwestlich außerhalb des Sondageschnitts, es liegt kein Schadensfeuer vor, die zugehörigen Schuttschichten führen keine nennenswerten Mengen Holzkohle. Das Gebäude datiert mit beiden Phasen in das 13. Jahrhundert, in den Schuttschichten finden sich bereits Hohlziegel, jedoch kein Mörtel und nur wenig Wandlehm. Die Fußböden lassen sich auch noch unter dem vermauerten Zugang des späteren, südlich anschließenden Kellerraums beobachten. Damit erstrecken sich die Fußböden über mindestens 6,50 m Länge. Über die Ausrichtung eines zugehörigen Gebäudes lässt sich noch nichts aussagen.

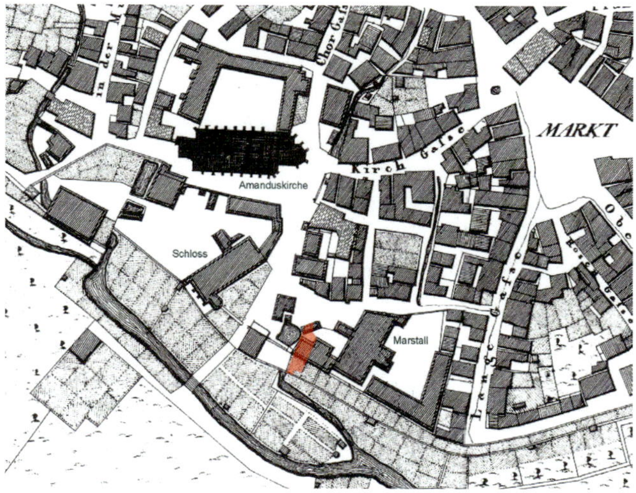

208 △ *Bad Urach, Ausschnitt aus der württembergischen Flurkarte von 1823. In Rot ist die Lage der Grabungsstelle hervorgehoben. Sie überlagert den westlichen Teil des „Alten Amtsgerichts".*

Stadtmauer und Schlossbezirk

In der zweiten Hälfte des 13. Jahrhunderts wird das gesamte Areal gegen die neu errichtete Stadtmauer flächig um mindestens 1,60 m aufgeschüttet. Dafür wurden große Mengen Tuffsand herangeführt, der über weite Strecken den Eindruck von „gewachsenem Boden" erweckt, jedoch regelmäßig auch Einschlüsse und Fundmaterial führt. Alle städtischen Befunde sind in diese Aufschüttungen – bzw. den heute fehlenden Oberboden – eingetieft. Wichtigster Befund ist ein an die älteste Stadtmauerphase angesetztes zweischaliges, ca. 80–90 cm breites Bruchsteinfundament mit Südwest-Nordost-Orientierung (Abb. 207, blau). Es ist auf einer Länge von 15 m nachgewiesen, das nordöstliche Ende wurde nicht erreicht. Diese Orientierung ist heute nicht mehr in der Umgebungsbebauung zu finden, sie

209 ▷ *Bad Urach, Ausschnitt aus der Stadtansicht auf dem Brendlin-Epitaph von 1569. Im Vordergrund von links: Das auf die Grafen von Urach zurückgehende alte Wasserschloss, das württembergische Schloss (dahinter die Amanduskirche), die Obervogtei mit dem über den Zwinger gebauten „Wasserhaus", das 1485 errichtete Kornhaus im alten Marstall.*

vermittelt zwischen der Ausrichtung des Schlosses und derjenigen des östlich anschließenden herzoglichen Kornhauses. Dass sie auch in der württembergischen Flurkarte fehlt, ist ein Mess- bzw. Darstellungsfehler: Genauere Bau- und Lagepläne belegen, dass die (Nord-)Westseite des Alten Amtsgerichtes diese Ausrichtung bis zum Abriss im Jahr 1903 überliefert hat. Wir schlagen wegen des klaren Bezugs auf das 1400 errichtete Schloss – bzw. einen ähnlich ausgerichteten Vorgänger an gleicher Stelle – eine Ansprache als Begrenzungsmauer des spätmittelalterlichen Schlossbezirks vor.

Nach Ansetzen der schräg verlaufenden Mauer wurde die Stadtmauer in ihrem westlichen Abschnitt komplett bis zur Unterkante in 2,50 m Tiefe ausgebrochen. Die Ausbruchgrube wurde anschließend 1 m hoch mit dichtem reinem Ton verfüllt, bevor die Stadtmauer im Fundamentbereich wiederaufgebaut und ebenfalls an der Außenseite mit Ton abgedichtet wurde. Beim Wiederaufbau des Aufgehenden aus gesägten Kalktuffgroßquadern wurde auch der östliche Teil der Stadtmauer, der weiterhin auf Fundamenten des 13. Jahrhunderts fußt, miteinbezogen. Es ist hoch wahrscheinlich, dass die großangelegte Baumaßnahme die Einleitung des Mühlbachs in die Stadt anzeigt; Wandscherben mit Leistenauflage geben einen Terminus post quem in der zweiten Hälfte des 14. Jahrhunderts. Erst nach dieser Baumaßnahme beginnt die Einbeziehung von Stadt- und Schlossbezirksmauer in angrenzende Gebäude.

Obervogtei und Wasserhaus

Der erste schriftliche Beleg der Bebauung zwischen Marstall und Bach datiert auf das Jahr 1432, als das dort gelegene Haus von Ludwig I. und Ulrich V. von Württemberg in private Hände verkauft wird. Wir haben damit sowohl einen Hinweis darauf, dass die Baumaßnahmen an Mühlbach und Stadtmauer in gräflichem Auftrag ausgeführt wurden, als auch darauf, dass die Grafen in der Folge die allmähliche Eingliederung des Schlossbezirks in die bürgerliche Stadt zuließen. Möglicherweise in Zusammenhang mit dem Aufstieg Urachs zur Residenzstadt 1442 änderte sich der Blickwinkel wieder. Bei Graf Eberhards Hochzeit 1474 war seine Tante Margarethe mit Gefolge (und 30 Pferden) in besagtem Haus untergebracht. 1485 kaufte Eberhard das Haus wieder zurück und machte es zum Wohn- und Amtsgebäude des Uracher Obervogts – im selben Jahr, als er eines der Gebäude des Alten Marstalls zum Kornhaus ausbauen ließ.

Etwas später, wohl schon in der ersten Hälfte des 16. Jahrhunderts, fassen wir weitere bauliche Veränderungen im Areal: Der bisher offen südlich der Stadtmauer verlaufende Stadtgraben wurde verfüllt, eine Zwingermauer, deren Unterkante heute unter Grundwasserniveau liegt, in etwa 9 m Entfernung zur Stadtmauer errichtet. Außerhalb der Zwingermauer wurde die Erms zum „großen Schwanensee“ aufgestaut.

Die Stadtansicht von 1569 (Abb. 209) zeigt einen den Zwinger überspannenden Bau mit repräsentativem Saal zum Schwanensee, der in den Schriftquellen als „Wasserhaus“ bezeichnet wird – unter ihm fließt der Mühlbach in die Stadt. Der Anbau stößt mittig gegen die Südwestecke der Obervogtei. Am Dachanschluss erkennt man, dass die Nordecke des Gebäudes noch innerhalb der Stadtmauer zu suchen ist – entsprechend ist es im archäologischen Befund überliefert, wenn auch durch spätere Wasserbaumaßnahmen gestört. Der unbebaute Platz zum Schloss misst repräsentative 48 m.

Ebenfalls in das 16. Jahrhundert datiert ein weiterer schmaler Anbau an die Obervogtei, der die ehemalige Schlossbezirksmauer überschreitet. Im archäologischen Befund ist nur die Nordmauer des schrägwinkligen Gebäudes im Fundament überliefert, das Nordwestfundament ist ausgebrochen. In Zusammenhang mit dieser Erweiterung wurde die alte Schlossbezirksmauer auch im Kellergeschoss durchbrochen: Ein 6,60 m × 3,60 m großer Keller mit Tuffsteingewölbe „untergräbt“ hier die bis 1903 im Außenbau ablesbare Trennung der Gebäudeteile (Abb. 207, gelb).

Wir bedanken uns bei der Stadt Bad Urach, namentlich bei Andreas Streble und Michaela Epp und ihrem Bauhof, insbesondere bei „Beba“ Geiger, für die reibungslose Zusammenarbeit. Herzlichen Dank auch an Tilmann Marstaller für zahlreiche Hinweise zur Baugeschichte.

Sören Frommer, Dorothee Ade, Markus Wolf

LITERATURHINWEISE

T. Marstaller, Im Spannungsfeld von Tradition und Innovation: Urachs historische Bauwerke bis zum 19. Jahrhundert. In: Th. Braun (Hrsg.), Geschichte der Stadt Urach. Uracher Geschichtsbl. 4 (Bad Urach 2016) 284–320; W. Röhm, Historische Spaziergänge durch Bad Urach. Ein Stadtführer durch Kunst und Geschichte (Bad Urach 1999); ders., Auf historischem Boden. Südwestpresse, 26. 2. 2014, URL: www.swp.de/suedwesten/landkreise/ermstal/auf-historischem-boden-17871683.html (Zugriff 22. 1. 2021); ders., Die Obervogtei am Schlossplatz. Ebd. 26. 3. 2020, 11; E. Strähle, Uracher Häuserbuch I. Aus Lager- und Steuerbüchern und anderen Quellen 1375–1705. Beitr. Bad Uracher Stadtgesch. 3 (Bad Urach 2015).

Neue Befunde zum frühneuzeitlichen Ausbau der Offenburger Stadtbefestigung

Die archäologische Erforschung der Stadtgeschichte Offenburgs steht zu Unrecht im Schatten der seit Langem gut untersuchten südbadischen Städte Freiburg, Breisach oder Konstanz. Die über 90 archäologischen Ausgrabungen lieferten bemerkenswerte Ergebnisse zur Stadtentwicklung. Erstaunlicherweise gab es bislang keine Untersuchungen zur Wehranlage. Im Jahr 2020 kam es am Nordrand der Altstadt gleich zu vier Rettungsgrabungen und Sondagen, die Befunde zu deren Ausbau erbrachten.

Eckdaten zur Entwicklung der Offenburger Wehranlage

Erste Hinweise auf die Anlage einer Befestigung Offenburgs finden sich im Reichssteuerverzeichnis von 1241: Offenburg durfte die Hälfte seiner Steuerlast zur Finanzierung einer Baumaßnahme (*edificia*) verwenden, vermutlich ist die Stadtbefestigung gemeint. Wahrscheinlich waren die Arbeiten in der zweiten Hälfte der 1240er Jahre beendet, denn 1248 wird Offenburg erstmals *oppidum* (Stadt) genannt. Wie diese Stadtbefestigung um 1240 ausgestaltet war, lässt sich nicht klären, weder existieren dazu archäologische Untersuchungen, noch können die recht spärlich fließenden Schriftquellen Aufschluss darüber geben. Die Wehranlage wurde in dieser ältesten Ausbaustufe nur durch eine einfache Mauer mit einem dahinterliegenden, erhöhten Rondenweg und vorgelagertem Graben gebildet, die nur an drei Stellen einfache Tordurchlässe aufwies. Diese Situation ist vor allem im Osten und Süden der Stadt erhalten oder zumindest in der Parzellenstruktur nachweisbar. Die Überlandstraße, die von Norden auf die Stadt zuführte (Okenstraße), musste um etwa 100 m nach Osten verschwenken, um die bei der Stadterweiterung im 13. Jahrhundert neu angelegte Hauptstraße zu erreichen. Die Umlenkung erfolgte über die erstmals 1347 genannte Schiekengasse (*schiec* = krumm). Die Tortürme errichtete man erst in der zweiten Hälfte des 13. Jahrhunderts. Zwischen Ende des 14. und Anfang des 15. Jahrhunderts erfolgte ein umfassender Ausbau der Wehranlage durch weitere Türme und einen vorgelagerten zweiten Mauerbering mit Graben und dem sogenannten Äußeren Zwinger. In diesem Ausbau manifestiert sich der vergebliche Versuch, mit der fortschreitenden Militärtechnik Schritt zu halten. Im 16. Jahrhundert errichtete man fünf Geschützstellungen (Bollwerke). Vor und während des Dreißigjährigen Krieges legte man sieben vorgelagerte bastionäre Befestigungen an.

Seit dem 18. Jahrhundert gab man die Stadtbefestigung sukzessive auf. Die Tortürme brach man zu Beginn des 19. Jahrhunderts ab. Mit dem Bahnbau wurden große Teile des Aufgehenden der barocken Schanzen sowie die Äußere Stadtmauer östlich des Altstadthügels niedergelegt. Am Westrand der Stadt hat sich die Wehranlage am besten erhalten. Die Stadtbefestigung ist seit 2008 als Denkmal von besonderer Bedeutung nach § 12 DSchG in das Denkmalbuch eingetragen.

Turmgasse 3 – Befunde zur Inneren Stadtmauer und dem Rondenweg

Im Vorfeld einer Sanierung der Stadtmauer durch die Stadt Offenburg kam es 2019 zur Dokumentation der Geländeaufschüttung hinter der Inneren Stadtmauer durch die Denkmalpflege (Abb. 210, 1). Deutlich zeichneten sich die 2 m hohen Schüttschichten des aus dem Grabenaushub aufgebauten, 13 m breiten Rondenwegs ab, der in der ersten Hälfte des 13. Jahrhunderts angelegt wurde. Eine Rettungsgrabung der Firma E & B excav vor Durchführung einer Baumaßnahme wies auf dem Grundstück zwar eine bislang nicht bekannte spätmittelalterliche Bebauung nach, brachte aber keine weiteren Ergebnisse zur Befestigung. Im Dezember 2020 führte die Archäologische Denkmalpflege im Zusammenhang mit dem Anschluss des Anwesens an das Fernwärmenetz erneut eine baubegleitende Sondage durch. Hinter der Stadtmauer zeichnete sich in dem 2,5 m tiefen Arbeitsraum die Baugrube der Stadtmauer ab. An dem Durchbruch der Leitung konnte die Stärke der zweischalig aufgebauten Stadtmauer mit 1,5 m ermittelt werden.

Baubeobachtung zum Inneren Stadtgraben in der Hauptstraße 54

Der Umbau des Anwesens Hauptstraße 54 erforderte zwar keine archäologischen Begleitmaßnahmen, bei der Begehung des Hauses zeigte sich jedoch ein überraschender Befund (Abb. 210, 3): Die Wände des erstaunlich großen Kellers wurden im Süden von der Stadtmauer und im Norden von der Futtermauer des Inneren Stadtgrabens gebildet. Der Keller war offenbar im 19. Jahrhundert im dem zur Bauzeit noch offen stehenden Inneren Stadtgraben errichtet worden. Die Breite des Stadtgrabens betrug an dieser Stelle ca. 15 m.

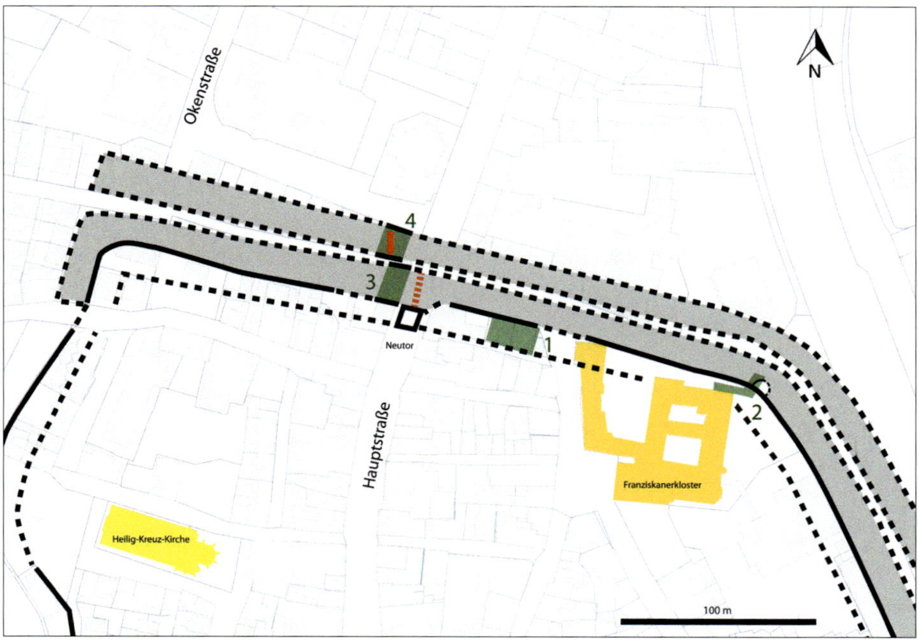

210 ◁ *Offenburg. Stadtbefestigung mit Innerer Stadtmauer mit vorgelagertem Stadtgraben und dahinterliegendem Rondenweg sowie der später angelegten Äußeren Stadtmauer mit Graben. Grabungen mit Befunden zur Stadtbefestigung (grün): 1 Turmgasse 3; 2 Lange Straße 9/ Franziskanerkloster; 3 Hauptstraße 54; 4 Hauptstraße 52.*

211 △ *Offenburg, Lange Straße 9/Franziskanerkloster. Fundament einer Bastion der Zeit um 1500 mit Schießscharte.*

212 ▽ *Offenburg, Hauptstraße 52. Blick von Süden in den Äußeren Stadtgraben mit den beiden Auflagern einer Jochbrücke und der Wachstube.*

Lange Straße 9 – Turmanbau an die Innere Stadtmauer

Beim Anschluss des Franziskanerklosters an das Fernwärmenetz musste auch hier ein Durchbruch durch die Innere Stadtmauer erfolgen (Abb. 210, 2). Bei den baubegleitenden Maßnahmen der Denkmalpflege im November 2020 wurden zunächst Abwasserleitungen, die vom Kloster zum Stadtgraben führten, erfasst. In einer Arbeitsgrube im ehemaligen Stadtgraben kam das Teilstück eines um 1500 außen an die Stadtmauer angefügten Turmes zutage (Abb. 211). Die aus Backstein errichtete Fundamentmauer war etwa 1 m stark. An der Basis des kleinen Bollwerks war eine Schießscharte erkennbar, mit der der Graben bestrichen werden konnte.

Die Brücke über den Äußeren Graben an der Hauptstraße 52

Die bemerkenswertesten Ergebnisse lieferte eine Rettungsgrabung an der Hauptstraße 52, mit deren Durchführung der Bauherr Markus Dreher die Firma Südwest-Archäologie beauftragte (Abb. 210, 4). Am Rand der Baugrube wurden nicht nur die Äußere Stadtmauer und die Futtermauer des an dieser Stelle fast 11 m breiten Äußeren Grabens erfasst. Die große Überraschung waren Befunde zu der in keinem historischen Stadtplan überlieferten Brücke über den Graben (Abb. 212). Die schräg über den Äußeren Graben geführte Jochbrücke ruhte auf zwei Pfeilern unterschiedlicher Konstruktion. Das südliche Brückenlager war 3,5 m breit und aus großen Sandsteinquadern aufgebaut. Bearbeitungsspuren belegen, dass es sich bei dem Baumaterial um Spolien handelt. Zwischen dieser Konstruktion und der Äußeren

Stadtmauer wurde zeitgleich eine Wachstube errichtet, die durch eine Inschrift über der Zugangstür in das Jahr 1647 datiert werden kann (Abb. 212). Bei dem nur 6,1 m^2 großen Raum, der mit zwei Schießscharten ausgestattet ist, handelt es sich um eines der seit 1591 urkundlich überlieferten Wachhäuser (*ussern hüttlin*). Der Raum war über eine in den Graben führende Wendeltreppe zugänglich.
Das nördliche Brückenlager war 4,5 m breit, lediglich die Kanten und ein Entlastungsbogen der 70 cm starken Mauer waren aus Buckelquadern aus Buntsandstein errichtet. Für die übrige Mauer hatte man Backstein verwendet. Durch eine Bauinschrift an der westlichen Schmalseite kann die Errichtung des Brückenunterbaus in das Jahr 1669 datiert werden. Die bemerkenswerte Anlage entstand demnach nach der Zerstörung einer anzunehmenden Vorgängeranlage 1632/34; sie wurde schon 1689 erneut demoliert und dann nicht wieder aufgebaut. Die Baubefunde unterhalb der Bodenplatte sowie die Futtermauer des Stadtgrabens blieben in situ erhalten.

Fazit

Mehrere archäologische Aufschlüsse lieferten uns erstmals belastbares Material zum Aussehen der Befestigung der Stadt Offenburg und deren Entwicklung über 500 Jahre. Wichtige Details kamen dabei auch bei kleinen Sondagen zutage.

Für die gute Kooperation mit den Bauherren, den ausführenden Baufirmen und der Stadt Offenburg sei an dieser Stelle herzlich gedankt.

Bertram Jenisch, Frank Krämer

LITERATURHINWEIS

B. Jenisch/A. Gutmann, Offenburg. Arch. Stadtkataster Baden-Württemberg 33 (Esslingen 2007)

■ ULM

Grabungen im Bereich des ehemaligen Ulmer Heiliggeistspitals

Für das Seniorenwohnheim „Dreifaltigkeitshof" in Ulm war ein Egänzungsbau geplant. Aufgrund der Lage im Bereich des ehemaligen Heiliggeistspitals wurde das Landesamt für Denkmalpflege bereits sehr früh in die Planungen einbezogen.

Geschichte des Spitals

Das Heiliggeistspital ist 1240, vermutlich bald nach seiner Gründung, erstmals überliefert, als es König Konrad IV. unter seinen Schutz stellte. Spätestens 1255 befand es sich an der bekannten Stelle westlich der staufischen Stadt und wurde im Zuge der Stadterweiterung im 14. Jahrhundert in die Stadt einbezogen. Es behielt jedoch seine Ummauerung und stellte somit einen geschlossenen zweigeteilten Gebäudekomplex dar. Das Spital wuchs zu einer reichen Stiftung mit großem Grundbesitz heran, zu dessen Baubestand ein landwirtschaftlicher Großbetrieb mit zahlreichen Ökonomiegebäuden

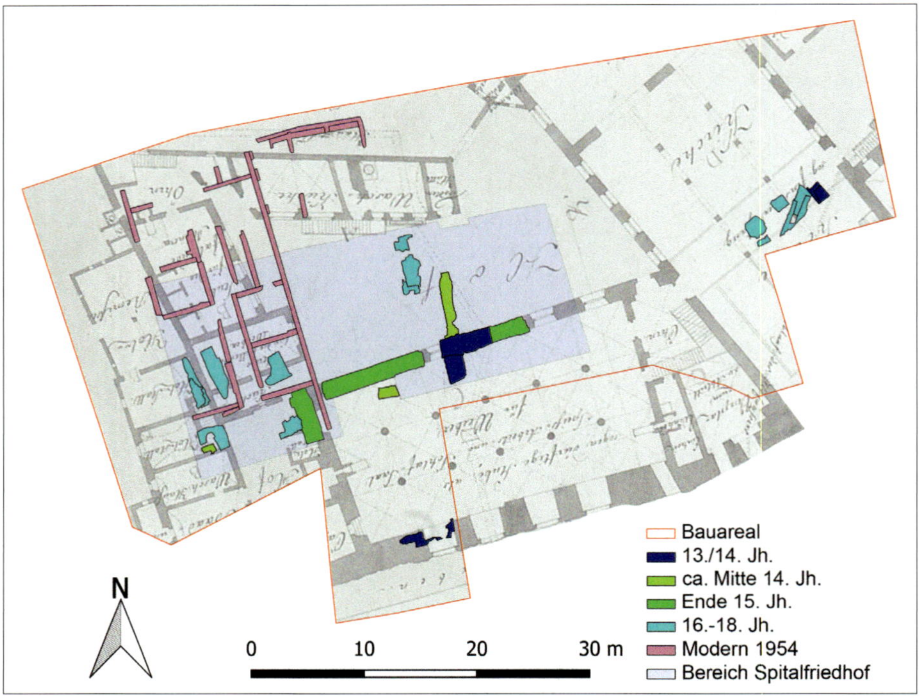

213 ▷ *Ulm, ehem. Heiliggeistspital. Phasenplan der Ausgrabung 2020 mit Hinterlegung des entzerrten Spitalplans von 1816.*

gehörte. In der Mitte befand sich die bereits 1819 abgerissene Spitalkirche, der sich im Südwesten die „Dürftige Stube“ anschloss, die zur Unterbringung der Alten, Gebrechlichen, Pfründner und Kranken 1473 neu gebaut wurde. Möglicherweise bei deren Bau war man bereits auf eine Vielzahl von Skeletten gestoßen, wie der Dominikanermönch Felix Fabri zeitnah zu berichten wusste. Trotz massiver Eingriffe in Teilbereichen des Spitalkomplexes im 19. und frühen 20. Jahrhundert behielt die Anlage ihren ursprünglichen Charakter bis zur Zerstörung 1944. Im Zuge des Wiederaufbaus wurden die in beträchtlichem Umfang erhaltenen baulichen Überreste abgerissen und mitten durch das Spital die Neue Straße gelegt. Mit dem Bau eines Altenpflegeheims südlich der Neuen Straße 1954 blieb lediglich ein funktionaler Zusammenhang mit der ursprünglichen Bebauung bestehen.

Die Grabung 2020

Durch die vorgesehene Neubebauung wurde nun der Komplex südlich der Spitalkirche mit Teilen der „Dürftigen Stube“ erfasst. Das betroffene Gelände war massiv durch den Bau von 1954 überprägt und die unbebauten Bereiche waren zur Angleichung des Bodenniveaus im Zuge dieser Bebauung mehrere Meter aufgefüllt worden. So ließ sich kaum vorhersagen, ob und mit welchen Überresten des Spitals noch zu rechnen war. Zur Sicherheit wurde von vorneherein die Firma ArchaeoBW GmbH mit der archäologischen Begleitung der Maßnahme betreut und ein Zeitfenster von einem halben Jahr für die Ausgrabung festgelegt. Tatsächlich zeigte sich, dass auch noch in über 6 m Tiefe vielfältige Baustrukturen und zahlreiche Gräber des Spitalfriedhofs erhalten waren, sodass die Rettungsgrabung letztlich den Zeitraum von Februar bis September 2020 in Anspruch nahm. Dokumentation und Bergung mussten in Absprache mit dem bauausführenden Unternehmen und oft parallel zu Bauarbeiten bewerkstelligt werden.

Die „Dürftige Stube"

Aufgrund von Planunterlagen des Stadtarchivs Ulm, aufgenommen durch den Architekten Werkmann 1816, ließen sich einige freigelegte Mauerstrukturen eindeutig überlieferten Gebäuden des Spitalkomplexes zuweisen, während andere auf ältere Bauphasen zurückzuführen sind (Abb. 213). Die westlich gelegenen Backsteinmauern werden mit Umbaumaßnahmen im 16. bis 18. Jahrhundert im Zusammenhang stehen. Ein besonders massives Mischmauerwerk aus Back- und Kalksteinen stellte die ehemalige nördliche und westliche Außenmauer der wohl 1473 erbauten „Dürftigen Stube" dar (Abb. 214). Zu diesem Zeitpunkt, vermutlich im 14. Jahrhundert, wurde bereits in den damals aufgelassenen Friedhof eingegriffen. Als südliche Außenwand diente die einstige Stadtmauer aus Kalkbruchsteinen, die im Zuge der Stadterweiterung des frühen 14. Jahrhunderts errichtet worden war und deren Mauerstärke noch dem Plan von 1816 zu entnehmen ist. In diesem Bereich fanden aber nur vergleichsweise geringe Bodeneingriffe statt. An der nördlichen Außenmauer bewahrheiteten sich die Aussagen bezüglich eines alten Friedhofareals, von dem sich – teilweise gestört durch die Mauerfundamente – eine Vielzahl von Grablegen erhalten hatten. Ein anderes Mörtelmauerwerk, das im direkten Umfeld angetroffen wurde, bestand aus kleinformatigem Ziegelsteinbruch und Kalkbruchstein. Diese Mauern wiesen nur eine relativ geringe Stärke auf. Möglicherweise gehören sie zu einem weniger massiven Vorgängerbau der „Dürftigen Stube".

Ebenfalls älter war ein Abschnitt der nördlichen Außenmauer der „Dürftigen Stube". Dieser war als Zweischalenmauerwerk aus Kalkstein ausgeführt. Es war massiv genug fundamentiert, um für den Bau des späten 15. Jahrhunderts weiterverwendet werden zu können. Ähnliches Mauerwerk fand sich noch im Osten der Fläche und wird der Frühphase der Bautätigkeiten des Spitals im 13./14. Jahrhundert angehören.

214 ◁ *Ulm, ehem. Heiliggeistspital. Mischmauerwerk der Nordseite der „Dürftigen Stube".*

215 △ *Ulm, ehem. Heiliggeistspital. Hoch- und spätmittelalterliche Keramik und Tierknochenhalbfabrikate einer Paternosterherstellung. In der Mitte vorne Scherben der hochmittelalterlichen älteren gelben Drehscheibenware.*

Ältere Siedlungsspuren

Von besonderer Bedeutung war ein erhaltener Erdblock zwischen den tiefen Streifenfundamenten des Gebäudes von 1954. Dort zeichnete sich eine stratigraphische Abfolge von Siedlungsschichten ab, die in der Form sonst nicht mehr erhalten waren. Eine Radiokarbondatierung eines Holzkohlestückchens aus der untersten Schicht lässt sich in das späte 8. bis Mitte des 10. Jahrhundert datieren (cal 2-sigma AD 774–962). Ältere gelbe Drehscheibenware aus ebendieser Schicht bestätigt zumindest einen Siedlungsbeginn im späten 10. bis 12. Jahrhundert (Abb. 215). Ähnliche Schichtabfolgen waren partiell noch zwischen den tiefsten erfassten Bestattungen greifbar. Diese ließen sich jedoch nur im Ansatz dokumentieren, da das Gelände ursprünglich in Richtung Donau stark abgefallen ist und die Auffüllungsschichten donauseitig noch weit unter die Aushubsohle des Bauvorhabens reichten.

Bestattungen

Diese ehemalige Geländesituation zeichnete sich bereits bei den Untersuchungen im Bereich der modernen Fundamente des abgerissenen Altenheims ab. Während im Norden nur noch wenige, meist verlagerte Knochen auftraten, fanden sich zwischen den Fundamenten der Spitalgebäude im Südwesten mehrere Skelettlagen des dicht belegten Spitalfriedhofs. Grabgruben waren in den meisten Fällen aufgrund der Beschaffenheit des umgebenden Materials und der Erhaltungsbedingungen nicht auszumachen. Entsprechend der mittelalterlichen Bestattungspraxis konnten nur wenige Sargreste festgestellt werden.

Auf dem ergrabenen Friedhofsareal wurden sowohl Männer als auch Frauen, junge und alte Personen bestattet. Wie auch bei anderen zeitgleichen Friedhöfen stellen Veränderungen an Wirbelsäule und Zahnhalteapparat die häufigsten pathologischen Veränderungen an den menschlichen Überresten dar. Insbesondere Befunde auf den Oberflächen der Wirbelkörper und arthrotische Veränderungen bilden dabei den Hauptanteil. Darüber hinaus konnten mehrere Fälle von Cribra orbitalia festgestellt werden, einer Erkrankung, die mit körperlichen Stressfaktoren und Anämie in Verbindung gebracht wird. In der Skelettserie traten einige Fälle von Traumata auf, davon in geringerer Anzahl durch interpersonelle Gewalt. Nach erstem Eindruck sind zwei Verletzungen an Schädeln als unverheilte Waffenverletzungen zu deuten.

Von insgesamt 148 untersuchten Individuen sind zwei als mögliche Sarggeburten anzusprechen, die in räumlicher Nähe zueinander zutage traten. In diesem Kontext sind drei weitere Gräber hervorzuheben. Nur wenige Bestattungen wiesen Beigaben auf, meist in Form von Gewandhaken aus Buntmetall. In drei Gräbern lagen hingegen Eisenscheren, die häufiger im Zusammenhang mit verstorbenen Wöchnerinnen dokumentiert sind. Die Schere könnte beispielsweise bei der Geburt zum Durchtrennen der Nabelschnur gedient haben. Welcher Zweck hinter der Beigabe steckte, können wir heute nur spekulieren. Abergläubische Praktiken waren jedoch bis in das 19. Jahrhundert weit verbreitet, um die Menschen vor bösen Geistern zu schützen. Die Schere mag hier mit dem Tod der Frau in Verbindung gebracht worden sein und verblieb damit bei der Verstorbenen.

Die Beobachtung, dass sich der Friedhofshorizont in einem Bereich noch unter Baugrundtiefe und außerhalb der Baugrube nach Süden fortsetzt, lässt vermuten, dass der Friedhof des Heiliggeistspitals noch weiter an die Donau heranreichte. Der Bereich, in dem sich das Spital weiter nach Süden erstreckte, wies ursprünglich ein deutliches Gefälle zur Donau auf, dem der Friedhofshorizont folgt. Somit bleibt tatsächlich auch diesmal trotz einer Eingriffstiefe von über 6 m unter dem Gebäude partiell noch archäologische Substanz erhalten, die vielleicht in weiteren 70 Jahren zukünftige Archäologen beschäftigen wird.

Das Team bedankt sich abschließend bei der Evangelischen Heimstiftung, der Kubus360 GmbH und der Ed. Züblin AG für die gute Zusammenarbeit.

Jonathan Scheschkewitz, Elena Reus, Mareike Wichmann, Lukas Horch, Valerie Palmowski

LITERATURHINWEISE

A. Bräuning/R. Schreg/U. Schmidt, Ulm. Arch. Stadtkataster Baden-Württemberg 35 (Esslingen 2009); C. Löw, Als die Kunst der weisen Frauen versagte. Zu den „Wöchnerinnen"-Bestattungen im Alten Brühl. In: J. Conrad (Hrsg.), Wiege einer Stadt. Forschungen zur Martinskirche im Alten Brühl von Völklingen (Geistkirch 2010) 211–222.

■ ROTTWEIL, KREIS ROTTWEIL

Zwischen Münster und „Höll": der Hinterhof der Bruderschaftsgasse 7 in Rottweil

Das Anwesen Bruderschaftsgasse 7 in Rottweil ist eine knapp 6 m breite Haushälfte mit Hinterhof zur Höllgasse und beherbergt ein (normalerweise) nur noch zur Fasnet als Besenwirtschaft geöffnetes Traditionslokal. Es dürfte, wie das wohl schon im 14. Jahrhundert im Bestand nachgewiesene, östlich angrenzende Nachbargebäude Bruderschaftsgasse 9, nach dem großen Stadtbrand von 1696 wiedererrichtet worden sein. In der Rottweiler Pürschgerichtskarte von 1564 des David Rötlin erscheint der Standort, soweit hinter dem Heilig-Kreuz-Münster erkennbar, dennoch unbebaut. Dies ist ein weiterer Beleg dafür, dass diese scheinbar exakte Darstellung der Stadt teilweise fehlerhaft ist.

Im Rahmen einer Umbaumaßnahme sollte u. a. der bestehende kleine Anbau in dem nur gut 40 m² großen Hinterhof durch einen größeren, voll unterkellerten Küchen- und Sanitärtrakt ebendort ersetzt werden. Mit der Rettungsgrabung im März 2020 beauftragte der Bauherr Karl-Rudolf Hopf die Firma ARCHÄO/IKU.

Ver- und Entsorgung durch die Zeiten

Die Fundamente des abgebrochenen Anbaus erwiesen sich als besonders massiv – aus gutem Grund: Sie mussten einen knapp 90 cm weiten, mit Steinversturz lose verfüllten Schacht aus unvermörtelten Bruchsteinen überbrücken. Ursprünglich als Brunnen angelegt, wurde er später zur Latrine umfunktioniert und erhielt einen Überlauf zu der das Grundstück nördlich abschließenden Höllgasse (Abb. 216). Die Beschickung erfolgte über einen Zulauf vom Haus her, der sich als stark reduzierter Rest eines halbierten (?) Baumstamms fassen ließ. Vor der Rückfront des Hauses fand sich ein weiterer, deutlich besser erhaltener Latrinenkasten aus gesägten, in Eckpfosten eingenuteten Brettern. Er unterbrach und ersetzte wohl die rustikale Baumstamm-Leitung. Dieser Abort war sicherlich an einen Fallschacht an der Rückfront des Hauses angeschlossen und wurde offenbar schon mit dessen Errichtung angelegt, denn just dort reichte das Hausfundament ein bis zwei Steinlagen tiefer. Das spärliche Fundmaterial aus dem steinernen Schacht ist teilweise noch spätmittelalterlich, während der Latrinenkasten neben pflanzlichen Resten und Glas reichlich neuzeitliche Geschirr- sowie Ofenkeramik enthielt. Die Funktion als Abort übernahm schließlich eine 2 m entfernt liegende zementierte Sickergrube. Selbstverständlich lag auch die moderne Ver- und Entsorgung in dem beengten Raum und hat dadurch weitere Störungen verursacht. Unter die Baugrubensohle reichende Strukturen, wie der Steinbrunnen, verblieben in situ und wurden von dem neuen Anbau überbaut.

216 ▽ *Rottweil, Bruderschaftsgasse 7, Hinterhof zur Höllgasse. Links der zur Latrine umgenutzte mittelalterliche Brunnen, vorn die Mörtelmauerreste.*

Spuren älterer Bebauung

Entlang der nördlichen Grundstücksgrenze war ein nur noch eine Steinlage starkes, ca. 1 m breites vermörteltes Fundament einer älteren Baustruktur erhalten. Es war durch den Latrinenüberlauf gekappt, westlich schloss ein weiterer, weniger tief gegründeter Mörtelmauerrest an (Abb. 216). Unweit davon lag unmittelbar an der Nordseite des Hofs eine größere Grube, sie enthielt neben viel Holzkohle auch hoch- bis spätmittelalterliche Keramik, zum Teil mit Brandspuren. Südlich der Mauer(n) erstreckte sich eine Planierschicht mit Brandresten, wie diese und die Grube in bzw. auf anstehendem

Lehm, sowie ein schwach erkennbares Pfostenloch. Leider waren die stratigraphischen Bezüge nicht mehr eindeutig zu klären.

Mehr Erkenntnis als Fläche

Die Befunde auf dem kleinen Grabungsausschnitt stehen im Widerspruch zur Darstellung des Areals in der Pürschgerichtskarte. Anstelle des Freiraums bestand hier in der zweiten Hälfte des 16. Jahrhunderts, den Befunden zufolge, nicht nur das archivalisch wahrscheinliche Nachbarhaus, sondern auch ein Vorgängerbau des hier behandelten Anwesens. Er war wohl größer als das bestehende Gebäude und verfügte über einen Brunnen. Dieser dürfte spätestens mit Errichtung des jetzigen Hauses nach dem großen Brand von 1696 zur Latrine „umgewidmet" worden sein. In Teilen der Funde könnte sich auch der große Stadtbrand von 1339 widerspiegeln. Die Ergebnisse der Rettungsgrabung zeigten ein weiteres Mal, dass auch kleine Flächen Erhellendes liefern können – und dass David Rötlins wunderbarer Stadtprospekt von Rottweil nicht unkritisch als Katasterplan missverstanden werden sollte.

Wiebke Griebel, Andreas Willmy, Bertram Jenisch

LITERATURHINWEISE

D. Ade-Rademacher u. a., Rottweil. Arch. Stadtkataster Baden-Württemberg 30 (Esslingen 2005) bes. 79; 82; 86; 91; 229; W. Hecht, Rottweil vor 400 Jahren. Die Rottweiler Pürschgerichtskarte des David Rötlin 1564 in Einzelansichten. Jahresgabe Rottweiler Gesch.- u. Altertumsver. e. V. 87 (Rottweil 1987).

BÖNNIGHEIM, KREIS LUDWIGSBURG

Archäologie eines kleinen Stadtquartiers in Bönnigheim

Das Kirchbergquartier in Bönnigheim liegt zentral in der Stadt südwestlich der um 1100 erstmals genannten Cyriakuskirche und direkt östlich anstoßend an das Cyriakuspfründhaus, dessen Kern dendrochronologisch in das Jahr 1429 datiert ist.

Da sich die sieben Gebäude nach langem Leerstand in einem sehr schlechten Zustand befanden, sollte das gesamte Areal abgebrochen werden und ist für eine Neubebauung vorgesehen. Vor dem Abbruch konnte der Bauforscher Markus Wolf, Tübingen, noch eine Begehung der Häuser und Keller sowie eine zeitliche Einordnung vornehmen, die für die nachfolgende archäologische Ausgrabung erheblichen Wert hatte (Abb. 217).

Struktur des Viertels

Das Kirchbergareal ist ein von Kirchberg und Schloßstraße umgrenztes Gelände, das von Südwest nach Nordost um mehrere Meter zur nahen Cyriakuskirche hin ansteigt. Die noch stehenden Gebäude wurden mit Ausnahme von Kirchberg 6 – dendrochronologisch datiert auf 1611 (Jahrringlabor Hofmann, Nürtingen) – in der zweiten Hälfte des 18. Jahrhunderts erbaut. Keller konnten vier dokumentiert werden; die südlichsten Gebäude wiesen aufgrund des dort viel niedrigeren Geländes keine Unterkellerung auf. Der Keller des ältesten Hauses war allerdings fast vollständig modern umgestaltet.

Die Keller von Kirchberg 10 und 12 konnten als etwas älter als die Häuser selbst datiert werden. Der interessanteste Keller war sicher der unter dem Haus Schloßstraße 24. Der ursprüngliche einräumige Gewölbekeller datiert mit Sicherheit mindestens in die zweite Hälfte des 16. Jahrhunderts, ist aber möglicherweise noch älter. Laut der Bauinschrift „1609“ an einem ursprünglich großen repräsentativen Kellerportal wurde wahrscheinlich in diesem Jahr im Keller ein zusätzlicher kleiner Raum geschaffen, zusammen mit einem Neu- oder Umbau des Hauses darüber. Eine weitere Aufteilung erfolgte wohl mit dem Bau der Häuser Schloßstraße 22 und 24 in der zweiten Hälfte des 18. Jahrhunderts, sodass es nun eine Unterteilung in einen östlichen und einen westlichen Teil gab, wobei der östliche, zu Nr. 22 gehörende Teil durch einen neuen Zugang im Südwesten zugänglich gemacht wurde. Hier fand sich somit ein erster Hinweis auf eine Bebauung, die möglicherweise ins Spätmittelalter zurückgeht.

Keller und Nachgeburtstöpfe

Die Ausgrabungen auf dem Gelände der abgebrochenen Häuser wurden nach einer Sondage, die weitere Befunde ergab, von der Firma Südwest-Archäologie, Landau, von September bis November 2020 durchgeführt. Dabei kam ein noch unbekannter Keller zutage, der offenkundig dem schon länger abgebrochenen Haus Kirchberg 8 zuzuordnen war (Abb. 217, 3). Auch dieser Keller kann ursprünglich zu einem älteren

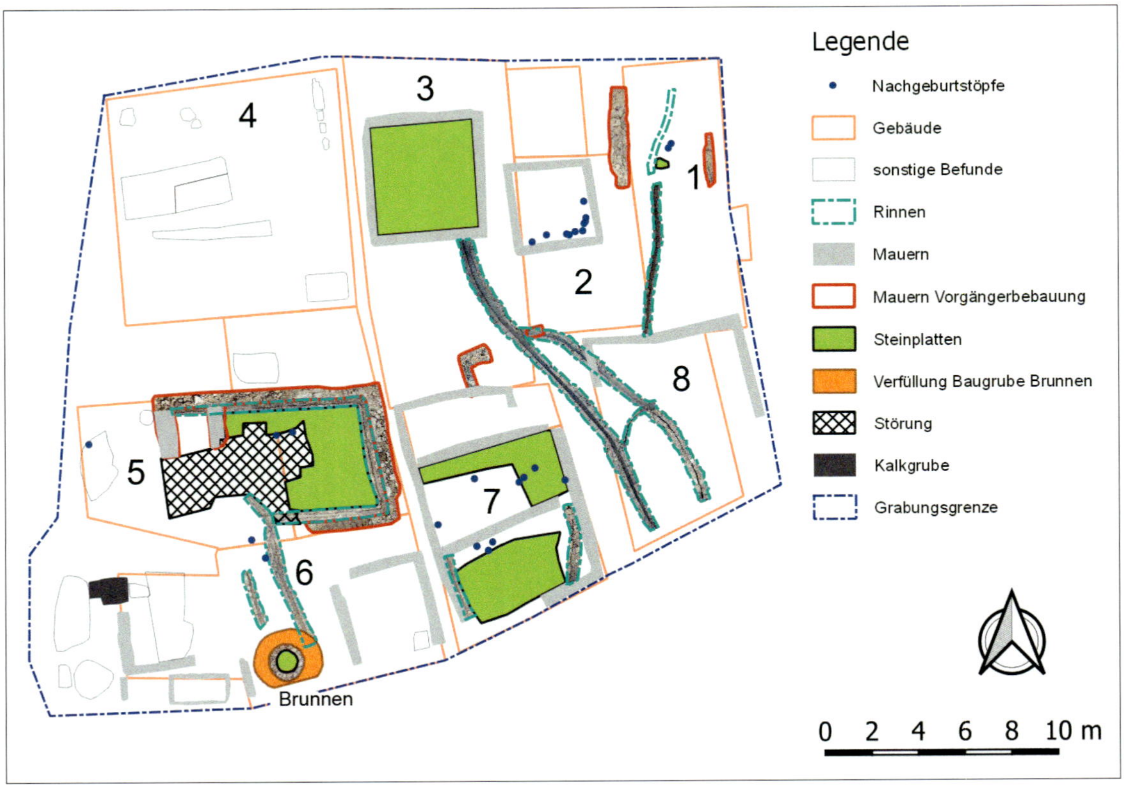

217 ▽ *Bönnigheim, Kirchbergareal. Plan der ausgegrabenen Befunde. Die Ziffern bezeichnen die im Text genannten abgebrochenen Gebäude: 1 Kirchberg 12; 2 Kirchberg 10; 3 ehem. Kirchberg 8; 4 Kirchberg 6; 5 Schloßstr. 24; 6 Schloßstr. 22; 7 Schloßstr. 20; 8 Scheune zu Kirchberg 12.*

Haus als dem bis zuletzt darüberstehenden gehört haben. Die Böden der meisten Keller waren unter moderneren Belägen mit massiven Steinplatten aus grünlichem Sandstein ausgelegt.

Insgesamt konnten in den Kellern 24 Nachgeburtstöpfe nachgewiesen werden, die nach einer ersten Durchsicht in das 18. und 19. Jahrhundert zu datieren sind. Eine Häufung fand sich mit zehn Töpfen im Keller des Hauses Kirchberg 10, die sich besonders auf die südöstliche Ecke und die Südwand beziehen (Abb. 217, 2). Diese waren teilweise umgekehrt und mit umgedrehtem Deckel in den Boden eingegraben. Ob die Nachgeburtsbestattungen unter die schweren Steinplatten gesetzt wurden oder ob sie älter sind als dieser Belag, lässt sich nicht mehr feststellen.

Entwässerungskanäle

Ein Thema, das immer wieder bei den Grabungen auftrat, ist das der Entwässerung. Das steht sicherlich in Zusammenhang mit der Lage an einem Hang sowie dem geologischen Untergrund, der aufgrund zwischengeschalteter wasserundurchlässiger Schichten prädestiniert ist für austretendes Schichtwasser und Stauwasser. Für die Keller im Kirchbergareal bedeutete dies offenbar eine Problemstellung, die innovativ gelöst wurde. Nach Abnahme der modernen Beläge zeigte sich in den Kellern Schloßstraße 22/24 und Kirchberg 8 eine rund um die Wände in den Boden eingebrachte Rinne aus gesetzten Steinen, die teils mit Steinplatten, teils mit Dachziegeln abgedeckt war und deren Gefälle das Wasser nach Süden durch eine Aus-

218 ◁ *Bönnigheim, Kirchbergareal. Wasserrinnen im südöstlichen Teil der Grabungsfläche.*

sparung aus dem Keller leitete. Das gesamte Gelände war von zahlreichen dieser Abwasserrinnen durchzogen (Abb. 218), die teilweise wohl nicht nur einem Grundstück oder Besitzer dienten, sondern in dieser ausgeprägten Form eine Art Gemeinschaftsleistung darstellten. Teilweise lassen sich die Rinnen bis an den Rand der Schloßstraße nachverfolgen, wo sie sicher in ein älteres Abwassersystem mündeten. Der Kanal, der den Keller von Schloßstraße 24 entwässerte, führte offenbar in die Baugrubenverfüllung eines Brunnens (Abb. 217). Möglicherweise diente dieser auch zur Sammlung des überflüssigen Schichtwassers. Er besteht aus einem trocken gemauerten einschaligen, ca. 1 m im Durchmesser messenden Steinschacht, der in einer breiten Baugrube mit vielen Steinen sitzt (Abb. 219). Sein noch 1,95 m tiefer Boden besteht aus einer runden Steinplatte mit mittiger Durchbohrung.

Ältere Baustrukturen

Tatsächlich fanden sich auf dem Gelände zunächst nur wenige Befunde, die auf eine Nutzung des Areals vor dem 16./17. Jahrhundert hinweisen. Vor allem an zwei Stellen im Osten des Areals treten ältere Baustrukturen in Zusammenhang mit spätmittelalterlicher Keramik auf. Im rückwärtigen Bereich des sogenannten Stelzenhauses (Schloßstraße 20), wo eine ältere Mauer, die wahrscheinlich eine Kellermauer darstellte, von der nördlichen Mauer des Hauses gekappt wird, ist in Resten noch die Verfüllung des Kellers erhalten, die ausschließlich spätmittelalterliches Fundmaterial enthielt. Des Weiteren fanden sich unterhalb des Kellers von Haus Kirchberg 12 (Abb. 217, 1) zwei parallel verlaufende Mauern mit einem Abstand von ca. 3 m. Auch hier stieß man auf eine im Spätmittelalter oder wenig später eingebrachte Verfüllung. Allerdings gab es keinen Hinweis auf eine südliche Verbindungsmauer zwischen diesen Nord–Süd verlaufenden Mauerzügen, wie man es bei einem Keller erwarten würde.

219 ▽ *Bönnigheim, Kirchbergareal. Trocken gemauerter Brunnen und darauf zulaufende Entwässerungsrinnen.*

Fazit

Nach den ergrabenen Befunden setzt die fassbare Besiedlung im Kirchbergareal im Spätmittelalter ein, wie ja auch schon mit dem Bau des Cyriakuspfründhauses im 15. Jahrhundert nachgewiesen ist. In dieser Zeit standen hier mindestens zwei Häuser mit Kellern, die mehr oder minder gleichzeitig abgebrochen wurden. Mit den Neubauten änderte sich auch die Parzellierung, da die neuen Mauern nicht den Verlauf der älteren aufnehmen. Wahrscheinlich gehörte auch der große Keller in der Südwestecke (später Schloßstraße 22/24) dazu. Kurz nach 1600 kommt es zu mindestens zwei Neubauten/Erneuerungen auf dem Areal (Schloßstraße 22/24, Kirchberg 6), eventuell auch auf den Parzellen, die später zu Kirchberg 12 und Schloßstraße 20 gehören. Es spricht einiges dafür, dass es sich hier um eine großflächige Bebauung handelte, die einer wohlhabenden Bevölkerung entsprechen wird. Diese Situation ändert sich grundlegend mit der zweiten Hälfte des 18. Jahrhunderts, als mit Ausnahme des Cyriakuspfründhauses und des Hauses Kirchberg 6 sämtliche Häuser neu erbaut werden. Das Areal erscheint jetzt sehr kleinteilig und eng bebaut, was mutmaßlich einer Änderung des sozialtopographischen Gefüges in diesem Bereich entspricht. Was diesen Wechsel hervorgerufen hat, muss offenbleiben. Auf die Zerstörung durch einen großen Brand deuten nur die erheblichen Brandspuren am südlichen Giebel von Haus Kirchberg 6 hin; archäologisch fand sich dazu kein Hinweis.

Wir danken Herrn Jürgen Lais, Stadt Bönnigheim, für die gelungene Zusammenarbeit.

Dorothee Brenner, Nasser Ayash

LITERATURHINWEIS

D. Ade-Rademacher u. a., „Wo weder Sonne noch Mond hinscheint". Archäologische Nachweise von Nachgeburtsbestattungen in der frühen Neuzeit. Arch. Inf. Baden-Württemberg 36 (Stuttgart 1997).

■ ROTTENBURG AM NECKAR, KREIS TÜBINGEN

Rätselhafte Mauerbefunde nördlich der Rottenburger Sülchenkirche

In Vorbereitung eines geplanten und später verworfenen Straßenbauprojekts nördlich der Sülchenkirche wurden 2009/2010 bei zwei kleinen Sondagen Teilstücke massiver Fundamente entdeckt, deren Interpretation und Datierung zunächst Rätsel aufgaben. Leider scheiterte damals der Versuch, mittels geophysikalischer Messungen den weiteren Mauerverlauf zerstörungsfrei nachzuverfolgen: Selbst die auf 12 m Länge freigelegte, 0,8–1,1 m breite Zweischalenmauer im wieder aufgefüllten Grabungsschnitt ließ sich damit nicht fassen. Das Fundmaterial aus der Schicht, in die das Fundament eingetieft worden war, ergab für den Mauerbau lediglich einen Terminus ad bzw. post quem in der späten Karolingerzeit. Dieses West–Ost verlaufende Fundament aus wiederverwendeten römischen Handquadern blieb jedoch nicht der einzige Mauerbefund der Sondage. An der westlichen Grabungsgrenze stieß das Fundament rechtwinklig an ein zweites, älteres und aus anderem Steinmaterial aufgebautes Fundament an. Die leichte Krümmung des nur angeschnittenen Teilstücks legte die Vermutung nahe, es könnte sich dabei um einen Bau mit rundem Grundriss gehandelt haben. Auch dessen Interpretation und genaue Datierung mussten offenbleiben.

Solche Mauern erschienen für die früh- bis hochmittelalterliche Siedlung Sülchen mit ihrer sonst zeittypischen Holzbebauung völlig ungewöhnlich. Deshalb drängte sich der Verdacht auf, die Mauerbefunde könnten in Zusammenhang mit einem Herrenhof oder dem Sitz der Sülchgaugrafen zu sehen sein, ohne dass aber ein Kontext mit der nahe gelegenen Sülchenkirche auszuschließen war.

Die Grabung in der Sülchenkirche

2012 bis 2015 wurde für den Neubau der Bischofsgruft die spätgotische Sülchenkirche fast vollständig ausgegraben und dabei drei Vorgängerbauten nachgewiesen. Von besonderem Interesse ist im Zusammenhang mit den früher beobachteten Mauerresten der zweite, im frühen 11. Jahrhundert errichtete Bau einer dreischiffigen Pfeilerbasilika mit Dreiapsidenchor. Deren Fundamente waren fast parallel zu dem ca. 30 m nördlich verlaufenden Ost-West-Fundament orientiert und wiesen eine auffallende Ähnlichkeit mit diesem auf. Es handelte sich dabei ebenfalls um Zweischalenmauern ähnlicher Breite aus wiederverwendeten römischen Handquadern, bei denen nur sehr wenig Kalkmörtel verwendet worden war. Da im frühen 11. Jahrhundert die Hessonen als Sülchgaugrafen ihren Sitz nach Sülchen verlegten, liegt es nahe, in ihnen die Bauherren des repräsentativen Kirchenbaus zu suchen. Sollten sie auch den Bau der nördlich gelegenen Mauer veranlasst haben, vielleicht als Umfassungsmauer des Kirchhofs?

Andererseits wurden im Nordwesten der Kirche allem Anschein nach ältere Fundamente in den Kirchenbau integriert. Es dürfte hier also eine hauptsächlich außerhalb der späteren Kirche gelegene Vorgängerbebauung gegeben haben, für die ein Zusammenhang mit der nördlich gelegenen Mauer ebenfalls nicht auszuschließen ist. Also doch Spuren eines Herren- oder Grafenhofs?

Diese spannenden Fragen gaben 2019 und

220 ▽ *Rottenburg, Sülchen. Gesamtplan der Mauerbefunde in den Sondagen 2019/2020. Violett: Rundbau; rot: Ost-West-Mauer; blau: jüngere (?) Mauern.*

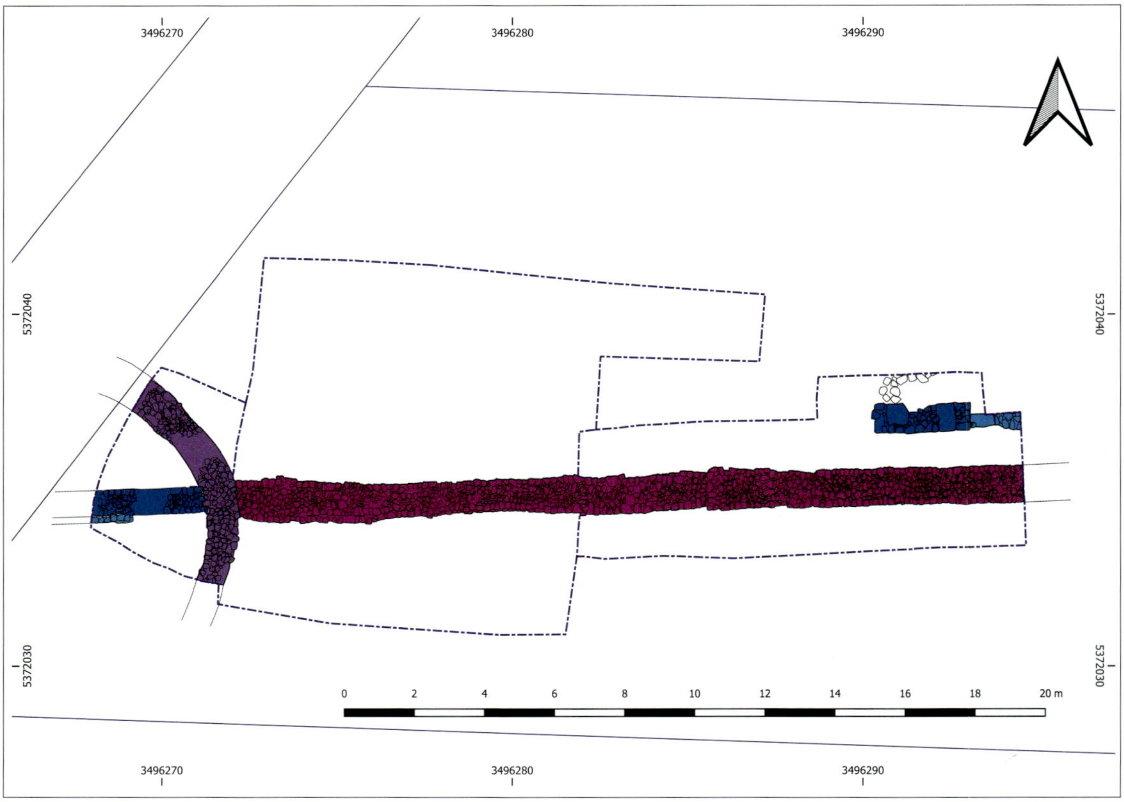

2020 den Anlass zu zwei kleinen Forschungsgrabungen westlich und östlich der Sondage von 2009/2010 (Abb. 220).

Grabung 2019

Im Westen wurde vor allem dem vermuteten „Rundbau" so weit nachgegangen, wie es die örtlichen Gegebenheiten mit dem westlich verlaufenden Radweg und der südlich gelegenen Friedhofszufahrt zuließen. Auch wenn damit nur ein größeres Teilstück des Fundaments in Form eines leicht unregelmäßigen Kreissegments erfasst werden konnte, stützte dies die Vermutung, dass es sich dabei um ein Gebäude mit rundem Grundriss gehandelt hat (Abb. 221). Eine alternative Interpretationsmöglichkeit als Teil einer Apsis soll aber zumindest zur Diskussion gestellt werden. Die Richtigkeit der Interpretation als „Rundbau" vorausgesetzt, konnte nun ein hypothetischer Innendurchmesser von rund 7,5 m rekonstruiert werden. Die Mauerstärke von ca. 1 m lässt zumindest auf ein massives Sockelgeschoss, wenn nicht sogar auf einen mehrgeschossigen Aufbau schließen. Das Ost-West-Fundament stieß stumpf an die äußere Mauerschale des „Rundbaus" an, der also damals noch bestanden haben dürfte. In seiner Verlängerung nach Westen wurden Fundamentreste beobachtet, für die es zwei Interpretationsmöglichkeiten gibt: Entweder es handelt sich dabei um eine Unterteilung des „Rundbaus", oder dieser wurde zu einem späteren Zeitpunkt aufgegeben und die Ost-West-Mauer nach Westen weitergeführt. Demnach gehören die Fundamente zwei oder drei zeitlich versetzten Bauphasen an: Zuerst entstand der Rundbau, danach östlich davon die Ost-West-Mauer. Ob dieses Mauerstück nach Abbruch des Rundbaus nach Westen verlängert wurde oder schon mit dem Rundbau errichtet worden war, muss offenbleiben.

221 ◁ *Rottenburg, Sülchen. Sondage 2019 mit kreissegmentförmigem Fundament des „Rundbaus" und Ost-West-Fundamenten.*

222 △ *Rottenburg, Sülchen. Sondage 2020 mit Ost-West-Fundament.*

Grabung 2020

Um den Verlauf der Ost-West-Mauer nach Osten zu verfolgen und um eine mögliche Umbiegung sowie zusätzliches datierendes Fundmaterial zu finden, wurde im Folgejahr ein weiterer Grabungsschnitt östlich der Sondage von 2009/2010 angelegt. Dabei konnte die Ost-West-Mauer in geradem Verlauf über eine Länge von nun insgesamt 22,3 m freigelegt werden, die Fundamentreste innerhalb des „Rundbaus“ nicht mit eingerechnet (Abb. 222). Nach Abschluss der Grabung durchgeführte Bohrungen deuten darauf hin, dass sich die Mauer noch knapp 4 m nach Osten fortsetzte, danach konnte sie nicht mehr nachgewiesen werden. Auch eine Richtungsänderung nach Süden oder Norden war so nicht nachweisbar. Es kann natürlich nicht ausgeschlossen werden, dass dort nur noch die Ausbruchgrube der Mauer erhalten ist und sie sich deshalb diesem Nachweis entzieht. Hier wird wohl nur eine Fortsetzung der Grabung nach Westen Klarheit schaffen können.

Zu erwähnen bleibt, dass bei dieser Grabung weitere Siedlungsstrukturen erfasst wurden. Diese bestanden aus einem im Abstand von 1 m parallel zur Ost-West-Mauer verlaufenden, 0,8 m breiten und nur 2,8 m langen Fundament an der nördlichen Grabungsgrenze und einer Feuerstelle sowie einer Pfostenreihe an der südlichen Grabungsgrenze.

Zeitliche Einordnung der Mauern

Nach einer vorläufigen Durchsicht des Fundmaterials aus der Bauschuttschicht, die beim Abbruch der Ost-West-Mauer entstanden sein dürfte, sind darunter Bruchstücke der älteren gelbtonigen Drehscheibenware und der älteren Albware. Diese Mauer dürfte demnach im 11., spätestens in der ersten Hälfte des 12. Jahrhunderts aufgegeben worden sein, während eine Füllschicht in einem Mauerausbruch des „Rundbaus“ noch keine Albware enthielt. Ein Nutzungshorizont zu den Mauern war nicht nachweisbar, wobei bis auf geringe Reste auch kein aufgehendes Mauerwerk erfasst wurde. Alle Fundamente waren in einen ehemaligen humosen Oberboden eingetieft, der neben römischen und merowingerzeitlichen Keramikfragmenten vor allem solche der rauwandigen und der älteren gelbtonigen Drehscheibenware vom Typ „Runder Berg“ erbrachte. Demnach kann der „Rundbau“

frühestens im 9./10. Jahrhundert entstanden sein, die Ost-West-Mauer zwar später als dieser, jedoch noch innerhalb desselben Zeitrahmens.

Damit bleiben die genaue Datierung der zwei bzw. drei Bauphasen und deren Verhältnis zum Kirchenbau des frühen 11. Jahrhunderts weiterhin ungeklärt. Man kann allenfalls vermuten, dass der „Rundbau" älter als diese Kirche war und vielleicht im Zusammenhang mit dem Kirchenbau aufgegeben wurde. Die Ost-West-Mauer könnte schon vor dem Kirchenbau bestanden haben und eventuell für diesen nach Westen verlängert worden sein. Doch dies sind lediglich unbewiesene Hypothesen.

Auch die Interpretation der Mauern bleibt schwierig. Aufgrund der topographischen Situation in einem nur leicht zum Neckar hin abfallenden Gelände kann weder dem „Rundbau" noch der Ost-West-Mauer überzeugend eine Wehrfunktion zugeschrieben werden. Insbesondere über die Funktion des nur ausschnitthaft erfassten „Rundbaus" als Turm oder kleine Kapelle kann nur spekuliert werden. Dass es sich bei der Ost-West-Mauer um eine Umfassungsmauer entweder für einen Herrenhof und/oder (vielleicht sekundär?) für den Kirchhof gehandelt hat, darf dagegen wohl zu Recht angenommen werden.

Jedenfalls ist unbestreitbar, dass massive Steinbauten im Zeitraum vom 9. bis 11. Jahrhundert in Südwestdeutschland ausschließlich in kirchlichem und/oder herrschaftlichem Kontext zu erwarten sind. Die vorerst noch „rätselhaften" Mauerbefunde haben für die Siedlung Sülchen deshalb größte Bedeutung.

Beate Schmid

LITERATURHINWEISE

B. Schmid, Arch. Ausgr. Baden-Württemberg 2009, 217–220; E. Schmidt, Das Dorf Sülchen – Zentrum des Sülchgaus. In: H. Aderbauer/H. Kiebler (Hrsg.), Die Sülchenkirche bei Rottenburg (Lindenberg i. Allgäu 2018) 184–213 bes. 197–199.

■ BACKNANG, REMS-MURR-KREIS

Einblicke in Bau- und Nutzungsgeschichte der Stiftskirche in Backnang

Seit 2019 werden die Stiftskirche in Backnang und deren Außenanlagen renoviert und umgestaltet. Viele der Bauabschnitte führten zu Bodeneingriffen, weshalb vorab sechs Sondageschnitte beauftragt worden waren (Abb. 223). Alle Bodeneingriffe wurden in der Folge archäologisch begleitet. Vor allem zur Frühzeit der Kirche, aber auch zu späteren Nebengebäuden konnten zahlreiche Befunde dokumentiert werden.

Bereits vor 1116 wurde an der Pfarrkirche St. Pankratius, der nachfolgend die Pfarrrechte entzogen wurden, von Markgraf Hermann I. von Baden und seiner Frau Judith von Backnang ein Augustiner-Chorherrenstift gegründet. In der um 1230 zur Stadt ernannten Siedlung Backnang entwickelte es sich zu einem vermögenden Verwaltungszentrum. Zerstörungen im 13. und 17. Jahrhundert bedingten etliche Umbauten. We-

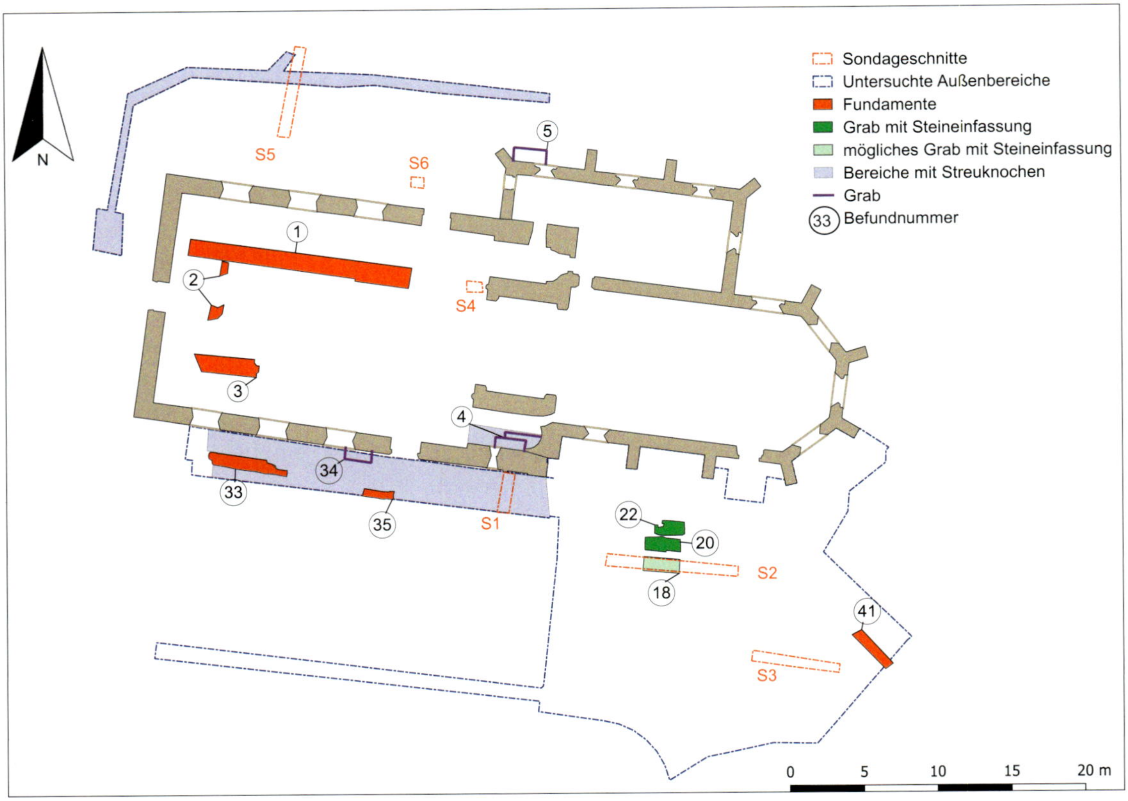

223 △ *Backnang, Stiftskirche. Lage der Sondageschnitte und der im Text erwähnten Befunde an und in der Kirche.*

nige erhaltene Elemente in der aufgehenden Bausubstanz, die architekturhistorisch auf das frühe 12. Jahrhundert hindeuten, zeugen vom ersten Kirchenbau des Stifts. Die archäologischen Ergebnisse belegen einen kleineren Vorgängerbau.

Im Kircheninnern

Im Langhaus wurde der alte Fußboden ausgebaut, was einen Blick auf die Fundamente der Längswände und die Fundamente unter den Mittelschiffsarkaden ermöglichte (Abb. 223, 1, 3; Abb. 224). Diese wurden noch bis 2018 als Basis für die Stützen der in die Hallenkirche sehr großzügig eingebrachten Empore genutzt. Es kann vermutet werden, dass es sich bereits um die Fundamente der hochromanischen Kirche gehandelt haben dürfte, deren Langhaus als Basilika rekonstruiert werden kann. Im Osten schließen an die Seitenschiffe jeweils Chorseitentürme an, deren ursprüngliche Bogendurchgänge im Zuge der Renovierungsarbeiten wieder geöffnet und hergestellt werden sollten.

Indizien für eine frühere Bauphase

Diese Bauarbeiten in den Chorseitentürmen, in denen jeweils im Untergeschoss die ursprünglichen, in die Ostwände eingelassenen Apsiden noch partiell erhalten waren, lieferten eindeutige Hinweise auf einen älteren Vorgängerbau samt Bestattungsplatz.

Im südlichen Chorseitenturm konnte das ungestörte romanische Bodenniveau in einem zur Außenwand parallelen Streifen von ca. 1 m Breite und 4 m Länge unter dem jüngeren Estrich beobachtet werden. Gegenüber dem zu rekonstruierenden Niveau des Langhausfußbodens liegt dieses um mindestens 22 cm höher. Den Bodenbelag bildeten sorgfältig verlegte rechteckige Sandsteinplatten von ca. 10 cm Dicke über verdichtetem sandigem, mit kleinen Steinen versetztem Einfüllungsmaterial, in das vereinzelt menschliche Skelettteile eingestreut waren.

Nach Abnahme des Sandsteinbelages und flächigem Abtiefen der Unterfütterung ließen sich in einer Tiefe von 40 cm gestörte und teilweise umgelagerte Überreste der Skelette von zehn Individuen feststellen (Abb. 223, 4). Besonders erwähnenswert sind in diesem Zusammenhang die Skelettreste von drei neugeborenen und zwei älteren Kindern. Nach dem Bergen der Skelettreste war darunter unmittelbar der anstehende Muschelkalkfels erreicht. In einer leichten Gesteinsmulde fand sich die linke Hälfte einer weiteren West–Ost ausgerichteten Bestattung, deren Schädel und Beine unterhalb des Kniegelenkes fehlten. Das Skelett war exakt entlang der Wirbelsäule durch den Fundamentgraben der Kirchenaußenwand geteilt, teilweise waren die Wirbel im Mörtel des Fundamentes verbacken (Abb. 225). Auch im Außenbereich wurden eine weitere, vom südlichen Seitenschiff geschnittene Bestattung (Abb. 223, 34) sowie eine vom nördlichen Fundamentbereich des gotischen Choranbaus gestörte Kinderbestattung (Abb. 223, 5) angetroffen.

Es liegt nahe, dass einige, wenn nicht gar alle der angeführten Bestattungen zu einem schmaleren Vorgängerbau gehören. Es handelte sich vermutlich um eine einschiffige Saalkirche, wie sie für die vorromanische Zeit typisch wäre. Eventuell dienten die Längsfundamente unter den späteren Mittelschiffsarkaden damals als Fundamente für die Außenmauern, was auch deren Breite von nahezu 120 cm nahelegt. Da die Bodeneingriffe im Kircheninnenraum jedoch nicht sehr tief reichten, ist nicht auszuschließen, dass noch Zeugen älterer Bauphasen im Boden erhalten sind.

Auf der Suche nach dem östlichen Klausurtrakt

Direkt anschließend an die südliche Langhauswand wurde im Zuge der vorgreifenden Sondage ein Plattenbelag unter dem Asphalt freigelegt, der gemeinsam mit alten Plänen und dem heutigen Dekanatsgebäude annehmen ließ, dass es sich um den Laufhorizont des Kreuzgangs des Chorherrenstifts han-

224 ▽ *Backnang, Stiftskirche. Zweischaliges Kalksteinfundament unter den modernen Emporenstützen im Norden des Mittelschiffs.*

225 △ *Backnang, Stiftskirche. Bestattung (Abb. 223, 4), geschnitten von der Südwand des südlichen Chorseitenturmes, Blick nach Südosten.*

delte. In der frühen Forschung wurde immer wieder gemutmaßt, dass der im Schickhard-Plan von 1605 dargestellte Kornkasten in direkter Kontinuität zu einem Ostflügel eines ehemaligen Konventgebäudes steht. Trotz flächiger Öffnung konnten jedoch keine Baubefunde freigelegt werden, die diese Behauptung bestätigen würden. Im fraglichen Bereich südlich des gotischen Chors fanden sich jedoch drei steineingefasste Grablegen, eine davon nur in Resten erhalten (Abb. 223, 18, 20, 22). Bei den zwei erhaltenen Skeletten wurde eine Kalkung der Bestatteten festgestellt, was eine Datierung in die frühe Neuzeit nahelegt. In die gleiche Zeit gehören vermutlich die mindestens sechs beim Leitungsgrabenaushub aufgedeckten, eng beieinander an der Nordwestecke des Kirchenbaus in einer Tiefe von 1–1,5 m auf dem Muschelkalkboden bestatteten erwachsenen Individuen.

Anstelle des vermuteten Klausurtrakts wurde in einer randlichen, für die Einrichtung von Parkplätzen freigebaggerten Fläche eine auffallend starke Fundamentmauer mit Teilen des Aufgehenden beobachtet, die durch Begleitfunde in das späte Mittelalter datiert werden kann (Abb. 223, 41). Eine Zugehörigkeit zu den Stiftsgebäuden kann nicht ausgeschlossen werden, allerdings gehört die Mauer nicht zu einem rechtwinklig angesetzten Klausurtrakt.

Der Freithof als künstliche Terrasse

Bei der Beobachtung der verschiedenen Bodeneingriffe auf der nördlich der Kirche liegenden Fläche, dem sogenannten Freithof, konnte eine zur Begrenzungsmauer hin zunehmende Mächtigkeit von Schuttauffüllungen über dem anstehenden Muschelkalk beobachtet werden: Direkt an der Kirche sind die Auffüllschichten nur 0,5–1,0 m mächtig. Reste menschlicher Skelette wurden 10 m nördlich der Kirche in einer Tiefe von ca. 2 m gefunden, was dafür spricht, dass der Friedhofsbereich mindestens bis hierher reichte und auch den abfallenden Hangbereich einbezog. Spätestens mit Errichtung der Stadtbefestigung im 13. Jahrhundert, zu der die Hangstützmauer um den Freithof gehört, wurde der Friedhof anscheinend aufgelassen – die historischen Zusammenhänge deuten darauf hin, dass dies zu Beginn des 12. Jahrhunderts geschah.

Herzlicher Dank gebührt der Evangelischen Gesamtkirchengemeinde Backnang und Herrn Dekan Wilfried Braun, dem Karlsruher Architekturbüro baurmann.dürr sowie Herrn Buchmüller und seinen Kollegen vom Büro Prof. Schmid, Treiber und Partner Landschaftsarchitekten, Leonberg.

Reinhold Feigel, Aline Kottmann, Franziska Mandt

LITERATURHINWEISE

M. Dumitrache/S. Haag, Backnang. Arch. Stadtkataster 26 (Stuttgart 2004) 84; A. Schahl, Die Kunstdenkmäler des Rems-Murr-Kreises I (Stuttgart 1983) 208–238.

Archäologische und bauhistorische Untersuchungen in der Cäcilienkirche in Uhingen

Forschungsgeschichtliches

Uhingen entwickelte sich mit einem Unter- und Oberdorf zu beiden Seiten der Fils. Die Cäcilienkirche liegt am Südostrand des südlichen Ortsteils. Es ist denkbar, dass hier ein frühmittelalterlicher Herrenhof stand und die Wurzeln der heutigen Kirche auf einen frühen Sakralbau zurückgehen. Ein nördlich der Fils entdecktes Reihengräberfeld des 6./7. Jahrhunderts gehörte wohl zur „Ursiedlung" des Unterdorfs.

1275 wurde Uhingen in einem päpstlichen Zehntregister erstmals schriftlich erwähnt. Die Urkunde bezeugt neben einem Kirchenherrn auch einen Leutpriester und somit die Existenz einer Pfarrkirche.

Der Turm und Teile des Langhauses der Cäcilienkirche wurden kunstgeschichtlich bisher in die Mitte des 15. Jahrhunderts datiert. Zwei markante Daten schienen diesen Ansatz zu bestätigen: Die Evangelistenglocke im Kirchturm trägt die Jahreszahl 1465 und für 1466 sind ein Marienaltar und eine Frühmesspfründe belegt. 1519 erfolgten die Weihe des polygonalen Hochchors und eines Altars zu Ehren der heiligen Cäcilie und anderer Heiliger. Die Versetzung der Langhausnordwand erforderte 1693 auch die Errichtung eines neuen Dachstuhls.

1912 erfolgte eine umfassende Renovierung mit dem Einbau einer Heizanlage. Eine weitere Sanierung fand 1964 statt. Im Chor wurde die Orgelempore entfernt. Die Orgel verlegte man an dessen Südwand. An zentraler Stelle im Chor trat unter dem Fußboden eine Gruft zutage, deren Bestattung zwar aufgedeckt, aber nicht entfernt wurde. Im Jahr 2020 waren wieder dringende Renovierungsarbeiten erforderlich. Die Bodeneingriffe in den Innen- und Außenbereichen der Cäcilienkirche wurden durch die Kreisarchäologie Göppingen in Absprache mit dem Landesamt für Denkmalpflege und in Zusammenarbeit mit der Grabungsfirma ArchaeoConnect sowie dem Büro für Archäologie und Bauforschung begleitet.

226 ▽ *Uhingen, Cäcilienkirche. Im dreiseitigen Polygonalchor der spätgotischen Kirche war das Mörtelbett des Fußbodens mit den Abdrücken quadratischer Tonfliesen erhalten.*

227 ▷ *Uhingen, Cäcilienkirche. Die Tonfliese aus der Zeit um 1435 zeigt eine Laubkrone aus Eichenblättern und ein „A" in gotischer Minuskel.*

Deutlich frühere Bauzeit der spätgotischen Kirche

Nach der Entfernung des Betonbodens trat im Westen des Hochchors das Fundament einer älteren, dreiseitig polygonal ausgeführten Apsis zutage. Sie greift die Fluchten der ursprünglichen Nord- und auch der Südwand des Langhauses auf. Es handelt sich um den ersten Chorbau der spätgotischen Kirche. Im Inneren war das Mörtelbett eines Fliesenbodens mit den Abdrücken 16,5 cm × 16,5 cm großer Tonfliesen erhalten (Abb. 226). Verlagert aufgefundene Fliesen sind mit einzelnen noch in situ angetroffenen Fliesenfragmenten identisch. Ihr Muster zeigt eine Laubkrone aus Eichenblättern, deren Reif durch ein „A" in gotischer Minuskel unterbrochen wird (Abb. 227). Vergleichbare Fliesen aus der Göppinger Oberhofenkirche datieren in das Jahr 1436. Auch im Kirchenschiff gab es Spuren dieses Bodens. Er korrespondierte dort mit dem Wandverputz der 1693 abgebrochenen, 1,20 m breiten Nordwand, deren Ansatz ganz im Osten erhalten war. Nach Westen zeichnete sie sich durch eine Ausbruchsgrube ab, die ebenfalls Fragmente dieses Fliesentyps enthielt. Es handelt sich also um den Fußboden aus der Errichtungszeit des gotischen Kirchenbaus. Den gegenüber der bisherigen Datierung deutlich früheren Zeitansatz bestätigt die dendrochronologische Altersbestimmung von Deckenbalken im Turm in den Winter 1433/34 und in den Sommer 1435. Auch die Maßwerke der Fenster in der Langhaussüdwand weisen in die erste Hälfte des 15. Jahrhunderts.

Bei Bodeneingriffen für die neue Heizung wurden im Hochchor sieben sich teilweise überlagernde Gräber freigelegt (Abb. 228). Sie gehören zu einem Bestattungshorizont im Außenbereich des Vorgängerchors.

228 ▷ *Uhingen, Cäcilienkirche. In einer Baugrube für die neue Heizanlage trat ein Bestattungshorizont aus der Zeit vor der Errichtung des spätgotischen Hochchors zutage.*

Der Hochchor von 1519

Die Weihe des Hochchors erfolgte 1519. Bauherr war der Adelberger Abt Leonhardt Dürr. Die dendrochronologische Untersuchung der Bauhölzer des dreigeschossigen Sparrendachs ergab jedoch ein etwas höheres Alter, denn die verbauten Hölzer brachten einheitlich Fälldaten im Sommer 1513. Da sie saftfrisch abgezimmert wurden, ist mit einer Fertigung des Dachgerüsts noch im gleichen Jahr und dem Aufrichten des Dachwerks spätestens 1514 zu rechnen.

Zwischen den Pfeilern des Chorbogens verlief eine 0,50 m breite Steinsetzung in Nord-Süd-Richtung. Sie belegt die Existenz eines Lettners. Die Chorbogenpfeiler gründen auf dem Mauersockel der abgerissenen Apsis. Im Ostteil des Hochchors wurde in zentraler Position das Fundament des einstmaligen Hochaltars erfasst.

Der Zugang zur Sakristei lässt sich stratigraphisch dem Hochchor zuweisen. Sein Stabwerkportal zeigt nicht, wie früher angenommen, romanische, sondern spätestgotische Elemente.

Prominente Bestattung im beginnenden 17. Jahrhundert

Bei der Sanierung 1964 wurden viele archäologische Befunde zerstört. Die damals im Hochchor entdeckte Gruft war jedoch erhalten und konnte nun genauer untersucht werden. Sie war aus 28 cm langen und 16 cm breiten Backsteinen gemauert und innen verputzt. Den Boden der 2,50 m langen und 1,40 m breiten Grabkammer bildete eine Schieferplatte. Auf ihr lag ein nahezu vollständiges Skelett (Abb. 229). Lediglich im Bereich des Brustkorbs und der Füße gab es Störungen, hervorgerufen durch die unqualifizierte Aufdeckung von 1964. Die Bestattung war gekalkt, was für eine Niederlegung während der frühen Neuzeit spricht. Die beschädigte Kalkschicht ließ Textilabdrücke erkennen, die wohl vom Leichentuch stammen. Es handelt sich um ein eher weibliches Individuum von 40–60 Jahren. Degenerative Veränderungen an der Wirbelsäule und im Schulterbereich sprechen für ein fortgeschrittenes Alter der 1,73 m großen Frau. Schmelzhypoplasien an den Zähnen belegen Mangelzustände oder Krankheit im Kindesalter. Neben kariösen Defekten im Zahnbereich gibt es Anzeichen chronischer Entzündungen im Gesichtsschädel und an den unteren Extremitäten. Anatomische Varianten sind ein Unterbiss, drei nicht angelegte Zähne und der gedreht im Kiefer sitzende untere rechte Eckzahn. Die stratigraphischen Bezüge der Grablege, das anthropologische Untersuchungsergebnis und eine in die Zeit bis 1617 verweisende ^{14}C-Datierung der Knochen verraten die Identität der bestatteten Dame. Mit größter Sicherheit handelt es sich um Dorothea von Berlichingen zu Heidingsfeld, die 1606 auf Schloss Filseck verstarb. Zwei Epitaphe im Chor erinnern an ihr Ableben sowie an ihre bereits 1598 und 1602 verstorbenen Söhne.

229 ◁ *Uhingen, Cäcilienkirche. Aus Backsteinen gemauerte Gruft im Hochchor, wohl mit Bestattung der 1606 verstorbenen Dorothea von Berlichingen zu Heidingsfeld.*

Erweiterung des Kirchenschiffs im Jahr 1693

Die Nordwand des Kirchenschiffs wurde 1693 abgebrochen und um 1,50 m nach Norden verlegt. Auf ihrer nach Süden vorspringenden Fundamentierung standen die Sandsteinbasen für zwei hölzerne Halbsäulen der neuen Empore. Auf der verfüllten Ausbruchsgrube der ehemaligen Nordwand stehen zwei weitere Sandsteinbasen, auf denen auch zukünftig die Holzsäulen der Empore stehen.

Fazit

Die fächerübergreifenden Untersuchungen ermöglichen die Beantwortung fast aller Fragen zur Baugeschichte der Cäcilienkirche. Alles weist darauf hin, dass die bestehende Westturmkirche einem einheitlichen Baukonzept entspringt. Da sich zum Turm hin keine Baufugen zeigen, wurden dieser und der Polygonsaal in einem Zuge errichtet. Hierfür spricht auch der gut erhaltene Anschlag des ehemaligen Langhausdachwerks an der Ostseite des Turms. Der bescheidene Ostabschluss wurde gut 80 Jahre später durch den repräsentativen Hochchor ersetzt. Eine kurze, West–Ost orientierte Steinsetzung wurde vom spätgotischen Boden überlagert und weist auf einen Vorgängerbau hin. Im tieferen Untergrund des Schiffs ist also durchaus noch mit älteren Baubefunden zu rechnen. Das Sediment des Bestattungshorizonts unter dem Hochchor enthielt verlagerte Keramik des 13. bis 15. Jahrhunderts. Neben einem frühmittelalterlichen Gefäßrand belegen jedoch Scherben Älterer gelber Drehscheibenware und die ^{14}C-Datierung von Holzkohlepartikeln Siedlungsaktivitäten bereits in der Zeit des 11./12. Jahrhunderts.

Für gute Zusammenarbeit danken wir J. Jargon von Autenrieth und Jargon Freie Architekten, T. Riegler von strebewerk.Architekten GmbH, R. Hauff vom Urweltmuseum Hauff und dem Uhinger Bauhof. Ein herzliches Dankeschön geht an Pfarrer M. Kuhlo. Dank gebührt auch den ehrenamtlichen Helfern T. Keierleber, E. Kletti und M. Scholl, der Fachstudentin J. Guttermann sowie A. Horn und M. Kornau vom Kreisarchiv Göppingen.

Manuel Birker, Franziska Mandt, Tilmann Marstaller, Reinhard Rademacher, Michael Schmid

LITERATURHINWEISE

A. Ramsperger, Das Ortsbuch von Uhingen (Dätzingen 1975); Cäcilienkirche Uhingen. Festschrift mit Beiträgen zu den archäologischen, anthropologischen und bauhistorischen Untersuchungen (2021, in Vorb.).

Ausgrabung im Bereich der Mannheimer Bürgerspitalkirche

Der Baubetrieb in Mannheim war im Berichtsjahr infolge der Corona-Pandemie nur unwesentlich beeinträchtigt, während der Ausfall bewährter ehrenamtlicher Mitarbeiter die archäologischen Arbeiten erschwerte. Zu den größeren Bauprojekten in der Innenstadt gehörte im Sommer 2020 eine Baumaßnahme im Quadrat E 6, 11–14. Auf dem Gelände war neben der 1787/88 erbauten Bürgerspitalkirche ein Erweiterungsbau der Stiftung Katholisches Bürgerhospital Mannheim geplant. Im Vorfeld wurde das Areal von der Abteilung Archäologische Denkmalpflege und Sammlungen der Reiss-Engelhorn-Museen untersucht.

Der Turm

Etwa 3,50 m westlich der Kirchenmauer wurde ein parallel dazu verlaufendes Fundament (Bef. 11) freigelegt (Abb. 230, 1). Dieses bestand aus Sandstein und aus vereinzelten Backsteinen. Mit dieser Mauer im Verbund befand sich im Nordwesten eine zu dieser rechtwinklig gesetzte, ca. 50 cm breite Sandsteinmauer, die unter das 1787/88 errichtete Kirchenschiff zog. Ebenfalls zu dem Fundament Befund 11 gehörte ein wiederum dazu rechtwinklig gelagerter Fundamentrest (Bef. 5 und 8) im Südosten, der durch die Baugrube des Kirchenfundaments geschnitten wurde. Dadurch ergab sich das Fundament eines ca. 12 m langen Gebäudes, das vor der Errichtung der Spitalkirche mittig auf der Parzelle des Bürgerhospitals gestanden haben muss.

Der Gesamtgrundriss dieses Bauwerks erschloss sich mithilfe von Baubefunden, die 2011 unter dem bauzeitlichen Fußboden der Spitalkirche entdeckt worden waren. In der Zusammenschau der Befunde zeigt sich das Fundament eines rechteckigen Gebäudes mit den Ausmaßen von 12 m × 14 m. Diese

230 ◁ *Mannheim, E 6, 11–14. Blick auf das Grabungsareal von Südosten.*
1 Fundament des älteren Rechteckgebäudes;
2 Fundament des Hospitalgebäudes;
3 Gartenmauer;
4 Brunnen mit Entwässerungskanälen.

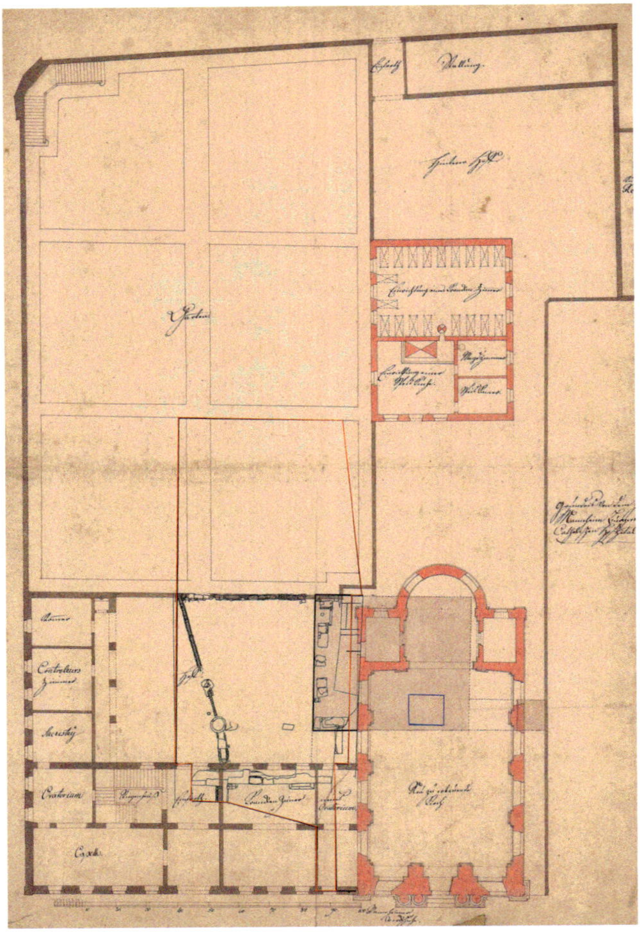

231 △ *Mannheim, E 6, 11–14. Entwurfsplan aus der Zeit um 1785 mit eingefügtem Grabungsplan und Grabungsgrenze 2020 (rot) sowie der unter der Hospitalkirche entdeckten Latrine (blau).*

Maße ließen sich in einem Entwurfsplan der Zeit um 1785 mit denen eines eingezeichneten Vorgängerbaus parallelisieren, der mit der Lage des archäologischen Befunds übereinstimmt (Abb. 231).

Der Vogelschauplan von Baertels aus dem Jahr 1758 gibt an dieser Stelle ein hohes rechteckiges Gebäude wieder, das aus dem Stadtbild der traufständigen Blockrandbebauung der Planstadt heraussticht.

Besondere Bedeutung erhält dieser Befundzusammenhang durch die Tatsache, dass das Südostfundament dieses Baus zugleich die Längsmauer der 4 m × 5 m großen und bis zu 5 m tiefen Latrine ist, die bei den Untersuchungen 2011 unter dem Kirchenschiff entdeckt wurde. Dieser ca. 234 Jahre lang unberührte Raum ist für die Mannheimer Stadtgeschichte von besonderer Bedeutung. Aus der Verfüllung dieser Latrine wurden überregional bedeutende Funde geborgen, darunter chinesisches Porzellan des 17. und 18. Jahrhunderts, qualitätvolle Delfter Kacheln sowie wertvolles Trinkgeschirr des 18. Jahrhunderts. Ein Novum im archäologischen Befund Mannheims waren die fragmentarisch erhaltenen Briefsiegel der ehemals in E 6 ansässigen adeligen Familien von Hallberg und Ulner von Dieburg.

Die Baugrubenverfüllung dieser Latrine enthielt ein Pfeifenfragment aus der Zeit nach 1730. Die Errichtung des Gebäudes ist in den Jahren bis 1758 anzunehmen. Als Erbauer des „Wohnturms" kommen die Ulner von Dieburg in Frage, die das Anwesen 1751 von den von Hallberg erwarben.

Das Hospital

Bei den Untersuchungen kamen im Anschluss an das Gebäude der Spitalkirche Reste des Bürgerhospitals zutage, das im Zweiten Weltkrieg zerstört wurde (Abb. 230, 2). Freigelegt wurde das Kellergewölbe eines straßenparallelen Gebäudes. Ergraben wurden die Breite von 11,50 m und eine Länge von 13,40 m dieses Gebäudes, die noch erhaltenen Gewölbeansätze lassen auf ein Kreuzgratgewölbe schließen. Der Kellerboden befand sich in einer Tiefe von 3,20 m unter Oberkante Gehweg. Im archäologischen Befund konnten zudem Mauern eines älteren Gebäudes festgestellt werden, die vermutlich zu einem Vorgängerbau gehörten. Im Entwurfsplan von 1785 ist zu erkennen, dass das Gebäude ursprünglich breiter geplant war. Dem Grabungsbefund zufolge wurde eine deutlich schmalere Variante realisiert (Abb. 231).

Im Plan von 1785 finden sich zudem Darstellungen barocker Gartenanlagen. Der Garten des Anwesens hatte sich, mit Änderungen versehen, bis in die heutige Zeit erhalten. Spuren der barocken Anfänge spiegelten sich im archäologischen Befund wider.

Der Garten wurde vom 18. bis 20. Jahrhundert von den Gebäuden des Bürgerspitals durch eine Mauer getrennt. Die Fundamente der barocken Gartenmauer waren noch vorhanden, wurden jedoch an gleicher Stelle überbaut und mit einem Gartentor versehen (Abb. 230, 3). Von den Wasserspielanlagen des 19. Jahrhunderts hat sich der Entwässerungskanal erhalten (Abb. 230, 4). Aus Backstein errichtet, mündete der Kanal hinter dem Gartenmauerfundament nach etwa 12,80 m in einen Brunnenschacht aus barocker Zeit. Dieser wurde auch zur Ableitung von Oberflächenwasser der Hospitalgebäude genutzt.

Die Funde

Der überwiegende Teil des Fundmaterials wurde aus einer 2 m langen, 1 m breiten sowie 0,70 m tiefen Grube geborgen, die in eine ältere Gartenplanierung eingetieft war. Die mit Bauschutt durchmischte Verfüllung enthielt Irdenware des 17. und 18. Jahrhunderts, Flaschen aus Westerwälder Steinzeug, Mosbacher Fayence, Porzellan, Pfeifen sowie Ofenkacheln. Unter den Funden sind vier fast vollständig erhaltene Gefäße. Die Datierung der Niederlegung ist nach 1750 anzusetzen. In etwa zur selben Zeit gelangten die spektakulären Funde in die Latrine unter der Spitalkirche. Warum die exzeptionellen Gegenstände ausschließlich in der Latrine verklappt wurden, bleibt ungeklärt.

232 △ *Mannheim, E 6, 11–14. Pflanzgefäß, um 1800. H. 33,5 cm, Rand-Dm. innen 32 cm.*

Als Besonderheit kann ein Pflanzgefäß wohl aus der Zeit um 1800 gelten, das in der Nähe des Brunnens Befund 23 geborgen wurde (Abb. 232). Es handelt sich um einen unglasierten Doppelhenkeltopf mit konischem Fuß. Die Höhe beträgt 33,5 cm, der Mündungsdurchmesser innen 32 cm. In der Formgebung ist der Topf mit den Pflanzgefäßformen zu vergleichen, die Johann David Fülck in seinem Gartentraktat aus dem Jahr 1720 vorgestellt hat.

Zusammenfassung

Die Ausgrabungsergebnisse auf dem Areal von E 6, 11–14 ermöglichten es, das Bild der barocken Bebauung dieses besonderen Quadrats klarer zu zeichnen. So konnten durch den archäologischen Befund schriftliche Quelle und Bildquelle in Einklang gebracht und offene Fragen in Bezug auf die Grabungsergebnisse von 2011 beantwortet werden.

Wir danken der Bauherrin Stiftung Katholisches Bürgerhospital Mannheim, Schmucker und Partner sowie Frau Dr. Coburger, Schlösserverwaltung Baden-Württemberg. Ohne Alicia Protz B.A. und ohne die tatkräftige Mitarbeit von Norbert Knopp, Jutta Neuhaus und Horst Seibert sowie der Praktikantinnen Eva Hartmann, Diana Kail, Lea Limpert und Isabelle Weiser wäre die Arbeit nicht zu schaffen gewesen.

Benedikt Stadler

LITERATURHINWEISE

C. Currie, the archaeology of the flowerpot in England and Wales, circa 1650–1950. Garden History 21, 1993/2, 239; J. D. Fuelk, Neue Garten Lust, oder Völliges Ornament (Augsburg 1720); H. Huth, Die Kunstdenkmäler in Baden-Württemberg – Die Kunstdenkmäler des Stadtkreises Mannheim 1 (München 1982) 723–738; K. Wirth, Wie kam die Latrine unter die Kirche? Archäologische Ausgrabungen in Mannheim, E 6. Arch. Ausgr. Baden-Württemberg 2011, 264–268.

GOMADINGEN-OFFENHAUSEN, KREIS REUTLINGEN

Unerkanntes und Unbekanntes im Gestütshof in Offenhausen

Die Sanierung des Gestütsgasthofs in Offenhausen betraf auch die Archäologische Denkmalpflege, die Begleitung der Kanal- und Leitungserneuerungen im Umfeld oblag der Firma ARCHÄO/IKU, Rottenburg. Das Gestüt wurde ab 1575 im aufgehobenen Dominikanerinnenkloster eingerichtet und erstreckt sich auf dem nach Norden zur Großen Lauter abfallenden Talhang, deren Quelltopf innerhalb der Ummauerung des Klosters liegt. Von diesem steht sonst nur noch die vormalige Kirche (heute Gestütsmuseum), zudem stammt wohl der „steinern Stock" des Gasthofs in der Nordostecke der Anlage noch aus der Klosterzeit.

233 ▽ *Offenhausen, Gestütsgasthof. Aus der Luft ist der massive nordwestliche Eckpfeiler der „Herrschaftsscheuer" deutlich sichtbar. Der Mauerrest unterhalb wird als Umfassungsmauer aufgefasst. Rechts der „Neue Bau" des Gasthofs. Norden ist unten.*

Massiver „Beifang"

Aushubarbeiten südöstlich des Gasthofs stießen schnell auf gewachsenen Fels, auf dem lineare Abarbeitungen und Mörtel die letzten Reste einer etwa Ost–West verlaufenden Mauerbasis anzeigten. Erst im Büro fiel auf, dass die Nordwestecke des Stalles, dessen Giebel sich einige Meter südlich oberhalb dieses Mauerrestes erhebt, einen ausgeprägten, in gut 6 m Höhe gekappten Eckpfeiler bildet (Abb. 233). Ein Plan von 1803 gibt ihn deutlich wieder, wogegen amtliche Karten bis heute nur eine einfache Ecke abbilden.

Die Nachschau offenbarte Erstaunliches: Giebel- und hofseitige Mauer weisen Stärken um 1,5 m auf und enden am Dachstuhl als Abbruchkrone. Nach dem Offenhäuser Ortsbuch von 2011 hieß dieser Gebäudeteil auch „Herrschaftsscheuer" und war bis 1742 im Osten noch knapp 3 m breiter als die heutigen fast 15 m. Etwa an Stelle der vormaligen Ostwand verlief 1803 eine Umfassungsmauer, die auf Höhe der Nordfassade in einem türmchenähnlichen Grundriss endete, vielleicht ein Rest des zweiten Eckpfeilers. Die starke hofseitige Wand endet heute nach gut 13 m an einem Tor und sitzt direkt auf Fels.

234 ◁ Offenhausen, Gestütsgasthof. Hohlräume und Oberfläche der Steinstickung sprechen eher für ein Fundament als eine Pflasterung. Rechts oben die Nordwestecke des Gasthofs.

Wenig Erwartetes, viel Unerwartetes

Die Kanalarbeiten erfassten nordwestlich des Gasthofs einen gegen Nordnordwest geradlinig begrenzten, noch gut 5 m langen und 2 m breiten Ausschnitt einer einlagigen Steinstickung, die eher als Fundamentierung denn als Pflasterung erschien (Abb. 234). Ihre Orientierung passt weder zu einer bekannten Baulichkeit noch zu einer Straßentrasse. Sie lag auf einer weitläufigen schwarzen, holzkohlehaltigen Lehmschicht, aus der zwei Scherben der Älteren Albware stammen, die in die vorklösterliche Zeit um 1100 verweisen.

Weiter westlich fanden sich in der schwarzen Lehmschicht zwei Eintiefungen mit Holzresten, wohl von starken Pfosten. Ihre Lage in Verlängerung der Steinstickung sowie ihre Fluchtungslinie rechtwinklig zu deren Nordrand legen einen Zusammenhang nahe.

Neben dem Gasthof wurden die erwarteten Grundmauern des 1830 abgebrochenen Meiereihauses mitsamt dem verfülltem Keller angetroffen.

Südlich des Gasthofs reicht der anstehende Fels bis wenige Dezimeter unter die Oberfläche. Dennoch gründete sein Fundament, wo sichtbar, nicht direkt auf dem Fels, der hier auffällig eben und glattgeschliffen erschien, sondern im aufliegenden, um 20 cm starken, zäh-schwarzen Lehm. Zahlreiche moderne Infrastrukturelemente hatten den Bereich jedoch stark gestört.

Eine Scheuer mit nobler Vergangenheit?

Als Scheuer eines Klosters, das nie reich war, wirft die massive, ursprünglich deutlich höhere „Herrschaftsscheuer" Fragen auf, etwa nach dem Sitz derer von Offenhausen, die urkundlich nur im 12. Jahrhundert kurz aufscheinen, bevor ihre Herrschaft im 13. Jahrhundert den Herren von Lupfen zufiel. Das Schwammkalkriff über dem Talgrund an

der Straße über die Lauter mit der Mühle erscheint als Standort dafür ideal. Die Klostergründung der Lupfener 1258 sollte wohl die abgelegene Neuerwerbung vor fremdem Zugriff schützen. Vielleicht war der obsolet gewordene Herrensitz das erste Domizil der Nonnen, bis die Klostergebäude bezugsfertig waren.
Die zumeist außerhalb des Klosters angetroffenen vorklösterlichen Befunde machen zwar wenig klar, aber immerhin deutlich, dass das damalige Offenhausen komplett anders aussah als alles, was wir bisher kennen.

Wir danken Frau Müller, Vermögen und Bau Baden-Württemberg, Amt Tübingen; den Herren Krieg und Kaschinski, S³ ARCHITEKTEN, Metzingen; Herrn Lamparter, Baggerbetrieb St. Johann-Gächingen, und Herrn Teufel, Firma Storz, Tuttlingen, für die hervorragende Zusammenarbeit sowie Frau Vöhringer-Glück, Gomadingen, Herrn Marstaller, Rottenburg-Oberndorf, und Herrn Kreisarchivar Waßner für wertvolle Hinweise.

Andreas Willmy

LITERATURHINWEIS

Ch. Vöhringer-Glück/E. Glück, Offenhausen am Ursprung der Lauter und seine wechselvolle Geschichte (Stuttgart 2011) mit weiterer Lit.

■ KIRCHHEIM AM RIES, OSTALBKREIS

Befunde zur Wasserversorgung auf dem Areal des ehemaligen Klosters Mariä Himmelfahrt in Kirchheim am Ries

Unmittelbar westlich des ehemaligen Zisterzienserinnenklosters Mariä Himmelfahrt in Kirchheim am Ries (gegr. 1267) ist ein barrierefreies Wohnbauprojekt geplant, das neben der Sanierung des einstigen Brauhauses (Klosterhof 16, 16/1) die Errichtung zweier Neubauten mit Tiefgarage vorsieht. Nach einer vorausgehenden Prospektion durch das Landesamt für Denkmalpflege wurde das ca. 530 m² große Areal im März und April 2020 von der Firma Ostalb-Archäologie GbR aus Neresheim archäologisch untersucht.
Der westliche Teil der Baufläche war im Laufe der Jahrhunderte immer wieder mit Wasser aus einer hangaufwärts gelegenen Quelle geflutet worden. Aus diesem Grund hatte man das Areal mit Bauschutt und schlackehaltigen Produktionsabfällen der dort noch bis vor wenigen Jahrzehnten ansässigen Mälzerei aufgehöht. Unter diesen Auffüllungen konnte neben älteren Ziegelpflasterungen, Laufhorizonten und Stickungen noch ein großes Repertoire verschiedener wasserleitender Systeme unterschiedlicher Epochen ergraben werden (Abb. 235).

Neuzeitlicher Ziegelkanal

An der westlichen Grabungsgrenze verlief ein Nord–Süd ausgerichteter Kanal, der im weiteren Verlauf Richtung Südosten abknickte und die besagte Quelle mit dem heutigen Gebäude Klosterhof 16/1 verband. Er bestand aus mehreren Ziegellagen, darunter auch Ausgleichslagen sekundär verwendeter

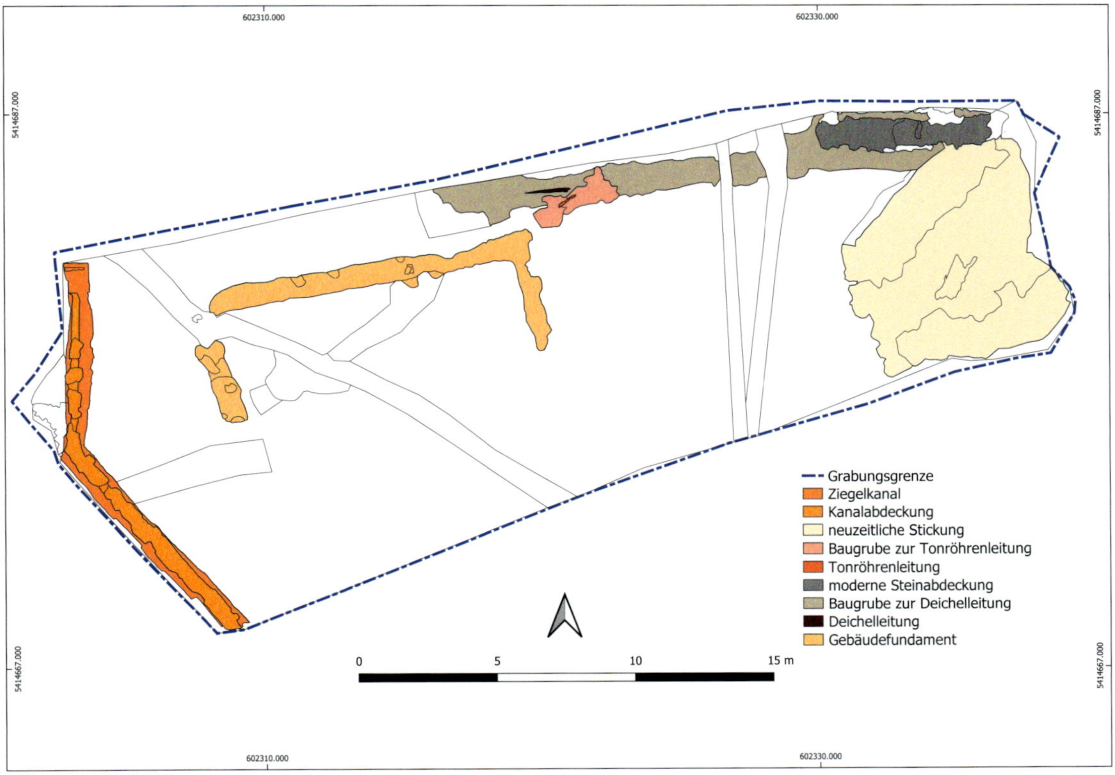

235 △ *Kirchheim am Ries, Klosterhof. Bereinigter Gesamtplan der Rettungsgrabungen.*

Biberschwanzziegel, sowie behauenen Kalk- und Sandsteinquadern als Abdeckung. Der ca. 0,60 m breite Kanal konnte auf einer Länge von 15,50 m erfasst werden, wobei auf der Westseite noch Reste eines stark gestörten Seitenarms nachweisbar waren. Der Ziegelkanal steht exemplarisch für die neuzeitliche Nutzung des Areals.

Spätmittelalterliche Gebäudereste mit Wasserleitung

Etwa in der Mitte der Untersuchungsfläche fand sich ein U-förmiger, nach Süden hin offener und stark verstürzter Gebäuderest von 13,00 m Seitenlänge, der aus Sand- und Kalksteinen bestand. Das Fundament schnitt partiell in eine fundreiche spätmittelalterliche Siedlungsschicht ein und ist somit frühestens in diese Zeit zu datieren.

Abgehend von der nordöstlichen Gebäudeecke wurde eine zugehörige Leitung aus ineinandergreifenden Tonröhren dokumentiert (Abb. 236). Sie bestand aus nicht genormten, oxidierend gebrannten Segmenten, die von einer Schicht kleiner, unbehauener Kalksteine abgedeckt wurden und deren Baugrube kaum vom anstehenden Boden abzugrenzen war.

Gründungszeitliche Deichelleitung

Entlang der nördlichen Grabungsgrenze erstreckte sich ein West–Ost orientierter Graben, in dem sich eine Deichelleitung mit ca. 0,18 m Außen- und ca. 0,10 m Innen-

236 △ *Kirchheim am Ries, Klosterhof. Deichelleitung des 13. Jhs. (Vordergrund) und spätmittelalterliche Tonröhrenleitung (Hintergrund) in situ.*

durchmesser befand (Abb. 236). Die Wasserleitung konnte noch auf einer Länge von 16,70 m nachverfolgt werden. Die unterschiedlich langen Holzdeicheln waren mittels eiserner Deichelringe miteinander verbunden und die Verbundstellen mit einer Harzpaste abgedichtet. Geschnitten und gestört durch die oben beschriebene Tonröhrenleitung, eine Eisenrohrleitung und moderne Leitungsgräben ist die Deichelleitung etwa zeitgleich mit dem Bau des Klosters im fortgeschrittenen 13. Jahrhundert entstanden und bildet damit den ältesten Befund auf dem Grabungsareal. Für eine endgültige Datierung und historische Einordnung bleibt jedoch das Ergebnis der noch ausstehenden dendrochronologischen Untersuchungen abzuwarten.

Ein besonderer Dank für ihre Kooperation gebührt dem Projektleiter, Herrn Heinz Riedel und Familie, H & R-Rendite Immobilien GmbH & Co. KG, Crailsheim (trivium GmbH & Co. Ertragswerte 49 KG, Wien), dem Bauleiter Viachaslau Biarnatski vom Architekturbüro Mener, Rain am Lech, sowie der Firma Dörrer Biogas, Tannhausen.

Dana Herrmann, Marina Hinnen, Benny Rieger, Olaf Goldstein

LITERATURHINWEIS

E. Michler, Kloster Mariä Himmelfahrt zu Kirchheim am Ries (Lindenberg 2006).

Archäologie am laufenden Meter 2.0: Und wieder lange Leitungsgräben im Kloster Salem

Reichen Klöstern sieht man ihr Alter selten an, weil sie sich großzügige Neubauten leisten konnten, und die 1134/37 gegründete Zisterzienserabtei Salem gehörte zu den reichsten im Land. Bereits im 17. Jahrhundert waren große Teile neu entstanden, und die Brandkatastrophe von 1697 fachte die Bautätigkeit im 18. Jahrhundert nochmals kräftig an, sodass heute der größte Teil des Baubestandes diesen beiden Jahrhunderten entstammt.

Flexibel in mehrerlei Hinsicht

Nach umfangreichen Wasserleitungsarbeiten 2014/15 stand in Salem 2019/20 mit der Neuverlegung von Nahwärmeleitungen und Kabel-Leerrohren wiederum ein größeres Projekt an, mit dessen archäologischer Begleitung die Firma ARCHÄO/IKU betraut wurde. Dank neuartiger flexibler Nahwärmeleitungen „von der Rolle“ war es nun möglich, längere Strecken bis über 100 m am Stück aufzugraben und diese ein bis zwei Wochen offen zu lassen, was eine erheblich effizientere Arbeit ermöglichte. Auch konnten Befunde flexibel umgangen und so leichter erhalten werden. Die archäologische Ortskenntnis erlaubte in Abstimmung mit der Archäologischen Denkmalpflege bestimmte Abschnitte ohne direkte Beobachtung ausheben lassen, zumal sich die Baufirma als sehr kooperativ erwies.

Der erste Abschnitt nördlich außerhalb des Klosterareals versprach weitgehende Befundfreiheit, was nicht ganz zutraf. Auf eine Ziegelmauer, wohl ein historisch bekannter Abzweig des Stefansfelder Kanals, folgten eine Kalk- oder Mörtelmischgrube sowie eine 30 m lange moderne Störung. Dann querte der Graben unter der Einfahrt zu den Parkplätzen einen etwa 1 m breiten Kanal, der von zwei mächtigen, gut erhaltenen Balken eingefasst war.

Von Westen mündete ein außen 0,6 m breiter, ziegelgewölbter Kanal, der Reparaturen mit Steinplatten und Zementmörtel aufwies. Er verlief über knapp 15 m im Leitungsgraben, konnte dank der Flexrohre aber bestehen bleiben. Vor einer querenden Mauer bog er ins Südprofil. Nach 53 m in dieser Richtung wurde wohl eben dieser Kanal beim Unteren Tor zwei weitere Male ange-

237 ▽ *Schloss Salem, Bereich Sennhof im Südwesten. Vorne und im Mittelgrund Punktfundamente, rechts Ziegeldrainagekanal, rechts daneben Ersatz mit Tonröhren, mittig zwei Schwellbalkenfundamente (?) aus groben Kieseln.*

238 ▷ *Schloss Salem, Bereich Sennhof im Südwesten. Druckwasserleitung von ca. 1300 (?). Vorne nachträglich hergestellte Löcher, vielleicht von einer Anzapfung.*

schnitten. Hier nahm er, wiederum durch deren Biegsamkeit ermöglicht, über 20 m hinweg Nahwärmeleitungen auf, wodurch er seiner Zerstörung entging, um unter dem Abteigarten weiter ins Dunkel zu führen. Im ersten der querenden Gräben lag er neben einer 1,3 m breiten Mörtelmauer. Aus dem Zwischenraum kamen reichlich Glasscherben von großen bauchigen Flaschen, wie man sie aus frühneuzeitlichen Apotheken kennt, zum Vorschein.

Einmal durch die ganze Werkstatt

Der Rohrgraben lief dann ohne Kanal 8 m weiter gen Westen, um dann ebenfalls nach Süden abzuknicken, wobei er ein Stück Klostermauer mit Gebäudeecke freilegte.
Auf seinem weiteren Weg durchschnitt der Graben dann der Länge nach über mehr als 30 m fast den gesamten Werkstattflügel beim Unteren Tor aus dem 18. Jahrhundert. Dieser war 1836 abgebrochen worden, die Grundmauern reichten kaum über die Grabensohle und konnten ebenfalls verbleiben. Die Referenzierung dieser Grundrisse anhand der historischen Lage- und Leitungspläne gelingt teilweise schon recht gut, doch steckt hier der Teufel im Detail.
Nahe dem Unteren Tor fand sich inmitten der spätbarocken Mauern ein ca. 90 cm starkes Bruchsteinfundament deutlich eigener Prägung: Sorgfältig in sehr hartem Mörtel versetzt und eher Nordnordwest–Südsüdost orientiert, könnte es zum wenig bekannten mittelalterlichen Kloster gehört haben. Gleiches gilt für eine 35 m westlich gelegene, gut 1,2 m starke, ähnlich orientierte Grundmauer aus Wacken und Bruchsteinen, die sich ebensowenig zum heutigen Bestand fügt. Sie querte einen weiteren Nahwärmegraben, der sich vor dem Marstall über 80 m gegen Südwesten erstreckte. Weitere 35 m entfernt wurde in beiden Profilen eine schlecht erhaltene dritte, um 0,8 m starke Natursteinmauer sichtbar. Auch sie lag unter den Aufplanierungen des Großbrands von 1697.

Wasserröhren „Typ Salem"

Gleichzeitig ließ im Südwesten die Schule Schloss Salem eine Nahwärmeleitung zwischen der ehemaligen Reithalle und der vormaligen „Schrote" legen, die als Schulgebäude umgebaut und dazu das umgebende Gelände angeglichen wurde. Die 40 m lange Rohrtrasse war eigens 5 m von der Klostermauer weg verlegt worden, doch exakt dort lagen nun insgesamt sechs quadratmetergroße, gemauerte Punktfundamente aufgereiht, wohl für Stützen eines Schleppdachs jüngerer Zeit (Abb. 237). Das Entgegenkommen von Planer und Bauherrschaft ermöglichte, den Graben zu versetzen, sodass die Sockel erhalten blieben. Im hangseitigen Westprofil austretendes Schichtwasser erschwerte die Arbeiten, unterstrich aber zugleich die Notwendigkeit der bereits 2017 bei Sondagen entdeckten diversen Drainagen. Damals waren außerdem Steinsetzungen, Pfostengruben sowie eine Wasserleitung aus Tonröhren eines bislang nur aus Salem bekannten Typs dokumentiert worden, die man nun erneut antraf. Die um 55 cm langen Ziegeltonröhren mit 3 cm Weite sind zur Mitte hin achtkantig tailliert, an den Enden aber quadratisch, mit integrierter Muffe und Nippel mit Dichtrillen (Abb. 238). Insgesamt wurden fast neun laufende Meter der Leitung freigelegt und mehrere Röhren unversehrt geborgen. Im Münster verbaute Bruchstücke ähnlicher Röhren datieren ans Ende des 13. Jahrhunderts.

Zwei spitzwinklig zusammenstoßende, schmale Rollierungsstreifen, aus 10–20 cm großen Kieseln sowie aus groben Wacken, wurden je auf etwa 6 m Länge erfasst (Abb. 237). Ob es sich um Schwellbalkenfundamente verschiedener Gebäude handelte, war unter den gegebenen Umständen ebensowenig zu klären wie ihre Datierung. Soweit ersichtlich, müssten sie nach Stratigraphie und Zustand zu den ältesten der dort vorgefundenen Befunde zählen, wobei eine konkrete Zeitangabe hier nicht möglich ist.

Den kuriosen Abschluss bildete ein spezieller „Hortfund". Beim Anschluss einer Trafostation über eine bestehende Kabeltrasse außerhalb des Klosterareals stieß der Bagger prompt neben anderem Abfall auf stark verrostete Eisenteile, die sich unter anderem als Überreste von sechzehn Gewehren der Jahrzehnte um 1900 entpuppten. Hier hatte wohl jemand bei Kriegsende 1945 eine Waffensammlung an einer Stelle entsorgt, die vor dem Bau der Umgehungsstraße 1962 noch abseits gelegen hatte. Den Umständen nach besteht zudem der Verdacht, dass dieses Konvolut schon früher einmal aus- und wieder vergraben worden ist.

Wir danken Herrn Waibel, Vermögen und Bau Baden-Württemberg, Amt Ravensburg; Herrn Endres, Firma EndBau, Tettnang; Herrn Seelbach, ArchitekturLokal, sowie Herrn Bertsche jun. und seinen Mannen, Bertsche Bau, Salem-Baufnang, für die vertrauensvolle Zusammenarbeit, Frau Dr. Rückert, Staatliche Schlösser und Gärten, Salem, und Herrn Magiera, Vermögen und Bau Baden-Württemberg, Amt Ravensburg, für tätige Unterstützung sowie Herrn Dr. Knapp für seine Expertise.

Andreas Willmy

LITERATURHINWEISE

M. Wolf, Archäologie am laufenden Meter – Baubegleitung im Zuge der Wasserleitungsarbeiten im Kloster Salem. Arch. Ausgr. Baden-Württemberg 2015, 286–289; U. Knapp, Die Zisterzienser und das Wasser (Petersberg 2020) 63–119, bes. 69–72; 80; 116.

Erste Ausgrabungen in der vermuteten Klosterwüstung „Brudersteig" bei Lichtenstein-Unterhausen

Im Sommer 2020 hat die Universität Tübingen erste Ausgrabungen in der Klosterwüstung „Brudersteig" bei Lichtenstein-Unterhausen durchgeführt. Erstmals wird dieses „Bruderhus" 1521 genannt, es scheint aber bereits kurz darauf abgegangen zu sein. Alter, Art und Ordenszugehörigkeit der Anlage waren völlig unbekannt. Die spät einsetzende und fragmentarische Überlieferung lässt den archäologischen Quellen eine Schlüsselrolle zukommen. Die lokale Tradition bringt die Niederlassung zudem in einen unmittelbaren Zusammenhang mit den Herren von Greifenstein. Diese bildeten von der zweiten Hälfte des 12. bis in das 14. Jahrhundert an der Schwäbischen Alb eine idealtypische lokale Herrschaft aus und verfügten über Dörfer, klerikale und ökonomische Strukturen sowie mehrere Burganlagen. Die im „Zellertal" situierte Anlage könnte eine Eigenklostergründung dieser Adelsfamilie darstellen (Abb. 239).

Lokalisierung und Denkmalbestand

Hinweise auf die genaue Lokalisierung gaben die Flur- und Geländenamen Zellertal, Brudersteig und Brudergärtle. Geländemerkmale, Lesefunde und durch den Wegebau angeschnittene Mauerzüge untermauerten nicht nur die vermutete Lage, sondern wiesen auch auf einen beachtlichen Baubestand und eine gehobene Ausstattung hin. Das hohe Forschungspotenzial in Verbindung mit der fortschreitenden Zerstörung der Anlage gaben den Ausschlag für eine systematische Vermessung, geophysikalische Prospektion und anschließende Forschungsgrabung, um die Lokalisierung zu verifizieren

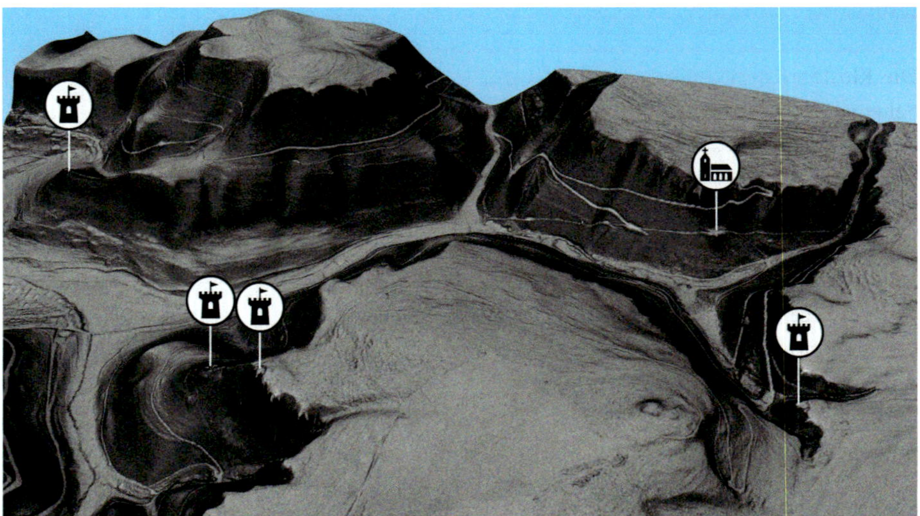

239 ▷ *Lichtenstein-Unterhausen. Digitales Geländemodell des Zellertales in 3D-Ansicht mit Lage der Klosterwüstung und der umliegenden Burganlagen im Kernraum der ehemaligen Herrschaft Greifenstein. Von links nach rechts: Burgstelle Hochbiedeck, Ruinen Unterer und Oberer Greifenstein, Grabungsstätte Brudersteig, Burgstelle Stahleck.*

240 ◁ *Lichtenstein-Unterhausen, Klosterwüstung Brudersteig. Areal von Südosten mit Befunden und Geländemerkmalen: 1 Schnitt 8 mit potenzieller Torsituation; 2 Plateau; 3 Forstweg; 4 Umfassungsmauer; 5 Position Schnitt 6; 6 Kalksinterterrassen; 7 Quellen am Fuß der Felswand; 8 Position Schnitt 5.*

sowie Ausdehnung, Ausbauzustand, Zeitstellung und Erhaltung zu klären. Insgesamt wurden acht Sondageschnitte angelegt. Die Arbeiten erfolgten in enger Kooperation zwischen Universität, Landesamt für Denkmalpflege und weiteren Partnern und bilden den Auftakt eines längerfristigen Forschungsprojektes zur „Archäologie und Geschichte der edelfreien Herren von Greifenstein im oberen Echaztal".

Topographie des Fundplatzes und Erhaltungsbedingungen

Die Klosterwüstung befindet sich in einem Seitental der Echaz auf einer Terrassierung am Fuß einer Felswand. Die mächtigen Kalksinterterrassen gehen auf mehrere kontinuierlich schüttende Quellen zurück. Sie haben nicht nur die Topographie geprägt, sondern dürften als materielle und spirituelle Ressource ein maßgeblicher Faktor bei der Standortwahl gewesen sein. Das Alter der Sinterbildung war zunächst unklar – und damit auch die Frage, ob archäologische Befunde auf oder eher unter bzw. in den Ablagerungen zu erwarten sind. Die Grabungsschnitte zeigen eindrucksvoll, dass die fundführenden Horizonte teils von knapp 2 m mächtigen Sinterschichten überlagert werden. Dies erklärt auch, warum die Anlage fast vollständig in Vergessenheit geraten konnte. Die mit der Sinterbildung einhergehenden Feuchtbodenmilieus und die klare Stratigraphie versprechen einzigartige Überlieferungsbedingungen und machen die Lokalität nicht nur als archäologische Fundstelle, sondern auch als Klima- und Umweltarchiv überregional bedeutsam.

Grundriss und Baubefunde

Der Kernbereich der Anlage wird durch eine rund 1 m starke Umfassungsmauer aus großformatigen Kalksteinquadern eingefriedet, die in mehreren Schnitten an der Ost- und Westseite nachgewiesen werden konnte. Nach Norden bildet die Felswand eine natürliche Grenze. Ob auch nach Süden am Rand des flachen Plateaus ein Mauerzug verlief, ist noch unklar. Hinweise auf eine Torsituation liegen in der Südwestecke der Anlage vor. Dort trifft der aus dem Tal kommende „Brudersteig" auf die Umfassungsmauer. Auch außerhalb weisen Funde und Befunde auf eine Nutzung bislang unbe-

241 △ *Lichtenstein-Unterhausen, Klosterwüstung Brudersteig. Östliche Umfassungsmauer in Schnitt 1 während der Grabungsarbeiten im September 2020.*

kannter Art und Zeitstellung im Umfeld hin (Abb. 240; 241).

Im Innenraum ergaben sich in den Sondageschnitten und im geophysikalischen Messbild klare Indizien für mehrere separate Gebäude mit Mauern aus Kalk- und Tuffstein. Dazu zählt ein Baukörper, dessen bis zu 1 m starke südliche Mauer in Schnitt 6 unter 1,7 m mächtigen Sinterterrassen aufgedeckt wurde. Ausgangspunkt für die Anlage des Schnittes waren Anomalien im Radargramm. Die Funktion des Baus ist unklar. Denkbar wäre angesichts der zentralen Lage, Form und Ausrichtung, dass es sich um einen Sakralbau handelt.

An zwei Positionen konnten unter Sinter- und Hangschuttpaketen Steinplattenböden erfasst werden. Zumindest in Schnitt 5 scheint es sich um eine Wege- oder Freiflächenbefestigung außerhalb eines Gebäudes zu handeln. Um eine Nutzung und Begehung des Areals dauerhaft zu ermöglichen, ist außerdem eine artifizielle Ableitung des Quellwassers zwingend vorauszusetzen, das den Klosterinnenraum sonst unkontrolliert überflutet hätte. Erste Hinweise auf eine entsprechende hydrotechnische Infrastruktur fanden sich in Form eines beckenartigen Kalksteinsockels mit Abdrücken eines rechteckigen Aufbaus und Sinterüberzug in stratigraphischer Einheit mit dem Plattenboden in Schnitt 5.

Fundmaterial

Das reichhaltige Fundmaterial und die älteren Lesefunde zeigen einen chronologischen Schwerpunkt im 14./15. Jahrhundert, einzelne Gefäßscherben könnten in das 13. Jahrhundert verweisen. Die Anfänge der Klosteranlage dürften spätestens im 14. Jahrhundert zu suchen sein, die Frühphase ist allerdings bislang noch kaum erfasst. Hervorzuheben ist das zahlreiche Vorkommen von Ofenkeramik, darunter glasierte Napfkacheln des späten 15. Jahrhunderts (Abb. 242). Auf die hochwertige architektonische Ausstattung der Gebäude verweisen große Mengen Ziegelbruch der Dachdeckungen sowie Flachglas. Von der mobilen Sachkultur zeugen neben vielfältiger Gefäßkeramik und Hohlglas auch Sonderstücke, wie der Fuß eines keramischen Kerzenleuchters und zahlreiche Bau- und Hufnägel. Hervorzuheben ist abschließend die Erhaltung organischer Funde in und unter den wassergesättigten Sinterschichten. Holzreste und Bodenproben zur Erfassung botanischer Makroreste sind aktuell in Bearbeitung. Mit besonderer Spannung ist dem klosterzeitlichen Nutzpflanzenspektrum entgegenzusehen, da sich im rezenten Vegetationsbestand seltene Arten fanden, die aus einem ausgewilderten Klostergarten stammen könnten.

Diese und zahlreiche weitere Fragen sollen in den nächsten Jahren systematisch bearbeitet werden – die Grabung 2020 ist ein vielversprechender Auftakt für das übergeordnete Forschungsprojekt.

Ein großer Dank gilt den beteiligten Studierenden und Unterstützern vor Ort, genannt seien insbesondere Gemeinde, Forstverwaltung und Geschichtsverein Lichtenstein sowie der Sonderforschungsbereich 1070 RessourcenKulturen der Universität Tübingen, in den die Arbeiten eingebunden waren.

Moritz Foth, Michael Kienzle,
Harald von der Osten-Woldenburg,
Lukas Werther

242 △ *Lichtenstein-Unterhausen, Klosterwüstung Brudersteig. Napfkachel mit erhöht eingebrachtem Zwischenboden aus dem Klosterareal, spätes 15. Jh.*

LITERATURHINWEISE

G. Bossert, Das Bruderhaus zu Stahleck. Reutlinger Geschichtsbl. 12, 1901, 80; W. Kinkelin, Das Pfullinger Heimatbuch (Reutlingen 1956) 376; W. Zimmermann/N. Priesching (Hrsg.), Württembergisches Klosterbuch. Klöster, Stifte und Ordensgemeinschaften von den Anfängen bis in die Gegenwart (Ostfildern 2003) 462.

BAD URACH, KREIS REUTLINGEN

Friedhof mit Aussicht: unerwartete Grabfunde auf der Ruine Hohenurach

Die Burg Hohenurach wurde im 12. Jahrhundert erbaut und im 16. Jahrhundert fortifikatorisch modernisiert. Auf ihre Belagerung im 30-jährigen Krieg, die Stoff für mindestens ein Hollywood-Epos oder eine ganze Streaming-Serie abgeben könnte, wird noch zurückzukommen sein. Obwohl ab 1767 teilweise abgebrochen, ist sie noch immer eine große und beeindruckende Anlage, die auch ohne Burgcafé viele Wanderer anzieht. Nach Jahrzehnten der Vernachlässigung wird sie seit 2011 Zug um Zug gesichert, zugänglich gemacht und teilweise rekonstruiert.

Gegen jede Bestattungsregel

Ein wesentlicher Beitrag zur Sicherung alten Gemäuers ist, den Eintrag von Niederschlagswasser hinter die Mauern zu minimieren, etwa durch Verlegung von Drainagerohren. Im April 2020 geschah dies im „Brunnengarten“, einer Art Vorwerk an der zur Albhochfläche blickenden Südseite der oberen Ebene der Festung. Bei der Aufgrabung entlang der Innenseite der westlichen Randmauer wurden Knochen und ein menschlicher Schädel gefunden, die Arbeiten eingestellt und die Archäologische Denkmalpflege benachrichtigt. Nach erster Inaugenscheinnahme durch M. Weihs (†), der das Projekt bis dato betreut hatte, wurde die Firma ARCHÄO/IKU mit der Fortführung beauftragt. Da an dieser Stelle keine weiteren Aushubarbeiten mehr anstanden, wurde lediglich der Befund dokumentiert und die erreichbaren Gebeine und Funde geborgen.

Wie sich bisher herausstellte, handelt es sich um Skelettteile der linken Körperhälfte einer jungen Frau, die nur rund 1 m unter der Oberfläche lagen. Geringe Holzreste lassen eher auf ein Totenbrett als auf eine Bestattung in einem Sarg schließen. Die Knochen eines reifen Fötus oder Neugeborenen lagen in situ zwischen ihren Oberschenkelknochen (Abb. 243). Ob das Kind als Totgeburt mit der Mutter begraben wurde oder etwa als sogenannte Sarggeburt postmortal den Mutterleib verließ, muss offenbleiben. Weitere verstreute Einzelknochen belegen, dass dies nicht das einzige Begräbnis im Brunnengarten gewesen sein kann.

Da außer einigen spätmittelalterlichen und frühneuzeitlichen Streuscherben keine datierenden Funde vorliegen, hilft ein Blick in die Baugeschichte der Anlage. Archivalische Quellen belegen den Ausbau Hohenurachs durch Herzog Ulrich ab 1535 bis 1555. Dabei entstand auch der Brunnengarten, der als rund 20 m breiter Riegel südlich vor die mittelalterliche Kernburg gelegt wurde, wohl um sie gegen Artilleriebeschuss von der Albhochfläche und dem von dort herführenden Bergsattel zu verstärken. Als Auffüllmaterial diente sicherlich Aushub, der bei anderen Baumaßnahmen vor Ort anfiel, was das bunte Spektrum des Fundmaterials ebenso erklärt, wie es seine Aussagekraft einschränkt.

243 ▷ *Ruine Hohenurach, Brunnengarten. Linke Seite der Frauenbestattung in situ mit Skelettteilen eines Fötus oder Neugeborenen (Pfeil) zwischen Knie (links) und Becken (Mitte), rechts Oberarm und Schulterblatt.*

Zeugen einer Tragödie

Die Quellen überliefern allerdings auch, dass mit Ausnahme der Familie des Kommandanten keine Frauen in der Festung geduldet wurden, nicht einmal die Ehefrauen der dort stationierten Soldaten. Erst recht bestand keine Notwendigkeit, Tote im Kernbereich der Festung zu begraben. Dies änderte sich während des 30-jährigen Krieges, als vor der Einnahme der Stadt Urach durch die Kaiserlichen die Zivilbevölkerung hierhin flüchtete. 1634/35 folgte eine elfmonatige Belagerung, die erst nach Übergabe durch die ausgehungerte Besatzung gegen freien Abzug auch der Zivilisten beendet werden konnte, die mit Frauen und Kindern ausdrücklich erwähnt sind. In diesem schrecklichen Szenario sah man sich vermutlich gezwungen, die Gefallenen und die dem Hunger, Krankheiten und Verwundungen Erlegenen innerhalb der Mauern zu begraben – darunter vielleicht auch die junge Frau und ihr Kind.

Wir danken Frau Knöller, Vermögen und Bau Baden-Württemberg, Amt Tübingen, und Frau Mayer, ott-architekten, für die gute Zusammenarbeit.

Andreas Willmy

LITERATURHINWEIS

H.-M. Maurer, Hohenurach als Beispiel einer württembergischen Landesfestung. Burgen und Schlösser 16, 1975, Heft 1, 1–9.

■ GEISLINGEN-TÜRKHEIM, KREIS GÖPPINGEN

Heißes Eisen – Siedlungs- und Verhüttungsspuren der Frühgeschichte und des Mittelalters in Türkheim

Topographie und Geschichte

Das Haufendorf Türkheim liegt hart am Steilabfall des Albtraufs zum Oberen Filstal. Die Massenkalke des Weißen Juras bilden entlang der Hangkante bizarre Felsformationen. Hier steht in erhöhter Position die im 18. Jahrhundert errichtete Pfarrkirche St. Vitus, deren Vorgängerbau 1353 erstmals urkundlich erwähnt wurde. Nordöstlich davon lag auf dem Felssporn „Budschlet“ die Burg der Edelfreien von Türkheim.

Die Erstnennung Türkheims ist mit der Zeugenschaft eines Cunrad von Durinhaim in einer Urkunde von 1107 verbunden. Die Namensendung „-heim“ verweist jedoch auf eine Ortsgründung bereits während der Merowingerzeit. Dies trifft aufgrund ihrer „-ingen“-Endungen auch für den Weiler Wittingen am Ostrand und für die abgegangene Siedlung Bühringen am westlichen Ende der Gemarkung zu.

Als hydrogeologische Besonderheit gilt das „Türkheimer Brünnele“, das nur wenig unterhalb der Traufkante entspringt. Die ganzjährig fließende Quelle sicherte die Wasserversorgung der Siedlung Türkheim selbst bei extremer Trockenheit. Keramikfunde im Umfeld des „Brünneles“ beweisen, dass der Quellhorizont bereits in ur- und frühgeschichtlicher Zeit genutzt wurde. Außerdem existierte auch eine große Hüle.

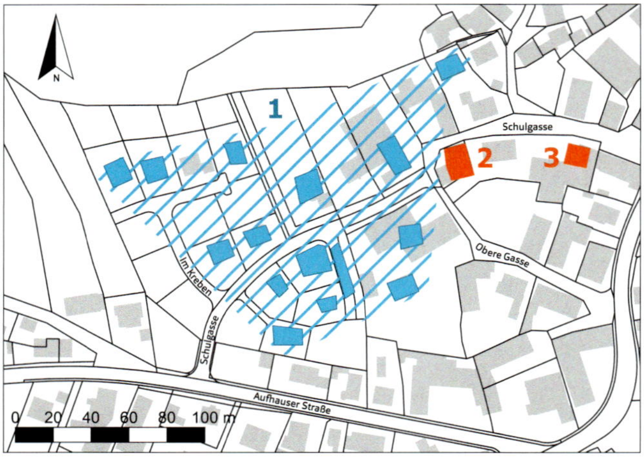

244 △ *Türkheim, Schulgasse und Baugebiet „Kreben". 1 Ausdehnung (schraffiert) der in Baugruben (blaue Flächen) beobachteten Erosionsschicht mit Verhüttungs- und Siedlungsresten; 2 Grabung 2020, Schulgasse 9: Siedlungsbefunde der Völkerwanderungszeit sowie des Hoch- und Spätmittelalters; 3 Grabung 2020, Schulgasse 3: Siedlungsbefunde unklarer Zeitstellung und des Spätmittelalters.*

Eisenverhüttung und Siedlungskontinuität

Der zum Landkreis Göppingen gehörende Abschnitt der Schwäbischen Alb weist abbauwürdige Vorkommen von Stuferzflözen im Braunen Jura auf. Die reichhaltigen Bohnerzvorkommen in den Karstspalten und Wannen der Albhochfläche wurden bereits während der Hallstatt- und Latènezeit oberflächlich abgebaut und verhüttet.

Für die Siedlungsentwicklung Türkheims kommt der Verhüttung von Bohnerz eine besondere Bedeutung zu. Seit den 1960er Jahren führte der ehemalige Geislinger Schuldirektor Albert Kley im westlichen Teil des Ortskerns immer wieder Notbergungen durch. In mehreren Baugruben beobachtete er unmittelbar unter der Humuszone eine schwarzbraune, mit Schmelzschlacken und Keramikfragmenten durchsetzte Erdschicht. Auf einem Luftbild von 1997 ist in der ansteigenden Hangzone am westlichen Ortsrand eine flächendeckende dunkle Verfärbung im Ackergelände „Kreben" erkennbar. Im Rahmen der Erschließung eines kleinen Wohngebiets wurden hier alle Aushubarbeiten zwischen 2003 und 2019 in Absprache mit dem Landesamt für Denkmalpflege (LAD) durch die Kreisarchäologie Göppingen überwacht. In den meisten Baugruben trat unter dem Humus eine schwarzbraune Erosionsschicht zutage, die über den Verwitterungshorizont des Weißen Juras zog (Abb. 244, 1). Im oberen Hangbereich hatte sie eine Stärke von 20 cm, hangabwärts war sie bis zu 40 cm stark ausgeprägt. Die Schicht enthielt große Mengen von Schmelzschlacken sowie ein kleines, jedoch sehr aussagekräftiges Spektrum an Keramik der Völkerwanderungszeit, der Merowinger- und Karolingerzeit sowie des Hoch- und Spätmittelalters, das sich zeitlich mit den Keramikfunden Kleys deckt. Stark vertreten sind die Graue rauwandige Drehscheibenware, die Ältere gelbe Drehscheibenware mit den Randtypen „Runder Berg" und „Jagstfeld" sowie die Graue glimmerhaltige nachgedrehte Ware. Die Schmelzschlacken passen nach Auskunft von Guntram Gassmann, LAD, typologisch zu den Verhüttungsrelikten früh- und hochmittelalterlicher Produktionsstätten. Reste der Rennöfen konnten bisher noch nicht erfasst werden. Die Erosionsschicht enthielt jedoch auch Fragmente der verziegelten Lehmauskleidung von Rennöfen und von Düsenziegeln. Die Standorte sind also hangaufwärts entlang der Aufhauser Straße zu suchen. Hierfür sprechen vielleicht einzelne undatierte Pfostengruben, die dort 2019 bei Bauarbeiten zutage traten.

Erste Siedlungsbefunde

Die Areale der abgerissenen Anwesen Schulgasse 3 und 9 wurden 2020 neu bebaut. In Absprache mit dem LAD und in Kooperation mit der Grabungsfirma ArchaeoConnect GmbH überwachte die Kreisarchäolo-

gie Göppingen beide Bauvorhaben. In der Schulgasse 3 (Abb. 244, 3) begann im März der Abtrag für die Bodenplatte des Neubaus. Unter dem Abbruchschutt traten punktuell noch Reste der bereits bekannten schwarzbraunen Erosionsschicht zutage. Sie war jedoch durch die alte Unterkellerung und moderne Bodeneingriffe stark gestört. Neben Schmelzschlacken fand sich auch hier wieder Keramik aus dem Zeitraum vom frühen bis zum späten Mittelalter. Allerdings waren auf einer unberührten Fläche im anstehenden ockerfarbenen Verwitterungslehm die Sohlen von 14 spätmittelalterlichen Pfostengruben mit einem Durchmesser von mehr als 50 cm erhalten. Die Zeitstellung von 18 kleineren Pfostengruben blieb ungeklärt. Ein Gebäudegrundriss war nicht erkennbar.
Im Oktober folgte der Bodenabtrag auf dem nur 75 m westlich liegenden Areal Schulgasse 9 (Abb. 244, 2). Auch hier gab es zahlreiche Störungen durch die frühere Bebauung. In den ungestörten Bereichen bildeten drei Schnitte eine 250 m² große Grabungsfläche, in der unter dem Abbruchschutt wieder die schwarzbraune Erosionsschicht zutage trat. Sie enthielt neben Schlacken und einem früh- bis spätmittelalterlichen Keramikspektrum auch Scherben von Gefäßen der Urnenfelderkultur und der Völkerwanderungszeit. Im Verwitterungslehm zeichneten sich sechs Pfostengruben ab, die in Form und Größe den spätmittelalterlichen Baubefunden in der Schulgasse 3 entsprechen. Einer hoch- bis spätmittelalterlichen Bauphase lassen sich 28 Pfostengruben mit deutlich kleineren Durchmessern zuordnen.
Von einem 3,6 m × 3,8 m großen, Südwest–Nordost orientierten Grubenhaus war nur noch die bis zu 36 cm in den Verwitterungslehm eingetiefte Sohle erhalten (Abb. 245, 2). Die schwarzbraune Verfüllung enthielt Keramik des 11./12. Jahrhunderts. Unmittelbar nordöstlich dieses Baubefunds kamen spärliche Reste einer weiteren, nur noch 2,3 m × 3,3 m großen und 20 cm tiefen Grubenhaussohle zutage (Abb. 245, 1). Gefäßscherben aus der braungrauen Verfüllung datieren diesen Befund in die Völkerwanderungszeit.

Zusammenfassung und Ausblick

Die Geländebeobachtungen Albert Kleys und ein Survey Rainer Schregs waren für die langjährigen Baubegleitungen der Kreisarchäologie in Türkheim ausschlaggebend. Der Siedlungsbeginn liegt nach Aussage der Keramikfunde und eines bereits 1958 geborgenen Goldsolidus des 4. Jahrhunderts in der Völkerwanderungszeit. Wichtige Grundlagen für eine kontinuierliche Siedlungsentwicklung waren die Eisenverhüttung und die verlässliche Wasserversorgung durch das „Brünnele“. Die Untersuchungen auf den Anwesen Schulgasse 3 und 9 erbrachten erstmals Baubefunde früher Siedlungspha-

245 ▽ *Türkheim, Schulgasse 9. Im anstehenden Verwitterungslehm zeichnen sich die durch jüngere Bodeneingriffe gestörten Sohlen von Grubenhäusern der Völkerwanderungszeit (1) und des Hochmittelalters (2) ab.*

sen. Ein Desiderat der Forschung ist neben der Freilegung weiterer Siedlungsstrukturen auch die Lokalisierung der Verhüttungsanlagen und die Suche nach den Rohstoffvorkommen und Förderplätzen. Interessant wäre es auch, den Friedhof der frühmittelalterlichen Siedlung zu finden. Mit Blick auf die zum Teil reich ausgestatteten Reihengräber von Aufhausen und Hohenstadt stellt sich die Frage, ob dort mit ähnlichen Wirtschaftsstrukturen wie in Türkheim, also mit Eisenerzverhüttung als Basis des Wohlstands, zu rechnen ist.

Für die gute Zusammenarbeit danken wir Baran Tan, Kathrin und Timo Frey sowie der Firma OK Bau und Zeifang GmbH Bauunternehmung. Dank gebührt auch dem Amt für Vermessung und Flurneuordnung im Landratsamt Göppingen, der ehrenamtlichen Mitarbeiterin Evi Kletti sowie den Fachstudentinnen Nicole Bürkle, Elisa Feltro und Josephine Guttermann.

Reinhard Rademacher,
Maximilian Zerrer

LITERATURHINWEIS

R. Schreg, Vor mehr als 900 Jahren. Archäologische Zeugnisse zur Siedlungsgeschichte Türkheims. In: 1107–2007. 900 Jahre Türkheim. Stationen der Dorfgeschichte 2. Veröff. Stadtarchiv Geislingen 23 (Geislingen 2006) 32–45.

■ LUDWIGSHAFEN, GDE. BODMAN-LUDWIGSHAFEN, KREIS KONSTANZ

Hinweise auf eine frühe Wassermühle in Bodman-Ludwigshafen

Im September 2020 wurde der Kreisarchäologie des Landkreises Konstanz der Fund von Hölzern in einer Baugrube im Hinterhof der Hauptstraße 7 in Ludwigshafen gemeldet. Dieser Ortsteil wurde unter dem damaligen Namen Sernatingen 1145 erstmals urkundlich erwähnt. Die Hauptstraße 7 befindet sich im historischen Ortskern von Ludwigshafen. Auf dem Grundstück steht eine mittelalterliche Scheune, an die ein neuzeitlicher Schuppen angebaut worden war. Der neuzeitliche Schuppen wurde abgerissen, um den mittelalterlichen Hauptbau zu erweitern und eine neue Wohnanlage zu schaffen. In dieser Baugrube kamen Hölzer in Feuchterhaltung zum Vorschein, weswegen zuerst der Fachbereich Feuchtbodenarchäologie des Landesamtes für Denkmalpflege in Hemmenhofen eingeschaltet wurde. Letzten Endes waren bei der Rettungsgrabung vier Mitarbeiter des LAD von den Dienststellen Freiburg, Hemmenhofen und Konstanz während insgesamt vier Tagen im Geländeeinsatz.

Menschliche Eingriffe in einem ehemaligen Wasserlauf

Die sedimentologisch-bodenkundlichen Beobachtungen sowie die geologische Übersichtskarte Baden-Württemberg zeichnen für die Grabungsstelle das Bild einer ursprünglichen Ausflussniederung eines Baches in den Bodensee und deren Verlandung (Abb. 246). Der historische Gemarkungsplan von Ludwigshafen und den Nachbargemeinden aus dem späten 19. Jahrhundert

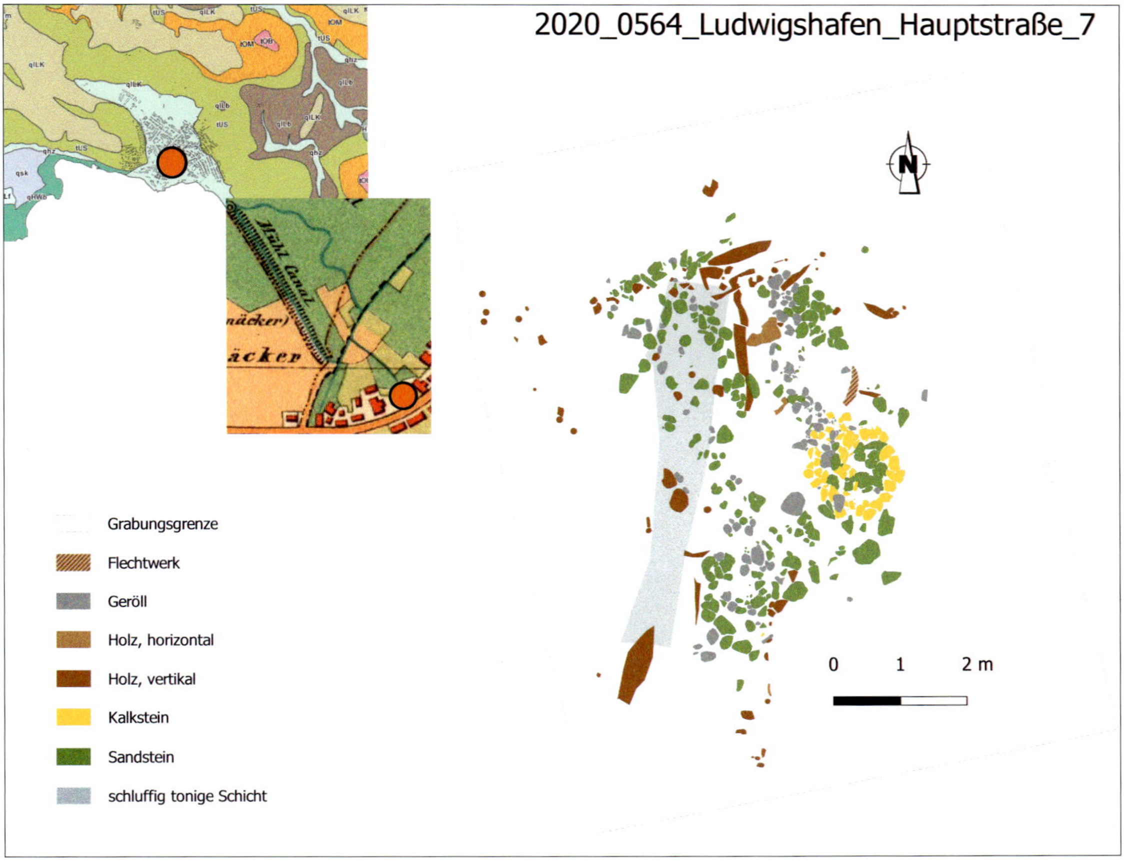

246 △ *Bodman-Ludwigshafen, Hauptstraße 7. Grabungsplan mit Ausschnitten der geologischen Übersichtskarte Baden-Württembergs und des Gemarkungsplanes von 1870.*

zeigt eindeutig einen Bachlauf, der im Norden kurz vor der von uns ausgegrabenen Fläche endete.

Bei der Grabung waren in der letzten Schicht, die allerdings noch von einem – wenn auch nur langsam – fließenden Gewässer stammt, anthropogene Eingriffe zu beobachten (Abb. 246). Die Strukturen bestehen aus Geröllen aus den umgebenden Moränenablagerungen und einigen Molassesandsteinen, die die Sohle des ehemaligen Fluss- oder Bachlaufes auskleiden. Darüber folgen im Osten ein aus Kalksteinen kreisförmig angelegter Unterbau für eine aufgehende Struktur sowie Pfähle und Bretter, die in Nord-Süd-Ausrichtung einen Bereich einschließen und an einen kleinen Kanal denken lassen. Die gesamte Steinpackung besteht sowohl aus kantengerundetem wie auch aus scharfkantigem Material, was auf eine absichtliche, von Menschen bewirkte Ablage hindeutet.

Dieser Bereich enthielt archäologisches Fundmaterial aus dem 12. Jahrhundert. Die dendrochronologische Untersuchung stützt dieses Ergebnis. Insgesamt konnten 21 Hölzer in das Hochmittelalter datiert werden, darunter sind drei Waldkantendaten für die Jahre 1014, 1015 und 1020 n. Chr. Weitere, einzelne Dendrodaten liegen im frühen 13. und frühen 16. Jahrhundert. Über der Bachauskleidung und stratigraphisch jünger als die Hölzer war noch eine schluffig-tonige Schicht schlickiger Konsistenz vorhanden, wie sie bei stehenden oder extrem langsam fließenden, nach und nach verlandenden Gewässern entsteht.

Früher Versuch eines Mühlkanals?

Das Mühlenprivileg von Laubegg, nördlich von Ludwigshafen, wurde 1734 auf Sernatingen übertragen und dort auch eine Mühle errichtet. Weiterhin heißt es in den Quellen, diese Mühle habe immer unter Wassermangel gelitten und sei nicht lange von Bestand gewesen. Dabei handelt es sich bislang um den einzigen von uns auffindbaren schriftlichen Beleg einer Mühle in Ludwigshafen. Unsere Befunde deuten nun auf einen älteren Mühlkanal oder eine einfache wasserbetriebene Mahlanlage hin. Handelt es sich dabei um einen gescheiterten Versuch, der erklären würde, warum es keine weiteren belegten Anlagen für Ludwigshafen gibt?

Wir danken dem Bauunternehmen Hildebrand für die frühe Meldung der Funde sowie für die wie immer unkomplizierte und ergebnisorientierte Zusammenarbeit.

Caroline Bleckmann,
Tom-Joshua Sauerländer,
Sebastian Million, Richard Vogt

LITERATURHINWEIS

Der Landkreis Konstanz. Amtl. Kreisbeschreibung Bd. 4, Gemeindebeschreibung der Verwaltungsräume Radolfzell am Bodensee, Singen (Hohentwiel), Stockach, Tengen (Sigmaringen 1984) 512.

WALDKIRCH, KREIS EMMENDINGEN

Die Herrenmühle von Waldkirch

Gut 600 Jahre lang wurde in der einzigen Mühle innerhalb der Stadt Waldkirch Getreide zu Mehl verarbeitet. Die sogenannte Herrenmühle lag direkt an der Stadtmauer und wurde vom Wasser des Gewerbekanals angetrieben. Ende des 19. Jahrhunderts erfolgte die Umwandlung in das erste Elektrizitätswerk der Stadt. Ein Brand im Jahr 1929 zerstörte das alte Gebäude. An dessen Stelle entstand ein Neubau. Dieser Bau sowie ein benachbartes Gebäude, das sich an der inneren Ecke der Stadtbefestigung befand, wurden 2019 zugunsten eines Neubaus abgebrochen. Baubegleitend erfolgten durch Stefan King eine Bauaufnahme sowie u.a. durch die Firma Archäologischer Baustellenservice in Süddeutschland archäologische Dokumentationen. Dabei zeigte sich, dass die Baumaßnahmen des 20. Jahrhunderts mit der weitgehenden Zerstörung der ehemaligen Bausubstanz und der archäologischen Befunde einhergegangen waren. Dennoch konnten zahlreiche neue Informationen gewonnen werden.

Bei einer Grabung im Jahr 2010 war deutlich geworden, dass das Gelände zwischen dem Gewerbekanal und der Lange Straße zwischen der Stadtgründung um 1250 und der Zeit um 1300 künstlich aufgeschüttet worden war. Doch in welchem Verhältnis steht dazu die Stadtmauer? Diese Frage konnte nun geklärt werden: Die Stadtmauer wurde

247 ◁ *Waldkirch. Die Stadtmauer, zugleich Innenwand der ehemaligen Herrenmühle, weist noch die Durchbrüche für die ursprünglich vier Achsen der Mühlräder auf. Die Mauer reicht noch weiter in die Tiefe, die Unterkante wurde jedoch nicht erreicht.*

parallel zum Gewerbekanal errichtet und erst dann erfolgten die Anschüttung und Auffüllung. Dies konnte durch Füllschichten, die direkt an die Mauer stießen, belegt werden. Da sich die Stadtmauer als homogenes Bauwerk zeigt, wurde nicht ein bereits vorher bestehendes Mühlengebäude in diese integriert, sondern die für die Mühlräder notwendigen Achslöcher wurden vielmehr beim Bau der Mauer mit angelegt. Vier Achslöcher sind eindeutig zu belegen (Abb. 247). Dies ist eine neue Erkenntnis, da zur Anzahl der Mühlräder vor 1863 keinerlei Informationen vorliegen. Im Jahr 1863 war es nur noch ein Mühlrad. Dies bedeutet, dass in der ehemaligen Herrenmühle vier verschiedene Mahlgänge vorhanden waren. Der Geländeunterschied, der durch die Aufschüttung entstanden war, wurde durch eine Rampe zwischen dem Untergeschoss der Mühle und dem Runzweg ausgeglichen. So konnte das im Untergeschoss anfallende Mehl nach oben gebracht werden. Die Mauer um das östliche Achsloch dürfte beim Umbau der Mühle in ein Elektrizitätswerk teilweise abgetragen worden sein. Vermutlich brauchte man hier für eine technische Installation etwas mehr Platz.

Die in der frühen Neuzeit (17./18. Jh.) angelegte städtische Kanalisation konnte an zwei Stellen erfasst werden. Dies zeigt, dass dieser Kanal (0,3 m × 0,3 m) südlich der ehemaligen Herrenmühle im Runzweg in 3,4 m Tiefe entlangführte. Das darin abgeleitete Abwasser floss in den westlichen Stadtgraben, der in diesem Bereich vom Wasser des Gewerbekanals erreicht wurde. Dafür wurde die Stadtmauer von oben abgetragen. Der Kanal weist eine Sohle aus Erde auf, die Seiten und die Abdeckung bestehen aus Bachwacken und Bruchsteinen. Der Ausfluss des Abwasserkanals befindet sich über dem höchstmöglichen Wasserstand im Gewerbekanal. In diesem Bereich wurde auch die tiefste Stelle entlang der ehemaligen Stadtmauer erreicht. In 4,2 m Tiefe unter der heutigen Geländeoberkante war die Sohle der Stadtmauer noch nicht erreicht. Dies bedeutet, dass der Stadtgraben gut 4 m tief gewesen sein dürfte. Die westliche Stadtmauer macht den Eindruck, dass sie, im Gegensatz zu dem Abschnitt entlang des Gewerbekanals, zur Stadtseite hin nicht auf Sicht gemauert wurde, sondern gegen bestehendes Erdreich. Dies würde bedeuten, dass dieser Bereich jünger ist als der entlang des Gewerbekanals und gegen die vor bzw. um 1300 erfolgte Aufschüttung errichtet wurde.

Der Bauherrschaft, Herrn Wilfried Oschwald und Frau Astrid Trienen-Federspiel, ist für die gute Zusammenarbeit herzlich zu danken.

Andreas Haasis-Berner, Stefan Mäder

LITERATURHINWEIS

A. Haasis-Berner, Waldkirch. Arch. Stadtkataster Baden-Württemberg 39 (Esslingen 2015).

ALBERSHAUSEN, KREIS GÖPPINGEN

Untersuchungen der Wölbäcker im Gewann „Höfelbett“ in Albershausen

Wölbäcker sind Kulturlandschaftsrelikte, die von der ehemaligen landwirtschaftlichen Nutzung zeugen. Es handelt sich um die am häufigsten erhaltene Altflurform in Süddeutschland. Überliefert sind Wölbäcker vor allem unter heutigem Waldbestand oder wie im Fall von Albershausen innerhalb von Streuobstwiesen (Abb. 248). Über die Hintergründe und die Zeitstellung ihrer Entstehung und Nutzung besteht keine Sicherheit, archäologische Forschungen gibt es bislang nur sehr wenige und die Aussagemöglichkeiten rein archäologischer Zugänge sind beschränkt. Es gibt aktuell verschiedene Theorien zu Gründen und Art ihrer Entstehung. Die populärste ist immer noch die traditionelle Hypothese, dass Wölbäcker auf die Verwendung des Streichbrettpflugs mit feststehendem Streichbrett auf langen Ackerparzellen zurückzuführen sind und mit dem Ziel angelegt wurden, auf dem bewirtschafteten Land günstigere Feuchtigkeitsverhältnisse zu schaffen. Neue geoarchäologisch-bodenkundliche Methoden versprechen jedoch tiefergehende Einblicke.

Die Möglichkeit für einen derartigen interdisziplinären Zugang eröffnete ein überplanter Bereich einer Wölbackerflur in Albershausen im August 2020. Die Firma ArchaeoConnect war mit der Durchführung und archäologischen Dokumentation mehrerer Sondageschnitte beauftragt. Spezialisten aus den Fachbereichen Geoarchäologie, Geographie, Dendrologie und Archäobotanik waren an der Probeentnahme und Befundaufnahme vor Ort beteiligt. Neben einer systematischen bodenkundlich-sedimentologischen Ansprache der Profile und Suszeptibilitätsmessungen am Originalbefund erfolgte eine Beprobung für bodenchemische, mikromorphologische, botanische, dendrologische und chronologische Untersuchungen. Mit den Laboranalysen wurde bereits begonnen.

248 ◁ *Albershausen, „Höfelbett". Unter heute als Streuobstwiesen genutzten Bereichen haben sich die Wölbäcker gut erhalten. Die Rippen sind hangparallel ausgerichtet, Blick nach Norden.*

Die Hefelbetten

Das Gewann „Höfelbett" – im Lagerbuch von 1476/77 bereits als „Hefelbetten" bezeichnet – liegt an einem nach Osten geneigten Hang am Westrand des heutigen Ortes Albershausen, der 1275 im *Liber decimationis* erstmals erwähnt wird. Die Altflur befindet sich in einem Ausstrichbereich von Schichten des Unteren Schwarzjura (Angulatensandstein-Formation), der oberflächennah von quartärem Hanglehm überdeckt ist, der als erodierte Parabraunerde aus lösslehmreichen Fließerden ausgewiesen ist. Die Grenzen der einzelnen Äcker sowie der heutigen Flurstücke sind mit den Flurgrenzen aus dem Urkataster von 1828 identisch. Ihre Größe variiert beträchtlich mit Längsausdehnungen zwischen 86 m und 240 m sowie Breiten zwischen 8 m und 20 m. Die einzelnen Rippen sind zwischen 25 cm und 80 cm hoch erhalten. Von den über 20 Flurstücken, die eine deutliche Ausprägung als Wölbäcker zeigen, wurden zwei ausgewählt, deren Verlust durch das geplante Baugebiet ansteht. Zwei Sondageschnitte (Abb. 249, S01 und S02) in orthogonaler Ausrichtung zu den ehemaligen Längsachsen der Äcker sollten Aufschluss über den Aufbau und Ursprung des Ackersystems selbst sowie die vorangegangene Oberfläche und deren Nutzung liefern. Mit einem dritten Schnitt (Abb. 249, S03) konnte eine heute noch im Gelände durch eine verrundete Kuppe ablesbare Ackeranwand untersucht werden.

Feldarbeit

Für die archäopedologische Analyse wurden vier Bodenprofile (101–104) in Schnitt 1 und eines in Schnitt 2 (105) bodenkundlich aufgenommen. Die Profilsäulen 101, 103 und 105 wurden jeweils an der mächtigsten

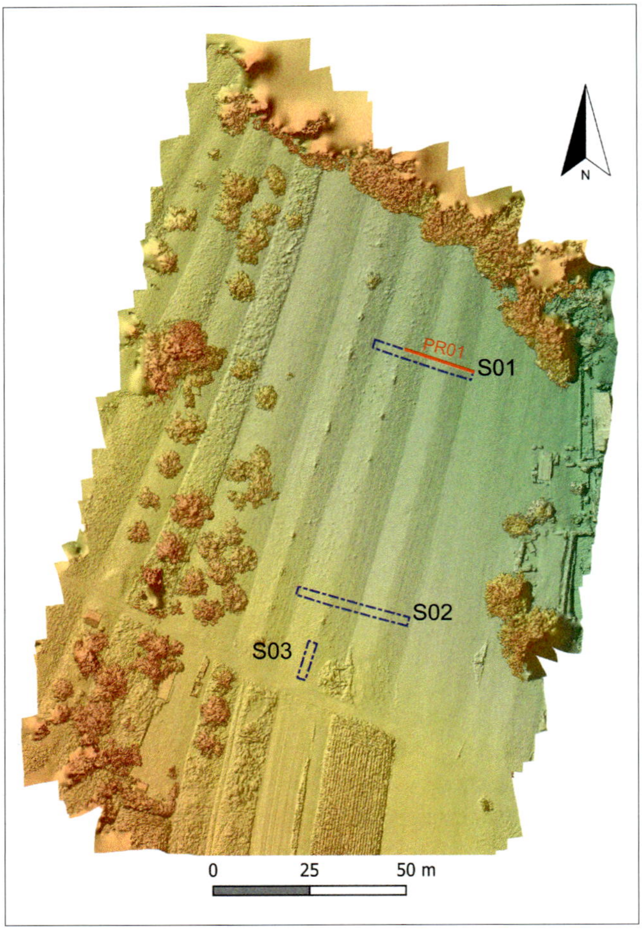

249 △ *Albershausen, „Höfelbett". Digitales Geländemodell mit Lage der Schnitte und dem in Abb. 250 dargestellten östlichen Bereich von Profil 1.*

Stelle einer Rippe angelegt (Abb. 250). Insgesamt konnten 82 Proben in durchgehenden 5 cm-Abschnitten genommen und für Laboranalysen vorbereitet werden. Für mikromorphologische Analysen wurden neun ungestörte und orientierte Proben entnommen. Um eine möglichst genaue Alterseinordnung für die verschiedenen Schichten und die Entstehungsgeschichte der Rippen zu erhalten, standen neben Holzkohlestückchen für Radiokarbondatierungen aus Profilsäule 103 fünf Proben für Lumineszenzdatierungen zur Verfügung. Die OSL-Alter (OSL = optisch stimulierte Lumineszenz) weisen auf einen Beginn der Bewirtschaftung spätestens in der Merowingerzeit hin sowie auf eine Entstehung der Wölbäcker spätestens im 11./12. Jahrhundert. Außerdem datieren sie die obersten Schichten ins 15./16. Jahrhundert (Probe 1: MAL 10499: 1500 ± 60).

Holzkohleanalysen und Archäobotanik

An den vier Profilen in Schnitt 1 wurden parallel insgesamt 25 Bodenproben für die Gewinnung von Holzkohlen und verkohlten karpologischen Resten – also Resten von Samen und Früchten – gezogen, in künstlichen Horizonten von 10 cm bzw. 20 cm. Die zwischen 5 kg und 9 kg umfassenden Eimerproben werden nun flotiert. Ein wichtiges Ziel war es, datierbares Material für AMS-Radiokarbondatierungen zu gewinnen. Über die taxonomische Bestimmung der Holzart können dafür gezielt Gehölze wie Weide herausgesucht werden, deren Lebensspanne in der Regel kürzer ist als z. B. diejenige von Eichen, sodass es zu einer geringeren chronologischen Unsicherheit im Sinne eines Altholzeffektes kommt.
Erste Ergebnisse zeigen, dass durchaus Holzkohlen im Boden enthalten sind, wenn auch von geringer Größe im Kubikmillimeterbereich und in geringer Menge von wenigen Milligramm pro Eimerprobe. Bisher wurden nach mikroskopischer Analyse Buche, Eiche, Esche und Weide nachgewiesen. Die karpologischen Reste aus denselben Proben zeigten eine sehr gute Erhaltung, wenn auch teilweise in Form kleiner Fragmente (ca. 1–2 mm im Durchmesser). Dabei sind sowohl Kulturpflanzen (Hirse, Dinkel/Einkorn) belegt als auch wildwachsende Pflanzen, die aber in synanthroper Vegetation häufig sind, wie z. B. Knöterich und Hohlzahn. Die karpologischen Reste ergänzen

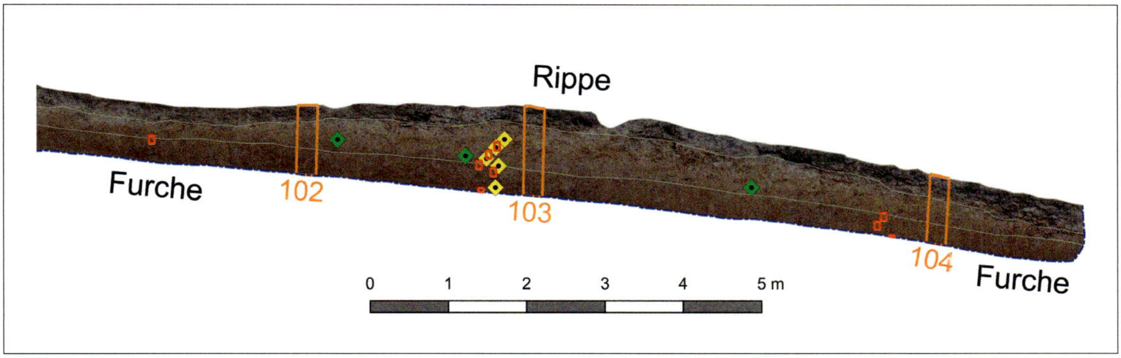

250 △ *Albershausen, „Höfelbett". Ausschnitt des Nordprofils in Schnitt 1 mit Lage der Boden- und Botanikprofile (orange) sowie Kennzeichnung der Entnahmestellen von Proben für Mikromorphologische Analysen (rot), und Lumineszenzdatierungen (gelb) sowie makroskopisch sichtbaren Holzkohleflittern (grün).*

die Informationen zur Baumvegetation mit Funden von einem Kern des Roten Hartriegels und einer Hainbuchenfrucht. Die Herkunft der Holzkohlen und verkohlten Samen und Früchte ist momentan unklar. Eventuell wurde Material wie Stallmist auf die Äcker zur Düngung aufgebracht, vermischt mit Resten von Herdfeuern. Das Holzartspektrum hilft möglicherweise auch bei einer stratigraphischen Differenzierung. Für eine erste Stichprobe wurden zwei Holzkohlestücke für Radiokarbondatierungen ausgewählt. Die erzielten Daten (1454–1631; 1432–1608, jeweils 2-Sigma-Bereich) stehen mit den OSL-Datierungen der oberen Schichten in Einklang.

Geoarchäologie

Die feldbodenkundliche Aufnahme zeigt, dass sich in dem vor allem lössbürtigen Material der Rippen in Schnitt 1 eine Parabraunerde entwickelt hat, die in Profilsäule 101 75 cm und in 103 78 cm mächtig ist (Abb. 250). Darin sind, wie auch in der liegenden Fließerde, Bohnerze und Sandsteinbruchstücke enthalten. Allerdings sind die Sandsteinbruchstücke in den Rippen kleiner. Unter der Rippe liegt als Rest der ehemaligen Landoberfläche jeweils der Bt-Horizont einer gekappten Parabraunerde, da hier der Tonverarmungs- und der Ah-Horizont fehlen und damit die Oberfläche selbst nicht mehr erhalten ist. Diese Schichtgrenze lässt sich über den gesamten Schnitt 1 verfolgen und fällt in etwa entsprechend der Hangneigung ein. In Schnitt 2 ist diese Schichtgrenze oft gestört, sowohl durch Verfüllungen (auch in den Rippen) als auch durch einen alten Baumwurf in der Nähe von Profilsäule 105. Die Schichtgrenzen und mögliche Binnendifferenzierungen lassen sich zumindest punktuell durch Suszeptibilitätskurven untermauern. In Schnitt 2 sind die Rippen mit 63 cm bzw. 48 cm (Profilsäule 105) bei gleichzeitig geringerem Lössanteil auch deutlich geringmächtiger. Es ist davon auszugehen, dass Erosion hier zu einer Verflachung der Rippen geführt hat, da diese insgesamt weniger deutlich ausgeprägt sind als in Schnitt 1.

Ausblick

Die laufenden interdisziplinären Untersuchungen versprechen nicht nur Einblicke in Genese, Nutzung und Nachnutzung der spezifischen Wölbackerflur in Albershausen, sondern vor allem auch methodische Erkenntnisse für die zukünftige Untersuchung dieser großflächig erhaltenen Kulturlandschaftsrelikte, die wichtige Zeugnisse mittelalterlicher Agrargeschichte sind.

Wir danken der Gemeindeverwaltung Albershausen sowie dem Erschließungsträger mquadrat für ihre Unterstützung.

Aline Kottmann, Sybil Harding, Peter Kühn, Elena Marinova-Wolff, Christopher Miller, Oliver Nelle, Reinhard Rademacher, Rainer Schreg, Richard Vogt, Lukas Werther

LITERATURHINWEISE

W. Griebel/M. Wichmann, Wölbäcker in Tübingen. Arch. Ausgr. Baden-Württemberg 2018, 339–340; T. Langewitz u. a., Historical classification of ridge and furrow cultivation at selected locations in Northern and Central Germany using a multi-dating approach and historical sources. Journal Arch. Science 123, 2020, 105248. URL: https://doi.org/10.1016/j.jas.2020.105248 (Zugriff: 22. 1. 2021); dies. u. a., Pedological properties related to formation and functions of ancient ridge and furrow cultivation in Central and Northern Germany. Catena 198, 2021, 105049. URL: https://doi.org/10.1016/j.catena.2020.105049 (Zugriff: 22. 1. 2021); B. Sittler/R. Riedinger/P. Spatz, Agrarmorphologische Bodendenkmäler als Zeugen historischer und neuzeitlicher Landnutzung im Oberrheingraben. Ber. Naturforsch. Ges. Freiburg i. Br. 105, 2015, 177–207; R. Schreg, Mittelalterliche Feldstrukturen in deutschen Mittelgebirgslandschaften – Forschungsfragen, Methoden und Herausforderungen für Archäologie und Geographie. In: J. Klápště (Hrsg.), Agrarian technology in the medieval landscape. Ruralia 10 (Turnhout 2016) 351–370.

INFO

Synanthrope Vegetation
Vegetationsformen, die (bevorzugt) in menschlichen Siedlungs- und Aktivitätsbereichen vorkommen und durch diese begünstigt bzw. erst ermöglicht werden.

Magnetische Suszeptibilität
Die magnetische Suszeptibilität ist eine physikalische Größe, die beschreibt, wie sich Material in einem Magnetfeld verhält. Messungen der Suszeptibilität mit einem kleinen Handgerät, dem Kappameter, eignen sich für detaillierte Untersuchungen von archäologischen Befunden in Profil und Planum. Sie helfen, schwer sichtbare Befunde und Befundübergänge zu detektieren und die Materialeigenschaften verschiedener Schichten einer Stratigraphie darzustellen. Sie können außerdem die Aussagemöglichkeiten einer Magnetometerprospektion erheblich erweitern.

Mikromorphologischer Dünnschliff
Ungestörte und orientiert entnommene, mit Kunstharz getränkte Bodenproben. Nach Aushärten des Kunstharzes werden die Proben auf einen Objektträger geklebt und dann auf eine Dicke von 30 Mikrometer geschliffen. Dadurch können mit einem Polarisationsmikroskop die Bodeneigenschaften wie z. B. Poren und Aggregate (Bodengefüge) oder auch die Zusammensetzung des Bodens so untersucht werden, wie sie tatsächlich in der Natur vorkommen.

Hinweise auf spätmittelalterliche Schafhaltung bei Deilingen

Die Gemeinde Deilingen liegt 11 km östlich von Rottweil auf der Schwäbischen Alb in 850 m Höhe. Dass der Ort schon in der Merowingerzeit existiert hat, legen mehrere Grabfunde des 7. Jahrhunderts nahe. In den Schriftquellen wird die kleine Gemeinde zwar bereits 786 genannt, in der Folgezeit gibt es jedoch nur wenige Erwähnungen. Wichtig war immer die Zugehörigkeit zur nahe gelegenen Burg Hohenberg. Diese Burg wurde Ende des 12. Jahrhunderts errichtet, 1449 zerstört und aufgegeben, die zugehörige Burgsiedlung („Städtlein“) kurz nach 1500. Erst im Verlauf der Neuzeit nimmt der Quellenbestand zu Deilingen signifikant zu.

Umso wichtiger für die mittelalterliche Geschichte des Ortes sind demnach archäologische Funde und Befunde. Als nun in einem bislang fundfreien Areal im Sommer 2020 die Erschließungsarbeiten für ein Neubaugebiet aufgenommen wurden, traten nach Entfernen der dünnen Grasnarbe lineare Steinsetzungen zutage. Diese und weitere wurden in der Folgezeit durch die Firma ArchaeoBW dokumentiert. Bedingt durch die Erschließungsmaßnahmen konnten nur einzelne Baufelder untersucht werden.

Besonders aufschlussreich waren die Befunde im Baufeld „An der Steig I“. In der Ecke von zwei rechtwinklig zueinander verlaufenden Mauern befand sich eine 11 m × 7 m große, viereckige Steinsetzung. Innerhalb derselben gab es keine weiteren Einbauten und keine Hinweise auf eine Nutzung zu Wohnzwecken, wie z. B. eine Feuerstelle. Weiter südlich kam eine vergleichbare, rechteckige Mauerstruktur (8 m × 6 m) zum Vorschein. Die als Lesefunde im Erdreich aufgesammelte Keramik deckt den Zeitraum vom 14. bis zum 16. Jahrhundert ab.

251 ◁ *Deilingen, „An der Steig I“. Dicht unter der Grasnarbe treten die rechtwinkligen Mauern ehemaliger Schafpferche des 14. bis 16. Jhs. auf.*

Typologisch ähneln die Mauerstrukturen Befunden, die in den Alpen untersucht und dort als Schafpferche interpretiert wurden. Diese Ansprache dürfte auch auf die Befunde von Deilingen zutreffen. Durch die nach 1300 einsetzende Klimaverschlechterung und den dramatischen Bevölkerungsrückgang infolge der Pestepidemien ab der Mitte des 14. Jahrhunderts wurde die ackerbauliche Nutzung der hoch gelegenen Ungunsträume immer unattraktiver. Ab dem 15. Jahrhundert gingen Großgrundbesitzer wie z. B. die Herzöge von Württemberg dazu über, stattdessen die Schafzucht zu intensivieren. Dadurch konnten die brachliegenden Flächen mit geringem personellem Aufwand gewinnbringend genutzt werden. Bis vor wenigen Jahrzehnten gab es in unmittelbarer Nähe zu der Fundstelle auch eine Quelle, durch die eine ausreichende Wasserversorgung zur Verfügung stand. Aus diesem Grund ist davon auszugehen, dass die angetroffenen Mauerstrukturen die Reste ehemaliger Schafpferche aus dem Spätmittelalter und der frühen Neuzeit darstellen. Da in den nächsten Jahren das Baugebiet erweitert werden soll, besteht die Hoffnung, weitere Befunde dieser Art aufzudecken.

Wir danken Herrn Bürgermeister Albin Ragg für die gute Unterstützung der archäologischen Untersuchungen.

Andreas Haasis-Berner, Nadine Huber

ALLENSBACH, KREIS KONSTANZ

Eine frühneuzeitliche Richtstätte bei Allensbach am Bodensee

Der Ausbau der Bundesstraße 33 zwischen Markelfingen und Konstanz machte in den vergangenen Jahren umfangreiche archäologische Prospektionsmaßnahmen und einzelne Rettungsgrabungen notwendig. Neben der eigentlichen Trasse und den zugehörigen Tunnelbauten werden für Umleitungsstrecken große Flächen temporär überbaut. Eine dieser Flächen liegt an einem flachen Hang am östlichen Ortsrand von Allensbach, oberhalb des Gnadensees, wie dieser Teil des Bodensees bezeichnet wird. Dort ist auf einer Waldgrenzenkarte von 1817, deren Kenntnis wir dem Heimatforscher Stefan Egenhofer verdanken, noch der Galgen der Herrschaft Reichenau eingezeichnet. Dieser durfte nicht auf der Klosterinsel stehen und war daher auf dem Festland bei Allensbach, das zur Herrschaft Reichenau gehörte, aufgerichtet worden. Die Richtstätte lag im Gewann „Hausteil“ auf einer sich zum See öffnenden Waldlichtung, die nicht nur von der unmittelbar vorbei führenden Landstraße, sondern auch vom See und von weiten Teilen der Insel Reichenau aus eingesehen werden konnte (Abb. 176, siehe S. 234). Nach Archivquellen wurden an dem Platz vom 16. bis ins 18. Jahrhundert Todesurteile vollstreckt. Zuletzt baute man den Galgen 1653 nach den Verwüstungen des 30-jährigen Krieges neu auf. Er muss vor 1820 niedergelegt worden sein, wie andere Kartenbilder nahelegen.

Bei Probeschürfen an der überlieferten Stelle entdeckte die Kreisarchäologie des Landratsamtes Konstanz im Frühjahr 2020, unter nur wenigen Dezimetern Überdeckung, die Reste des Galgens. Die daraufhin eingeleitete archäologische Ausgrabung wurde gemeinsam mit dem Landesamt für Denkmalpflege von April bis August 2020 durchgeführt. Dabei konnte noch vor den geplanten Bauarbeiten

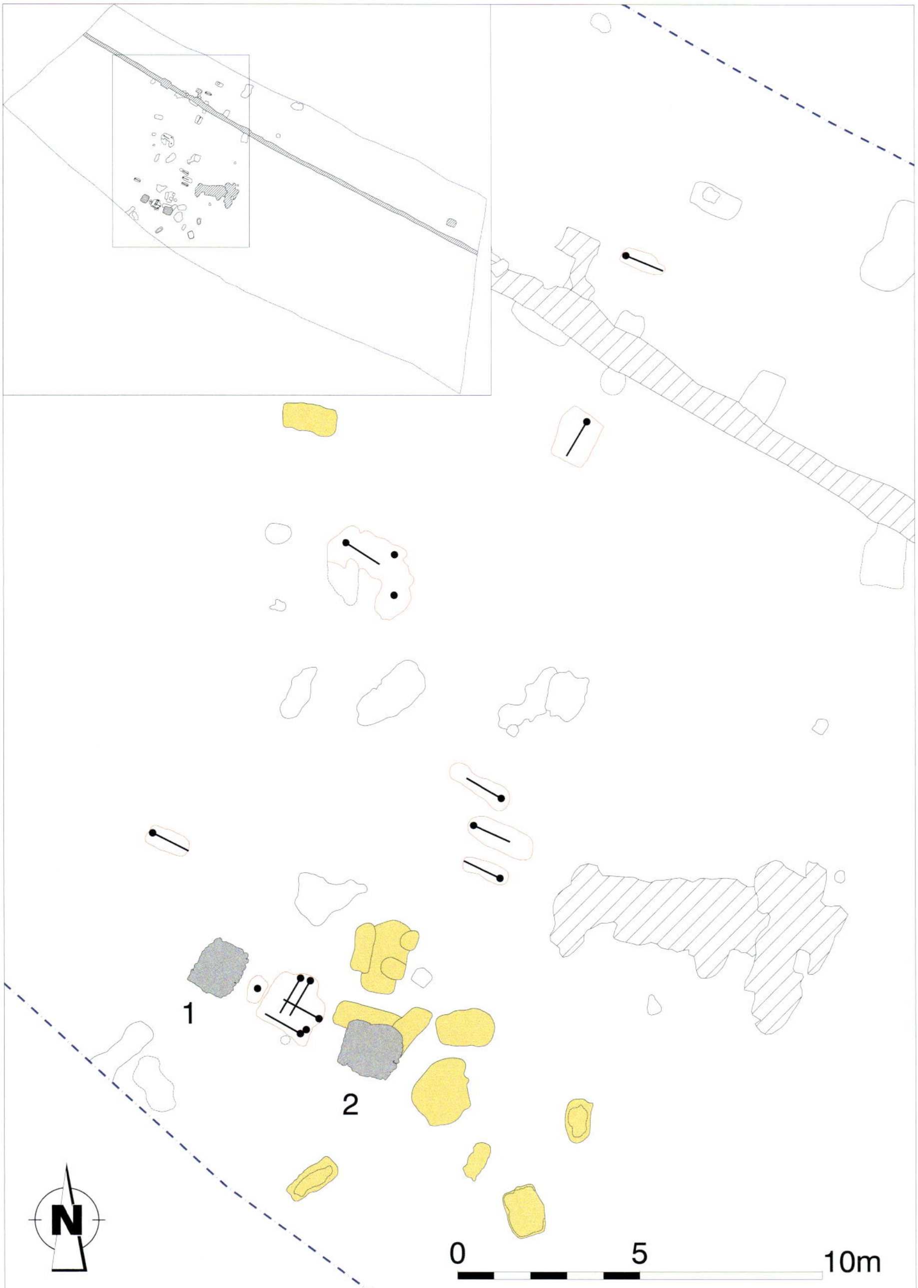

252 ◁ *Allensbach, „Hausteil". Ausschnitt aus dem schematisierten Gesamtplan des Richtplatzes (Übersicht oben links) mit den gemauerten Galgenfundamenten (1, 2), Körperbestattungen (Körpersymbol in Lagerichtung, rot umrandet), einzelnen Skelettteilen (Punkte schwarz), Brandgruben mit Leichenbrand (gelb) und weiteren Befunden (Störungen schraffiert).*

die gesamte, etwa 2900 m² große Fläche der einstigen Lichtung, auf der sich die Richtstätte befand, untersucht werden. Die zum Richtplatz gehörigen Befunde beschränken sich allerdings auf einen etwa 420 m² großen streifenförmigen Bereich direkt um den Galgen und die nördlich daran anschließende Fläche (Abb. 252).

Ein zweischläfriger Galgen und unverbrannte Skelettreste

Als bauliche Reste des Galgens haben sich im kiesigen Untergrund zwei etwa 4,80 m auseinander liegende Fundamente aus Bruchsteinen, Ziegel und Kalkmörtel erhalten (Abb. 253). Sie trugen einst die gemauerten Pfeiler eines sogenannten zweischläfrigen Galgens, auf denen der Zwerchbalken – ein hölzerner Querbalken – angebracht war, der nach Auskunft schriftlicher Quellen im 17. und 18. Jahrhundert mehrfach erneuert werden musste. Zwischen den Fundamenten waren in einer flachen Grube mindestens vier Personen zu verschiedenen Zeitpunkten verscharrt worden. Neben einzelnen Skelettteilen fanden sich weitere sieben weitgehend vollständige Körpergräber nördlich des Galgens. In einigen Fällen lag der abgetrennte Schädel der Individuen neben dem Rumpf oder zwischen den Beinen der meist respektlos vergrabenen Leichname.

Zu den besonders auffälligen Befunden gehört das Skelett eines geräderten Mannes, dessen abgetrennter Schädel samt Halswirbeln mit einer Hiebspur auf einem etwa 33 cm langen Eisenspieß aufgesteckt war (Abb. 254). Bei dieser besonders grausamen Hinrichtungsmethode wurden dem Verurteilten vom Kopf oder von den Füßen her mit einem Wagenrad als Schlaginstrument alle Arm- und Beinknochen gebrochen. Nach dieser Tortur wurde der Torso des Delinquenten auf ein Rad geflochten und auf einem Pfahl mit aufgespießtem Schädel eine

253 ▷ *Allensbach, „Hausteil". Fundamente eines zweischläfrigen Galgens mit dazwischen verscharrten Skeletten von mindestens vier Individuen sowie vom östlichen Fundament angeschnittene Brandgruben (rechts).*

gewisse Zeit zur Schau gestellt. Auch bei einem weiteren Individuum, dessen Skelett nicht vollständig erhalten war, wurden die Langknochen des Beinskeletts auf eine vergleichbare Art zerschlagen.
Neben dem Rädern stellte die Enthauptung eine gängige Methode zur Hinrichtung von Verurteilten dar. Obwohl die Untersuchung der ausgegrabenen Individuen noch andauert, konnte bereits bei vier weiteren Delinquenten eine Enthauptung als wahrscheinliche Todesursache nachgewiesen werden, darunter bei drei der bisher identifizierten Frauen. Auffällig sind dabei die Unterschiede in der Ausführung. Multiple Hiebverletzungen und Schnittspuren bei mindestens zwei Individuen belegen, dass die Hinrichtungen nicht immer auf Anhieb gelangen (Abb. 255). Die möglichen Ursachen sind aktuell noch Bestandteil der Untersuchung. Neben einem Fehlschlag durch den Scharfrichter bietet auch eine Ausweichbewegung des Delinquenten im Angesicht des fallenden Schwertes ein plausibles Szenario.
Für die anderen Individuen, die keine eindeutigen Spuren von Gewalteinwirkung am Skelett zeigen, muss eine andere Hinrichtungsmethode verwendet worden sein. Es sollte dabei aber nicht vergessen werden, dass auch Selbstmord oder ungeklärte Todesumstände dazu geführt haben können, dass Menschen bei einer Richtstätte vergraben wurden. Mit hoher Wahrscheinlichkeit wurden einige der gefundenen Delinquenten gehängt und anschließend verscharrt. Da der Tod dabei nicht durch einen Genickbruch, sondern durch Ersticken herbeigeführt wurde, fehlen charakteristische Hinweise am Skelett. Vermutlich ließ man zur Abschreckung einige Körper auch bis zur Skelettierung am Galgen hängen. Hierauf deuten einzelne Skelettreste hin, die man in flachen Kuhlen unter und nahe dem Galgen fand. Zudem ist damit zu rechnen, dass von manchem Leichnam wenig oder gar keine Reste übrig blieben. Neben einzelnen Glasperlen und Perlenzierelementen von Kleidungsstücken kamen zahlreiche kleine Haken und Ösen, sogenannte Haften, einzelne Knöpfe von Jacken sowie weitere Befestigungselemente der Kleidung in nahezu allen Befunden mit menschlichen Überresten zutage – ein Hinweis, dass die meisten Delinquenten in ihrer Alltagskleidung hingerichtet wurden.

Anthropologische Untersuchungen

Erste Ergebnisse der anthropologischen Untersuchung erlauben, neben der Rekonstruktion der potenziellen Todesursachen, auch eine erste Betrachtung von zwölf der gefundenen Delinquenten und ihrer Lebensumstände. Bisher konnten vier weibliche und sieben männliche Individuen unter den Körperbestattungen identifiziert werden. Die Altersspanne reicht bei beiden Geschlechtern von jungen Erwachsenen bis hin zu Greisen, allerdings überwiegen Personen im Alter zwischen 20 und 40 Jahren. Keine

254 ▽ *Allensbach, „Hausteil". Skelett eines geräderten Mannes mit gebrochenen Langknochen. Der abgetrennte Schädel, der auf einem Eisenspieß steckte, lag zwischen den Beinen. Auf den Schulter-/Halsbereich legte man einen schweren Ziegelstein, vermutlich aus Furcht vor Wiedergängern.*

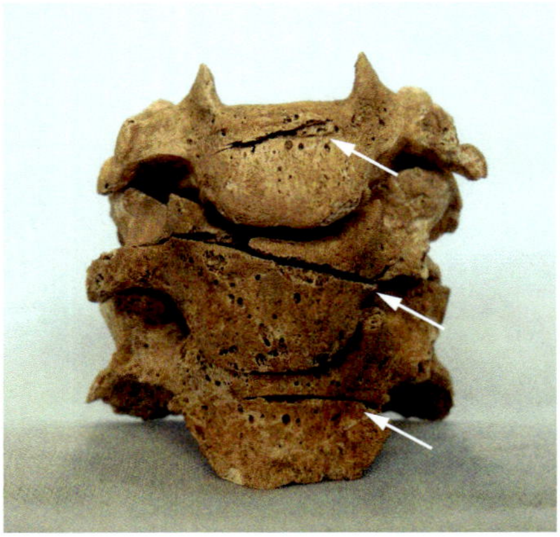

255 ▷ *Allensbach, „Hausteil". Drei Halswirbel einer enthaupteten Frau mit schräg verlaufender Hiebmarke (mittlerer Wirbel) und horizontalen Schnittspuren (oberer und unterer Wirbel), die auf eine missglückte Hinrichtung hindeuten.*

scheint unter länger andauernden Mangelsituationen gelitten zu haben. Die Schätzungen von Körpergewicht und Body-Mass-Index sprechen von einer durchschnittlichen bis guten Ernährungssituation bei den meisten der bisher Untersuchten. Im Vergleich lag die durchschnittliche Körperhöhe der in Allensbach gefundenen Individuen über dem Querschnitt der damaligen Bevölkerung, während der Zustand von Wirbelsäule und Gelenken mit dem altersbedingten Verschleiß einhergeht. Harte körperliche Arbeit ist damit zwar nicht ausgeschlossen, scheint aber die Menschen nicht über Gebühr strapaziert zu haben. Auch gesundheitlich scheinen die Verurteilten im Allgemeinen in einem guten Zustand gewesen zu sein. Symptome von schwächenden chronischen Infektionskrankheiten fehlen, allerdings gibt es bei einigen Individuen Hinweise auf lokale Infektionen, die möglicherweise durch kleinere Verletzungen verursacht worden sein könnten. Die wenigen dokumentierten Frakturen sind verheilt und dürften die Personen zu Lebzeiten nicht weiter eingeschränkt haben.

256 ▽ *Allensbach, „Hausteil". Profilschnitt durch eine mindestens zweifach genutzte Grube mit starken Brandspuren, Asche- und Holzkohleschichten sowie verbrannten Menschenknochen.*

Brandgruben – Reste von Exekutionen oder Leichenentsorgung?

Als besonders interessant erwiesen sich elf unterschiedlich große Gruben mit meist starken Brandspuren (Abb. 256). Sie enthielten Holzkohleschichten, brandgerötete Einfüllungen und Aschereste, in denen sich teils unvollständig verbrannte menschliche Knochenreste sowie immer wieder auch das bereits erwähnte Kleidungszubehör fanden. In einer der Brandgruben konnte zudem eine etwa 1,20 m lange schwere Eisenkette mit Haken- und Schlaufenende zwischen den Brandresten geborgen werden (Abb. 257). Ketten dieser Art wurden in manchen Fällen strafverschärfend zum Hängen verwendet. Die Strangulation dauerte dadurch länger. Ob in diesem Fall der Leichnam einer gehängten Person samt Kette verbrannt oder die Kette möglicherweise zum Fixieren des Delinquenten bei einer der Feuerexekutionen, die in Schriftquellen zu Urteilen des Reichenauer Hochgerichts verbürgt sind, verwendet wurde, lässt sich noch nicht abschließend beurteilen. Für die Interpretation der Brandgruben werden die geplanten anthropologischen Untersuchungen der ver-

brannten Skelettreste, die weitere Informationen zu Geschlecht, Lebensalter und Individuenzahl erhoffen lassen, von besonderer Bedeutung sein. Erst dann kann auch besser eingeschätzt werden, wie viele Menschen an der Richtstätte oberhalb des Gnadensees auf grausame Weise ihr Leben verloren haben.
Mit modernen Methoden untersuchte Hinrichtungsstätten der frühen Neuzeit sind bislang selten. Neben älteren einzelnen Funden konnte in Baden-Württemberg nur der Galgen von Ellwangen samt seinem näheren Umfeld im Jahr 1991 umfassend archäologisch untersucht und wissenschaftlich erforscht werden. Mit der Auswertung des ungewöhnlich gut erhaltenen und facettenreichen Richtplatzes von Allensbach befasst sich nun ein interdisziplinäres Forschungsteam des Landesamtes für Denkmalpflege und des Landratsamtes Konstanz. Archäologische und osteologisch-naturwissenschaftliche Analysen sowie die historische Bewertung des überlieferten Schriftguts lassen interessante Ergebnisse zur frühneuzeitlichen Strafjustiz am westlichen Bodensee erhoffen.

Für die logistische und finanzielle Unterstützung der Ausgrabungsarbeiten und für wertvolle Hinweise sei der Neubauleitung Singen des Regierungspräsidiums Freiburg mit Herrn Robert Kloker, der Gemeinde Allensbach mit Bürgermeister Stefan Friedrich und seinen Bauhofmitarbeitern, der Firma Steffen Hauser, Herrn Jost Auler, Herrn Stefan Egenhofer, Herrn Daniel Wojtucki sowie in besonderem Maße Herrn Björn Schleicher M.A., dem ehrenamtlichen Beauftragten der Landesdenkmalpflege Dr. Herman Schmid und dem weiteren Grabungsteam für deren engagierten Einsatz herzlich gedankt.

Jürgen Hald, Michael Francken

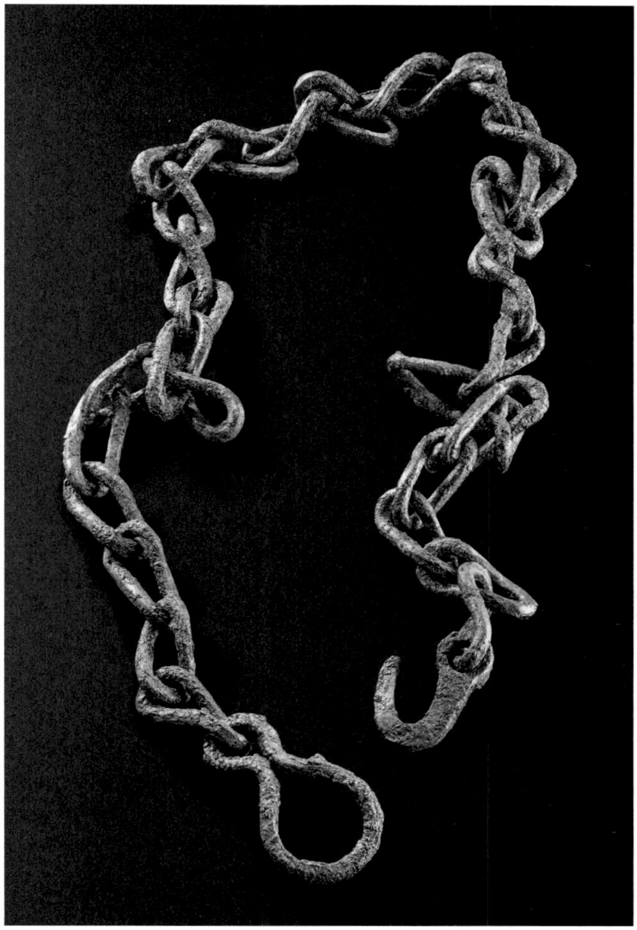

257 △ *Allensbach, „Hausteil". Eiserne Kette aus einer der Brandgruben. Sie wurde vermutlich für Exekutionen verwendet.*

LITERATURHINWEISE

W. Kramer, Allensbach in fürstbischöflicher Zeit (1540–1802). In: St. J. Egenhofer/W. Kramer/R. Welschinger (Hrsg.), Allensbach am Bodensee. Die Geschichte der Gemeinde von den Anfängen bis heute. Hegau-Bibliothek 137 (Radolfzell 2010) 65–84, bes. 73–75 mit weiterer Lit.; J. Piech, „Mit dem Strang vom Leben zum Todt hingerichtet": Der Ellwanger Galgen und andere Galgenstandorte in Württemberg. Fundber. Baden-Württemberg 30, 2009, 521–755 mit weiterer Lit.; J. Auler, Richtstättenarchäologie 3 (Dormagen 2012) mit weiterer Lit.; J. Hald, Archäologische Untersuchungen am Richtplatz bei Allensbach. Allensbacher Almanach 71, 2021, 12–15.

Archäologische Befunde aus der Anfangszeit Ludwigsburgs – Talkaserne und Jägereigebäude

Das bis dato als Park- und Spielplatz genutzte Areal direkt neben der B 27 in der Talsenke westlich des Schlosses Ludwigsburg soll in eine Grünfläche mit Parkdeck umgewandelt werden. Weil auf diesem Gelände Ludwigsburgs älteste Kaserne, die erst in den 1970er Jahren abgebrochene Tal- oder Lochkaserne gestanden hatte, wurden zuvor archäologische Sondagen veranlasst. Dabei wurden direkt unter dem modernen Unterbau noch substanzielle Reste der Kasernengebäude nachgewiesen, deren anschließende Ausgrabung von der Firma Südwest-Archäologie, Landau, zwischen Mitte August und Mitte November 2020 durchgeführt wurde.

Ludwigsburg und seine Wurzeln

Die frühe Geschichte des Bereichs im Talbachgrund steht in engem Zusammenhang mit der Geschichte des nahen Schlosses

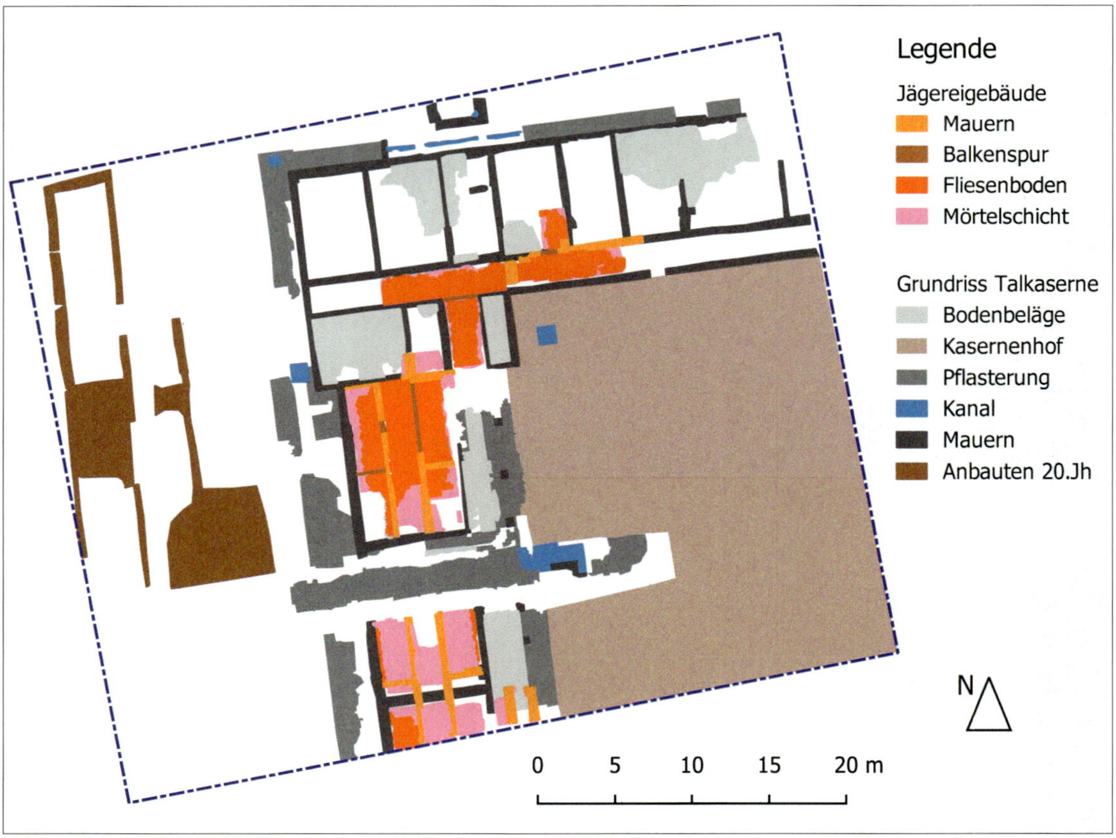

258 ▽ *Ludwigsburg, Talkaserne. Übrlagerungsplan der Befunde des Jägerhauses und der Talkaserne.*

Ludwigsburg und dessen Entwicklung. Der als Erweiterung der dem Kloster Bebenhausen gehörenden Grangie Geisnach dienende Erlachhof war ab ca. 1400 am Standort des heutigen Schlosses entstanden. Er wurde nach der Reformation aufgrund seiner guten Lage in wildreichen Wäldern gern als Jagdquartier der württembergischen Herzöge genutzt. Nach der Zerstörung 1693 im Pfälzischen Erbfolgekrieg war der Wiederaufbau für den gerade für volljährig erklärten Herzog Eberhard Ludwig eine Priorität. Zu den ersten Bauten gehörten eine Jägerwohnung sowie Hundezwinger. Ab 1701 entstanden dann Pläne für ein großes Jagdschloss, da die Parforcejagden aufwendige Hofveranstaltungen waren. Durch den in diesem Jahr ausgebrochenen Spanischen Erbfolgekrieg, an dem der Herzog – sehr erfolgreich – teilnahm, wurden die Bauarbeiten stark verzögert. Dennoch erging 1705 an alle Ämter des Landes die Anordnung, den Erlachhof in Zukunft Ludwigsburg zu nennen.

Im Zuge dieser gewaltigen Baupläne und ihrer Ausführung wurden diverse Einrichtungen, wie die Kanzlei, der Marstall, die Unterkunft der Bauarbeiter und eben auch die Jägerei, vom Gelände des Schlosses nach außen verlagert. Dabei wurde das Jägereigebäude zur Unterkunft der Jäger und Hundemeuten möglicherweise schon ab ca. 1709 nach Westen in die Niederung des Talbaches verlegt. Wann genau das Jägereigebäude dann zur ältesten Kaserne Ludwigsburgs

259 ▽ *Ludwigsburg, Talkaserne. Orthobild der freigelegten Strukturen des Jägerhauses und der Kaserne.*

umgebaut oder diese neu errichtet wurde, ist nicht bekannt. Fest steht, dass 1737 eine ca. 500 Mann starke Garnison dort untergebracht war. Zuvor war mit dem Tod Herzog Eberhard Ludwigs 1733 und dem Übergang der Herzogswürde an die katholische Linie wieder Stuttgart statt Ludwigsburg zur Hauptresidenz geworden. Da der größte Teil der Bevölkerung von der Hofhaltung unmittelbar abhängig war, verlor die erst im Entstehen begriffene Stadt Ludwigsburg einen großen Teil ihrer Einwohner, sodass wohl nur die Nutzung als Garnisonsstadt die völlige Entvölkerung in dieser kritischen Phase verhinderte. Somit nahm die Talkaserne in der Geschichte der Stadt Ludwigsburg unter den zahlreichen Kasernen eine ganz besondere Stellung ein.

Baugeschichte der Kaserne

Nach dem Abtrag der modernen Auffüllung kamen die Fundamente und Laufhorizonte der einstigen Talkaserne zum Vorschein (Abb. 258; 259). In dem ca. 2000 m² großen Baufeld lagen jeweils ein Teil des Nordflügels und des Querbaus im Westen mit gepflasterter Torgasse sowie Teile des Kasernenhofs. In diesen Bereichen konnte die Innenaufteilung der Kaserne vollständig aufgedeckt werden. Zumeist handelte es sich um sehr kleine Räume, die im Nordflügel von einem Gang direkt am Kasernenhof erschlossen wurden. Auf der gesamten Fläche zeigten sich zahlreiche Umbauten mit neuer Raumunterteilung durch Abbruch und Neubau von Zwischenwänden. Während sich die Außenfundamente der Kaserne als sehr massiv und solide gebaut erwiesen, waren viele der wohl vor allem jüngeren Zwischenwände eher schwach und unsorgfältig errichtet worden, was auf die Nutzung nach dem Ersten Weltkrieg als Armenbehausung und nach dem Zweiten Weltkrieg als Flüchtlingsunterkunft hindeutet. Auch zahlreiche Versionen von Fußböden mit verschiedenen Belägen wie Terrazzo, Dielen mit Holzunterbau bis hin zu modernen Estrichen und Gussasphalt, die mit Sicherheit erst spät verlegt wurden, waren zu finden. Das Fundmaterial mit Patronenhülsen, Uniformknöpfen, Keramikfragmenten, Kleidungsbestandteilen, aber auch Kohlenaufbewahrungsräume oder Abfälle der Knopfherstellung aus Bein geben einen Einblick in den Alltag der Garnison.

Jägereigebäude und Baugrundvorbereitung

Die ältere Baugeschichte des Areals trat nach Abtrag der Kasernenböden zutage, was leider nicht flächendeckend geschehen konnte. Die ursprüngliche Torgasse lag ca. 40–50 cm unter dem Niveau der Kaserne des 20. Jahrhunderts. Trotz erheblicher Störungen war hier noch eine Seite der stark ausgefahrenen Fahrspur der eisenbeschlagenen Artilleriewagen erhalten (Abb. 259).

Hier fanden sich auch nach Ausnahme einer Störung Befunde, die Aussagen zur Baugrundvorbereitung zulassen. Der Tälesbach, der die mit Sicherheit sehr feuchte Niederung durchfloss, wurde vor Errichtung der Gebäude in einen kleinen, in Ost-West-Richtung verlaufenden Kanal mit Backsteingewölbe gefasst, in den von den Seiten her kleinere Kanäle mündeten (Abb. 260).

Durch zahlreiche tiefer reichende Schnitte konnte die Baugeschichte weiter geklärt werden; in diesen fand sich über das gesamte Gelände als Vorgängerbebauung das Jägereigebäude. Die Fundamente wurden in den kolluvialen Lehm der Talniederung gegraben, die Oberfläche der Fundamente mit Mörtel verstrichen und im Innenbereich Schwellbalken für Fachwerkwände verlegt oder Ziegelmäuerchen hochgezogen. Die Fußböden bestanden aus roten Tonfliesen (Abb. 258; 259), bei denen man deutlich qualitätvolle von minderwertigen porösen unterscheiden kann. Der erstaunliche Befund, dass – zumindest im ergrabenen Bereich – das Jägereigebäude fast dieselben Dimensionen hatte wie die spätere Kaserne, lässt sich anhand eines inzwischen bekannt gewordenen Stichs, gefertigt 1724 im Auftrag des Baumeisters Ludwigsburgs, Frisoni, bestätigen, der an Stelle der Kaserne ein U-förmiges Gebäude zeigt. Dabei wurde für die Kaserne zwar fast dieselbe Grundform und Größe gewählt, aber die Innenaufteilung und vorgegebene Struktur der Fundamente nicht übernommen, sondern großzügig abgeändert. An vielen Stellen wurden der rote Fliesenboden und dessen Mörtelbett grob zerstört, um die Fundamente für die Mauern der Kaserne einzubringen.

Offenbar waren einige Räume des Jägereigebäudes mit bemaltem Wandputz versehen, denn in der Abbruchschicht über den Fliesen und Mauern des Jägereigebäudes wurden zahlreiche Fragmente von weißem Putz mit schwarzer und grauer Bemalung gefunden, die auf einen grauen Sockelbereich mit schwarzen Linien als Umrandung hindeuten. Auch konnten einige barocke graphitierte Ofenkachelfragmente geborgen werden, die auf eine teils hochwertige Ausstattung hinweisen.

Die Größe des Jägereigebäudes konnte aus den oben genannten Gründen leider nicht abschließend ermittelt werden. Auch warum der Grundriss beim Bau der Kaserne erhalten blieb, aber etwa der Querbau minimal kleiner wurde und auch Raumkonzeption und Aufteilung völlig geändert wurden, muss offenbleiben. Zumindest werden aber Teile von Kaserne und Jägereigebäude noch unter dem Parkdeck für zukünftige Generationen von Archäologen konserviert bleiben.

260 △ *Ludwigsburg, Talkaserne. Querschnitt durch den kanalisierten Talbach.*

Für die absolut vorbildliche und interessierte Zusammenarbeit danken wir herzlich den Stadtwerken Ludwigsburg sowie der Stadt Ludwigsburg, stellvertretend besonders Herrn Ralph Dall'Osteria und Herrn Strass.

Dorothee Brenner, Frank Krämer

LITERATURHINWEISE

A. Sting, Geschichte der Stadt Ludwigsburg 1. Von der Vorgeschichte bis zum Jahr 1816 (Ludwigsburg 2000); W. Läpple, Schwäbisches Potsdam. Die Garnison Ludwigsburg von den Anfängen bis zur Auflösung (Ludwigsburg 2009).

Verzeichnis der Autorinnen und Autoren

Jonas Abele M.A., LAD, Esslingen – jonas.abele@rps.bwl.de

Dr. Dorothee Ade, ARCHÄO/IKU Institut für Kulturvermittlung GbR, Rottenburg-Wendelsheim – dorade@archaeo.de

Jonas Armingeon M.A., ArchaeoConnect GmbH, Tübingen – jonas.armingeon@archaeoconnect.de

Matthias Aust M.A., fodilus GmbH, Rottenburg-Wurmlingen – matthias.aust@fodilus.de

Nasser Ayash, Südwest-Archäologie, Landau – ayash@suedwest-archaeologie.de

Dr. Gregor Bader, Institut für Ur- und Frühgeschichte und Archäologie des Mittelalters, Universität Tübingen – gregor-donatus.bader@uni-tuebingen.de

Judith Baldauf M.A., LAD, Karlsruhe – judith.baldauf@rps.bwl.de

Marlies Barteit-Klopp M.A., Landratsamt Göppingen, Kreisarchäologie

Susanne Barthel M.A., ArchaeoBW GmbH, Gerlingen – s.barthel@archaeobw.de

Dr. Guido Bataille, LAD, Blaubeuren – guido.bataille@rps.bwl.de

Annkatrin Benz, LAD, Ludwigsburg – annkatrin.benz@rps.bwl.de

Carola Berszin M.A., Anthropologische Dienstleistungen, Konstanz – carola.berszin@t-online.de

Thomas Beutelspacher M.A., LAD, Esslingen – thomas.beutelspacher@rps.bwl.de

Manuel Birker M.A., ArchaeoConnect GmbH, Tübingen – manuel.birker@archaeoconnect.de

Caroline Bleckmann M.A., LAD, Konstanz – caroline.bleckmann@rps.bwl.de

Dr. Jörg Bofinger, LAD, Esslingen – joerg.bofinger@rps.bwl.de

Dr. Christian Bollacher, LAD, Esslingen – christian.bollacher@rps.bwl.de

Steven Bosch M.A., ArchaeoTask GmbH, Engen-Welschingen – steven.bosch@archaeotask.de

Dr. Marcel Bradtmöller, Heinrich Schliemann-Institut für Altertumskunde, Lehrstuhl für Ur- und Frühgeschichte, Universität Rostock – marcel.bradtmoeller@uni-rostock.de

Lennart Brandtstätter M.A., Institut für Ur- und Frühgeschichte und Archäologie des Mittelalters, Universität Tübingen – lennart.brandtstaetter@uni-tuebingen.de

Max Braun B.A., Institut für Ur- und Frühgeschichte und Archäologie des Mittelalters, Universität Tübingen – max.braun@student.uni-tuebingen.de

Dr. Dorothee Brenner, LAD, Esslingen – dorothee.brenner@rps.bwl.de

Prof. Nicholas J. Conard Ph.D., Institut für Ur- und Frühgeschichte und Archäologie des Mittelalters, Universität Tübingen / Senckenberg Center for Human Evolution and Palaeoenvironment – nicholas.conard@uni-tuebingen.de

Dr. Folke Damminger, LAD, Karlsruhe – folke.damminger@rps.bwl.de

Carina Danner M.A., ArchaeoTask GmbH, Engen-Welschingen – carina.danner@archaeotask.de

Gaëlle Duranthon M.A., ArchaeoBW GmbH, Gerlingen – g.duranthon@archaeobw.de

Dr. Markus Dürr, Institut für Ur- und Frühgeschichte und Archäologie des Mittelalters, Universität Tübingen – markus.duerr@uni-tuebingen.de

Priv.-Doz. Dr. Renate Ebersbach, LAD, Hemmenhofen – renate.ebersbach@rps.bwl.de

Dipl.-Rest. Nicole Ebinger, LAD, Esslingen – nicole.ebinger@rps.bwl.de

Marcel El-Kassem M.A., LAD, Freiburg – marcel.elkassem@rps.bwl.de

Horst Esslinger M.A., E & B excav GbR, Freiburg – info@eb-excav.de

Dipl.-Ing. Reinhold Feigel, Backnang – reinhold.feigel@gmx.de

Prof. Dr. Harald Floss, Institut für Ur- und Frühgeschichte und Archäologie des Mittelalters, Universität Tübingen – harald.floss@uni-tuebingen.de

Moritz Foth B.A., Institut für Ur- und Frühgeschichte und Archäologie des Mittelalters, Universität Tübingen – balthasar-moritz.foth@student.uni-tuebingen.de

Dr. Michael Francken, LAD, Konstanz – michael.francken@rps.bwl.de

Simon Fröhle M.A., Institut für Ur- und Frühgeschichte und Archäologie des Mittelalters, Universität Tübingen – simon.froehle@student.uni-tuebingen.de

Dr. Sören Frommer, Historische Archäologie, Nehren – frommer@historische-archaeologie.de

Dr. Magali Garcia, fodilus GmbH, Rottenburg-Wurmlingen – magali.garcia@fodilus.de

Dr. Guntram Gassmann, LAD, Esslingen – guntram.gassmann@rps.bwl.de

Dr. Julia Goldhammer, LAD, Hemmenhofen – julia.goldhammer@rps.bwl.de

Olaf Goldstein M.A., LAD, Esslingen – olaf.goldstein@rps.bwl.de

Sarah Goll M.A., ArchaeoConnect GmbH, Tübingen – sarah.goll@archaeoconnect.de

Francisco José Gómez M.A., ArchaeoTask GmbH, Engen-Welschingen – francisco.gomez@archaeotask.de

Urs Grabo, LAD, Freiburg – urs.grabo@rps.bwl.de

Radoslaw Gresiak M.Sc., fodilus GmbH, Rottenburg-Wurmlingen

Wiebke Griebel M.A., ARCHÄO/IKU, Rottenburg-Wendelsheim – wgriebel@archaeo.de

Andreas Gutekunst M.A., ArchaeoTask GmbH, Engen-Welschingen – andreas.gutekunst@archaeotask.de

Dr. Andreas Haasis-Berner, LAD, Freiburg – andreas.haasis-berner@rps.bwl.de

Dr. Jürgen Hald, Landratsamt Konstanz, Kreisarchäologie, Singen – juergen.hald@lrakn.de

Dr. Andreas Hanöffner, Archäologischer BaustellenService in Süddeutschland, Emmendingen-Windenreute – hanoeffner@abs-is.de

Dr. Leif Hansen, LAD, Esslingen – leif.hansen@rps.bwl.de

Sybil Harding M.A., ArchaeoConnect GmbH, Tübingen – sybil.harding@archaeoconnect.de

Ralf Hartmayer M.A., LAD, Esslingen – ralf.hartmayer@rps.bwl.de

Merlin Hattermann M.A., Institut für Ur- und Frühgeschichte, Universität Erlangen-Nürnberg – merlin-janis.hattermann@fau.de

Georg Häußler M.A., ArchaeoTask GmbH, Engen-Welschingen – georg.haeussler@archaeotask.de

Jörn Heimann, LAD, Altheim-Heiligkreuztal – joern.heimann@rps.bwl.de

Dr. Marc Heise, LAD, Tübingen – marc.heise@rps.bwl.de

Prof. Dr. Alexander Heising, Institut für Archäologische Wissenschaften, Universität Freiburg – alexander.heising@archaeologie.uni-freiburg.de

Dr. Felix Henselowsky, Geographisches Institut, Universität Heidelberg – felix.henselowsky@uni-heidelberg.de

Max Hermann M.A., ArchaeoBW GmbH, Gerlingen – m.hermann@archaeobw.de

Dana Herrmann M.A., Ostalb-Archäologie GbR, Neresheim – info@ostalb-archaeologie.de

Marina Hinnen, Hüttlingen – marina.hinnen@gmx.de

Sascha Högner M.A., fodilus GmbH, Rottenburg-Wurmlingen – sascha.hoegner@fodilus.de

Wolfgang Hohl, LAD, Hemmenhofen – wolfgang.hohl@rps.bwl.de

Lukas Horch M.A., ArchaeoBW GmbH, Gerlingen – l.horch@archaeobw.de

Christian Hoyer M.A., ArchaeoBW GmbH, Gerlingen – c.hoyer@archaeobw.de

Nadine Huber M.A., ArchaeoBW GmbH, Gerlingen – n.huber@archaeobw.de

Simon Hye, LAD, Ludwigsburg – simon.hye@rps.bwl.de

Dr. Sven Jäger, LAD, Karlsruhe – sven.jaeger@rps.bwl.de

Alexander Janas M.A., Senckenberg Center for Human Evolution and Palaeoenvironment, Universität Tübingen – alexander.janas@senckenberg.de

Dr. Bertram Jenisch, LAD, Freiburg – bertram.jenisch@rps.bwl.de

Sebastiaan van Kaam M.A., LAD, Ludwigsburg – sebastiaan.vankaam@rps.bwl.de

Stephan Kaltwasser M.A., E & B excav GbR, Freiburg – info@eb-excav.de

Niela Katsi M.A., ArchaeoBW GmbH, Gerlingen – n.katsi@archaeobw.de

Dr. Ralf Keller, fodilus GmbH, Rottenburg-Wurmlingen – ralf.keller@fodilus.de

Priv.-Doz. Dr. Hauke Kenzler, ArchaeoConnect GmbH, Tübingen – hauke.kenzler@archaeoconnect.de

Michael Kienzle M.A., Institut für Ur- und Frühgeschichte und Archäologie des Mittelalters, Universität Tübingen – michael.kienzle@uni-tuebingen.de

Joachim Kitzberger M.A., ArchaeoTask GmbH, Engen-Welschingen – joachim.kitzberger@archaeotask.de

Dr. Klaus Kortüm, LAD, Esslingen – klaus.kortuem@rps.bwl.de

Dr. Aline Kottmann, LAD, Esslingen – aline.kottmann@rps.bwl.de

Frank Krämer M.A., Südwest-Archäologie, Landau – info@suedwest-archaeologie.de

Stefanie Kramp M.A., ArchaeoTask GmbH, Engen-Welschingen – stefanie.kramp@archaeotask.de

Prof. Dr. Raiko Krauß, Institut für Ur- und Frühgeschichte und Archäologie des Mittelalters, Universität Tübingen – raiko.krauss@uni-tuebingen.de

Prof. Dr. Dirk Krausse, LAD, Esslingen – dirk.krausse@rps.bwl.de

Dr. Inga Kretschmer, LAD, Karlsruhe – inga.kretschmer@rps.bwl.de

Claus Kropp M.A., Freilichtlabor Lauresham – c.kropp@kloster-lorsch.de

Dr. Peter Kühn, Lehrstuhl für Bodenkunde und Geomorphologie, Universität Tübingen – peter.kuehn@uni-tuebingen.de

Dr. Gertrud Kuhnle, LAD, Freiburg – gertrud.kuhnle@rps.bwl.de

Christoph Kutz M.A., AAB Archäologische Ausgrabungen und Bauprojektbetreuung, Berlin – info@aab-archaeologie.de

Daniel Langhauser M.A., Südwest-Archäologie, Landau – suedwest.archaeologie@gmail.com

Marianne Lehmann M.A., LAD, Karlsruhe – marianne.lehmann@rps.bwl.de

Stefan Mäder, Archäologischer Baustellen-Service in Süddeutschland, Emmendingen-Windenreute – sjdmaeder@aol.com

Dr. Martin Mainberger, UWARC GbR, Staufen i. Br. – martin.mainberger@uwarc.de

Franziska Mandt M.Sc., ArchaeoConnect GmbH, Tübingen – franziska.mandt@archaeoconnect.de

Priv.-Doz. Dr. Elena Marinova-Wolff, LAD, Hemmenhofen – elena.marinova@rps.bwl.de

Dr. Joao Marreiros, Archäologisches Forschungszentrum und Museum für menschliche Verhaltensevolution Monrepos – marreiros@rgzm.de

Tilmann Marstaller M.A., Büro für Archäologie und Bauforschung, Rottenburg-Oberndorf – tillima@t-online.de

Prof. Dr. Christopher Miller, Institut für Naturwissenschaftliche Archäologie / Senckenberg Centre for Human Evolution and Paleoenvironment, Universität Tübingen – christopher.miller@uni-tuebingen.de

Dipl.-Forstw. Sebastian Million, LAD, Hemmenhofen – sebastian.million@rps.bwl.de

Patrick du Mont M.A., LAD, Esslingen – patrick.dumont@rps.bwl.de

Uwe Xaver Müller M.A., Institut für Archäologische Wissenschaften, Universität Freiburg – uwe-mueller-archaeologie@web.de

Wolfgang Naak, Schwäbisch Gmünd – wolfgang.naak@web.de

David Naumann B.Sc., Institut für Ur- und Frühgeschichte und Archäologie des Mittelalters, Universität Tübingen – david.naumann@student.uni-tuebingen.de

Priv.-Doz. Dr. Oliver Nelle, LAD, Hemmenhofen – oliver.nelle@rps.bwl.de

Dr. Andrea Neth, LAD, Esslingen – andrea.neth@rps.bwl.de

Jana Nolle M.A., AAB Archäologische Ausgrabungen und Bauprojektbetreuung, Berlin – nolle.aab@t-online.de

Dr. Harald von der Osten-Woldenburg, LAD, Esslingen – harald.vonderosten@rps.bwl.de

Valerie Palmowski M.A., ArchaeoBW GmbH, Gerlingen – v.palmowksi@archaeobw.de

Kyriaki Papadopoulou M.A., fodilus GmbH, Rottenburg-Wurmlingen – mail@fodilus.de

Dr. Arantzazu Jindriska Pérez Fernández, Institut für Naturwissenschaftliche Archäologie, Universität Tübingen – arantzazujin@hotmail.com

Dr. Britta Rabold, LAD, Karlsruhe – britta.rabold@rps.bwl.de

Dr. Reinhard Rademacher, Landratsamt Göppingen, Kreisarchäologie – r.rademacher@landkreis-goeppingen.de

Helen Reinhardt M.A., ArchaeoBW GmbH, Gerlingen – helen.reinhardt@gmx.de

Elena Reus M.A., ArchaeoBW GmbH, Gerlingen – e.reus@archaeobw.de

Daniel Richardt M.A., LAD, Esslingen – daniel.richardt@rps.bwl.de

Benny Rieger, Ostalb-Archäologie GbR, Neresheim – info@ostalb-archaeologie.de

Marie-Claire Ries M.A., Öhningen – claire_r@gmx.at

Tamara Ruske M.A., ArchaeoTask GmbH, Engen-Welschingen – tamara.ruske@archaeotask.de

Tom-Joshua Sauerländer, LAD, Konstanz – tom-joshua.sauerlaender@rps.bwl.de

Paul Scherrer, LAD, Hemmenhofen – paul.scherrer@rps.bwl.de

Dr. Jonathan Scheschkewitz, LAD, Esslingen – jonathan.scheschkewitz@rps.bwl.de

Thomas Schlipf, Rottweil

Dr. Beate Schmid, LAD, Tübingen

Michael Schmid M.A., ArchaeoConnect GmbH, Tübingen – michael.schmid@archaeoconnect.de

Dr. Viola C. Schmid, Institute for Oriental and European Archaeology (OREA), Österreichische Akademie der Wissenschaften, Wien – viola.schmid@oeaw.ac.at

Dr. Arne Schmid-Hecklau, Archbau GmbH, Augsburg – arne.schmid-hecklau@archbau.com

Ann-Kathrin Schmidt M.Sc., fodilus GmbH, Rottenburg-Wurmlingen – ann-kathrin.schmidt@fodilus.de

Dr. Christoph Schmidt, Institute of Earth Surface Dynamics (IDYST), Universität Lausanne – christoph.schmidt@unil.ch

Sascha Schmidt M.A., fodilus GmbH, Rottenburg-Wurmlingen – sascha.schmidt@fodilus.de

Felicitas Schmitt M.A., LAD, Esslingen – felicitas.schmitt@rps.bwl.de

Prof. Dr. Rainer Schreg, Lehrstuhl für Archäologie des Mittelalters und der Neuzeit, Universität Bamberg – rainer.schreg@uni-bamberg.de

Doris Schuller M.A., fodilus GmbH, Rottenburg-Wurmlingen – doris.schuller@fodilus.de

Dr. Lucie Siftar, Archäologischer Baustellen-Service in Süddeutschland, Emmendingen-Windenreute – siftar@abs-is.de

Dr. André Spatzier, LAD, Esslingen – andre.spatzier@rps.bwl.de

Benedikt Stadler M.A., Reiss-Engelhorn-Museen Mannheim – benedikt.stadler@mannheim.de

Carmen Stähler M.A., Marburg

Dr. Christoph Steffen, LAD, Esslingen – christoph.steffen@rps.bwl.de

Markus Steffen M.A., LAD, Esslingen – markus.steffen@rps.bwl.de

Dr. Gerd Stegmaier, Institut für Ur- und Frühgeschichte und Archäologie des Mittelalters, Universität Tübingen – gerd.stegmaier@uni-tuebingen.de

Veronika Stein, Institut für Ur- und Frühgeschichte und Archäologie des Mittelalters, Universität Tübingen – veronika.stein@student.uni-tuebingen.de

Dr. Quentin Sueur, LAD, Altheim-Heiligkreuztal – quentin.sueur@rps.bwl.de

Dr. Yvonne Tafelmaier, LAD, Esslingen – yvonne.tafelmaier@rps.bwl.de

Dr. Roberto Tarpini, LAD, Esslingen – roberto.tarpini@rps.bwl.de

Dr. Andreas Thiel, LAD, Esslingen – andreas.thiel@rps.bwl.de

Dr. Giulia Toniato, Institut für Ur- und Frühgeschichte und Archäologie des Mittelalters, Universität Tübingen – giulia.toniato@ifu.uni-tuebingen.de

Diethard Tschocke, LAD, Freiburg – diethard.tschocke@rps.bwl.de

Dr. Richard Vogt, LAD, Hemmenhofen – richard.vogt@rps.bwl.de

Rudolf Walter M.A., Institut für Ur- und Frühgeschichte und Archäologie des Mittelalters, Universität Tübingen – info@urgeschichte.net

Dr. Stephan Weber, AAB Archäologische Ausgrabungen und Projektbetreuung, Berlin – sweber.aab@t-online.de

Simon Werner B.A., Institut für Ur- und Frühgeschichte und Archäologie des Mittelalters, Universität Tübingen – simon.werner@student.uni-tuebingen.de

Priv.-Doz. Dr. Lukas Werther, Institut für Ur- und Frühgeschichte und Archäologie des Mittelalters, Universität Tübingen – lukas.werther@uni-tuebingen.de

Stefan Wettengl M.A., Institut für Ur- und Frühgeschichte und Archäologie des Mittelalters, Universität Tübingen – stefan.wettengl@student.uni-tuebingen.de

Mareike Wichmann B.A., ArchaeoBW GmbH, Gerlingen – info@archaeobw.de

Dr. Günther Wieland, LAD, Esslingen – guenther.wieland@rps.bwl.de

Dr. Manuel Will, Institut für Ur- und Frühgeschichte und Archäologie des Mittelalters, Universität Tübingen – manuel.will@uni-tuebingen.de

Inga Willmes, LAD, Freiburg – inga.willmes@rps.bwl.de

Andreas Willmy M.A., ARCHÄO/IKU Institut für Kulturvermittlung GbR, Rottenburg-Wendelsheim – awillmy@archaeo.de

Dr. Klaus Wirth, Reiss-Engelhorn-Museen Mannheim – klaus.wirth@mannheim.de

Markus Wolf M.A., Dokumentation Archäologie und Bauforschung Wolf, Tübingen – dab-wolf@gmx.de

Sarah Wolff M.A., ADW Archäologische Dienstleistungen Wolff, Lauda – sw@archaeologie-wolff.de

Dr. Mohsen Zeidi, Senckenberg Center for Human Evolution and Palaeoenvironment, Universität Tübingen – mohsen.zeidi@senckenberg.de

Maximilian Zerrer M.A., ArchaeoConnect GmbH, Tübingen – maximilian.zerrer@archaeoconnect.de

(LAD: Landesamt für Denkmalpflege im Regierungspräsidium Stuttgart)

Grabungstechnik, Grafik, Fotografie, Restaurierung, Labore

Mitarbeiterinnen und Mitarbeiter des Landesamtes für Denkmalpflege

J. Alcina-Segura, R. Auch, J. Barke, A. Benz, B. van den Berg, Th. Beutelspacher, D. Bibby, T. Biel, H. Bienfait, M. Bischler, G. Born-Wirth, M. Bosch, R. Bräuchle, M. Braun, C. Brenner, S. Brose, P. Burkhardt, E. Cappelletto, C. Corti, C. Dietz, K.-D. Dollhopf, P. Endlicher, G. Erasin, M. Erne, M. Eska, R. Eßwein, P. Eule, K. Fayez, B. Fischer, Th. Freier, A. Furan, B. Gharzeddin, W. Glocker, M. Godau, U. Grabo, G. Grösch, A. Gross, J. Gundermann, L. Haag, P. Hansele, R. Hartmayer, A. Harwath, B. Hausner, J. Heimann, G. Hellinger, O. Henrici, M. Herold, W. Hohl, F. Hummel, H. Hüther, S. Hye, F. Jimenez, U. Jondral, S. van Kaam, B. Kaiser, A. Kalkowski, S. Kampe, St. Killinger, C. Klink, J. König, R. Kopietz, T. Kreß, Ch. Kühnbach, S. Lang, T. Lastovica, M. Lehmann, R. Letzing, M. Lingnau, C. Mackenzie, T. Märkle, A. Mehl, S. Mehret, J. Minev, E. Molter, P. du Mont, Y. Mühleis, B. Nädele †, M. Neumann, G. Nicola, B. Nix, M. Nortmann, C. Nübold, P. Otte-Scheschkewitz, St. Papadopoulos, M. Paredez Sanchez, F. Pilz, R. Rechmann, Y. Reuter, J. Ritz, M. Röhlich, I. Roos-Siebold, S. Rudolf, E. Rümmele, J. Sack, S. Sanchez-Vasquez, L. D. Sava, P. Scherrer, M. Scheu, R. Schmeil, M. Schneider, M. Schöttl, M. Schwarz, Ch. Schwarzer, M. Schweikle, M. Sillmann, Y. Stahl, C. Stähler, H.-J. Stark, Ch. Steffen, M. Steffen, I. Stern, A. Straeter, B. Suchanek, K.-H. Thiel, K. Treutwein, F. Trotta, A. Trunk, D. Tschocke, G. Tserendorj, F. Vernon, M. Vöhringer, B. Volkmer-Perrot, U. Walser, M. Weber †, Th. Wehler, W. Weiher, R. Weiß, M. Weißert, F. Weniger, I. Willmes, Ch. Wulfmeier, K. Zarrad, U. Zeltwanger.

Ortsregister

Bildnachweis

1: LAD, Cristoph Steffen
2: LAD, Christoph Steffen u. Markus Steffen
3: LAD, Christoph Steffen u. Markus Steffen
4: LAD / fodilus GmbH, Magali Garcia
5: LAD / fodilus GmbH, Magali Garcia
6: LAD / fodilus GmbH, Magali Garcia
7: LAD / ArchaeoConnect GmbH, E. Michl
8: LAD / ArchaeoConnect GmbH, Manuel Birker
9: LAD, Yvonne Mühleis
10: LAD, Yvonne Mühleis
11: LAD / ABSiS / K & T-Archäologie
12: LAD / ABSiS / K & T-Archäologie
13: LAD / ArchaeoTask GmbH, Carina Danner u. Camila Lopez
14: LAD, Erika Cappelletto
15: LAD / ArchaeoTask GmbH, Carina Danner u. Camila Lopez
16: LAD, Yvonne Mühleis
17: LAD / ArchaeoTask GmbH, Steven Bosch
18: Kreisarchäologie Landratsamt Konstanz / ArchaeoTask GmbH, Georg Häußler / Bearb. Jürgen Hald
19: Kreisarchäologie Landratsamt Konstanz, Jürgen Hald / ArchaeoTask GmbH, Georg Häußler
20: LAD, Annkatrin Benz; Datengrundlage © LGL Baden-Württemberg, www.lgl-bw.de
21: LAD, Christoph Steffen
22: LAD, Svenja Kampe
23: LAD / ArchaeoTask GmbH, Joachim Kitzberger
24: LAD, Sven Jäger
25: LAD, Sven Jäger
26: LAD / Südwest-Archäologie u. LAD, Inga Kretschmer u. Claus Brenner
27: LAD / Archbau GmbH
28: LAD / Archbau GmbH
29: LAD / Archbau GmbH
30: LAD, Erika Cappelletto
31: LAD, Yvonne Mühleis
32: LAD, Diethard Tschocke
33: LAD / Univ. Rostock, Marcel Bradtmöller
34: LAD / Arch. Forschungszentrum Monrepos, Joao Marreiros
35: LAD / Univ. Tübingen, Simon Fröhle
36: LAD / Univ. Tübingen, Simon Fröhle
37: LAD / Univ. Tübingen, Nicholas J. Conard
38: LAD / Univ. Tübingen, Alexander Janas
39: LAD / Univ. Tübingen, Heike Würschem u. Ralf Ehmann
40: LAD / Univ. Tübingen, Heike Würschem u. Ralf Ehmann
41: LAD, Thomas Beutelspacher; Grafik/Montage Yvonne Tafelmaier
42: LAD, Yvonne Tafelmaier
43: LAD / Univ. Tübingen, Alexander Janas
44: LAD / Univ. Tübingen, Heike Würschem
45: LAD / Univ. Tübingen, Alexander Janas
46: a: LAD, Yvonne Tafelmaier; b: LAD, Thomas Beutelspacher; c: LAD / Wolfgang Naak
47: LAD, Yvonne Tafelmaier
48: LAD / Univ. Tübingen, Stefan Wettengl
49: LAD / Univ. Tübingen, Stefan Wettengl
50: LAD, Guido Bataille
51: LAD / Viola C. Schmid
52: LAD, Guido Bataille
53: LAD / Univ. Tübingen, Gregor Bader
54: LAD, Christoph Steffen
55: LAD / ArchaeoBW GmbH
56: LAD, Yvonne Mühleis
57: LAD / Univ. Tübingen, Lennart Brandtstätter u. Petar Zidarov / Terrana Geophysik, Arno Patzelt

58: LAD / Terrana Geophysik, Arno Patzelt / Univ. Tübingen, Veronika Stein
59: LAD, Lea Breuer
60: LAD, Yvonne Mühleis
61: LAD / ArchaeoConnect GmbH, Hauke Kenzler
62: LAD / ArchaeoConnect GmbH, Hauke Kenzler
63: LAD, Yvonne Mühleis
64: LAD / ArchaeoConnect GmbH, Hauke Kenzler
65: LAD, Paul Scherrer, Überarb. Almut Kalkowski
66: LAD, Paul Scherrer, Überarb. Monika Erne
67: LAD, Monika Erne u. Giovanni Nicola
68: LAD, Paul Scherrer
69: LAD / UwArc, J. Witte
70: LAD / UwArc, Grafik Martin Mainberger / Bearb. LAD, Almut Kalkowski / Luftbild O. Braasch
71: LAD / Submaris, Florian Huber
72: LAD, Christoph Steffen u. Markus Steffen
73: LAD, Tomas Lastovica
74: LAD, Yvonne Mühleis
75: LAD / ArchaeoConnect GmbH, Jonas Armingeon
76: LAD, Yvonne Mühleis
77: LAD, Yvonne Mühleis
78: LAD / ArchaeoTask GmbH, Steven Bosch / Kreisarchäologie Landratsamt Konstanz, Bearb. Jürgen Hald
79: Kreisarchäologie Landratsamt Konstanz, Jürgen Hald
80: LAD / ArchaeoTask GmbH, Steven Bosch
81: LAD, Simon Hye
82: LAD, Yvonne Mühleis
83: LAD / ArchaeoTask GmbH, Simon Rottler u. Steven Bosch, Bearb. Andreas Gutekunst
84: LAD, Yvonne Mühleis
85: LAD / ArchaeoTask GmbH, Simon Rottler
86: LAD / ArchaeoTask GmbH, Andreas Gutekunst u. Simon Rottler
87: LAD, Yvonne Mühleis
88: LAD, Yvonne Mühleis
89: LAD
90: LAD
91: LAD / fodilus GmbH, Sascha Schmidt u. Ann-Kathrin Schmidt
92: LAD / fodilus GmbH, S. Högner
93: LAD, Christoph Schwarzer
94: LAD, Marc Heise
95: LAD, Yvonne Mühleis
96: LAD / ADW Archäologische Dienstleistungen Wolf
97: LAD / ADW Archäologische Dienstleistungen Wolf
98: LAD / ADW Archäologische Dienstleistungen Wolf
99: LAD / ArchaeoBW GmbH, Michelangelo Maugeri
100: Kreisarchäologie Landratsamt Konstanz, Björn Schleicher
101: LAD, Yvonne Mühleis
102: LAD, Michael Lingnau
103: LAD, Felix Pilz
104: LAD, Felix Pilz
105: LAD, Ralf Hartmayer
106: LAD, Yvonne Mühleis
107: LAD, Yvonne Mühleis
108: LAD, Quentin Sueur
109: LAD, Jonas Abele u. Leif Hansen / Kartengrundlage ArcTron
110: LAD, Patrick du Mont
111: LAD / ArchaeoTask GmbH, Jürgen Ehrle, Bearb. Andreas Gutekunst
112: LAD / Archaeotask GmbH, Andreas Gutekunst
113: LAD / Archaeotask GmbH, Jürgen Ehrle
114: LAD / Universität Tübingen, Markus Dürr

115: LAD, Yvonne Mühleis
116: Dieter Hagmann, 3dmuseum.eu
117: LAD / Universität Tübingen, Gerd Stegmaier
118: LGRB und LAD, Harald von der Osten-Woldenburg
119: LGRB und LAD, Harald von der Osten-Woldenburg
120: LAD, Yvonne Mühleis
121: LAD, Yvonne Mühleis
122: LAD / Univ. Freiburg, Uwe Xaver Müller; Grundlage J. Schrempp u. a. 2017, 163 Abb. 101
123: LAD / Univ. Freiburg, Uwe Xaver Müller
124: LAD / Volume Graphics Heidelberg, Henry Weber
125: LAD / AAB, Stephan Weber
126: LAD, Klaus Kortüm / fodilus GmbH, Ralf Keller
127: LAD / fodilus GmbH, Ulrich Ochs
128: LAD, Andreas Schaflitzl
129: LAD, Klaus Kortüm
130: LAD / fodilus GmbH, Heiko Steinwand
131: Staatl. Akademie der Bildenden Künste Stuttgart, Simone Gerber u. Leandra Schöll
132: LAD, Yvonne Mühleis
133: LAD
134: LAD, Yvonne Mühleis
135: LAD, Yvonne Mühleis
136: LAD / Südwest-Archäologie, Bianca Egert
137: LAD, Yvonne Mühleis
138: LAD, Inga Willmes
139: LAD, Inga Willmes
140: LAD / E & B excav GbR / Bearb. LAD, Gertrud Kuhnle
141: LAD / E & B excav GbR, Davide Rossini
142: LAD / E & B excav GbR, Davide Rossini
143: LAD / ArchaeoBW GmbH, Theodora Karampatsou
144: LAD / ArchaeoBW GmbH, Helen Reinhardt
145: LAD / ArchaeoBW GmbH, Alexandra Wirsching
146: LAD, Yvonne Mühleis
147: LAD, Klaus Kortüm
148: LAD, Yvonne Mühleis
149: LAD, Yvonne Mühleis
150: LAD
151: Kreisarchäologie Göppingen / ArchaeoConnect GmbH
152: LAD, Sebastiaan van Kaam
153: LAD, Yvonne Mühleis
154: LAD, Yvonne Mühleis
155: REM Mannheim, Klaus Wirth, graf. Bearb. Christopher Röber
156: REM Mannheim, Klaus Wirth, graf. Bearb. Christopher Röber
157: REM Mannheim, Peter Will
158: LAD, Steffen Killinger
159: LAD, Yvonne Mühleis
160: LAD, Steffen Killinger
161: LAD, Yvonne Mühleis
162: LAD / ArchaeoConnect GmbH, Sarah Goll / ArchaeoBW GmbH, Philipp Groß / Bearb. LAD, Claus Brenner
163: LAD / ArchaeoConnect GmbH, Sybil Harding
164: LAD, Yvonne Mühleis
165: LAD
166: LAD, Yvonne Mühleis
167: LAD / ArchaeoBW GmbH, Max Hermann u. Sebastian Klaß
168: LAD, Yvonne Mühleis
169: LAD, Yvonne Mühleis
170: LAD, Yvonne Mühleis
171: LAD / ArchaeoConnect GmbH, Michelle Greif u. Manuel Birker
172: LAD, Christoph Schwarzer
173: LAD / ArchaeoConnect GmbH, Franziska Mandt
174: LAD / ArchaeoConnect GmbH, Lena Gebhard u. Sybil Harding

175: LAD / ArchaeoConnect GmbH, Sybil Harding
176: Kreisarchäologie Landratsamt Konstanz, Jürgen Hald
177: LAD / fodilus GmbH, Matthias Aust
178: LAD / fodilus GmbH, Matthias Aust
179: LAD / fodilus GmbH, Matthias Aust
180: LAD / E & B excav GbR, Thomas Banholzer
181: LAD / E & B excav GbR, Horst Esslinger
182: LAD, Yvonne Mühleis
183: LAD, Yvonne Mühleis
184: LAD / ArchaeoConnect GmbH, Hauke Kenzler / Bearb. LAD, Klaus Kortüm
185: LAD / ArchaeoConnect GmbH, Hauke Kenzler
186: LAD / fodilus GmbH, Doris Schuller
187: LAD, Yvonne Mühleis
188: LAD, Yvonne Mühleis
189: REM Mannheim, Benedikt Stadler, graf. Bearb. Christopher Röber
190: REM Mannheim, Peter Will
191: LAD, Grafik Jonathan Scheschkewitz; Kartengrundlage Hist. Flurkarte NO2217, © LGL, www.lgl-bw.de
192: LAD / ArchaeoBW GmbH, Gaëlle Duranthon
193: LAD / ArchaeoBW GmbH, Gaëlle Duranthon
194: LAD, Yvonne Mühleis
195: LAD / ArchaeoTask GmbH, Georg Demele u. Tamara Ruske
196: LAD / ArchaeoTask GmbH, Georg Häußler
197: Kreisarchäologie Landratsamt Konstanz, Jürgen Hald
198: LAD / ArchaeoTask GmbH, Jürgen Ehrle
199: LAD, Erika Cappelletto nach Vorlage Bertram Jenisch
200: LAD / AAB Archäologie, Jana Noll
201: LAD / AAB Archäologie, Jana Noll
202: LAD / AAB Archäologie, Jana Noll
203: LAD / Markus Wolf
204: LAD / Markus Wolf
205: LAD, Erika Cappelletto
206: LAD / AAB Archäologie, Christoph Kutz
207: LAD / Grafik Sören Frommer / Foto Markus Wolf
208: LAD / Sören Frommer; Grundlage Flurkarte 1 : 2500 d. Königr. Württemberg, Bl. SO III 23, aus: Der Landkreis Reutlingen (Sigmaringen 1997) Karte 11
209: LAD / Tilmann Marstaller
210: LAD, Erika Cappelletto nach Vorlage Bertram Jenisch
211: LAD, Urs Grabo
212: LAD / Südwest-Archäologie
213: LAD / ArchaeoBW GmbH, Simone Weise / LAD, Jonathan Scheschkewitz; Grundlage Spitalplan: Stadtarchiv Ulm
214: LAD / ArchaeoBW GmbH, Mareike Wichmann
215: LAD / ArchaeoBW GmbH, Alexandra Wirsching
216: LAD / ARCHÄO/IKU, Andreas Willmy
217: LAD / Südwest-Archäologie, Nasser Ayash / LAD, Bearb. Claus Brenner
218: LAD / Südwest-Archäologie, Nasser Ayash
219: LAD / Südwest-Archäologie, Nasser Ayash
220: LAD, Ernst Rümmele
221: LAD, Ernst Rümmele
222: LAD, Ernst Rümmele
223: LAD / ArchaeoConnect GmbH, Lena Gebhard; Plangrundlage Schahl 1983
224: LAD / Reinhold Feigel
225: LAD / Reinhold Feigel
226: LAD / ArchaeoConnect GmbH
227: Kreisarchäologie Göppingen / Katja Bode

228: Kreisarchäologie Göppingen / Katja Bode
229: LAD / ArchaeoConnect GmbH
230: REM Mannheim, Benedikt Stadler
231: REM Mannheim, Planarchiv, Bearb. Peter Will
232: REM Mannheim, Peter Will
233: LAD / ARCHÄO/IKU, Andreas Willmy
234: LAD / ARCHÄO/IKU, Andreas Willmy
235: LAD / Ostalb-Archäologie GbR, Dana Herrmann u. Benny Rieger
236: LAD / Ostalb-Archäologie GbR, Dana Herrmann u. Benny Rieger
237: LAD / ARCHÄO/IKU, Andreas Willmy
238: LAD / ARCHÄO/IKU, Andreas Willmy
239: LAD / Univ. Tübingen, Kartographie Michael Kienzle; Datengrundlage www.lgl-bw.de
240: LAD / Univ. Tübingen, Foto Lukas Werther / Grafik Moritz Foth
241: LAD / Univ. Tübingen, Michael Kienzle
242: LAD / Univ. Tübingen, Michael Kienzle
243: LAD / ARCHÄO/IKU, Andreas Willmy
244: Kreisarchäologie Göppingen / ArchaeoConnect GmbH / Visuelle Kommunikation Katja Bode
245: Kreisarchäologie Göppingen / ArchaeoConnect GmbH / Grafik Visuelle Kommunikation Katja Bode
246: LAD, Zusammenstellung und Grabungsplan Tom-Joshua Sauerländer; Kartenausschnitte Geobasisdaten © Landesamt für Geoinformation u. Landentwicklung Baden-Württemberg (www.lgl-bw.de)
247: LAD, Andreas Haasis-Berner
248: LAD, Aline Kottmann
249: LAD / ArchaeoConnect GmbH, Sybil Harding u. Lena Gebhard; Grundlage Geobasisdaten © Landesamt für Geoinformation u. Landentwicklung Baden-Württemberg, Az. 2851.9-1/19 (2018)
250: LAD / ArchaeoConnect GmbH, Sybil Harding u. Lena Gebhard
251: LAD / ArchaeoTask GmbH, Nadine Huber
252: Kreisarchäologie Landratsamt Konstanz, Björn Schleicher
253: LAD / Kreisarchäologie Landratsamt Konstanz, Björn Schleicher
254: LAD / Kreisarchäologie Landratsamt Konstanz, Jürgen Hald
255: LAD, Michael Francken / Bearb. Kreisarchäologie Landratsamt Konstanz, Jürgen Hald
256: LAD / Kreisarchäologie Landratsamt Konstanz, Björn Schleicher
257: LAD, Yvonne Mühleis
258: LAD / Südwest-Archäologie, Frank Krämer
259: LAD / Südwest-Archäologie, Frank Krämer
260: LAD / Südwest-Archäologie, Frank Krämer
Karten S. 7, 15, 53, 107, 167, 203, 235: Peter Palm, Berlin

Ansprechpartner

Fördervereine

Der Förderkreis Archäologie in Baden und die Gesellschaft für Archäologie in Württemberg und Hohenzollern wollen die interessierte Öffentlichkeit mit dem reichen archäologischen Erbe Südwestdeutschlands vertraut machen. Sie versuchen dies durch Veröffentlichungen, durch Lichtbildervorträge im Land, durch Exkursionen im In- und Ausland und durch jährliche Zusammenkünfte zu erreichen. Die beiden Vereinigungen arbeiten eng mit der Archäologischen Denkmalpflege zusammen. Sie sind gemeinnützige Vereine, die ein Maximum an Information bei einem Minimum an Kosten vermitteln wollen. Helfen auch Sie durch Ihren Beitritt mit, das Wissen um das große historische Erbe unseres Landes zu fördern und dem drohenden Verfall bedeutender Kulturdenkmäler entgegenzuwirken!

Gesellschaft für Archäologie in Württemberg und Hohenzollern e. V.
Berliner Straße 12
73728 Esslingen
Telefon (07 11) 57 74 41 54
info@gesellschaft-archaeologie.de – www.gesellschaft-archaeologie.de

Förderkreis Archäologie in Baden e. V., c/o Kurpfälzisches Museum
Schiffgasse 10
69117 Heidelberg
Telefon (0 62 21) 5 88 4-342
info@foerderkreis-archaeologie.de – www.foerderkreis-archaeologie.de

Gemeinsame Stiftung: Förderstiftung Archäologie in Baden-Württemberg
www.stiftung-landesarchaeologie.de
Bankverbindung: BW-Bank, IBAN DE34 6005 0101 0002 3692 51, BIC SOLADEST600

Archäologische Denkmalpflege

Landesamt für Denkmalpflege im Regierungspräsidium Stuttgart
Berliner Straße 12
73728 Esslingen
Telefon (07 11) 9 04 45-5 01
poststelle@rps.bwl.de – www.denkmalpflege-bw.de

mit den Dienstsitzen in
Karlsruhe – Moltkestraße 74, 76133 Karlsruhe, Telefon (07 21) 9 26-48 01
Freiburg – Günterstalstraße 67, 79089 Freiburg, Telefon (07 61) 2 08 35-70
Tübingen – Alexanderstraße 48, 72074 Tübingen, Telefon (0 70 71) 9 13-2 00